"博学而笃志，切问而近思。"

（《论语》）

博晓古今，可立一家之说；
学贯中西，或成经国之才。

复旦博学 · 复旦博学 · 复旦博学 · 复旦博学 · 复旦博学 · 复旦博学

叶孝信，男，福建建瓯人，出生于1927年10月，复旦大学法学院教授。1951年毕业于北京大学法律系，1953年中国人民大学研究生毕业后，先后任教于上海华东政法学院、上海社会科学研究院、复旦大学法律学系。主要论著有《试论唐律疏议》（获上海市哲学社会科学优秀论文奖），主编有《中国法制史》（全国自学考试教材）、《中国法制史自学考试大纲》《中国法制史自学考试指南》《中国民法史》（获全国高校首届人文社会科学研究优秀成果一等奖）、《中国学术名著提要·政治法律卷》等著作，译作有《第三世界的社会主义》《布热津斯基言论选》等。

郭建，男，上海人，出生于1956年9月，复旦大学法学院教授。1982年1月毕业于华东师范大学历史系，1985年复旦大学法律系法律史专业研究生毕业后，留校任教至今。主要论著有《当代社会民间法律意识试析》《"坑"考》《王子犯法，庶民同罪？》《中华文化通志·法律志》《中国财产法史稿》《典权制度源流考》等。译作有《英美法》《日本民法债权总论》等。

普通高等教育“十一五”国家级规划教材

法学系列

中国法制史

（第三版）

叶孝信 郭 建 主编

复旦大学出版社

内容提要

　　本书按照历史朝代顺序，全面介绍了中国有史以来法律制度发展演变的基本脉络和主要内容，以及在历史的不同阶段中国法律制度的基本特色。书中吸取了近年来中国法制史学科研究的最新成果，尤其是加强对于中国古代法律制度中有关民事财产制度方面内容以及司法诉讼方面内容的介绍和总结。在体例结构上设置了"本章要点""资料""解说""案例""人物""插图""本章小结"等栏目形式，通过对史料的引用、法律现象的解说、典型案例的列举和古代法官事迹的介绍，帮助学生在接受授课和阅读教材后确立法治意识，提高认识能力，深入理解和掌握中国法律文化和法律传统。全书结构新颖，文字通俗，条理清晰，是法律专业师生和法律爱好者研习中国法制史的理想教材和适用读物。

主　编　叶孝信　郭　建
副主编　姚荣涛
撰稿人　（以撰写章节先后为序）
　　　　叶孝信　王志强　袁兆春
　　　　蒋晓伟　戴建国　殷啸虎
　　　　郭　建　姚少杰　姚荣涛

第三版前言

本教材自 2002 年出版以来,颇受学界好评,在 2002 年当年获司法部法学优秀教材奖,并被批准为普通高等教育"十一五"国家级规划教材。

根据几年来教学实践的检验,能够证明本教材的基本体系、基本结构是符合法学教育规律的,也是符合中国法制史学科的发展趋势的,因此这次修改没有对教材的基本体系、基本结构进行改动。我们将修改的重点放在补充新的史料、补充中国法制史学界最新的研究成果上。并对教材的语言文字、阅读材料等进行了很多的修正及调整。

本教材出版以来,有读者来信指正教材中一些文字方面的错讹,我们在几年来的教学实践中也发现了一些类似的错讹,借着这次重版的机会,也予以一并的改正,并向曾对我们提出了宝贵意见的读者表示衷心的感谢!

考虑到本书作者分散在全国各个高校,而教材修改工作需要集中进行,因此这次教材修改主要由复旦大学的几位作者承担。

第 二 版 前 言

本教材自 2002 年出版以来,受到学界的肯定和好评,在 2002 年当年获司法部法学优秀教材奖,2006 年入选普通高等教育"十一五"国家级规划教材。

根据教育部"十一五"规划教材编写的基本精神,以及近年来中国法制史学科所取得的新的成就,我们对本教材进行了较大幅度的修改,本教材的第二版就是这次修改的成果。

鉴于几年来教学实践的检验,能够证明本教材的基本体系、基本结构是符合法学教育规律的,也是符合中国法制史学科的发展趋势的,因此这次修改没有对教材的基本体系、基本结构进行改动。我们将修改的重点放在补充新的史料、补充中国法制史学界最新的研究成果上,并对教材的语言文字、阅读材料等进行了较多的修正及调整。

湖北江陵张家山汉墓竹简中包含的大量汉代律令资料,近年来得以全部整理出版公布,这是中国法制史料的重大收获,汉代法制史研究得以向前推进了一大步。这次本教材的修订即根据张家山汉墓竹简的资料,以及近年来的有关研究成果,几乎全部重新编写了第五章"两汉的法制"。

近年来对于中国古代民事财产制度的研究也有了很大的进展,因此也有必要根据新的研究成果来修正本教材的有关内容。尤其是有关古代损害赔偿、典权等制度的沿革变化的情况,采用了最新的研究成果。

本教材出版以来,我们在几年的教学实践中发现了个别文字的错讹,借着这次重版的机会,也予以一并的改正,并向曾对我们提出宝贵意见的读者表示衷心的感谢!

考虑到本书作者分散在全国各个高校,而教材修改工作需要集中进行,因此这次教材修改主要由复旦大学的几位作者承担,由郭建教授具体主持。

初 版 前 言

一

中国法制史是法学的一门基础学科,也是法学本科教育的一门基础性课程。

中国法制史学科研究的对象是中国有史以来法律制度发生、发展、演变的过程,及其演变的规律,力图从中总结历史经验教训,为建设具有中国特色的社会主义法治国家服务。

作为法学本科教育的基础性课程,中国法制史课程的基本目的,是向学生客观、全面地介绍中国有史以来法律制度发展的基本脉络和主要内容,以及在历史的不同阶段中国法律制度的基本特色。在向学生介绍法律制度方面的历史遗产的同时,引导学生进行纵向以及横向的比较思考,从而掌握历灵唯物主义的基本观点,加深对于法学理论的理解,更好地融会贯通各部门法学的基本知识,进一步树立起建设具有中国特色社会主义法治国家的信念。

二

早在大约四千多年前,在现今中国境内就已形成了早期的国家,也出现了法律的雏形。经过商、周两个朝代的发展,中国的法律制度已初步形成了特有的体系和原则。以周部族习惯法"礼"为主体的法律制度,以后经过以儒家为主的思想家们的总结发挥,作为"礼教"对后世发生了极其深远的影响。

春秋战国时期(公元前770—公元前221)是中国社会大变革时期,中国的法律制度也在这一时期迅速走向以皇朝制定法为主体的成文法体系。自春秋时期的郑国"作刑书"公布法律后,仅仅过了一个多世纪,各诸侯国就都已具备了完整的成文法典。从上而下的"变法"已被认为是"富国强兵"的灵丹妙药。

秦朝开创了全国高度统一、君主专制中央集权的政治制度和法律体系,为以后各朝代继承。维护和巩固这种君主专制中央集权,成为以后两千多年传统法律制度的出发点和中心任务。两汉时期,经过改造的儒家礼教逐渐成为指导立法和司法实践的重要因素。三国两晋南北朝立法频繁,礼教被确认为立法和司法的基本原则。这一过程在唐代发展到鼎盛,是为中国法律制度传统的确立。

宋元明清时期中国的法律制度在总体上不再有重大的发展,反映在唐律先是被宋朝沿用、时隔七百多年后又被明朝当作立法的蓝本。而明律本身也被清朝沿用。但在一些局部领域,比如在经济立法和民事立法上,这一时期有较大的发展。

鸦片战争后,中国社会再一次发生了巨变。而法律的变化却相当滞后。直到20世纪初,才开始了根本改革法律制度的尝试。但是这种尝试与空前的民族、政治、社会危机交织在一起,实际上的影响力可以说是微不足道的。中华民国时期迅速制定并颁布了一批与当时最先进的西方资本主义国家接轨的法典,可是在空间和时间上得到实际施行的情况相当有限,很大程度上只是"书面法"而已。

在中国共产党领导下的革命根据地,法律制度在斗争中逐步发展,形成了具有中国特色的人民民主专政法律体系,为中华人民共和国的法律制度打下了坚实的基础。

习惯上中国法制史课程对于中国法律制度发生、发展过程的介绍,一般都限于1949年以前,中华人民共和国成立以来的法律制度发展情况则由各部门法课程分别回顾介绍。有鉴于此,本教材即以1949年为下限。

三

中国法律制度的发展历史源远流长,自成体系,很少受到外来影响,并且长期以来对于东亚地区有着重大而深远的影响,在世界法制史上独树一帜,号为"中华法系",是世界上影响地域最广、发展时间最长的"五大法系"之一。其主要的特征可以表述如下。

1. 法律以君主意志为转移

自古以来"法自君出",君主始终掌握国家的最高立法权。不仅法典由君主颁布,而且单行法规也以君主的敕令形式出现。君主可以修改、废止任何的法律。而皇帝本身并不受法律的约束,不承担任何的法律义务。历史上从未出现"治君之法",相反,法律一直被认为是君主治理臣民的工具。古代所谓的"法治",就是指君主以法律治理臣民。同时君主又拥有最高的司法权,一切重要案件,以及所有的死刑案件(至少在隋唐以后)都必须经由皇帝的裁决批准。皇帝既可以法外用刑,也可以在法外施恩,发布大赦或特赦令,赦免任何的犯罪。

2. 法律以礼教为指导原则和理论基础

和世界上大部分古代国家的法律不同,中国古代的法律制度几乎不受任何宗教的影响。对于法律起到指导作用的,至少在汉代以后就一直是"礼教"。礼教源自以"礼"为总称的商周时期的部族习惯法,其中大量的诸如"亲亲""尊尊"的原则经儒家等先秦诸子思想家的提炼和萃取,逐步被归纳为"三纲五常"之类的伦理体系。礼教并非宗教,并不注重来世的追求,而是强调现世的生活秩序。礼教的许多内容被直接定为法律,而且礼教也是评价和解释法律的最高权威和最重要的依据。比如对于唐律的最高评价就是"一准乎礼"(完全按照了礼教的准则),而对于唐律的立法解释《唐律疏议》,也主要是以礼教和儒家的经典为依据。

另外在法律没有明文规定、或者法律的规定被认为是不合乎礼教原则的情况下,礼教还往往可以"经义决狱"的形式直接成为裁判的依据。

3. 法律以刑法为主体

在中国有史以来,法律的主要作用一直被认为就是"定罪量刑"。在古代,"刑"与"法"、"律"一直是当作同义词来引用的。历代的律典一般就通称"刑律",法官也称之为"刑官",隋以后中央最重要的司法部门就叫"刑部",历代正史记载立法及司法活动的主要篇章也叫作"刑法志"或"刑罚志"。君主交替使用或并用的礼教驯化、法律规范这两大套统治臣民手段,就称之为"德礼"和"刑罚"。因此朝廷制定法的主体一直是刑法,民事财产之类的法律规范相当稀少(亲属婚姻之类的规范大多直接依靠礼教)。另外程序法也和实体法混淆在一起,有关诉讼程序方面的法律规定也只有以追究犯罪为主的刑事诉讼程序。

4. 司法从属于行政

既然法律被认定为是君主施行统治的主要工具,因此法律也就必须服从于君主专制中央集权统治的政治需要,自然各级司法机关也就必须服从、或混同于各级行政统治机构。虽然历代都设有专门的中央司法机关,设有专职的法官,但是皇帝也可以委派其他的高级官员来参与甚至决定审判。如明清时期的最高审级是由朝廷各部门负责官员一起参加的各类会审。地方基层各级政府都是行政司法职能合一的机构,而只有当地的最高级官员才有权作出判决。从宋代开始,才在大行政区(宋代的路、元明清的省)设专门的司法机构,但其审判权限也很有限,并被置于总督、巡抚等地方最高级官员的控制之下。至少在隋代以后,所有的官员原则上都是三年一任,不停地在国家的各级各部门机关之间流动.很少有专职做法官终身的。因此无从形成一个职业法官集团。

四

中国法制史是一门法学的传统学科,已出版的教材有好几十种。本教材主编叶孝信教授在 1989 年受全国高等教育自学考试指导委员会的委托,主编了《中国法制史》全国自学考试教材(由北京大学出版社出版),并于 1996 年又对该教材进行了改编(《中国法制史》新编本)。

本教材力图在已有教材的基础上有一个较大的提升。主要的编写思路如下:

(1)虽然《中国法制史》教材是一个老的题目,但作为新世纪的法学教材,要有新的观点,力争要以新的面貌出现。

(2)教材应适应法学本科学生的情况,有利于法学本科学生学习。在保证具有相当学术深度的同时,又要具有较强的可读性。

(3)应尽量吸取近年来中国法制史研究的最新成果,尤其是加强对于传统中国法律制度中有关民事内容和司法诉讼方面内容的介绍和总结。

（4）为防止只见制度、不见实际操作情况，叙述空洞乏味的弊病，应尽量以一些典型案例来说明问题。并且介绍一些古代法官的事迹，以帮助学生理解、掌握中国法律文化的优良传统。

（5）贯彻素质教育的原则，不主张将教材作为应付考试的"解题大全"。以帮助学生在接受授课和阅读教材后确立法治意识、提高认识能力为主要目的。

根据上述的编写思路，我们对于教材的章节结构、内容安排、文字写作、版面编排等方面进行了探索与改革。

（一）章节结构

在章节结构上，考虑到现有的中学历史教学基本仍然是按照朝代分章进行的，而且目前大部分高校的法学专业都将中国法制史课程安排在低年级授课，因此为了能够和中学历史教学接轨，我们仍然采用了基本按照朝代分章节的结构。但在章内则尽可能采取划一的、以法律部门进行划节的方法，以适应法学专业本科学生的特点。

中国法制史内容极为丰富，任何一部教材都不可能全部涵盖。因此在本科教材的内容取舍上，就要注意到在本科教育阶段究竟哪些内容是希望学生能够掌握的、应该掌握到什么程度的问题。经过再三的斟酌，我们决定将本教材的内容集中在中国传统法律中最有特色、对于今天中国社会仍有相当影响、对于当前建设中国特色社会主义法治国家能提供一定借鉴的方面。具体而言每一章基本都按照以下这六个方面分节展开，叙述尽量集中紧凑。

中国具有悠久的成文法典传统，因此历代皇朝在制订法典之初时的主要指导思想具有重要的意义，本教材为此在一些重要的章设立专节介绍。

中国历代的法制都形成完整的体系，本教材为此每章都加以专节介绍。

中国历代法律都明确限定人们在社会以及家族内的身份等级，并且无论刑事、民事、诉讼、行政诸多方面的法律都与这种身份等级制度紧密相关。这是中国法制史的重要特色，但以往的教材很少介绍。本教材为此在每一章都设置专节介绍分析，并将和家族制度紧密联系的婚姻、继承制度也置于该节统一介绍。

定罪量刑的刑事法律制度一直是中国法制史的重点，本教材自然设立专节。考虑到刑事法律制度涉及面很广，本教材主要集中介绍定罪量刑的一些主要原则和通例，以及当时被认为是重罪罪名的定罪量刑。

中国古代有限的规范财产交换及分配的法律制度，对于形成中国社会民间民事习惯有很大的影响，却也是以往教材很少涉及的，本教材则决定设立专节。内容集中于财产方面的正式法律制度。限于篇幅，本教材一般不介绍民间的民事习惯。

以集权为特色的司法制度，对于民间传统法律意识也有很大影响，本教材力图进行尽可能深入的分析。

（二）内容安排

如上所述，中国法制史的发展是一个漫长的过程，而每个时期都各有特色，因此本教材也力图能够说明在整个演进过程中各阶段的特色。西周作为确定中国传统法律思想基本走向的时期,秦朝作为建立第一个全国统一的法律制度的朝代,唐代作为古代法制集大成一代,宋代作为古代民事法律制度的重要发展时期,都是本教材的重点章。其余各章则主要介绍该时期的主要特点。

全面意义上的法制一词包括了立法、执法各个环节。以往的教材往往满足于介绍各个时期法律制度的条文,而本教材力图做到介绍传统法制从立法到司法的全过程。因此每章节都安排介绍了一些具有典型意义的案例。另外,法律制度是"人造"的,但是在以往的法制史教材里却几乎看不到"人",立法者和执法者的形象从不在教材里出现。我们为此在教材的每章之后都介绍一些该时期著名法律人物的事迹,以树立法律人的榜样。

(三)文字写作

作为中国法制史的专门研究者,在写作时往往习惯于将读者当成具有和自己同样知识积累的对象。但是教材的阅读者是攻读法律的本科大学生,并不具备和研究者同等的知识积累。因此本教材的写作强调文字要通俗易懂,让每一个大学生都能够顺利阅读。所有的文言文史料都尽可能转换为口语化的现代文,仅保留一些著名的警句、精彩的段落。

(四)版面编排

随着社会生活节奏的加快,现代人已习惯于跳跃式、间断式的阅读。为了适应这种趋势,本教材力图按照阅读者的眼光来编排版面。将一些具有典型意义的法律史料段落作为学生的阅读材料,让学生能够一窥古代法律的原貌。采用楷体字和缩格的段落来标示一些背景材料、典型案例以及人物介绍。学生可以连续阅读教材正文,也可以跳跃式地阅读这些阅读材料。同时尽可能以一些插图来让学生得到直观的印象,增加教材的可读性。

五

作为学习法学的本科学生,在学习中国法制史课程,阅读本教材时,可以注意以下几点。

首先,真正理解学习中国法制史的意义,自觉地、主动地进行学习,才有可能从本课程中真正有所受益。中国法制史是一门基础课程,不是学了马上就能够"学以致用"的学科。但是"风物长宜放眼量",人们的知识结构是一个多层次、多方面的系统,如果在学习上一味追求"立竿见影",那么所能得到的将只是平面的、单薄的一些实用型知识,难以在今后的工作中进行深层次的探索和研究,也难以应对将来变化的情况,缺少自我选择的余地。认真学习中国法制史,可以理解我国在法制方面的国情,确立建设中国特色社会主义法治国家的信心,深化对于各部门法学知识的掌握。

其次,学习中国法制史,要以历史唯物主义为指导。从中国历史具体实际出发,实事求是,掌握有关法律制度发生、发展、演变的历史条件。不能就法论法,而要从历史发展的整体上来掌握法律制度演变的内在联系,认识和把握法律制度发展的基本规律。为此可以在课外阅读一些中国历史书籍,尤其是中国制度史、文化史方面的著作。

再次,有史以来中国文字虽然很少变化,但是文体的变化却使今人阅读古籍发生困难。中国法制史使用的历史资料大多都是文言文史料,法学专业的学生在阅读时可能会发生一定的困难。本教材已注意到这个问题,尽量将史料转化为白话文。但学生如果力求准确掌握史料意义,还是应该根据本教材所注明的史料出处,查对原文。至少在学习期间应对最基本、最著名的史料有所涉猎,比如《睡虎地秦墓竹简》《唐律疏议》《宋刑统》等。

最后,学习本课程应有一定的参考书阅读量。目前阶段大学教育主要的学习手段仍然以接受授课和阅读教材为主,但是鉴于本课程的特殊性(时间跨度大、涉及的知识点面广量多),学生还应有选择地认真阅读本书各章开列的参考书。至少应该精读其中的一两本名著。并注意查阅各类工具书,搞清难点和疑点问题。

目　　录

第一章
中国法律的起源和夏商时期的初步发展
（约前 21 世纪—前 11 世纪）

本章要点

　　中国国家与法起源独具特色，在原始习惯转化为法律的过程中血缘纽带更加强韧，部族首领的地位不断强化，并受到原始战争的重大影响。中国第一个专制皇朝夏朝留下的历史遗迹不多。商朝的法制已有很大发展，突出的是王权的强大和刑法的发达，以及在法律运用时的对神权的迷信。

　　中国是世界最早的文明古国之一。考古成果显示，在一百多万年以前，人类就已生息繁衍在这片东濒太平洋西岸、西跨世界屋脊的广袤大地上。在黄淮、长江流域各著名原始文化，内蒙古、新疆各地的细石器文化，以及遍布华中、华南各地的其他早期文化，或先后继起，或同时共存，显示了中国文明早期所达到的高度成就。后代传述的一些主要部族，主要都生活在黄河流域；由西向东，分别是周、夏和商部族的先民。他们的文化有相互的影响、继承关系，所以有"殷因于夏礼""周因于殷礼"①的说法。

　　约公元前 21 世纪，传说夏禹改变禅让的传统，将首领的地位传给其子启，标志着中国历史上第一个王朝夏朝的诞生，②稳定的国家政权开始形成。

　　继夏而起统治中原地区的是商朝。商部族早期活跃于黄河中下游。传说约公元前 16 世纪，商部族在首领汤的率领下，推翻夏朝的末代君主桀的统治。商先民曾辗转迁徙，直至公元前 13 世纪商王盘庚时最终定居殷（今河南安阳），因此商朝又称殷朝、殷商。当时社会农业发达，手工业也已达到相当高的成就，并出现了早期的商业活动。货币使用已有萌芽，被视为财富象征。同时，政治上也日渐成熟。商朝中后期王权已极为烜赫。以商王为核心，已形成一套较完备的官制。除商王室直接统治的区域外，由于王室强大，四方"莫敢不来享，莫敢不来王"，③各地向商王朝上贡的部落达二百个以上，并对王室负有种种义务。

---

① 《论语·为政》。
② 夏文化的确切地理位置和历史纪年，目前国内外学界尚未取得共识。但自王国维根据殷墟甲骨文考定殷王世系、证明其与司马迁《史记·殷本纪》所载基本相符之后，《史记》所述早期史事的真实性获得有力支持。其中《夏本纪》所载虽未获考古材料的充分补证，但其所述必有所本，应可推定。
③ 《诗经·商颂·殷武》。

第一节　中国法律的起源

由于对"法律"概念的不同理解,对于法律起源的时间和标志也就会有很明显的差别。例如,从现当代社会法学派的观念出发,强调法律的社会功能和效果,认为法律是社会关系的一种调整方式,人们既通过经验发现它又通过有意识的活动创造它。因此,法律不一定与立法、执法等国家机关等要素有必然的联系。现代法人类学者走得更远。他们运用人类学的研究方式,对原始部族中调整社会关系和解决纠纷的手段进行调查和分析,并冠以"法律"之名。换言之,如果以这种观点来看,有人类社会就有了法律。① 此外,自然法学、历史法学、现实主义法学等各家对该问题也都有不同的回答。

一、起源时代的法律与国家

根据1949年后法学对"法律"的传统定义,法律是由社会经济基础决定、由国家制定或认可、由国家强制力保障实施、规定人们在社会中权利和义务关系的社会规范。这一定义强调法律的强制性和规范性,并尤其突出法律与国家权力之间不可分割的紧密联系。因此认为在国家产生之前,自然不会有法律的概念。探讨法律起源问题,也就往往转而成为探讨国家的起源问题。

由于史料的局限,目前尚无法对史前(即有文字记载的时代以前)的社会状况、特别是其纠纷解决方式进行探究;另一方面,由于中国早期国家产生和发展过程中所体现的强烈政治性动力和特征,在中国传统法律观念中,从很古远的时代开始,法律就与国家有紧密的联系,成为国家权力的依附。因此,探讨中国法律的起源问题,在兼顾法律的社会属性的同时,仍应结合中国的客观历史状况,看到法律与国家权力相伴生的这个侧面。

根据当代考古发掘的古代文化遗址分析,人类社会在一万年前逐步进入定居农业社会的同时,开始出现规模巨大的城防工事、神庙、宫殿等建筑物,考古学一般将此视为国家形成的象征。有观点认为由于定居农业经济是生产力的巨大进步,人类第一次有了充足的剩余产品,但同时人们整年的生活资料有赖于一次性的收获季节,在收获前田野作物并不能处在人们的直接控制之下,这种集体的焦虑使人们逐渐创造出各种复杂繁琐的祭祀神灵的仪式,建造起巨大规模的祭祀设施,来祈求神灵的保佑。另外对于收获后积聚起来的下一整年生活资料的掠夺与保卫,促进了武装冲突规模的扩大,战争的专业组织与指挥体系也随之形成。国家机构即由此产生,而原来部落的原始习惯也在日益复杂祭祀与战争规则的带动下,向由国家强制力保证实施的法律演化。②

二、中国法律起源的特点

法律作为一个整体而言,不可能在朝夕之间产生,而是有一个发展、过渡的过程。在这一发展过程中,中国法律起源的某些方面遵循世界各文明发展的一般规律,但与世界其他法律文明,尤其是与地中海古文明相比,又具有一系列的特点。

① 参见[美]E·霍贝尔:《原始人的法》,贵州人民出版社1992年版,第41—55页。
② 参见[英]巴里·克姆普:《解剖古埃及》,浙江人民出版社2000年版,第38—42页。

（一）原始习惯转化为具有约束力的礼法

在中国史前文明的漫长发展中，形成了许多部族习惯。这些原始的习惯，在国家形成的过程中，转化为具有法律意义的规范。这是一个相当漫长的过程。

早期社会的"礼"作为社会公认的行为规则，一方面具有道德准则的意义；另一方面又在许多内容上受到国家权力的支持，与国家制定法相互渗透，相互补充，难分难解。如西周礼制的不少内容，都是远古氏族习惯发展而来的：冠礼起源于先民的成丁礼，乡饮酒礼源于部族时代的会食制度，等等。礼后来受到统治者的大力提倡。随着成文法的发展，礼的一些内容进入法律的明文规定，但仍有大量部分停留在礼俗和礼教的层面，保持着习惯和道德性的色彩，成为价值评判的依据和调整民事关系的主要渊源。

（二）血缘纽带更加强韧

在世界各种文明中，国家和法律等新生社会关系的出现，都不可回避地要面对原始时代旧有的氏族血缘关系。近代思想家在研究欧洲社会早期国家产生的过程后，认为血缘纽带被打破、居民按地域划分是当时国家产生的重要特征。[1]

但中国在国家公权力出现、制定法形成的过程中，情况并不相同。在国家产生之前的氏族社会，血缘纽带是维系社会关系的唯一手段。以农业为主的当时中国古代社会，安土重迁的客观需要更使宗族成为政治结构的主要单位。在中国国家形成和政治权力集中的过程中，祖先神祭祀活动扮演了极其重要的角色，部族首领统率属众祭祀祖先，以加强本集团的凝聚力。国王也经常假托祖先神名义来发号施令。

由祖先神的崇拜，带来对于血缘关系的强化。作为部落祖先神的后代成为部落首领乃至称王，与部落首领有血缘关系的亲属直接转化为具有特权的贵族。对血缘关系的破坏也被视为最大的罪恶。在先秦古籍《吕氏春秋·孝行》中有"刑三百，罪莫重于不孝"的说法，到后来的《孝经》中则表述为"五刑之属三千，罪莫大于不孝"。对于父母等至亲尊长的不孝行为，在法律诞生之初就被当作罪大恶极的事情。

这样，在中国国家的形成过程中，血缘的联系非但没有被打破，反而愈加紧密。这种局面，与专制主义政治相呼应，强调君父的绝对权威，筑就了家国一体的牢固格局，并直接塑造了后世传统法律中的家族主义特色。

（三）部族首领的地位不断强化并受到法律保障

在古代地中海地区的希腊和罗马社会，随着生产力的不断发展，剩余产品的丰富，有产者开始攫取越来越多的政治权力，逐步排斥由部落首领转化而来的王权，套用遗存的原始民主制度，并建立起适合于有产者的法律制度。这种状况在中世纪西欧一些地区也曾重现。

然而，中国的早期诸部族是在不断大规模争战后才逐步走向融合的。据《史记·五帝本纪》载，传说在上古时代，各部族互相侵伐，其中轩辕氏的军事力量最强，迫使诸侯都归附其统属。炎帝和蚩尤不听从号令，轩辕氏通过阪泉、涿鹿两次大战，最终成为胜利者被尊戴为天子，就是后来所说的黄帝；"天下有不顺者，黄帝从而征之，平者去之，披山通道，未尝宁居"。以后的尧、舜时代也有所谓"三苗之乱""四凶之恶"，都是以暴力加以剪除的。由此可见，国家权力由于军事征伐而得以巩固，而因为军事行动集中指挥的需要，权力得以迅速集中。

另外进入农耕时代后，由于黄河泛滥无常，也需要集中人力、物力，在高效率的统一指挥

---

[1]　恩格斯：《家庭、所有制和国家的起源》，《马克思恩格斯选集》第四卷，人民出版社1972年版，第166—167页。

下兴造水利工程。传说中的上古著名首领舜、鲧和禹，都是治水活动的领袖人物，也因此赢得了很高的声望和权威。

因此，中国的国家权力形成主要不是循着经济发展的路径，而是通过政治性的集权方式得以实现的。权力的拥有者、特别是最高统治者为保障和加强其权力，不断以法律、特别是刑法的形式维护其统治。部族统治者的权威不断加强，专制主义逐渐开始成为中国此后社会中政治、法律生活的主旋律，至秦统一以后完全制度化。

（四）作为战争产物的刑罚和法官

如前所述，在古代社会，战争是权力集中的重要途径，因此法律在起源时期，留下了很多战争的痕迹，兵刑之间有着紧密的联系。《易经》里有"师出以律"的记载，"律"在当时是指乐律，如后世鸣金、击鼓之类，是军事号令的代名词。① 传说中的一些最早的具有刑事法律性质的法令，也大多是由国王在战争背景下颁布的，如儒家经典《尚书》中的《甘誓》传说是夏启对不肯臣服的有扈氏发起进攻前发布的，还有商汤伐夏桀的《汤誓》、周武王伐殷纣的《牧誓》，都宣称对勇敢作战者将行犒赏，而对作战退缩违反军令的人要进行诛杀。

《国语·鲁语上》说"大刑用甲兵"，"甲兵"就是指"致之原野"的大规模武力征伐。可见，在古人心目中刑罚与战争是同样性质的国家行为，大规模军事镇压是"大刑"；对于战俘及罪犯的残害与标记就是普通的刑罚。因此古代刑罚体系以"肉刑"（残害刑）为主，在受刑者的肉体上留下不可磨灭的标志性创伤，这既是战争创伤再现，也是防止战俘及罪犯反抗或逃亡的措施。

此外，司法与军事的主持者当时是合而为一的。据《尚书·舜典》记载，传说中最早的司法官皋陶被舜称为"士"，而"士"本身也指战车上的战士。追述西周制度的儒家经典《周礼》仍称西周的司法官为士师、乡士、遂士、县士、方士等各种"士"。

在国家制定法中，统治者们通过战争赢得权力，又将战争的痕迹和机制推广到镇压各种反抗的法制生活中去。刑罚体系因此日益完备和发达，"刑起于兵"，这在中国法制史上打下了深刻的烙印。

【解说】

"灋"字的来历

在古汉字中，"法"写作"灋"，甲骨文中无此字，其字首见于周代金文，共有七例，其中有一处解释为"大"，是《大盂鼎》中"灋保先王"一句中的用法；其余六例都出现在"勿灋朕令"这一句式中，如《大盂鼎》《师酉簋(guǐ)》《克鼎》和《师虎簋》等，是"去、废"之意，整句的意思是不要让我（指周天子）的命令流于废弛。后一种意义的用法在秦代还很频繁，《睡虎地秦墓竹简·秦律杂抄》中就有"不当稟军中而稟者，皆赀二甲，灋（废）"的说法，意思是不应自军中领取粮食而却领取的，都罚出二副甲，撤职永不叙用。当然，秦代的"灋"字在有

獬豸石雕照片（明十三陵）

---

① 参见武树臣等：《中国传统法律文化》，北京大学出版社1994年版，第118页。

的句式中也已经用来表达"法律"的意思。因此,成书于汉代的《说文解字》中说:"灋,刑也。平之如水,从水;廌所以触不直者去之,从廌、去",意思是说,法就是刑,因为其表示公平如水,因此以水为偏旁;又因为廌(zhì)这种独角神兽能够判别真伪,顶触争端中无理的一方,将其擿去,所以另一部分由廌、去这两个字组成。由此可见,"灋"字本义起初一般是去除、废弃,作动词用;后来渐渐开始用作名词,表示剖判是非、主持公道的法律之意,取代了原来的一味强调暴力的"刑"的概念,成为法律的通称。后世为简便起见,将其中的"廌"字省略,成为现在"法"的模样。其实,在最早的字典《说文解字》中,它列在"廌"这一部首下,在"水(氵)"部是找不到的。

第二节　夏商时代的法制

一、夏朝的法制

一般国内史学界认定夏朝是中国历史上第一个王朝。但由于时代过于古远,材料相当匮乏,对于夏朝的法制很难有全面的了解。现仅据有关史料作一简述。

氏族社会信奉鬼神的观念,对夏朝法制有深刻影响,是当时论证罪、刑的基本依据。假借天意发布王命是现存夏朝法的主要形式。传说启继承其父禹的王位,引起其他氏族首领的反对。有扈氏起兵对抗,启率军讨伐,双方在一个叫"甘"的地方会战。据说战前启发表了动员令,被后世录为《甘誓》,收于《尚书》。其中宣布,现在我们出兵讨伐有扈氏,是恭行上天之命;车左、车右和驾马的军兵们如不努力作战、履行职守的,都是不奉我命。奉命而行的将在祖庙行赏,否则将斩杀于土地神社,并要辱及后嗣。这篇文献虽非当时所作,但也可以从中看到在国家权力草创阶段以神谕加上强权推行政令的状况。

后人的记述中,曾提到"禹刑",认为是夏代法律的总称。可能是禹的后代继承者们在部族习惯和战时军令的基础上逐步积累形成的习惯法,然后托名为禹的创制。其内容目前尚无从详考。后人还有"夏刑三千条"之说,据说当时还出现了系统的刑罚制度。这些说法都只能视为后人以自己理想化模式的追述,不能作为信史。

有的历史文献中还提到了夏朝一些法律内容。如《左传》中说夏朝有"昏、墨、贼,杀"的法律,意思是自己做了坏事而窃取别人的美名,贪得无厌、败坏官风,以及肆无忌惮地杀人,这三种行为,都要处以死刑。还有称夏朝已有"不孝"罪,并且是最为严重的罪行。而《竹书纪年》称,在夏朝第七代王芬的时候,曾兴造"圜土",据说是当时的监狱。还有一种传说,称夏代末王桀曾将商汤监禁在"夏台",这或许是夏代中央监狱的名称。

二、商朝的法制状况

我国有文字可考的历史始于殷商,殷商也以精美的青铜文化而著称。但其法制状况因史料有限,难窥全豹。目前暂且只能以甲骨文的片断记述、其他出土的商代器物以及后世编写的文献,大致描述当时法制的概貌。

（一）王权的不断巩固

商代的国家政治上已日渐成熟,突出体现为王权的日益巩固和强大。特别是到商代中后期,商王的权力极为煊赫。甲骨文中,商王自称"余一人",在当时人们的观念中,他可以受到上帝和先公先王的佑护。特别是在时代更晚近的占卜辞中,商王的祖先与人们的关系日益密切,其保护子孙并给予佑助的性质被不断强化,体现出整个王室宗族政治和社会地位的加强。

早期甲骨文的记载显示,当时的至上神"帝"与商王祖先之间有明确的臣属关系和区分。但到后期,商王的祖先甚至被冠以"帝"的称号,这在当时情况下是对王的个人权威的极度强化,因为当时"帝"的概念是对至上神的专用称谓,普通神灵都不能僭用。

同时,商王还逐渐掌握了占卜、解释卜辞的权力。商朝早期占卜由专门的"贞人"来主持进行,他们垄断着神灵意思的表达与解释,地位相当崇高。在约公元前 16 世纪以前,商王并不掌握这项大权,政权与神权还处在相对分离的阶段。但到商代最后两位王乙、辛(即纣王)在位的时代,甲骨文中显示,王已经能亲自进行占卜。这标志着当时王权力的扩张,已开始掌握"替天行道"的权力,日益具有政教合一的领袖地位。另外,在卜问 10 天内有无灾异的例行"旬卜辞"中(通常结果是"旬无祸",即不会有灾祸情况发生),原本占卜的对象并不明确,是笼统的一种卜问,但到商代后期,"旬无祸"的例行结果前已经要冠以"王"字,明确所贞问的对象是商王,强调是"王"在 10 日内不会有灾祸。这项卜问成为专门为商王服务的项目。这些现象,都反映出商王权力在商代后期的不断扩张。

在传世文献中,虽然《尚书》中的所有记述商代史事的篇目都是出于后代追述,但依然可以作为补证,约略窥测当时的状况。在《尚书·盘庚》这篇长篇大论的重要文献中,详细地追述了当年商王盘庚,在迁都时对臣属发布的告谕。其中宣称商王掌握着对臣属的生杀大权,将对任何反对迁都、为非作歹的臣民施以严厉惩罚,迁都的整个过程体现出商王盘庚的优越地位和主导作用。

【资料】

《尚书·盘庚》段落

呜呼,今予告汝不易!永敬大恤,无胥绝远。汝分猷念以相从,各设中于乃心!乃有不吉不迪,颠越不恭,暂遇奸宄,我乃劓殄灭之,无遗育,无俾易种于兹新邑!往哉,生生!今予将试以汝迁;永建乃家![1]

译文:

唉,现在我的计划决定了!你们对于我所忧虑的事情,应当体会,不可漠视了!你们应当各各把自己的心放得中正,跟了我一同打算!倘有不道德的人乱作胡为,不肯恭奉上命,以及作歹为非,劫夺行路的,我就要把他们杀戮了,绝灭了,不使得他们恶劣的种子遗留一个在这个新邑之内!去罢,去寻安乐的生活罢!现在我要把你们迁过去了,在那边,希望永久安定你们的家!

以商王为核心,已形成一套较完备的中央官制和方国首领封号。据统计,在商代的中央职官已达六十余种。其中主要有:辅弼重臣师、傅、保,主管生产的籍臣(主管农业)、牧(主管畜牧)、小丘臣(管理山林)、工(管理手工业)等,主管军事的马、亚、射、卫、尹、作册等,以及主管宫廷事物的小臣、寝等。[2] 这些职官的职司划分并不严格,尤其是在战争时,都可参与

① 顾颉刚:《盘庚中篇今译》,载《古史辨》第二册,上海古籍出版社 1982 年版,第 48—49 页。
② 参见陈梦家:《殷墟卜辞综述》,中华书局 1992 年版,第 503—522 页;张亚初:《商代职官制度》,载《古文字研究》第十三辑,中华书局 1986 年版。

军事活动。较齐备的官僚体系,反映了国家机器的逐步健全。同时,除商王室直接统治的区域外,还有纳入其势力范围的各地方邦族。甲骨文中这些地方邦族首领分别被称为侯、伯、多田、多君等,《尚书·酒诰》中则提到有侯、甸、男卫、邦伯等称谓。他们对商王承当防寇报警、随王征伐和缴纳贡物等种种义务。甲骨文中有贡纳大量兽畜、卜骨和卜甲的记载。各方国与商王室的这种关系,有力地体现了中央权力的强大和王室的权威。另外,这些称谓中,师、傅、保和侯、伯等官爵名称在后世长期保留下来,对后代职官制度有一定的影响。

（二）商代的法规

根据文献记载,商代可能已经出现了一些立法。传说"太甲颠覆汤之典刑",[1]是说商朝的一代昏庸之主太甲废弃了开国之君汤所创立的一整套法度;《竹书纪年》又记载说"祖甲二十四年,重作《汤刑》",指的是修改以汤的名义命名的规则。战国时墨家学派宣称音乐是应该予以限制的,说是在商代汤创立的《官刑》里就有这种规定。汤创立的法度规范到底如何,现在已经无从考究了。古人素有崇古敬祖的风习,动辄托名先贤,因为一旦成为祖宗家法的东西,要加以更改、表示反对都比较困难,所以商代的成文法总是要被冠以开国之祖"汤"的名义。但实际上,在汤的时代可能并没有什么记录在案的成文规则,只是有些习惯做法,后代商王逐步地将之固定化。因此,到了西周初年,统治者提倡要继承和效法商代的刑法,特别是要积极从中汲取合理的内容,"用其义刑义杀"。[2] 可见到商代晚期,法律的一部分内容已经逐步固定化,能够由后代王朝仿效、继承,这些很可能包含一些成文化的法规制度。但若说商代已有完备系统的立法,这是颇可怀疑的。

【解说】

"刑"字的来历

"刑",在古汉字中有"井"和"刑"两个字与其对应。"井"字在甲骨文中就已经出现,现存的共有八十四处,[3]但其中大多作人名"妇井"(即名为井的商王之妻,一说商王之媳),还有的是表示地名的意思,另外因残缺不可解读的有三例,可见没有一处用法是和法律规范的意思相关的。现存周代金文中"井"出现了七十一次,[4]除用作地名、人名四十九处外,有不少地方大部分作"遵循、以为楷模"解,共十五例;其余作名词用作"法律规范"意思的有五例,如"怀(重祝)刑""明(明确正当的)刑"等,而作动词用作"施刑罚"之意的有两例。这些与法律规范和刑罚等意义习惯的用法绝大多数出现在西周时期的器物上。[5] "刑"字在甲骨文中至今没有发现,周代金文中此字写作"㓝",目前器物中曾出现三次,一次用作人名,另两处都是法律规范的意思,称为"中刑""中敷明刑",都是东周的器物。[6]

很显然,"井"字是先有的本字,而"刑"字是"井"字衍生出来并逐渐取代其意义的派生字。"井"字最原始的意义是现在"型"的意思,即模型,是铸器之范的象形,后来逐渐用作动词,表示遵循、以为典范的意思;进一步发展后,由于其有限制、使事务成形的规

---

① 《孟子·万章上》。
② 《尚书·康诰》。
③ 参见姚孝遂、肖丁:《殷墟甲骨刻辞类纂》,中华书局 1989 年版,第 1105—1106 页。
④ 参见周法高等:《金文诂林》,香港中文大学 1975 年版,第 3283—3285 页。
⑤ 参见郭沫若:《两周金文辞大系考释》,科学出版社 1957 年版,第 20、75、135、142、250 页。
⑥ 同上书,第 203、221 页。

范的意义,因此转而可以表示法律规范,并成为其统称。由于当时的成文法以刑罚为执行手段,因此渐渐有了刑罚的意义。这是西周时期的用法。到东周时代,为有别于原用法,又因刑罚有杀戮的意思,所以加上"刂"部,衍为"㓝",即今天的"刑"。

(三) 刑法

商代刑罚种类很多,《荀子·正名》中有"刑名从商"之说,认为五刑体系在这一时期已经确立。[①] 一般认为,当时的"五刑"是指墨、劓、剕、宫、大辟等五种刑罚,其中前四种又统称为"肉刑"(给人身体造成不可复原的创伤的残害刑)。这五种刑罚的严重程度依次递增。

墨刑又称黥(qíng)刑,甲骨文做 ,是在人的面部以利器刻画后涂以墨迹,留下醒目的痕迹,毁坏其容貌。这是为了在犯罪者身体上施以不可磨灭的标记,作为曾犯有罪行的记录并以示耻辱。

劓刑即割鼻之刑,甲骨文做 ,留下的伤害及其醒目程度较墨刑为重。

剕(fēi)刑又称刖(yuè)刑、膑(bìn)刑,切断罪人之足,或剔去膝盖骨(膑),使人丧失行走的能力。战国时著名的军事家孙膑就曾受此刑,因而以此为名。

宫刑,又称淫刑、椓(zhuó)刑、腐刑,甲骨文做 ,是破坏人生殖机能的刑罚。据说受刑后需在密不透风的室内静养,才有可能免于并发症而保住性命,其情形与育蚕略同,因此又称"下蚕室"。

"辟"在甲骨文中是灾祸的意思,到后世渐有刑法之意,大辟,即最大的灾祸、最严厉的制裁,指死刑。一般认为当时是以斩首的形式执行的。

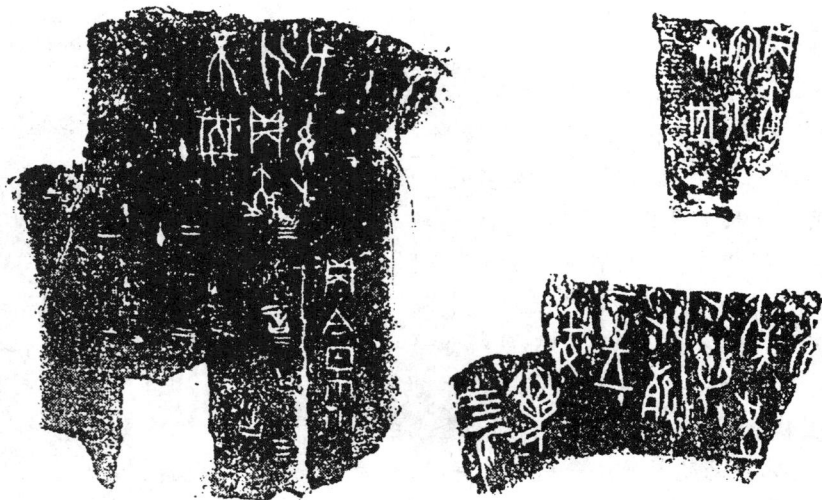

甲骨文字中所见到的刖刑

甲骨文字中还有一些表现其他肉刑的字形,如有割耳的聝(èr,甲骨文)刑、割裂肢体的磔刑、埋人于土中的"陷"(甲骨文)刑等。传世文献中,《尚书》的《汤誓》《盘庚》记载有株连屠戮家族的"孥戮""殄灭";《韩非子·内储说上》则说当时有"断手"的刑罚。

① 为了与隋唐以后成为定制的后世五刑体系相对而言,先秦时期的"五刑"一般也称"前五刑"。也有人认为所谓"五刑",很可能是战国阴阳五行家搞数字崇拜、牵强附会的产物,而并非商代的定制。由于后人以讹传讹、将错就错,也就习惯上将这种理想化的、具有完整刑制体系的花环套到了遥远的商代先民头上。

　　肉刑对于受刑者的伤害是多方面的。除了在身体上受到伤害外，肉刑对于受刑者的精神打击更大。有的古代国家残害刑具有强烈的反映刑、同态报复刑的性质。①　但中国古代的肉刑则更突出社会对于罪犯的排斥与放逐。按照中国古代重孝的传统，孝的最基本的要求是必须完整保存父母给予的身体，所谓"身体发肤，受之父母，不敢毁损，孝之始也"。②　受肉刑者毁坏了父母给予的身体，是大不孝，在尊奉祖先崇拜的古代，这就象征着受刑者将永远无法和先人鬼神交流，将受到祖先的诅咒，实际意义就是在精神上被放逐、被其家族所排斥，丧失"家族人"的身份。受刑者由于被打上了放逐的标记，很可能被驱逐出部落，无论其死活，被当作外族"蛮夷"，甚或禽兽，从而又丧失其"社会人"的身份。在依靠家族及部落才能生存下去的上古时代，受肉刑者作为"生物人"是否能够苟且偷生实在难以预料。

　　《史记·殷本纪》还记载了商朝末代国王纣王采用的醢(hǎi)(亦称"菹〈zū〉醢"，将罪人捣成肉酱)、脯(将罪人晒成人干)、斫(zhuó)胫(剖开人的小腿)、剖心等种种酷刑。另外，由于神怪小说《封神演义》的普及效应，纣王时的炮烙之刑也广为人知。正史中也有记载，据说是把铜柱架于火上，涂上油膏，再迫使受刑者在柱行走，结果自然是"人烂堕火而死"。③

　　值得一提的是流刑和劳役刑。传说商代以前的尧、舜时候就常用流刑，商朝时最有名的是一代贤相伊尹将昏庸的商王太甲放逐于桐的故事，许多文献都有记述。④　将罪犯驱逐出社会是初民社会对严重违背规范者普遍采取的惩罚措施，因此从当时社会发展水平、后世刑制状况和各国刑罚通例而言，流刑在殷商应已存在。

　　劳役刑在商代似乎也已存在，据说商朝的国王武丁曾经将从事筑墙苦役的傅说提拔为宰相。⑤　由于奴隶制度的存在，且刑制未有完备体系，奴隶和劳役刑徒的区别还不会很明显，因此在商代受苦役刑惩罚的罪犯很可能就沦为了官府的奴隶。

　　商代具有监狱性质的机构，史籍中称为"圜土"，据说是设在羑(yǒu)里。甲骨文中有"圉"字，像人被拘铐置于室内之形，就是羁押罪人的地方。具有这种性质的机构在各方国等各地都有分布。

　　商朝还普遍使用各种戒具。甲骨文中有释为梏(gù 𝌆)、执(𝌆)等字的古象形字。"梏"为木制手铐，使用时将人的两腕夹入中间圆孔，用绳缚其两端。殷墟出土有戴手梏的男、女陶俑各一，是其形象的实例。"执"则作动词用，有抓捕、拘禁之意。捕执对象有时为个人，如有一片甲骨上刻有"执火"字样，意思是抓捕名叫火的人，另有一片刻"弗执召"，即不要抓名叫召的人；有时抓捕的是某类人，如"执宰"(某一等级的奴隶)；还有的抓捕对象是地名或方国，可能指代该地方的战俘。⑥　因为古时兵刑一体，故罪犯和战俘同等对待，加以拘执。

　　(四)宗族制度

　　商代社会保留了浓重的氏族时代痕迹。在称谓上，称之为且(祖，男性祖先)、匕(妣，女

---

　　①　如古巴比伦《汉穆拉比法典》第196条：损毁自由民之子眼睛的要毁其眼；第200条：击落他人牙齿的要拔其齿；乳母喂死婴儿割其乳房等。又如《旧约圣经·出埃及记》载古希伯来法："以眼还眼，以牙还牙，以手还手，以脚还脚，以烙还烙，以伤还伤。"

　　②　《孝经·开宗明义章》。

　　③　参见《吕氏春秋·贵直论·过理》；《史记·殷本纪》有类似记载。

　　④　《竹书纪年》。又见《左传·襄公三十一年》《孟子·万章上》《孟子·尽心上》《史记·殷本纪》。

　　⑤　《孟子·告子下》。又见《楚辞·离骚》《墨子·尚贤》《吕氏春秋·求人》和《史记·殷本纪》。

　　⑥　参见《甲骨文合集》第17066、33031、575—579、136和20467(正)片。

性祖先)、父、母、子的人未必有直系血缘关系,而可能仅仅是同宗的旁系亲属。当时人的婚姻习惯已走出群婚阶段,一般认为当时普遍实行的是一夫多妻制。从现有史料来看,至少嫡妻之制在商前期尚未确立,因此才导致了子嗣继承的不确定和兄终弟及继承关系的频繁出现。商代主要实行族内婚制,异姓嫁娶虽不乏其例,如商王乙曾将女嫁给周文王,还有商末苏人嫁妲己于辛(纣),但当时邦族林立,"大邦"与各族间嫁娶乃出于政治考虑,属于典型的政治联姻,一般普遍情形仍以族内婚为主。

殷人的继承方式,依现有材料,仅能从王室继承的角度上窥其一斑,而且仅限于身份继承,财产继承的方面只能依此作相应推测。因史料有限,解释角度各异。一般来说,就商代王位的世系而言,在商代中期以前,从商代的开国之王大乙(汤)至康丁的26个国王中,有15位国王的继承是兄终弟及,即兄长去世后由其弟继承王位,占总数的三分之二,可见这种继承方式是主流;而且大乙至祖丁的九代商王基本上是以兄长这一支为直系,也就是说最后所有的同辈兄弟都去世后,王位传给下一辈时,是由兄长的儿子们来继承的,足见当时兄权尚尊。到商代后期,情况则发生了相当大的变化。小乙以后有八代都是以弟为直系,即弟皆传王位于自己之子,而非兄长之子;特别是康丁以后最末四代商王都直接传王位于子而不传弟,父权明显加强。父权本位的确立有一个较长的过渡时期,可以说殷商时代正是处于这一过程之中。因此,在继承制度上,商代前中期由弟继兄为常制,商后期已经逐步向父死子继的继承方式过渡。

(五)法律运作

商代的社会思想还淹没在一片早期宗教的混沌中。"殷人尊神,率民以事神",[1]当时人具有极为浓厚的神权思想。各种重要事务大都以神祇的意志为依归,甲骨文大多数都是以探究神意的占卜为内容,目前所知的存世甲骨达十六万片之多。在殷人思想中,作为至上神的"帝",地位极其尊崇,几乎无所不能。沟通天人的巫觋地位甚尊,当时重臣如巫咸、伊陟,乃至商王本人,都常起着巫的作用。

因此,在法律运作过程中,托名神意是最显著的特点。甲骨文的刻辞中,有的直接反映出当时通过占卜方式决定刑罚的执行及其后果。如其中说"贞:刖宰八十人不死?"[2]贞,即卜问之意,这句刻辞是卜问:如果对这八十个"宰"这种身份的人实施刖刑,他们会不会死?再如另一片甲骨刻辞:"丁巳卜,亘贞:刖若?"[3]这是在丁巳这一天进行占卜的记录,由名为亘的卜师(甲骨文中称为贞人)进行占卜:执行刖刑是否顺利?从这些刻辞中,可以很直观地感受到初民神判制度的意味。

在文献记载中,这种借助神意来执行法律、推行命令的办法也非常普遍。在当时宣布规则的誓命中,多借神力以示威慑,如《尚书·汤誓》是兴师灭夏的商人领袖汤发表的战前誓词,其中说,并非我这个小人物胆敢犯上作乱,而是夏朝犯下众多罪行,上天命令我剿灭他们;又说,夏朝有罪,我是畏惧上帝,不敢不前去匡危扶正;《尚书·盘庚》中,盘庚在迁都前向臣民发表命令,声称是上天将永葆我们在新都城里的平安;我是奉天之命,来保住你们的性命。当然,"天"成为至上神的概念受到崇拜是西周时候的事情,商代还没有这个概念,上述文献中出现"天"的字样,这是文献写定于后世、因而使用后来概念所致。但无论如何,对神

① 《礼记·表记》。
② 《甲骨文合集》第580片。
③ 《甲骨文合集》第6001片(正)。

权的迷信和崇拜,是商代的法律运作中占主导地位的思想。

【人物】

传说中法官的始祖皋陶

　　传说中国法官这一职业的始祖名叫皋陶(gāo yáo)。这位先贤据说其貌不扬,甚至颇有些怪异。《荀子》说他的脸像削瓜之皮,呈青绿之色。《淮南子》甚至说他的嘴像马,且喑哑无言。据说他曾经在雷泽垂钓,被著名的圣君舜发现和重用。《史记》记载了舜对皋陶的"任命状",大意是说:野蛮民族侵犯中国之土,杀人越货,内忧外患。你来担任"士"的职务,五刑要量刑适中,裁定五种犯罪,要分送三处执行,分别给予三等之居,并要有一定尺度。只有公正廉明才能使人心服。所谓"三处",据说是"大罪陈诸原野,次罪于市朝,同族适甸师氏";"三等之居",是指"大罪投四裔,次九州之外,次中国之外"。

　　另外,在《尚书·大禹谟》中,记载了诸如"罚弗及嗣,赏延于世;宥过无大,刑过无小;罪疑惟轻,功疑惟重"和"与其杀不辜,宁失不经"等皋陶执法时奉行的原则;另一篇《皋陶谟》则记载了舜和皋陶的对话,宣扬了天命观、德治观和朴素的民本思想。这些原则和思想从内容上来看更像是西周以后的产物,但至少反映了后人对皋陶这一先辈的崇拜,希望借其口以张己说。《孟子》中曾记载了孟子和学生之间的一段对话,其中皋陶被孟子设想为一个即使瞽叟(舜的父亲)杀人都会毫不犹豫地将其逮捕以正典刑的铁面无私者,其在后人心目中的形象由此可见一斑。

　　传说皋陶的审判很大程度上倚赖于一头神兽,名为獬豸(xiè zhì)。其面貌后人有各种臆测,有的说像牛,有的说像羊,有的说像鹿,还有的说又像熊,等等。但无论如何,它能够判断是非真伪,能"触不直者而去之",作用如同《西游记》中能辨别真假猴王的异兽。这是原始时期普遍存在的司法裁判中的"神判"风格,在皋陶这位法官始祖身上的生动体现。

本 章 小 结

　　在中国法律文明的起源阶段,由于特定的地理环境、经济生活和历史进程等多种因素的综合影响,这一初始的过程具有一些独到的特点。原始习惯直接转化为具有约束力的礼法,家族血缘的纽带因祖先崇拜而得以强化,部族首领基于在祭祀、战争和工程建设等过程中的集权需求获得强大权力,以及战争为刑罚制度和法官体系提供现成样板。这些特点,为后世中国整个传统法律制度的走向定下了基调。

　　这些特征在夏商时代的法律文明中得到不同程度的反映。当时,法律处于草创阶段,成文法若隐若现,远未形成系统的典章。大量的社会法律关系靠业已存在的习惯调整,婚姻、继承等宗族制度与时俱进,已初具规模,逐渐形成一批确定性规则。刑罚制度开始逐步产生,残酷的肉刑之下,无数人挣扎呻吟在无可弥合的创痛中。社会、政治生活中弥漫着浓厚的神权思想,尊神敬祖构成了社会思潮的主流。凡此种种,都体现着这一阶段在法律文明从起源走向逐步成熟过程中的过渡性质。

延伸阅读

基本史料

《尚书》之《甘誓》、《汤誓》和《盘庚》等篇。

《史记》卷1《五帝本纪》,卷2《夏本纪》,卷3《殷本纪》。

参考书目

张光直:《连续与破裂:一个文明起源新说的草稿》,载《中国青铜时代》(二集),生活·读书·新知三联书店1990年版。

谢维扬:《中国早期国家》,浙江人民出版社1997年版。

蒲坚:《中国法制通史》第一卷《夏商周》,法律出版社1999年版。

胡厚宣:《殷代婚姻家族宗法生育制度考》,《甲骨学商史论丛初集》,齐鲁大学国学研究所1944年版。

李学勤:《殷代亲族制度》,《文史哲》1957年第4期。

胡厚宣:《商代的刑刑》,《考古》1973年第2期。

李力:《夏商法律研究中的若干问题》,载《法律史论集》第1卷,法律出版社1998年。

马小红主编:《中国法制史考证》甲编第1卷《夏商周法制考》,中国社会科学出版社2003年版。

〔日〕籾山明主编:《中国法制史考证》丙编(日本学者考证中国法制史重要成果选译)第1卷《通代先秦秦汉卷》,中国社会科学出版社2003年版。

思考题

1. 从不同法学流派的视角探讨法律起源问题的意义。

2. 中国法律起源的特点和原因。

3. 商代王权不断强化的表现。

4. 夏商时期法制的基本特点。

本章要点

　　西周法制对于后世有极其深远的影响。其法制指导思想已形成较为完整的理论体系。其法制以"礼"为核心，又有"刑"以及各种形式的成文法。西周法律将社会划分为严密的等级制度，而且宗法制和婚姻、继承等制度也强调血缘关系上的等级尊卑。在刑事法律方面，西周时期也形成很多重要原则。

　　约公元前 11 世纪，活动在黄河中游一带的周部族力量日益壮大，在周武王的统率下，联合周边中小部族，进兵商都朝歌。商代末王辛纣兵败而死，商的统治被推翻。周开始对中原及周边地区进行统治。周定都镐京（今陕西西安），相对于后来迁都雒邑（今河南洛阳）的周政权而言，由于统治中心偏西，因此历史上将武王灭商建国后至公元前 771 年平王东迁前这一阶段称为西周。

　　周建立统治之初，商代遗民及各地方反叛时有发生。周王室一方面以军事镇压消灭反叛势力；另一方面为稳固统治，羁縻各地方势力，积极推行分封制，将王室子弟以及同盟部族首领授予不同爵位，分封到各地区建国，并对周王室负担定期朝觐、纳贡和随王征伐的义务。西周文化昌盛，是传统儒家心目中的黄金时代。孔子曾说："周监于二代，郁郁乎文哉，吾从周！"[①]西周的文化对此后两千余年中国传统文化具有极为深刻的影响；其中，礼制文明经过儒家的整编，构成了中国传统法律文化的基本内涵，对后世法制的发展和法律观念的演进产生了决定性的作用。

　　不过正是由于后世对西周这种理想化的态度，使当时真切的史迹往往蒙上一层完美的光晕。记录西周的史料并不丰富，今天研究西周的历史情况，主要依靠后世儒家思想家的追述资料。而儒家典籍中记载的西周制度带有相当理想化的成分，未必是当时定制。

---

① 《论语·八佾》。

第一节 法制指导思想

周本身是一个规模不大的部族,根据儒家典籍中的一些论述,我们可以得知,在建立起对中原地区的统治后,西周统治者认真总结了商朝败亡的历史经验,并提出了一些基本的法制指导性观念。

一、敬天保民、明德慎罚

上一章曾提到,"天"这一概念作为至上神的用法,在殷商时代是没有的,当时使用的是"帝"和"上帝"。天在西周逐渐成为超自然力量的代名词,作为无所不能的神祇在西周受到顶礼膜拜。

如前所述,商代统治者一直对神灵极为恭敬,"率民以事神",并声称"帝"和他们的祖先会保佑其政权的长治久安。但事与愿违。对"帝"和祖先神敬奉有加的商政权,并未如其所言能够永保国祚,而是由于民怨沸腾、被"小邦周"彻底颠覆了。这不能不使西周初年的统治者们深怀戒惧。"殷鉴不远",为适应建立新的稳固统治的需要,他们积极反思殷商灭亡的历史教训,从安抚民意和理论建构两方面的意图出发,提出了一套更为全面、系统的政治和法制思想。

由于当时所处的历史时代还没有完全脱离蒙昧状态,西周统治者并没有也不能够放弃对神祇的供奉。他们继承了殷商占卜的传统,出土的周原甲骨刻辞是先周时期的卜问记录,《尚书》中的《金縢》《大诰》等篇章也有不少反映周人占卜的内容。但他们逐渐改变了商代人对"帝"的崇拜,而提出了新的至上神概念"天"。"天"的观念,在存世的金文中始见于武王时青铜器《大丰簋》。天被视为最高意志和绝对本体的代表,服从天的意志是人间凡众、包括君王的绝对义务。

在西周统治者看来,这一至上神的意志并不像前朝殷商所声称的那样,仅仅通过占卜的方式就可以感知,尽管他们并不否认这仍然不失为一种必要的途径。但更为重要的是,他们认为,天的意志是与"民"和"德"紧密联系的。首先,天意常常是通过民意表现出来的,所谓"天视自我民视,天听自我民听",[①]甚至"民之所欲,天必从之"。[②] 当然,民不能自行做主,必须通过统治者的洞察来体恤其意。但毕竟这是已经达到相当高程度的民本思想。同时,"皇天无亲,惟德是辅";[③]天命只赐予有德之人。前朝夏桀、商纣之败在他们看来就是因为"不敬厥德"。德成为维系天、人关系的主导力量,因此统治者要"以德配天",才能常葆安宁。这种意识体现了中国早期思想中人本主义和民本主义的萌芽。

因此,在法律活动中,西周统治者中的有识之士积极强调作为统治主体要"明德""明刑",慎重立法,努力实现刑罚恰当、适中,以此体恤民众、克配天意,最终达到维护统治稳定、受天佑福的根本目的。

---

① 《诗经·大雅·皇矣》。
② 《孟子·万章下》引《尚书·泰誓》佚文。
③ 《诗经·大雅·文王》。

【资料】

西周的慎刑思想

王曰：呜呼！敬之哉！官伯族姓。朕言多惧。朕敬于刑，有德惟刑。今天相民，作配在下，明清于单辞。民之乱，罔不中听狱之两辞；无或私家于狱之两辞。狱货非宝，惟府辜功，报以庶尤。永畏惟罚，非天不中，惟人在命。天罚不极，庶民罔有令政在于天下。

——《尚书·吕刑》

译文：

周穆王说："唉！要谨慎地对待刑狱啊！司牧典狱、族姓诸侯们，我多次地讲了畏惧的话。我谨慎地对待刑狱，一定要使有德行的人主持刑狱。现在天为了造福民众，在人间设立了君主以配天。狱讼中要明察无证据的一面之词。民众能够治理，无不是因为我们能够公正地听取狱讼中诉讼双方的证词。不能从争讼双方取利致富，因狱讼所得的财物，不能作为据为己有的私家财宝。这样做，只能是聚积罪刑，引起民众的怨恨。要永远畏上天的惩罚，并不是天不公正，只是那些诸侯所施行的教命不公正。如果天惩罚不严厉，那么，天下民众就不能享有善政了。"[1]

二、亲亲、尊尊和有别

西周在法制史、文化史上最重要的成就是逐步确立了一整套礼制的规范。礼制的目标，就是要建立起以"亲亲""尊尊"为中心的不平等但有序列的社会格局。

在西周统治者看来，为了建立整合有序的社会，必须基于不同的社会地位，对不同的人界定不同的社会权利和规则。其中，家族关系和政治身份是最主要的指标。当然，还有性别等要素。亲亲，主要是指从家族角度的有别，规范家庭成员的不同地位，以保持家族的团结、和睦。用现在的角度来分析，就是在家族之中，父子、兄弟基于血缘关系，各自享有明显不平等也不相同的权利，承担不同的义务，各安其位，不得混淆、僭越。尊尊，在家族内部是指尊敬尊亲长辈，同时也可以从社会等级的角度强调指天子、诸侯、各级贵族具有尊贵的地位，应该受到尊重与尊敬。此外，在社会逐步过渡到男权中心的时代，西周强调男女有别，女子应安分守己，主要的活动空间限于部分家族事务，其社会作用与男性有明显区别。总之，"亲亲、尊尊、男女有别"的核心就是"有别"，个人在基于血缘、爵位和性别确定的社会等级阶梯上各有固定的位置，处于不平等的等差秩序状态中。

这种"有别"的原则，是礼制的核心，也是西周法律文明的指导思想。亲亲的家族关系的中心是父子关系（因为女性服从男性，因此母子关系是父子关系的派生物，不具有独立的地位），而父子关系中特别强调的是子对父的义务，即"孝"。尊尊的政治关系中，君巨关系是其核心。对于统治者而言，正是通过这种等差关系，维护君、父的根本性权威。亲亲、尊尊紧密结合起来，正如后来孔子做总结的："其为人也孝悌而好犯上者鲜矣，不好犯上而好作乱者，未之有也。"[2]对父、兄恭敬的人，很少有在社会上对上级不恭敬的，这样的人会造反作乱，是不可能的。家族与国家的利益在这个意义上达到了极度的一致。西周法制旨在实现的，就

---

① 茅彭年：《吕刑今释》，群众出版社1984年版，第27—29页（略有修改）。
② 《论语·学而》。

是这种"父慈、子孝、兄良、弟悌、夫义、妇听、长惠、幼顺、君仁、臣忠"①的状态。

第二节 法 律 形 式

一、礼

礼,是习惯法的总称。西周时期礼主要适用于周部族本族成员,由周部族习惯法发展而来。西周初年,以周公为首的统治集团对周部族习惯法进行整理,并借鉴接纳前代的习惯法,后人称之为"周公制礼"。② 孔子曾说:"殷因于夏礼,所损益可知也;周因于殷礼,所损益可知也。"③

周礼并没有完全成文化,除了一些最重要的典章外,主要依靠族人言传身教来传播。依靠贵族、神职人员以及一些专职人员的头脑来保存。后代儒家有"先王之立礼也,有本有文"的说法,④将礼的精神、原则称为"本"(内在实质);将各种仪式、程序,称为"文"(外在表现)。

周礼的核心精神是亲亲、尊尊的"有别"。而作为规范的意义,礼是多层次的。有"经国家、定社稷"的内容,包括国家的根本性制度,如册封诸侯、分邦建国的制度、宗法制度,等等,涉及政权立国之本的部分。又有人们行为的具体规范:实质意义上的比如同姓不婚、为人子不蓄私财、叔嫂授受不亲等规范;仪式意义上的比如吉(祭祀等)、凶(丧葬等)、军(作战等)、宾(待客等)、嘉(成年及婚姻等)礼仪程式。同时,礼也成为评价人物、事件的标准。合乎礼制的人和事,会受到舆论的普遍大加赞许;反之,则被视为"非礼也"而遭到程度不同的批评。

礼作为早期的习惯法,整体而言还不完全等同于现代意义的"法"。当时的礼是包括国家根本制度、人们具体行为规范和社会道德标准在内的综合体,并非所有的内容都具有国家强制力。这种内容繁杂、口头流传为主的规范体系,也是世界文明古国早期法律的共同特点。

【解说】

礼字的来历以及研究礼的资料

礼,繁体写为"禮",古文作"豊",下部的"豆"为盛器,"王"为古"玉"字,象征以器盛玉献祭于祖,实际上是一种早期祭祀活动的仪节。后来的"礼"字,是在原来的基础上加上偏旁"礻",即"示",就是祭祀供台的象形,更凸显其与祭祀活动的密切关系。

关于礼的起源,《孟子》中有"礼之初,始诸饮食"的说法,就是说礼产生于日常饮食活动。经过儒家整理的礼仪制度后来汇编于儒家典籍《仪礼》中,也有《乡饮酒礼》《燕礼》等篇章,分别记述在乡间和国朝有关喝酒吃肉和音乐伴奏的一系列繁文缛节。当然,这些仪式中的某些内容已被后人繁琐化了。但由此可以推知,"礼"在初始时只是原始民关于分配食物次序之类的有关习惯,后演化为供祭祖先的习惯。所以王国维说,

---

① 《礼记·礼运》。
② 《左传·文公十八年》。
③ 《论语·为政》。
④ 《礼记·礼器》。

"盛玉以奉神人之器谓之礼,推之而奉神人之酒亦谓之礼,又推之而奉神人之事通谓之礼".① "祭"字从示、从肉、从又;又就是手的象形;所谓"祭"就是手持肉置于祭台之上。这一系列仪节统称为"礼",后来逐渐成为各种习惯仪节的通称。

由于国家公权力的介入,礼的内涵由原始习惯逐渐过渡,日益具备了有强制规范作用的法律的意义。以后经过儒家的改造发挥,其中的原则部分经过理论抽象成为"礼教",成为伦理道德体系;有些次要的具体仪节作为规范的性质削弱,成为"礼俗"(习惯);另外一些重要的内容,被后世统治者编定为国家的礼仪,有的更被强调、重视而载入律令之中,这二者都成为正式的国家法律。②

现在学者们研究礼,主要利用的著作都是春秋以后儒学思想家们理想化的系统描述,主要是"三礼",即《仪礼》《礼记》和《周礼》。《仪礼》原来就称《礼》或《礼经》,到晋代的时候才开始叫《仪礼》。其中记述的全部是各种礼仪的具体细节,一般认为是孔子采辑春秋时周鲁各国即将失传的古代礼仪并加以整理记录而成,其中某些内容,如《昏(婚)礼》中描述的婚姻成立的程序、《丧服》中有关丧服制度的规定,对后世的法律有直接的影响。《礼记》成书于汉末,唐代才列为经典,本是无系统体例的儒学杂编,侧重于解释和阐明礼的作用和意义,但由于其相当透彻地宣扬了儒家的礼治主义,是理解礼治思想重要依据,因此在思想史上具有极其重要的地位。《周礼》按照国家机关的组织体系编纂的职官大全,包括天官冢宰、地官司徒、春官宗伯、夏官司马、秋官司寇、冬官司空六官,并分别规定了三百多种职官的组织体系、职责,以及相应的法令规章等,内容非常严密、具体(其中"冬官"部分已经全部佚失)。古人认为它是周公所作,是西周初年典章制度的真实记录,并以此为依据探讨西周时的制度。事实上,在制度草创、百事待举的西周初年,绝不可能产生如此完备、系统的官职体系。因此,《周礼》很可能是后代儒家学者理想化追述西周政治制度的著作。但通过西周时期的金文(即镌铸于青铜器皿上的文字)记载以及其他确证为西周时写定的文献(如《尚书》中记述西周史事的一些篇章),可以发现,其中确实有部分制度是西周时业已存在或已具备雏形的。该书在历史上产生了很大的影响,尤其是《周礼》按职官分典的编纂体例,成为后世典章汇编的楷模和主要理论依据。

二、刑

周代的"刑"有两个字义。一是指主要适用于周族以外各部族的法规,以惩治犯罪的刑事规范为主;二是指惩治犯罪的刑罚。一般以前一字义为主、是原生的字义;后一字义为后起的衍生之义。③

根据史籍记载,西周的"刑"有《九刑》和《吕刑》。据有的古籍称,西周初年周公发布《誓命》时曾提到"九刑",这或许只是指九种刑罚。《逸周书·尝麦解》提到成王时有"刑书九篇"。而《左传·昭公六年》又说"周有乱政而作《九刑》",那么应该要到了西周晚期才有"九刑"的法规。从这些零星的记载、传说来看,大概《九刑》或许只是一个统称,也不一定都是成文的法规。

西周另一部《吕刑》,据文献记载,它制定于西周中期穆王时。当时由于国势浸衰,财政

---

① 王国维:《观堂集林》卷六《释礼》,中华书局1959年版。
② 参见叶孝信主编:《中国民法史》,上海人民出版社1993年版,第22页。
③ 参见第一章解说"刑字的来历"。

困难,周穆王命吕侯重定"刑书",以使四方归附,"吕刑"由此得名。据说《吕刑》确立了赎刑制度,对于没有确凿证据的刑事犯罪,允许被告人缴纳钱财来抵赎刑罚,以此来缓解国家财政压力。这部法律的具体内容已难知其详,儒家经典《尚书》中有一篇名为《吕刑》,但整体来看并不像是一个完整的法规,只是一个对于刑事政策、司法原则的论述,而且学者们一般认为它是由儒家学者在后世写定的作品,并非西周时代的法律文件,其中记载未必都能视为反映《吕刑》原貌的依据。《尚书·吕刑》提出慎重用刑,反对私曲裁判,裁判时要"轻重诸罚有权"(权变),即结合具体情况灵活处断等等众多的刑事司法原则。《尚书·吕刑》并称《吕刑》中与墨刑的有关犯罪规定有一千条,劓刑一千条,刖刑五百,宫刑三百,大辟二百,总共是"五刑之属三千"。这种开列刑罚来概括罪名的做法称之为"以刑统罪"。

无论《九刑》《吕刑》有多少内容形诸文字,这些法规主要掌握在周代的贵族手中。接受周统治的外族成员违法犯罪,以及周族本族严重违反礼、严重破坏统治秩序的行为,都必须按照刑来处罚,但在定罪量刑时由贵族斟酌情况加以适用,所谓"议事以制",[1]并没有公开的、稳定的规则。

【解说】

礼与刑的关系

既然礼的规范并非完全等同于现代意义上的法律,特别是绝不等同于刑法,所以违礼的行为并不必然受到刑罚制裁(当时的刑罚主要是肉刑)。古人有"礼之所去,刑之所取,失礼则入刑,相为表里者也"[2]的说法,"失礼"在这里应作狭义的理解,指的是那些严重违背社会秩序和利益的行为,而不是泛指违反诸如饮食、沐浴之类仪节性习惯的行为。只有对于严重的违礼行为,才适用刑罚来惩治。在当时贵族政治的状态下,由部族首领转化而来的贵族成员是不适用肉刑的,因为肉刑来源于战争,开始主要施加于异族俘虏和奴隶,是一种耻辱的象征,后来虽然施用的对象推广,但仅及于庶民,这就是俗称的"刑不上大夫"。对于贵族的严重犯罪,除舆论约束外,制裁手段还有放逐直至赐死,至少是"可杀不可辱",不在市朝执行死刑。当然,这并不意味着没有其他的约束以保障礼的执行。这种手段,如舆论的制裁,"人类学上的材料告诉我们,在一接触密切的社会里,讥嘲的言词或歌唱对于被嘲弄的人的确是一种严重可怕的惩罚,予以极端的难堪和痛苦,无地逃避,最严重时使人失去社会生活,无异于为社会所放逐"[3]。俗称"人言可畏",通过社会的其他力量,同样可以使某种规范得以贯彻遵循。

与"刑不上大夫"相联系,有"礼不下庶人"的传统说法。这并非说庶人没有礼。西周各个社会等级都有各自的礼,庶人也有庶人的礼,只是较为简单而已。"礼之生,为贤人以下至于庶也"[4]。"礼不下庶人",语出《礼记·曲礼上》,原来讲的是乘车的贵族相见时的礼仪:国君与大夫相遇,国君抚式(车前的横木),大夫下车;大夫与士相遇,大夫抚式,士下车;"礼不下庶人",是因为庶人无车,不用此礼。因此,无论从本意,还是从历史事实而言,都不能说庶人不受礼的约束。只是庶民不得使用贵族的礼而已。

---

① 《左传·昭公六年》。
② 《后汉书》卷 46《陈宠传》。
③ 瞿同祖:《中国法律与中国社会》,中华书局 1981 年版,第 201 页。
④ 《荀子·大略》。

三、誓与诰

西周以国王命令形式发布的单行法规,主要有誓与诰。

誓,按《周礼·秋官·小司寇》的解释,是针对军队发布的动员令。上一章曾提到传说中夏启进攻有扈氏前发布的《甘誓》和商汤伐夏桀前的《汤誓》,都是这种性质的命令。在儒家经典《尚书》中还保存有周武王伐殷纣前的《牧誓》,周公之子伯禽讨伐淮夷时发布的《费誓》等,都是开战前的动员令,包括对作战目的的解说以及对战场纪律的说明。

诰,是国王向臣民发布的告示。儒家经典《尚书》中保存有不少西周国王发布的诰。比如周公为东征平定叛乱而发布的《大诰》,周公训诫康叔的《酒诰》,周公分封康叔时发布的《康诰》,周公在建成雒邑后告诫成王的《洛诰》等。

誓、诰中包括许多具有法律、特别是刑事法性质的内容,表现了当时君王的权力。此外,还有以其他形式发布的一些命令,如《左传·文公十八年》记载周公所作的《誓命》,界定了贼、藏、盗、奸等罪名。西周青铜器《兮甲盘》铭文,记载有两道兮甲奉周天子之命到南淮夷地区征收赋税时发布的命令,要求依令缴纳贡赋,及不得潜逃入蛮夷地区从事商业活动,否则将处以刑罚或诉诸征伐,等等。

第三节　身份法律制度

一、社会等级

西周的礼制将社会划分为贵族、平民、贱民三大基本的社会阶层。

（一）贵族阶层

西周是贵族统治社会。以国王家族为核心的姬姓王室贵族是贵族中地位最高的等级,其成员在西周建立统治之初大批分封到各地建立拱卫中央的封国。平时西周王朝的政治统治也由王室贵族施行。

西周实行分封制,在所控制地区建立起数以百计的封国。[①] 除了上述姬姓王室贵族的封国外,还有一些西周的功臣、或者当时一起参加灭商战争的同盟部族、各地原有的一些表示臣服的部族(包括原来的商族)也都被封为封国。封国的统治者国君由西周王朝授公、侯、伯、子、男各级爵位,统称为"诸侯",构成贵族阶层的领导层次,实际掌握各封国的政治统治权。诸侯要定期"朝觐"国王,每年向国王"上贡"本地特产。在国王发动战争时要跟随出兵。

国王和诸侯家族的分支亲属构成总称为"卿大夫"贵族阶层。他们辅佐国王和诸侯施行统治,并分为各种等级。卿分为正卿、上卿等,大夫分为上、中、下三等。卿可以被授予领地,称之为"采邑",获得采邑的收入和统治权力。也和诸侯对周王室承担朝觐、贡赋、随同作战等义务相仿,采邑的封主也必须服从诸侯,对诸侯承担这些义务。

最低级的贵族阶层是"士",其来源主要是卿大夫家族的分支、原来的部族上层家族。士阶层从属于上级贵族,承担各类政治统治的低级职务,充当军队主力兵员。士可以获得"食田"的收入。

---

① 封国起初就是一个由城墙围护的居民点,居民总数几千至几万不等。在离城墙一定的距离地方设有"郊"作为警戒据点。"郊"之内就是属于该国居民的耕地。以后封国逐渐扩张势力,在春秋时期才正式形成领土国家的概念。

（二）平民阶层

西周的平民分为"国人"和"庶人"两大部分。原来周部族的成员以及建立封国的各部族成员都号为"国人"，主要按"乡"编户，居住在国或采邑内。国人为国王或诸侯承担兵役和力役，有一定的议论政治的权利。公元前841年，由于周厉王贪婪昏庸，国人发起暴动，将周厉王放逐到彘（今山西霍县）。这一事件是中国有正确纪年之始。

"庶人"主要是指各诸侯国中非统治部族成员的居民，也称之为"庶民"，他们按照"遂"进行编户，被固定在土地上，不得自由迁徙，承担农业劳动，将农产品上贡给封国或采邑的领主。另外还有"野人"，主要是指居住在封国郊外的农民。其主体很可能就是当地原来的土著居民，也要承担对领主的贡奉。

西周时期工匠（"百工"）、商人是排在庶民以下的平民。百工世代承袭职业，主要为领主服役，不得自由迁徙。商人可以从事贸易，但优质商品应优先上贡给领主。

（三）贱民阶层

处在社会底层的是奴隶阶层。西周时期奴隶总称为"臣（男奴）妾（女奴）"。其种类繁多，按种族来源有奚、羌、夷等名目，按其服役内容有隶、鬲（lì）、皂、舆、僚、台、仆、牧等等称呼。奴隶的来源主要是战争中的俘虏，比如西周时期的青铜器小盂鼎的铭文称，盂奉周康王之命进攻鬼方，一次俘虏13 811人。奴隶的另一个来源是平民中的罪犯。比如当时的"誓"中，往往宣布对于作战"不用命"（不服从指挥者）要当众处死，并"孥"其家属。奴隶没有人身自由，世代为主人服役，并被主人当作财物赏赐、买卖、赠送。如西周时期的大盂鼎的铭文记载一次受到周王赏赐的奴隶有659名。曶（hū）鼎铭文记载贵族曶用"匹马束丝"向另一个贵族限交换5名奴隶。

二、宗法制

西周以祖先崇拜号召并驾驭各部族，组成基于祖先崇拜、血缘关系的大国家。家国一体，家族的关系理顺了，国家政权的各项基础就得到有力保障。宗法制就是以祖先崇拜的祭祀活动为纽带、确立在男权中心的家族中各成员地位和身份的制度。其核心是解决下辈对上辈家族成员的继承问题以及同辈亲族之间的关系问题，形成以嫡长子继承为基础、大宗率小宗、小宗率群弟、共存共荣的庞大宗族网络。

宗法制的基本内容首先是确立嫡长子权利。祖先神在当时具有重大的影响力，祭祀始祖、受其佑助的权利也相应成为一项极为重要的权利。主持祭祀者在家族中居于首要的地位。根据后世儒家的记述，宗法制度将主祭权排他地授予始祖的直系嫡长子后代。所谓嫡长子，是指正妻所生的最年长的男性子嗣（参见后述婚姻制度）。这单传的一脉构成"百世不迁"的"大宗"。而嫡长子之外的众多兄弟只能祭祀到其五代祖先（高祖）为止，相当于大宗而言，这称为"五世则迁"的"小宗"。其第六代嫡长子时就将原始祖牌位从祖庙中迁走，专祭这个本宗的始祖。这一支系相对于继承始祖的主脉是小宗，但由于这些嫡长子以外的众兄弟就其本宗而言又成为始祖，他们的嫡长子孙相对于非嫡长子孙的支系又是大宗。因此，最早的那一支是本族中最大的大宗，也是唯一绝对的大宗；其他支系相对它而言都是小宗，但小宗是相对的，相对于其他更晚近支系而言，任何小宗都可成为大宗（参见附图）。

西周时期，在分封制的政治体制下，周天子及其嫡传后代对于同姓各封国而言是天下的"大宗"，也是唯一绝对的大宗，各姬姓国君相对于周天子为分支"小宗"。在各国之中，各国

宗法图系〈1〉

——大宗百世不迁·小宗王世则迁

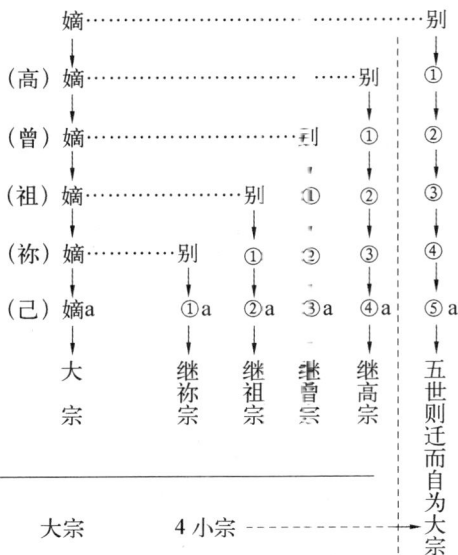

	大宗	4 小宗			五世则迁而自为大宗
	百世不迁				

五宗之族

注："│"上下是嫡长系父子关系，
"……"左右是兄弟关系。

宗法图系〈2〉

——别子为祖、继别为宗

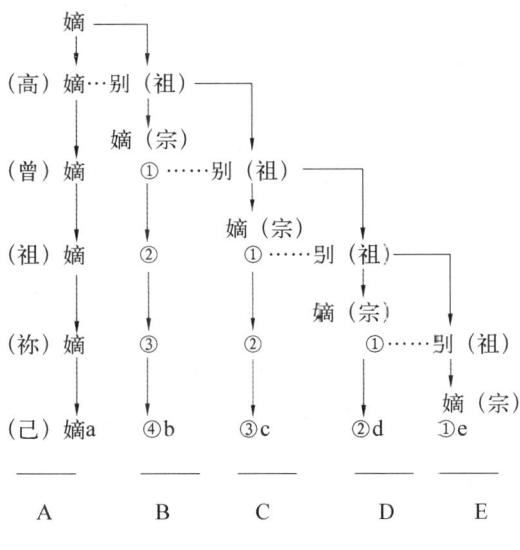

相互关系：

嫡a是百世不迁的大宗，④b是继高小宗。

C、D、E附属于B（反过来说，就是小宗④b率群弟C、D、E），构成广义的继高小宗。B是A的小宗，又是C、D、E的大宗。C是B的小宗，又是D、E的大宗。D是C的小宗，又是E的大宗。B小宗到五世而迁时，率C、D、E一起分出。

"│"下是嫡长子，"┐"下是别子。

"……"左右是兄弟关系。

宗法图系

国君又分别为本国的大宗,国君嫡长子以外的诸兄弟们为卿大夫,为本国的小宗。依此类推,宗法制将各个在部族中处于统治地位的家族按父系的直系血亲关系组织起来,形成等级分明、主从明确的亲族关系。主祭权自然也就象征着统治权,表明在亲族血缘关系上的主导地位,因此总是大宗统率小宗。所谓"上治祖、祢(mí,即父),尊尊也;下治子孙,亲亲也;旁治昆弟,合族以食,序以昭缪,别之以礼义,人道竭矣!"[1]而这种亲族关系和分封制及世卿世禄制相联系,也就是当时的国家政治关系。

根据这种方式组成的宗法制血缘关系网,是完全以男性为中心的。从直系来看,有高祖、曾祖、祖、父、己身、子、孙、曾孙和玄孙等九代;从旁系来看,和己身同辈分的有同高祖的族兄弟、同曾祖的再从兄弟、同祖的堂兄弟(或称从兄弟)和同父的兄弟等五个层次。就伦理而言,上亲父、下亲子;因父亲祖,因子亲孙;以祖亲高、曾,以孙亲曾、玄,所谓"亲亲以三为五,

---

① 《礼记·大传》。

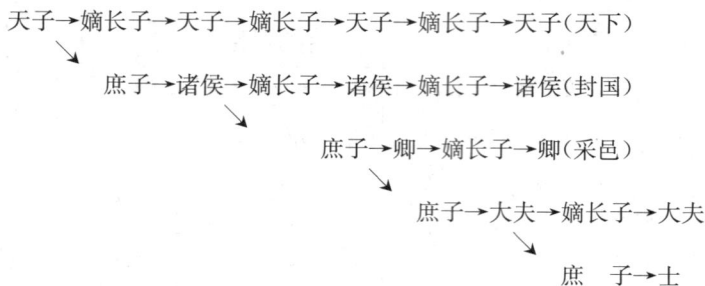

```
天子→嫡长子→天子→嫡长子→天子→嫡长子→天子(天下)
     ↓
    庶子→诸侯→嫡长子→诸侯→嫡长子→诸侯(封国)
              ↓
            庶子→卿→嫡长子→卿(采邑)
                     ↓
                   庶子→大夫→嫡长子→大夫
                            ↓
                          庶  子→士
```
宗法与分封示意图

以五为九,上杀,下杀,旁杀而亲毕"。① 在这范围之外的就不算是亲属。为表示亲属的等级,采用的是以亲属去世时所应为其穿着的丧服为标志。尊卑、亲疏、远近的程度不同,丧服的形式也因而有所区别,共形成五种等级,即五种丧服,称为"五服"。因此,丧服不仅是简单的服丧衣饰,更主要是确定亲属之间关系和等级的标志。

按照儒家经典的说法,在西周宗法制下,各个家族内部,承继始祖祭祀权的嫡长子为宗子,为宗族的中心;堂兄弟(即三代)以内都应该同财,有余产的应该归宗族所有,有不足的情况可以得到宗族的资助。宗子具有财产的处分权。一宗之内的主祭权专属宗子,其他的亲属都要尊奉宗子,其他嫡生子、庶生子要服从和跟随宗子宗妇;即使社会地位显贵或物质财产丰富,也不能以贵富的身份进入宗子之家。即使有众多车骑随从,应该在外等候,而只能单身入见宗子。

这样的宗法制度究竟在多大程度上是西周的历史实际,现在已不得而知。以后经过儒家发挥,将宗法制发展为一整套家族构成的理想制度。这种以家族为中心进行社会统治和亲族和睦的观念,以及服制、同居共财等一些家族关系的具体制度,都对后世中国法制和社会产生了重大影响。

【资料】

儒经对于宗法制的意义的说明

别子为祖,继别为宗。继祢者为小宗。有五世而迁之宗,其继高祖者也。是故祖迁于上,宗易于下。尊祖,故敬宗;敬宗,所以尊祖祢也。庶子不祭祖者,明其宗也。

——《礼记·丧服小记》

译文:

别子分出去另立新宗而为始祖,继承别子的嫡长子就是新宗族的大宗。继承(做士的)父亲的嫡长子就是小宗。有超过五代就当迁徙的宗,那就是指的上继高祖的玄孙之子。因此祖庙迁毁于上,小宗改易于下。尊敬祖先,所以要尊敬宗子;尊敬宗子,正是为了表示尊敬祖、父。庶子不得主持对祖庙的祭祀,正是表明有宗子在。

三、婚姻制度

婚姻是家族的前提和基础,也是西周礼制关注的重要领域。如《易·序卦》称:"有天地,然后有万物;有万物,然后有男女;有男女,然后有夫妇;有夫妇,然后有父子;有父子,然后有君臣;有

---

① 《礼记·丧服小记》。

君臣,然后有上下;有上下,然后礼义有所错(措)。"《礼记·昏义》则说:"婚礼者,礼之本也。"而婚姻的目的则被认为是"将合二姓之好,上以事宗庙,而下以继后世也"。[①] 这种观念反映了中国古代重于祖先崇拜、生殖崇拜的习俗,婚姻主要是被作为可以祭祀祖先、延续后代的手段。

但西周时期去古未远,许多部族以及地区在不同程度上还保留氏族时期的一些婚姻习惯。据《周礼·媒氏》里说,在仲春时候,青年男女的自由恋爱和私奔,国家并不禁止。《诗经》里也有很多反映民间男女自由恋爱的诗篇。一直到汉代以前,在燕、赵、中山、郑、卫、齐、楚等地区,还盛行各种非礼制的婚俗,[②]因此在西周时期的平民生活中,婚姻方式应该还是相当自由的,在有些地区表现得尤为突出。

本节以下所叙述的是根据后世儒学经典的记载,是经儒家理想化的贵族婚姻状况。但这些制度对后世的传统法制和观念具有相当强的影响力。

（一）一夫一妻多妾制

西周时已确立了一夫一妻多妾制的婚姻制度。所谓一妻,是指一个男子只能有一个正妻。即使贵如天子,也只能有一位王后。这是出于确保宗法制正常运作的需要。因为在宗法制中,只能有一位子嗣享有主持祭祀活动和自居为大宗的排他权力,如何确立这位子嗣,在历史上曾因择贤择爱争端不断,祸起阋墙;所以宗法制中规定只能由嫡长子独享此殊遇。嫡、庶之分的前提就是一夫一妻制。只有正妻所出称嫡子,其余均为庶出,而无论其年龄长幼。在嫡子中以最年长的为首。只有严嫡庶之分、立长幼之序,所有的利益就是与生俱来、由命运排定,而不再可能由后天的要素所改变,各种争端自然消灭于无形。因此,一夫一妻制是宗法制的必然前提。

但现实生活中往往可能出现正妻无所出,或始终不能生养男性后嗣的情形。因此,必须采取纳妾的办法补救,其出发点主要是为了在男权中心的前提下能够延续宗族的血脉。礼制对妾的数目也有限制,其主要原则是必须按其社会地位而定妾的数目。据儒家经典的说法,西周时天子娶后,后之国随嫁二女,同姓三国之女随嫁各三人,后连同这些随嫁的侄或妹共十二女;诸侯娶异国之女,则两国要有陪嫁的妾媵随往,因此一娶九女;卿大夫娶同国之女,其侄或妹应随嫁为媵妾;士可以有一妻二妾或一妻一妾;而庶人唯有一妻,即所谓"匹夫匹妇"。

在这种婚姻制度下,家庭中妻的地位据说是相当高的,有"妻者,齐也,与夫齐体""一之与齐,终身不改"[③]等说法。但事实上,在男权中心社会中,男女有别是礼制的基本准则之一,妻与夫的地位是有重大差别的,只是相对于其他媵妾而言,正妻的地位与丈夫最为接近,特别是在为祖先延续后代的作用上与丈夫平齐。当然,在先秦原始面貌的礼制上,连君臣、父子的义务都是相对的,夫妻之间自然也是这样,二者间的不平等性与宋明理学大行以后的情形相比远没有那样悬殊。丈夫应扶助妻子、以自己的才识为一家表率,正所谓"夫也者,夫(扶)也;夫也者,以知帅人者也"。[④] 而在妻与妾之间,则有着泾渭分明的界限和等级差别。正妻要经过正式而繁琐的程序聘娶,所谓"聘则为妻";而妾无须正式的程序,可以是陪嫁、随

---

① 《礼记·昏义》。
② 参见卢云:《汉晋文化地理》第三章《汉晋时期婚姻形态的地理研究》,陕西人民教育出版社 1993 年版。
③ 《白虎通·嫁娶》《礼记·郊特牲》。
④ 《礼记·郊特牲》。

嫁,甚至可以是买来的女奴。妾视丈夫如君,称妻为女君。妾所生养的子嗣为庶出,不能享有主持祭祀的权力,这更是在家族关系中二者之间最具根本性的差别。

(二)缔结婚姻

1.缔结婚姻的限制性条件

婚姻的缔结在礼制上设定了很多限制,主要是基于血缘、等级和特殊事件等。

(1)同姓不婚

姓原是古代氏族的标志,同姓则同族,因此同姓不得为婚。殷商时期很可能实现的是族内通婚,但这一情况到西周时被完全改变,族内婚成为一种绝对禁忌。

同姓不婚的主要理由主要有几个方面。首先,周族认为族内婚会造成生殖力的下降,所谓"男女同姓,其生不繁";"同姓不婚,惧不殖也"。① 这显然是远古禁忌的反映。由于华夏各族大多以生殖崇拜为主,不能生殖当然是极其危险之事。而婚姻的目的就在于繁衍后代以供祭祀祖先,要排除一切有可能影响到生殖能力的危险。其次,倡导族外通婚是为了加强与其他部落或种族的联系,《礼记·郊特牲》称之为"取于异姓,所以附远厚别也"。宗法制只能控制本族势力,但难以牵制外族力量。因此,通过同姓不婚这种频繁的政治联姻,可以用甥舅关系将各异姓贵族紧密联合起来。周族以一个实力不强的部落控制广大的地区,积极与各族联姻是一个重要的政治举措。最后,同姓不婚也是严男女之别的一个重要举措,因为既然禁止同姓亲族通婚,那么即使血缘关系亲密的男女之间也应有所回避,因此礼的要求中有"七年,男女不同席,不同食"、"男女不通衣裳"②以及"男女授受不亲"③之说。

(2)其他不宜缔结婚姻的情况

根据儒家所声称的礼制规定,父母死后子女应服丧三年,在此期间不得嫁娶,以示孝道。此外,礼制还有"五不娶"的说法,即女方家族中有近亲属叛逆朝廷、淫乱、因罪受刑、恶性疾病等情况以及身为长女、早年失母的(据说是因为这样的女子一般缺乏良好的妇德教育),都不宜聘娶。④

西周礼制规定男子20岁"冠而列丈夫"(将头发全部挽至头顶结为发髻,戴上保护发髻的小帽子"冠"),表示成年。女子则15岁为"及笄"(也是将头发梳理为垂于脑后的发髻),是为成年。⑤ 男女未达到成年年龄不得成婚。

2.缔结婚姻的程序

根据儒家经典《礼记·昏义》的记载,在西周正统的礼制下,婚姻缔结一般要经过六道程序,合称"六礼",即纳采、问名、纳吉、纳征(或称纳成、纳币)、请期、亲迎。

"纳采",是男方家长通过媒人告知女方家长希望结亲的意愿;女家如允诺,男方便派人馈送一只大雁作为礼品;据说这是取大雁从阳、往返有期之义,象征以妇从夫、忠贞不贰。"问名"是与纳采同时进行的,是男方询问女方姓氏及女子生母的姓氏,一般认为是为了避免同姓为婚及判断女方的嫡庶身份,因为姓在当时常常是贵族的标志,妾不少情况下是没有姓的。然后男方进行占卜,如果结果是吉,就进入"纳吉"的程序,同样用大雁为礼品馈赠女方,

---

① 《左传·僖公二十三年》《国语·晋语四》。
② 《礼记·内则》。
③ 《孟子·离娄上》。
④ 《大戴礼记·本命》。
⑤ 《春秋谷梁传·文公十二年》。

并告知卜问的结果。此后的一个环节"纳征"是相当重要的,即后世所说的下聘;只有致送了聘礼,才能正式成立婚约。然后,男家再行占卜,求得吉日,再派使馈送大雁,告知计划中婚期,以求女方应允,这一程序称为"请期"。最后是"亲迎",即新郎迎娶新妇。

这样,反复经过《孟子》所说的"父母之命、媒妁之言"的繁缛程序,男女双方才算正式缔结了婚姻关系。

（三）婚姻关系的终止

婚姻关系可以因自然原因消灭,即当事人一方的自然死亡。在这种情况下,另一方可以再婚。

据儒家经典的记载,据说当时已经有通过人为方式解除婚姻关系的制度,即离婚。在七种情况下,男方可单方面解除婚姻、休弃妻子,称为"七去",又称"七出"。这七种情况包括不顺父母、无子、淫、妒、有恶疾、多言和窃盗等。这七种情况在不同的经典中排列次序有所不同,显示了作者对各方面的不同重视程度,但包含的七项内容完全一致。不顺父母,或称不事舅姑,指对公婆侍奉不力、有失恭敬;无子强调的是没有生养男性子嗣,将使家庭失去祭祀者和继承人;淫或淫泆,其恶果并非是损害夫妻感情,而是将使宗族子嗣不纯;妒或妒忌,是指不能容忍丈夫纳妾;有恶疾,则不能入家庙助祭;多言或称口舌,指在家族中搬弄是非,离间亲属情义;窃盗,因为当时妇女不能私有财产,因此无论私占他人或族为财产,都是违背礼义的。因此,丈夫可凭这七条中的任何一条休弃妻子。[1]

同时,对于男方单方面休妻的权利在三种情况下有所限制,称为"三不去",分别是有所娶无所归、与更三年丧和前贫贱后富贵。这是指在妻子的母家已无人、妻子曾与丈夫共同为夫家父母服丧三年或丈夫结婚时原贫贱而出妻时已富贵这三种情况下,即使妻子有七出行为,丈夫仍不能出妻。

"七去"和"三不去"作为中国传统社会夫妻离异的基本原则,在后世被法典化,日益深刻地影响着人们的婚姻生活。

四、继承制度

在殷商中期以前,家国一体的权力的传递主要通过"兄终弟及"的方式实现,而自殷商后期开始,"父死子继"的嫡长子继承方式才逐渐占了上风,在西周时期逐步称为定制。即使在商王室后裔所建立的宋国,父死子继的继承方式也已深入人心。西周宗法制度所要解决的核心问题就是继承问题,特别是政治权力的继承。因此王国维将嫡长子继承制视为宗法制确立的缘由。反过来,由于宗子的地位先天性地确定,大宗、小宗之间关系明确,因此继承的权利人及其次序也就更加确定化了。

在继承中,如果被继承人是有身份的贵族,继承对象就包括祭祀权、政治权利(包括官爵和封国)和财产管理权。在西周时期,这几项内容都是排他地由宗子、即嫡长子继承。在经典儒家学说倡导的嫡长子继承制之下,父亲死后,由嫡长子继承其位置,获得祭祀祖先的权利(同时也是义务)、爵位、封国或采邑以及对家族财产的管理和支配权。如果嫡长子先于父亲死亡,则由长子正妻所出的嫡长孙代位继承;如无嫡孙,则立嫡长子的同母弟为继承人;如无嫡长子同母弟,再立其他庶子中的年长者为嫡继承。这一次序所体现的原则就是"立适

---

[1]　《大戴礼记·本命》。

(嫡)以长不以贤,立子以贵不以长"。①

在财产上,由于当时据说实行的是合族共有、宗子管理的制度,因此其余子嗣只能在嫡长子的支配下获得一部分利益。至于女子只是通常在出嫁时能得到父兄给予的一份妆奁。

第四节　刑事法律制度

有关犯罪和刑罚方面的规范,是西周时期成文法中最重要的内容。但在早期社会的实际生活中,国家法的力度相对有限,不少现代被认为是恶性的犯罪,仍然可以由社会成员自力解决,这是需要首先明确的。

一、刑法的基本原则

在西周时期,统治者为打击严重危害社会的犯罪行为,已经逐步确立了一套比较全面的刑罚适用原则,散见于各种传世文献中。这些基本原则是西周明德慎罚、亲亲尊尊法制指导思想在刑事性规范中的具体体现。

（一）灵活权衡

西周统治者强调其自身"德"的修养,重视主体意识,使法律不再是神的附庸。这在法律意识上造成的重要后果之一就是将法律客体化、工具化。法律不是具有神圣性的价值和规范,而是统治者可以灵活控制的治世工具。这在刑事政策的适用中表现得尤为突出。

据说西周统治者提出要善于根据不同的情况,灵活掌握适用刑罚的尺度,而不应千篇一律、墨守成规,所谓"轻重诸罚有权":在时间维度上"刑罚世轻世重"(一世为30年);②在空间维度上"刑新国用轻典,刑平国用中典,刑乱国用重典"(新统治地区使用从轻的刑事政策,平稳地区使用中等的刑事政策,混乱地区使用从重的刑事政策)。③ 这一要求实际上给予司法官员们相当大的自由裁量权。比如鉴于前朝耽于享乐而亡国的历史教训,西周初年曾严禁酗酒;但对商故地遗民中的酗酒者可网开一面,强调要进行教化。这是"刑新国用轻典"的一个例证。④

（二）重视主观过错,打击惯犯

从儒家整理的一些古代文献中,可以发现西周时期对行为人在造成危害时主观方面的心态已经有了相当的重视。《尚书·康诰》中,受封的康叔受到这样的告诫:人犯有小的罪行,如果不是因为疏忽,而是"惟终"(惯犯),是"非眚"(故意)为非作歹,即使罪过较小,还是不可不杀;相反,如果犯有大罪,却是偶尔有犯,由于"眚灾"(疏忽大意或意外损害),也不应该处死。

在《周礼·秋官·司刺》中又有所谓"三宥"之法:"一宥曰不识,再宥曰过失,三宥曰遗忘";就是说对于不了解法律、不意误犯以及本应意识到却疏忽遗忘而造成危害后果等三种行为,在量刑上应该予以宽宥,减轻其刑罚。当时的法律思想中可能还提出了以客观情节判

① 《春秋公羊传·隐公元年》。
② 《尚书·吕刑》。
③ 《周礼·秋官·大司寇》。
④ 《尚书·酒诰》。

断其主观恶性的标准,对于非主谋而只是附从犯罪的从轻处理,对于曾经宽赦又重新犯罪的人从重量刑;但是,如果仅有作案动机而无作案事实的不予受理,这就是所谓"有旨无简不听;附从轻,赦从重"。[1]

（三）得以减免刑罚的行为

对于某些特殊或紧急情况下所实施的具有危害结果的行为,当时的法律规定不构成犯罪或可以减轻处罚。比如允许人们以暴力手段防卫不法侵害,应该是很古老的刑法原则。《周礼·秋官·朝士》中说,在盗贼武力攻击乡村住户时,人们可以杀死入侵者。这在某种意义上具有现代刑法正当防卫的性质。其他依靠个人防卫不法侵害的法律及事例,目前还缺乏充分可靠的史料能够证实。

（四）不牵连无辜

西周时期的法律思想中反对无端牵连无辜的做法。《尚书·梓材》中说歹徒杀人行凶,过路的人不受牵连。不仅如此,在有的情况下,有密切关系的部属和家人都可能免遭牵连之祸。《易·讼九二》说大夫败诉而逃,其封邑内的三百户平民并没有过失,不应以此获罪。更为可贵的是,据说当时已有"父子兄弟罪不相及"[2]的原则。这种不连坐无辜臣属和家族成员的精神,改变了殷商以来动辄扬言"孥戮"、以连坐家族相威胁的做法,是刑法思想的进步。

【解说】

有关血亲复仇的观念

在早期的政治、社会背景下,国家权力触角的伸展程度相对仍然比较有限,有不少情况下,社会成员可能仍然依照氏族社会的一些惯例解决纠纷,包括重大的、现在认为是刑事性侵犯的纠纷。例如,在氏族社会普遍存在的血亲复仇习惯,到国家出现以后,这种自力救助的方式仍然通过习惯形式保留下来。儒家的经典之一《礼记·曲礼上》就以"礼"的形式确立了不同等级仇杀原则:父仇"不共戴天"(不生存在同一蓝天下),因此必须到处追杀仇人,以手刃仇人为快;兄弟较父亲关系稍疏,故兄弟之仇,应"不返兵"而斗,即应该时刻携带兵器准备复仇;再次,若系朋友被杀,只有仇人避居他国,才可免除复仇者的义务。另外一部儒家经典《周礼·秋官·朝士》记载,复仇者只要向国家官吏"朝士"登记仇人姓名,便可以自行复仇。

二、刑罚制度

西周时期的刑罚制度在商代的基础上有体系化的趋势,刑罚的等级日益显著,刑罚的种类也更加固定化。

西周继承了商朝的肉刑制度,五刑制度应该是在这一时期开始系统化的。而且,现有的史料显示,当时除五刑的等级外,至少某些刑种又有轻重等级的区分。例如墨刑中,又分为两等,较轻的一种仅是刺面涂墨,较重的则刺面涂墨之后再在面部蒙盖黑巾。死刑在西周时也被称为"弃市",因为其执行方式一般是在大庭广众面前将罪犯砍头,表示"与众弃之"。除死刑外,遭受其他刑罚的人还要受到终身役使。《周礼·秋官·掌戮》称:"墨者使守门,劓者使守关,宫者使守内(王宫内廷),刖者使守囿(国王打猎的

① 《礼记·王制》。
② 《左传·昭公二十年》引《康诰》;今本《康诰》无此语。

山林),罴者使守积(仓库)。"这未必完全是西周时的真实状况,但从现有史料来看,至少当时使用受刖刑的罪犯守门是相当常见的。在两件西周时期的青铜器中,都有遭受刖刑、下肢残损的守门人形象。

西周青铜器刖足奴隶鬲局部

据说西周在五刑外又有"鞭、扑、流、赎"四种刑罚,统称为"九刑"。鞭、扑,是鞭打、笞敲背、臀等部位的体罚,区别可能是执行的刑具不同。流刑,又称放,西周初年周公平定殷商遗民的叛乱后曾将其首领蔡叔流放;这种刑罚在当时的金文中也有明确记载,说明西周时它已成为较固定的正式刑种。《尚书·吕刑》一篇中,称西周时对疑罪根据不同情况分别赎金(即铜)的制度,具体是先确定其本可能判处的刑罚,然后按五刑等级分别缴纳一定重量的铜块来赎罪,其中墨刑一百锾(huán,一作锊〈luè〉,据说一锾或一锊相当于六两),劓刑两百锾,刖刑五百,宫刑六百,死刑一千锾。而在金文的记载中,西周时期墨刑的收赎要价高达三百锾,可见当时的收赎价钱还并不固定。除了收赎外,钱财还可直接作为刑罚的内容,即现代刑法中的罚金。金文《师旅鼎》就记载了师旅因部属没有听从王命随同征伐,被判处罚三百锊的事件。

除此以外,西周时期还很盛行刵刑(割耳),史籍和金文中多次出现,又称为馘(guó)。这是源自战争结束后献俘礼的一种刑罚,一般认为是割去犯人的左耳。这种刑罚一直沿用到战国时期。另外可能还有一些专门适用于特定人(主要是贵族)的刑罚。

《周礼》中记载有髡(kūn)刑。髡即剃去全部发须,是一种耻辱的象征;尽管受刑人没有肉体痛苦,但按儒家学说,人的身体发肤受之父母,任何不正常的毁伤都是不孝的表现,因而也是一种惩罚。据后来学者解释,髡刑在当时是贵族犯罪应处宫刑的替代刑。虽然可免于宫刑之苦,但必须终身服役。后来髡刑的适用范围日益扩大,曾成为秦汉时期的主要刑种之一。

第五节　财产法律制度

恩格斯在论述法律的起源时曾指出:"在社会发展某个很早的阶段,产生了这样的一种需要:把每天重复着的生产、分配和交换产品的行为,用一个共同规则概括起来,设法使个人服从生产和交换的一般条件。这个规则首先表现为习惯,后来便成了**法律**。"[①]中国古代以自给自足的农业为主体的经济格局,决定了这一"共同规则"主要是从"分配",而不是从"交换"发展起来的。礼制就是严格按照人们的社会等级进行分配生活资料的"共同规则",形成了西周独特的财产法律制度。

---

① 《马克思恩格斯选集》第二卷,人民出版社1975年版,第538—539页。

由于史料的缺乏,本节只能大致介绍一下西周的土地所有权制度和契约方面的财产制度。

一、"井田制"

根据一些儒家经典和史书的记载,西周以及以前的夏、商都实行"井田制"。① 所有的耕地在理论上都归国王所有,所谓"溥天之下,莫非王土"。② 每一里见方的耕地都以"井"字形的深沟划成相等的 9 块 100 亩地块,中央的一块是"公田",由 8 户人家共同耕种,收成全部归领主;边上的 8 块授予每户一块,各自耕种,收成归农民自己。土地不得买卖。每 3 年"换土易居"(轮换耕地和住房)。

马克思和恩格斯指出:"所有制的最初形式无论是在古代世界或中世纪都是部落所有制,……在古代民族中,由于一个城市里同时居住着几个部落,因此部落所有制就具有国家所有制的形式,而个人所有权则局限于简单的占有。"③西周的"井田制"很可能就是这种由"部落所有制"转化来的"国家所有制",土地私有制还仅限于"简单的占有",占有、使用者没有处分权。这符合当时仅使用木石农具、"刀耕火种"、依靠集体人力的低下的农业生产力水平。

耕地以外的山林湖泊仍然保留了原来部落公有的习惯,农民可以按照季节进入山林砍伐木材、捕捉野兽。比如儒家经典《礼记·月令》记载西周时春夏不准进入山林放火烧荒、伐木等,以保育林木。秋天才可以伐木、打猎。

二、动产的私有权

马克思和恩格斯曾指出:"无论在古代或现代民族中,真正的私有制只是随着动产的出现才出现的。"④西周贵族的私有财产大多来自国王的赏赐、战争的战利品、下级贵族以及庶民的上贡等。对于无主物或脱离主人控制的财物,按照有限度的先占原则确定归属。

西周规定对于背主逃跑的奴隶不得私下收为己有。据《左传·昭公二年》的记载,当初周族的首领周文王之所以得到各部族的拥护,就因为他和各部族首领达成了"有亡荒阅"(彼此追索引渡逃跑奴隶)的协议。西周初年,鲁国国君伯禽发布的《费誓》也宣布贵族领主不得越界追索走失的奴隶和牲畜,而获得走失奴隶和牲畜的一方也负有及时归还的义务⑤。

对于民间遗失物,据《周礼·秋官·朝士》的说法,应该将遗失物上交到"朝士"这个机构,公告 10 天,让失主领回。如果公告期满无人认领,"大而公之,小者庶民私之",大的财物归朝廷,小的财物归拾得人所有。不过另据《礼记·月令》,每年的仲秋之月(十一月),所有未收藏的粮食、牲畜都视为委弃物,拾得人可以合法所有。

三、契约习惯

人类社会早期一般都采用口头方式来订立有关双方权利义务的协议。为了提示口头协议的存在,除了需要见证人外,还需要一些提示的物件。中国古代这种提示的物件就是由当事人亲

---

① 主要见于《孟子·滕文公上》《春秋谷梁传》《周礼·考工记》《汉书·食货志》等。
② 《诗经·小雅·北山》。
③ 《马克思恩格斯选集》第一卷,第 38 页。
④ 同上。
⑤ 《尚书·费誓》。

手刻上刻痕的竹木片"契"（契字本意为刻画），或者是将刻上了刻痕的竹木片再一剖为二、各持一片的"券"（券字本意是将契剖开）。也有的是当事人亲手打上的一个绳结"约"（约字本意为缠绕、打结）。总称为"契券"或"契约"。以后即以"契券"或"契约"专指有关财产权利义务的协议。

西周时期在贵族的交易中已开始采用文字契约（在竹木契券上书写契约内容）。据《周礼》一书的记载，西周时买卖契约称之为"质剂"，在竹木简的两面写上同样的文字内容，再剖开各持其一。买卖重要财物（土地、奴隶、牲畜）采用长的"质"，一般的买卖采用短的"剂"。借贷契约称之为"傅别"，是在竹木简的一面写上文字，从中剖开，拼拢后才可以读通。订立土地交换之类重要的契约，当事人都必须发誓，如有反悔违约，要在朝廷的"司盟"机构审查誓言。贵族之间的交易，契约副本要交朝廷的"司约"机构收藏。在出土的青铜器中，有不少铭文都提到了贵族之间的财产交易，确实都有作成契约和盟誓的记载。

第六节 司 法 制 度

西周的司法制度大多还是由原来的部族习惯法沿袭而来，包括司法机构的设置、诉讼及审判的司法程序等。

一、司法机构

在西周时期，周天子是礼乐征伐所自出的最高统治者，因此享有最高的司法权。当然，通常情况下他并不亲自审理案件。

据儒家经典记载，西周时周天子及各个诸侯国的宫廷里都设有专职司法官，称为"司寇"，从这一官称来看，其所从事的审判事务主要应该是刑事诉讼，负责打击贼寇等较重大的刑事犯罪。在地方上，有各层次的"士"处理地方盗贼等事务，如乡士、遂士、县士和方士等。《周礼·秋官》中详尽具体地叙述了大司寇的官职及下属。

另外，在《周礼》的记述中，除司寇以外，司徒等许多其他官员都有司法审判权，分别处理各种专门性的纠纷。从西周金文中所记载的案例来看，许多官职都可承担审判工作，并不限于司寇。一般认为，当时的司寇及各层次的士是从军伍中的官员演变而来，在古代兵刑合一的体制下，主要由他们承担打击重大犯罪的任务，具有类似于现代法院中刑事庭法官的作用。但这种执掌恐怕并不是绝对的；在当时政治分工并不细致的背景下，各种官员，特别是高层次的官员，都有参与案件审理的权利；在非刑事性的案件中，由其他官员审理的可能性更大。

二、司法程序

（一）起诉

诉讼在中国古代也常常被称之为"狱讼""词讼"。《周礼·秋官·大司寇》里提到"讼"和"狱"有所区别，根据后儒的解说，"讼"是指财产纠纷"言之于公"，而"狱"是指"相告以罪名"。如果确实如此，那当时就已经出现了类似于现代民事诉讼和刑事诉讼的区分。在提起诉讼的时候，还要提交保证金，"讼"的双方要各向官司缴纳"束矢"（一束100支箭），"取其直也"（象征正直）；"狱"的两造则要缴纳一钧（约合30斤）铜，"取其坚也"（象征态度坚决）。在诉讼结束后，败诉的一方所缴纳束矢钧金就被官府没收。如果不缴纳,就是自服不直,将招致败诉。

（二）审判过程

据说在西周时代的审判过程中,要求法官以"五听"的方式决疑。所谓"五听",就是通过分析当事人的言辞、脸色、呼吸、听觉、眼神,来确定其口供或证言的真实性。"五听"具体包括"辞听""色听""气听""耳听"和"目听"五项,"听"是观察的意思。当事人陈述时如理屈则会言语错乱、面红耳赤、喘息不止、不能听清法官的话,或眼神游离不定等表象。[①]这在某种意义上是审判心理学的萌芽。

在审判过程中,西周时代比较注重证据。据说在有关契约的纠纷中,当事人要提交券契作为证据。另外,根据《周礼·秋官》的记载,在审判活动结束后,如果系疑难案件,承办官员还应该广泛征询意见,称为"三刺"之法,即"讯(询)群臣,讯群吏,讯万民"。这一程序在出土金文中有所反映。

经过审判后,官员将宣布判决结果,称为"成劾"。在某些情况下,败诉的当事人一方会被要求通过具有神圣性质的宣誓方式表示自己履行判决的诚意。如在《倗匜》这篇中国最早记载完整审判过程和判词的著名青铜器铭文中,法官宣布判决后责成败诉方牧牛发誓履行判决、不再惹是生非;《𩏡攸从鼎》的记载中也有类似的内容。这些誓词具有借助神灵力量约束当事人行为的作用,也可以作为相关诉讼的证据被援引。由于当时神权的影响依然存在,因此在非诉讼的一些情况下,宣誓的方式也被普遍采用,作为双方取得合意的一种最正规的证明方式。

（三）裁判依据

西周时代法律的实施状况,现在只能从铜器铭文中反映的少数几件案例加以揣测。总的来看,当时在审判中并不具引法律的条文,而是由司法官依据有关礼的原则为指导来判定是非、决定相应的处理方式,包括执行刑罚。

《曶鼎》记载了一起买卖奴隶违约的争讼案,被告名叫限,先后两度对这件交易毁约,法官井叔认为,限是王室的工作人员,买卖既谈成就不应违约,判决如约履行。这里的根据就是一般的交易习惯,并强调了当事人的身份。

《琱生簋》记载了一个较为复杂的关于田土奴隶的争讼案。根据前述《周礼》所载的惯例,案件需要征询群臣的意见,在这件记载中适可得到印证,称为"讯有司"。但对于判决结果起决定性作用的是法官召伯虎的父母,他们也是当事人琱生的宗亲,故可能以宗族尊长的身份对案件施加影响,是宗法权力的体现[②]。

西周晚期的《倗匜》记载了两个贵族关于五名奴隶的争讼,原告是小贵族牧牛,第一次控告大贵族败诉,故重新提起诉讼,法官伯扬父认为,牧牛控告自己的上级,并违背前次的判决后的誓言,必须处以刑罚。这里的两项依据都是当时礼

倗匜

---

①　《周礼·秋官·小司寇》郑玄注。

②　参见胡留元、冯卓慧:《西周法制史》,陕西人民出版社1988年版,第291页。

制的原则和惯例;但因为牧牛再次宣誓服从判决,如约履行,所以法官伯扬父决定,原判拟处较重的墨刑及鞭三千,鉴于牧牛的表现,可以将墨刑减一等;最后,根据具体情况,法官决定再次减轻其处罚,判决对牧牛罚铜并鞭五百。这一减轻处罚的过程,并没有强调有关的法律明文,而更多地体现了司法官结合事实和惯例进行的自由裁量。

从这几件案例可以看出,当时在司法实践中,法官主要是依据习惯法以礼为主体的有关原则、惯例处理争讼。成文法在其中的作用并不突出。

【资料】

《傲匜》铭文片断

伯扬父乃成劾曰:"牧牛! 敊,乃苟勘。汝敢以乃师讼。汝上代先誓。今汝亦既又御誓,敨洛啬睦傲。周亦兹五夫,亦既御乃誓,汝亦既从辞从誓。傲苟,我宜鞭汝千,黜䢅汝。今我赦汝,宜鞭汝千,黜䢅汝。今大赦汝,鞭汝五百,罚汝三百寽。"伯扬父乃或又使牧牛誓曰:"自今余敢扰乃小大事。""乃师如以汝告,则到,乃鞭千,黜䢅。"牧牛则誓。乃以告吏邦吏智于会。牧牛辞誓成,罚金,傲用作旅盉。

译文:

伯扬父定下了判词:"牧牛! 你的行为被确定为诬告。你竟和你的师打官司。你违背了先前的誓言。现在你已办理了誓词,到啬去见傲,交还五个奴隶。既然已立下了誓言,你也应遵守誓词。最初的责罚,我本应鞭你一千,并处较重的墨刑;现在我赦宥你,应鞭你一千,处较轻的墨刑;现在我再赦宥你,鞭五百、罚铜三百锾。"伯扬父又叫牧牛立誓:"从今以后,我将干涉你的大小事,如果你的师再把你告上来,就鞭你一千,并处较重的墨刑了。"牧牛立了誓。把这告诉了官吏邦,邦和智在会。牧牛的案子和誓约都定下了,罚了铜,傲用其来做宗旅的盉。[①]

三、贵族官僚在司法中的特权

在等级社会,行为人因社会政治地位上尊卑贵贱身份的不同,在刑事法的权利和责任是完全不同的。西周时期,贵族官僚在司法活动中享有一系列的特权。

在司法审判过程中,有"命夫命妇不躬坐狱讼"[②]的原则,即贵族及其家族成员不必亲自出席审判活动。在金文所记载的案例中,确实可以看出,不少情况下身份较为显贵的一方当事人并不出现,而仅派遣其家臣参与诉讼。同时,据说当时已有"八辟"之法,即有亲、故、贤、能、功、贵、勤、宾八种人犯罪,法律规定其可以享受特殊的审理程序。虽然先秦时期是否真正实行过"八辟"之法,目前还不能完全肯定,但从曹魏开始直至清末在国家律典中正式规定的"八议"制度,却是直接导源于此,成为中国传统法制中等级特权的重要表现之一。

贵族官僚如果犯有罪行,据儒家经典的说法,可以享受很多特权。如前所述,"刑不上大夫"意味着当时对贵族阶层不适用肉刑。《礼记·文王世子》里明确指出:"公族无宫刑,不翦其类也","公族其有死罪则磬于甸人"。首先,对于公卿贵族不适用宫刑,因为那样将导致其

---

① 唐兰:《陕西省岐山县董家村新出土西周重要铜器铭辞的译文和注释》,载《文物》1976年第5期(为排印方便,译文中有个别更改)。

② 《周礼·秋官·小司寇》。

绝嗣。同时，对于贵族官僚犯罪的，一般可以用钱收赎，或用放逐等方式来代替应受的皮肉之苦。对于平民犯有死罪的，死刑一般都是公开执行的。但贵族官僚即使有罪大恶极的严重犯罪、需要剥夺其生命，可以自杀代替死刑，以避免被处死的痛苦和耻辱。"磬"就是让贵族罪犯悬吊自杀，因为如同古乐器"磬"悬吊于架上而得名。"甸人"是掌管郊野的官职，在郊野处由掌管郊野的官员监督贵族罪犯上吊自杀，也具有避人耳目的意义。

贵族官僚的这种特权维持了相当长的时期，自汉朝以后，随着礼教与法律的逐步融合，"刑不上大夫"的原则增加了新的内涵并更为具体化，最终在法律中确立下来。贵族官僚在刑罚适用和执行上的特权成为中国传统法的一项基本原则。

【人物】

召　公

召公姓姬名奭(shì)，是西周初年的名臣，燕国(今河北北部、辽宁西部和京、津一带，都城在蓟，今北京附近)的始封之君。召公在地方上治理有方，甚得百姓拥戴。传说召公曾巡行乡邑，在棠树下受理当地百姓提起的诉讼，并即时进行审判，号称清明，上自侯伯贵族，下至平民百姓，都各得其所。召公死后，后人怀念召公的平讼亲民的政绩，对他曾听讼于其下的棠树一直不敢砍伐，并作《甘棠》之诗歌咏其德政。这首诗在《诗经》中保留下来："蔽芾甘棠，勿翦勿伐，召伯所茇。蔽芾甘棠，勿翦勿败，召伯所憩。蔽芾甘棠，勿翦勿拜(拔)，召伯所说(悦)。"茇是草舍的意思，据说当年召公就在树下搭建临时的草屋中休息。召公听讼千百年来传为佳话。直到唐代，在当时洛州寿安县(今河南宜阳)西北五里建有"召伯厅"，据说其时在附近的九曲城东山上，还有人们为了纪念召公而植的棠树。宋人桂万荣编集历代名案以供折狱者借鉴，书名为《棠荫比事》；其中"棠荫"就是取召公听讼于其下的典故。

本章小结

西周时期、特别是厥初曾被认为是中国历史上的盛世。以现代的观点来看，此说固不尽然，但这确是中国传统文化初步定型的关键时期。西周初年，以周公为首的周统治者在"以德配天"的早期人本主义和民本主义思想指导下，对礼制进行了初步的改造，使更多的习惯纳入了国家和社会公共意志的轨道，并逐渐体系化。这一体系的核心是"亲亲""尊尊"的差别思想。当上大至整个国家政治机制的构架，小至对具体人物、事件的舆论评价，都以礼的原则为根本准则。宗法、婚姻和继承等一系列家族制度，都是以此为前提建构的。后世儒家的系统礼制，也是在这一基础上完善、发展起来的。

当时已先后有了一些成文法律的制定活动，其中主要的形式称为刑。但这些法律或者仅仅是一些较抽象的原则性规定，或者是具体的惯例汇编，还有一些是在特定条件下因时因事发布的具体命令。在处理具体案件时，被委派的各级司法官并不引述具体的条文性规定，而只是依据对原则、惯例的理解，来确定最终的裁决。因此在这一时期并非没有形诸文字的法律，而是这些规范与后世成文法公布后的法律在条文的具体形式、内容及其适用上，都有不同程度的差别。

延伸阅读

基本史料

《尚书》中《大诰》《康诰》《酒诰》《召诰》《洛诰》《吕刑》《费誓》《秦誓》等篇,可参看屈万里:《尚书今注今译》,台湾商务印书馆 1977 年版。

《周礼》,参看林尹《周礼今注今译》,书目文献出版社 1995 年版。

《礼记》,参看杨天宇《礼记译注》,上海古籍出版社 1997 年版。

《史记》卷 4《周本纪》,卷 33《鲁周公世家》,卷 34《燕召公世家》。

参考书目

王国维:《殷周制度论》,《观堂集林》卷十,中华书局 1959 年版。

王国维:《释礼》,载《观堂集林》卷六,中华书局 1959 年版。

胡留元、冯卓慧:《西周法制史》,陕西人民出版社 1988 年版。

钱杭:《西周宗法制度史研究》,学林出版社 1991 年版。

蒲坚主编:《中国法制通史》第一卷《夏商周》,法律出版社 1999 年版。

马小红主编:《中国法制史考证》甲编第 1 卷《夏商周法制考》,中国社会科学出版社 2003 年版。

[日] 籾山明主编:《中国法制史考证》丙编(日本学者考证中国法制史重要成果选译)第 1 卷《通代先秦秦汉卷》,中国社会科学出版社 2003 年版。

思考题

1. 西周法制指导思想的内容和形成背景。

2. 礼的内涵、历史沿革以及对后世中国法制的影响。

3. 刑的内涵、历史沿革以及在西周时期的表现。

4. 西周时期宗法制度的内容。

5. 儒家经典中所反映的婚姻制度。

6. 西周刑法的基本原则。

7. 史籍记述的西周时期贵族官僚的司法特权及其对后世的影响。

第三章
春秋战国的法制
（前 770—前 221）

本章提要

　　学习本章应着重了解春秋时期社会变革的背景、成文法的公布及其意义。并在全面了解各诸侯国变法的基础上，着重掌握法家为主的法制指导思想、李悝《法经》的内容及其本质，以及战国时期法制的变化等重要内容。

　　公元前 770 年，周平王东迁国都雒邑（今河南洛阳），史称"东周"。由此开始了我国历史上著名的"春秋"时期。周王朝失去了对全国进行整体控制的能力，社会经济政治面貌发生巨大变化，王权旁落，政权下移，宗法制日趋衰落。一般认为公元前 403 年"三家分晋"后进入"战国"时期。经过春秋时期的不断兼并，原来的一百多个封国只剩下二十余个，并形成了七雄并峙的分裂局面。齐、楚、燕、韩、赵、魏、秦 7 个大国，在欺凌侵伐小国的同时又互相兼并，经过 200 多年的兼并战争，公元前 221 年秦国最终统一六国。

　　春秋战国时期是中国法制大发展的时期。与经济发展和各诸侯国政治制度建设相适应，法治思想开始萌芽并迅速发展。这一时期法律制度变革的最鲜明标志，就是成文法典的制定和发布，迅速排斥旧有的礼制。各诸侯国在对内发展生产，对外攻伐争雄的过程中，纷纷开展变法活动，进行了大量的法制建设工作，为以后中央集权制政权的法制建设奠定了基础。然而这一重要时期留下的史料记载却相当稀少，缺乏很多重要的环节，难以详细叙述分析。

　　学习本章应着重了解春秋时期社会变革的背景、成文法的公布及其意义，在全面了解各诸侯国变法的基础上，着重掌握法家为主的法制指导思想、李（悝 kuī）《法经》的内容及其本质，以及战国时期法制的变化等重要内容。

第一节　法律形式的转变

　　由于春秋战国时期社会经济及政治的迅速变化，传统礼制瓦解，出现所谓"礼崩乐坏"的局面。除了以孔子为代表的一些思想家外,就连各国统治者也都不再以礼制为自己行动的规则。各诸侯国不约而同地开始试行新的统治方法,而其中最主要的就是创建新的以成文法为主体的法律体系。

一、公布成文法的潮流

公元前536年,郑国的执政大夫子产将有关刑事方面的法规铸在一个铜鼎上,向全社会公开,史称"铸刑书"。① 这是史籍中首次明确向全社会公布成文法的记载。鼎是一种"礼器",是祭祀祖先神时用以煮牲(整头牛、羊、猪)的大型炊具,放置于祖庙前的广场上,具有国家权力的象征意义。将法律铸于铜鼎,就是表示所公布的法律的权威性和稳定性。

根据《左传》的记载,郑国公布成文法是震动各诸侯国的政治事件。远在晋国的贵族大夫叔向为此特意写信给子产表示责难,说子产违背先王的传统,放弃礼制,将使郑国灭亡。而子产的回信只是说自己这样做是为了"救世"(拯救人世),可见当时已有要求公布成文法的强大社会压力。

后母戊鼎,高133厘米、口长112厘米、口宽79.2厘米,重达832.84千克。

过了23年,公元前513年,晋国的执政大夫赵鞅、荀寅也将刑事法律铸在一个铁鼎上,号为"刑鼎"。鲁国的思想家孔子批评说晋国这样做是没有了上下的等级,"贵贱无序,何以为国"?② 这正好从反面说明刑鼎的法律是对全社会一视同仁的,破除了原来"礼"与"刑"的区别,也终止了贵族"临事制刑"的司法特权。

从春秋末年到战国初年,各诸侯国纷纷公布成文法律,其形式则各不相同。如齐国公布的法律称之为"七经",楚国称之为"宪令",韩国称之为"韩符",赵国称之为"国律",魏国称之为"魏宪"等。形成了公布成文法的潮流。原来"礼""刑"习惯法中很多内容都被纳入了成文法,而孔子创立的儒家抢救了很多"礼"的礼仪制度,并归纳礼的基本精神整编为"礼教"伦理体系。

除了成文法律外,各种国君发布的单行法令形式也有很多。主要有以下几种:

命。包括天子之命与诸侯之命。春秋时期不仅经常使用"命"这种法律形式,而且已经产生了应由君"出命"③的观念,并提出了"命不共,有常刑"的口号,使君"命"由此获得了"常刑"④的保障。

令。春秋时期,令的使用范围已很广,如一些称霸的诸侯发布的"王伯之令",对于其他诸侯国也有约束力,所谓"大国令,小国共"。⑤ 同时,各诸侯国也享有对内之令,如楚有"楚令"。⑥

---

① 《左传·昭公六年》。
② 《左传·昭公二十九年》。
③ 《左传·成公十八年》。
④ 《左传·哀公十一年》。
⑤ 《左传·昭公六年》赵鞅述"王伯之令"曰:"引其封疆,而树之官,举之表旗,而著之制令,过则有刑。"
⑥ 《左传·襄公二年》。

盟。各国之间订立的盟约也对各国内部具有约束力。如《谷梁传·僖公九年》载公元前651年诸侯葵丘之会的盟约就规定各国贵族"勿以妾为妻"。

二、创建成文法典

成文法的迅速发展,很快就出现将成文法编制为统一法典的设想,其中最为著名的就是魏国改革家李悝(kuī)为制定体系化法典而编制的《法经》。

李悝在魏国主持变法时期,认为当时的法律还比较分散,不成体系,因此他仔细参考了当时各国的成文法,编写了《法经》。《法经》意思应当就是"立法之经",希望以此作为制定成文法典的基本蓝本。

据《晋书·刑法志》记载,《法经》共有六篇:一为《盗法》,二为《贼法》,三为《网法》,四为《捕法》,五为《杂法》,六为《具法》。据说"盗"是侵犯财产的犯罪,《盗法》就是维护财产所有权、惩罚侵犯财产的犯罪的法律。"贼"主要指危害他人人身的犯罪,主要是杀人、伤人等罪行,《贼法》是保护人身安全、处罚侵害他人人身的犯罪的法律。第三篇《网法》,又称《囚法》,是关于囚禁和审判罪犯的法律规定。第四篇《捕法》,是关于追捕盗、贼及其他犯罪者的法律规定。第五篇《杂法》,是补前四篇之不足的拾遗补阙之篇,内容庞杂。第六篇《具法》,是关于定罪量刑中从轻从重等法律原则的规定,相当于近代法律的总则部分。

据说李悝认为"王者之政莫急于盗贼",因此将《盗法》《贼法》两篇列为起首;而"盗贼须劾捕",因此接着是《网法》《捕法》两篇。在盗、贼以外的犯罪种类繁多,就统一以《杂法》来命名。最后为了正确定罪量刑,设定《具法》来"具其加减"。

可见《法经》力图要以完整的逻辑结构来制定法典,尤其是在末尾设计规定定罪量刑总原则和通例的"具法",说明立法技巧已相当高明,远远超过了当时世界上其他国家的法典设计水平。《法经》在编纂体例上开创了编纂完整成文法典的新体系,改变了过去单项诏令、法规重叠不齐、规范不一的局面。

根据史书记载,以后商鞅到秦国主持变法时,就将《法经》带到秦国,作为创建新型法典

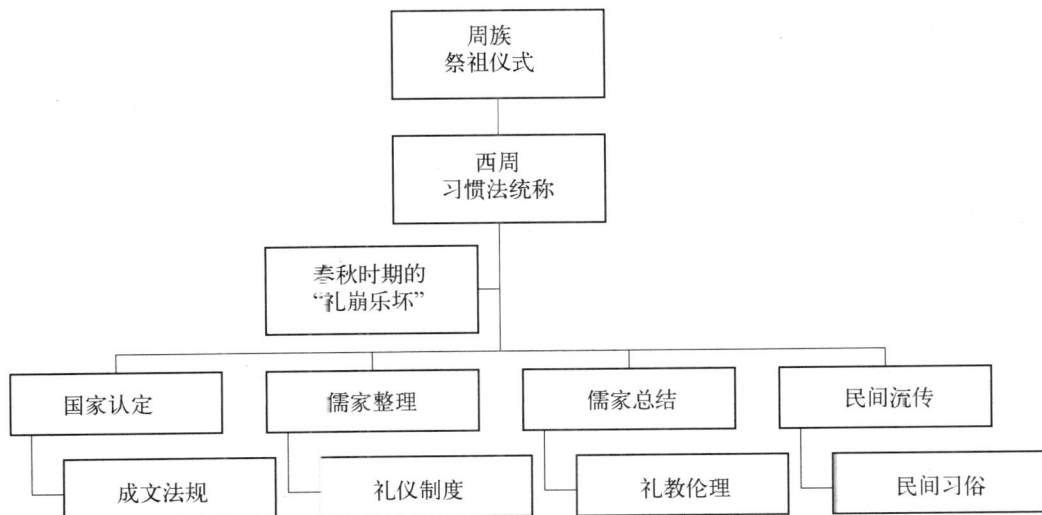

礼的演变示意图

的蓝本。因此《法经》直接影响了秦律的制定,而秦律又为以后汉朝所继承,《法经》为我国古代法典的编纂体系确定了基本模式。

第二节　法律制度内容的变化

一、社会等级大变动

春秋战国时期中国社会结构发生重大变化,原来僵硬的社会身份等级制度崩溃,各阶层之间发生流动现象。所谓"高岸为谷,深谷为陵"。[①]　春秋时期周天子已是权威扫地,各封国国君纷纷自称公、侯,到战国时更进一步自称王。各国内部也是从大夫掌权发展到"陪臣执国命",到战国时士阶层成为最活跃的政治角色。宗法制大家族也渐渐瓦解,传统氏族贵族阶层日益没落。很多国家变法采取了以军功授爵的政策,取消以宗法制为核心的世卿世禄制,并在法律中确定下来。以军功获得贵族身份的新型贵族以及职业官僚逐渐成为主要的特权阶层。

随着生产力的发展,商品经济逐渐打破了原来部族的界限,"国人"和"庶民""野人"之间的差别不复存在,都成为直接受制于国家法律的个体农民,逐渐摆脱对于领主的人身依附关系。据说齐国在管仲(约前685—前645)执政期间曾立法将全国城乡统一编制为乡遂制度,国民分为士、农、工、商四种户籍,规定都应世袭职业。这从反面说明平民的流动已是相当频繁。

社会底层的奴隶阶层也有了一定解脱贱民身份的可能性。如公元前550年晋国贵族范氏为杀死政敌手下的大力士,与自己的奴隶斐豹约定,如能完成任务,就焚毁斐豹的"丹书"(卖身契约)。[②]　公元前493年晋国大夫赵鞅在战前发布的动员令中宣布,立有战功的庶民和工商可以担任官职,有战功的奴隶都可以免除奴隶身份。[③]　但同时由于战争规模的扩大和更趋残酷,也有大量的平民甚至贵族被俘后成为战胜者的奴隶。比如春秋时原虞国的大夫百里奚被晋国俘虏后沦为陪嫁的奴隶,后来被秦国以5张羊皮的代价赎回,恢复贵族身份。而商品经济的发展也使很多还不起债务的平民沦为奴隶。

二、刑事法律的变化

春秋中叶之后,制定和公布的成文法的主要内容是刑事法律。

各诸侯国刑罚日益趋向残酷,频繁使用如鞭、脯(分裂罪犯肢体)、醢、烹(将罪犯放入鼎中烧煮)、戮尸(污辱罪犯尸体)、族(处决罪犯全家男女)、断手之类的酷刑。战国时期酷刑更多,如有腰斩(将罪犯从腰部砍断)、车裂(或称辕,将罪犯处死后分裂尸体挂在车上巡行示众)[④]、凿颠(敲破罪犯脑袋)、抽胁(敲断罪犯肋骨)、镬烹(将罪犯放入大锅烧煮)、枭首(将罪犯脑袋砍下挂于高处)、磔(分裂罪犯尸体并高挂示众)等名目。

---

① 《左传·昭公二十三年》。
② 《左传·襄公二十三年》。
③ 《左传·哀公二年》。
④ 一般都认为车裂是将罪犯"五马分尸",但并无确切史料证明。本教材采用清代法学家沈家本的说法,见《历代刑法考》第一册,中华书局1987年版,第105页。

战国时期劳役刑也开始普遍适用。逐渐把附属于墨、劓、刖、宫等身体刑的劳役抽出,将其变为独立的刑罚种类。如城旦、舂("城旦"是男性罪犯,主要服筑墙修城的苦役;"舂"是女性犯人主要从事舂米的繁重劳动)、鬼薪、白粲["鬼薪"是男性罪犯,主要从事砍柴伐木劳役;"白粲(càn)"是女性罪犯,主要从事为官府粮食加工劳役]、司寇(司与伺同。司寇,指伺察寇贼,即强制男犯从事巡逻、追踪罪犯)等。服刑的罪犯被称为"刑徒"。

战国时期还创造了一些新的刑罚方法。如赀(zī)刑(强制犯罪人向官府交纳一定数量的金钱)。以财产抵赎罪行的"赎刑"在这个时期也得到了广泛的应用,如赎黥、赎劓、赎宫、赎死等。赎可以采用直接交纳货币的方式,也可以用劳役充抵。

春秋时期最重的罪名莫过于"弑"(shì,臣杀君、子杀父)和起兵对抗国王及国君的"作乱"。战国时进一步出现"反"和"谋反",以及"叛"等罪名,加强对于君权的保护。而且"盗"和"贼"罪名也是法律的首要打击的目标。传统的"不孝"罪名也依然是重罪。

【案例】

春秋时期的典型案例

晋国有邢侯、雍子这两家贵族,为了一块田产打了多年官司,一直没有得到解决。公元前528年,晋国原来的"理"(最高司法官)士景伯被国君派往楚国担任使节,临时委派叔鱼代理理官职务。晋国的执政韩宣子要求叔鱼抓紧处理积案。叔鱼重新审理这桩争田案件,起初倾向于邢侯,打算判决雍子败诉。雍子察觉到叔鱼的倾向,赶紧把女儿嫁给叔鱼,乘机送了大批嫁妆。叔鱼于是就判决邢侯败诉。邢侯为此怒不可遏,在上朝时当场杀死了雍子和叔鱼。执政韩宣子找不到判决此案的依据,只得去请教有名望的大夫叔向。叔向说:"这三个人都犯了大罪,活着的要处死,死了的仍然要戮尸。雍子明知道自己理亏而公然行贿,叔鱼接受贿赂而'卖狱',邢侯肆无忌惮擅自杀人。这三种罪名同样严重:自己犯了罪而以行贿来掩盖是'昏'罪,接受贿赂破坏法律是'墨'罪,擅自杀人是'贼'罪。早在夏朝的法典《夏书》上就说:昏、墨、贼这三种罪都要处死,这是皋陶传下来的古老法律,请按此办理。"于是韩宣子下令将邢侯押到市场上当众处决,并将雍子、叔鱼的尸体也拖到市场上一起示众。①

三、承认土地私有

春秋时期,随着生产力的发展,特别是铁制工具的应用、牛耕的出现,使得以家庭为单位的小生产成为可能,为有计划、有规模地开垦荒地、兴修水利提供了有利条件,从而使私有土地即"私田"的数量不断增加。"井田制"逐渐瓦解,原来的国有土地被各级贵族划归己有。

为了维护自己的统治,各诸侯国不得不考虑改变陈旧的剥削方式。如公元前685年,齐国"相地而衰征",②也就是根据土地的等级向各级贵族征收土地税,从而承认贵族的土地私有权。公元前645年,晋"作爰田",③这是"田制、兵制改易之始"。④

改易田制,就是改变井田制度,明确国人对于土地的合法占有,并相应承担兵役。鲁宣

① 《左传·昭公十四年》。
② 《国语·齐语》。
③ 《左传·僖公十五年》。
④ 〔清〕惠栋:《春秋左传补注》。

公十五年(前594)"初税亩",正式开始按亩收税,从而公开承认了所有私人占有土地的合法性。四年之后,鲁成公"作丘甲",即进一步按照私人占有的土地亩数(丘)的多少确定应缴纳的军需物资的数额。鲁哀公十二年(前483)又"用田赋",即再次实行私人土地统计作为征收军赋的依据。公元前548年,楚国"书土田","量入修赋",进行土地登记,按照收成的多少缴纳赋税。公元前538年,郑国"子产作丘赋",以丘为单位征收军赋。[①] 公元前408年,秦国"初租禾",也按照私人占有土地面积收税。[②] 这些记载,都说明井田制已经遭到严重破坏,土地私有制开始萌芽。

战国时期土地私有权进一步得到法律的承认。诸侯国施行赏赐往往就是将土地赐予有功者,因为一般都认为"意民之情,其所欲者田宅也"。[③] 秦国商鞅变法,正式废除井田制,"民得买卖",允许民间买卖土地。[④] 其他国家很可能也在这前后有类似的法令。土地已是普遍私有化。

第三节 司法制度的变化

春秋战国时期司法制度最突出的变化集中于两点:一是剥夺旧贵族的司法审判权由职业官僚掌握;二是改罪刑擅断为依法断案。

一、司法机构

西周时大多数诸侯国的司法官都模仿西周王朝制度称为"司寇"。春秋时期发生变化,各国的司法官称呼不尽相同,如晋国称为"理",另外还有"尉氏";东周王朝在"司寇"外也有"尉氏";齐国在"司寇"外还有"士";宋国有"大司寇""少司寇";楚国、陈国有"司败",而楚国又有"廷理"等。

战国时期各国的司法官名称仍不统一。齐国为"大理",楚国为"廷理",而秦国等一些国家采用"廷尉"作为朝廷最高法官的称呼。

春秋时期各诸侯国开始形成领土国家,国都之外新占领或新开垦的国土不再采用分封贵族采邑的统治方式,而是设立"县",[⑤]长官称之为"令""宰"等,都是由国君直接派出、直接向国君负责的职业官僚,而不是世袭贵族。春秋末年,各国又在边境地区设立"郡",作为边防军区,长官称为"守"。当时"县"比"郡"大,比如公元前493年晋国赵鞅在战前的誓师大会上宣布:"克敌者,上大夫受县,下大夫受郡。"[⑥]说明当时已经推行郡县制。不过此时的郡县还没有十分明确的统属关系。

到了战国时代,兼并战争日益激烈,战胜国边疆地区猛烈扩张,因此"郡"发展要比"县"要快,形成"郡"比"县"大的局面。不少国家即以郡管县,郡县制度得以完备。

郡县制是作为分封制的对立物出现的。分封制的特点是被封者在其封地之内,独立地

---

① 分别见《左传·宣公十五年、成公元年、哀公十二年、襄公二十五年、昭公四年》。
② 《史记》卷15《六国年表》。
③ 《韩非子·外储说右上》。
④ 《汉书》卷24《食货志》。
⑤ 县字就是"悬"的原字,"县"就是"孤悬在外"的危险之地的意思。
⑥ 《左传·哀公二年》。

享有完整的统治权,并且这种统治权可以世袭。在郡县制体制下则不同,郡县长官只有法定的辖地统治权,而且不能世袭,由中央政府随时任免。地方的郡、县二级制是在战国时期最终确立起来的。各国通过设置郡县制、任免地方官吏,建立起君主专制中央集权政治制度。

郡县制度直接来源于军事扩张、军事统治,因此都实行一长制,长官统掌军政和司法大权,逐步形成了行政司法不分的格局。地方司法工作由郡县行政长官兼理,即由郡守、县令审理一般的地方案件。与政治体制的巨大变化相适应,战国时期,各诸侯国逐步建立了从中央到地方的层级司法组织。贵族的审判权被取消,行使审判权的机关变成了君主及各级行政官僚。这是中国历史上长达两千年的地方行政长官兼理司法制度的开端。

二、审判制度

春秋以前的司法以"临事制刑"为特征,司法者享有极大的擅断权。春秋战国时期出现以法治国的主张,公布成文法的目的就在于要求司法审判以公开的、既定的法律为根据。各国相继建立的各项法律为取消绝对擅断,为司法者依法断案提供了依据,并为之创造了条件。

春秋战国时期逐渐形成司法官员必须严格按照法定权限来进行裁判,并对裁判的正确与否承担个人责任的制度,所谓"理有法,失刑则刑,失死则死"。这对于后世有深远的影响。[1]

【人物】

子　产

子产(?—前522),名侨,字子产,公孙氏。也称公孙侨、公孙成子。郑国大夫,公元前543年出任执政大夫。他施行了一系列改革方案。编制户籍,清查私人实际占有的耕地,引起不满情绪,流言说"孰杀子产,吾其与之"。但子产坚持实行改革,也不禁止国人在"乡校"议论政治。过了3年,人们体会到确立地界后,私人土地权利得到保护,于是又有歌谣歌颂子产说,"子产而死,谁其嗣(继承)之?"子产以后又进一步对私有土地征税,同时确认土地私有权。子产还主持公布了法律。在历史传说中,他也是个只凭听到的哭声就能侦破杀夫案的著名法官。据说他执政21年,使得郑国大治,"门不夜关,道不拾遗",做买卖的不讨价还价,农民耕地互相让出田埂,农具平时就放在田里。子产死以前嘱咐继任的子大叔(人名)说:"只有德行高的人才能以宽大政策来使民众服从,否则还不如用凶猛的压制政策为好。烈火熊熊,人们见了害怕,所以被火烧死的人很少;相反水看上去很柔顺,人们喜欢玩水,所以淹死的人要多得多。当政要实行宽大政策是很难的。"孔子听说子产的遗言,赞叹说:"子产讲得太好了,政策宽大民众就容易骄傲,就要用凶猛压制来纠正;压制过猛,民众又会受伤害,再要以宽大政策来缓和。"孔子总结为:"宽以济猛,猛以济宽,政是以和。"后世称之为"宽猛相济"的刑事政策,有着深远的影响。[2]

李　悝

李悝(约前455—前395),魏国人,是战国初期著名的政治家和前期法家的主要代

---

① 《史记》卷119《循吏传李离》。
② 以上分别见《左传·襄公三十年、昭公二十年》,《史记》卷119《循吏传》。

表人物之一。魏文侯欲求富国强兵,任用李悝为相实行变法,在政治、经济、法律等方面实行了一系列改革。废除"世卿世禄"制度,剥夺旧贵族的政治权力。李悝主张"食有劳而禄有功","使有能而赏必行",①剥夺旧贵族的官职和俸禄,以便安排有能之士,赏赐有功之人。推行"尽地力之教",②鼓励、指导农民开垦荒地,并提高单位面积产量,使农业生产量大幅度提高,增加国家的赋税收入。推行"平籴"政策,通过政府的收购和抛售,控制粮食市场的供求关系,丰年有可能引起粮价降低时,国家平价收购粮食,使粮价不致下跌,以提高农民致力耕作的积极性;荒年国家以平价出卖粮食,既满足人们对粮食的需求,不致使百姓流离失所,又稳定了物价。他辅佐魏文侯实行以法治国,保证变法的顺利进行。李悝在变法过程中编写的《法经》,是对一系列改革变法成果的肯定。它不仅对魏国发生了巨大作用,而且在整个中国法制史上也具有重大意义。③

本 章 小 结

春秋初期,各诸侯国基本上沿用西周的法律。春秋后期,随着政治、经济、文化的发展,其法律制度也开始变革。春秋时代法律制度变革最鲜明的标志就是成文法的公布。郑铸刑书、晋铸刑鼎,都是应当时社会经济、政治发展要求而产生的成文法。由不成文法到成文法的发展,适应了当时社会的变革,顺应了历史潮流,打破了"刑不可知,则威不可测"的秘密法状态,因而在我国古代法制史上具有重大的意义。春秋时代的法律内容是逐步变化的,由维护宗族统治、巩固旧的等级秩序的法律,逐步发展到中叶之后体现法家思想、维护新的等级制度的法律。

战国时期,各诸侯国适应社会变革的需要,在春秋末叶法律制度变革的基础上,纷纷变法改革,颁布法律,以成文法的形式将统治制度规范化。随着成文法运动的广泛开展,与春秋时期相比较,该时期的法律制度从形式、性质到内容都发生了巨大的变化,成文法典开始形成。作为成文法运动的结晶——《法经》,以其结构、内容等对后世的法典产生了深远的、不可忽视的影响。

延伸阅读

基本史料

《春秋左氏传》,参阅李宗侗注译:《春秋左传今注今译》,新世界出版社2012年版。

《史记》卷32《齐太公世家》、卷38《宋微子世家》、卷39《晋世家》、卷40《楚世家》、卷42《郑世家》等。

参考书目

顾德融、朱顺龙:《春秋史》,上海人民出版社2001年版。

杨宽:《战国史》,上海人民出版社1998年版。

韩连琪:《论春秋时代法律制度的演变》,载《中国史研究》1983年第4期。

刘林希、尹天佑:《春秋时期法律制度的变迁及其特点》,载《政法学习》1985年第3期。

① 《说苑·政理》。
② 《汉书·食货志》。
③ 《汉书》卷24《食货志》。

徐进:《战国前法的形式、生成及其时代特点》,载《吉林大学学报(社科版)》1997 年第 6 期。

蒲坚主编:《中国法制通史》第 1 卷《夏商周》,法律出版社 1999 年版。

马小红主编:《中国法制史考证》甲编第 1 卷《夏商周法制考》,中国社会科学出版社 2003 年版。

〔日〕籾山明主编:《中国法制史考证》丙编(日本学者考证中国法制史重要成果选译)第 1 卷《通代先秦秦汉卷》,中国社会科学出版社 2003 年版。

思考题

1. 中国成文法的公布及其意义。

2.《法经》在中国法制史上的地位。

3. 战国时期的刑罚制度有哪些主要变化?

第四章
秦国及秦朝的法制

（前 356—前 206）

本章要点

　　作为中国最早的中央集权朝代的法律制度,商鞅变法以后秦国以及秦朝的法律制度在中国法制史上具有重要的意义。秦国在商鞅变法后,建立起严密的成文法体系,全面以法律管制社会生活各个方面。秦朝统一中国后进一步以法家理论为法制指导,在刑事、民事、司法制度各个方面为中国以后各代的法制奠定了基础。

　　秦是一个古老的部族,长期拓植于中国西北地区。由于其首领在与"西戎"部落的冲突中护卫周王室有功,公元前827年被封为大夫。周王室东迁时,周平王封秦为诸侯,约定秦如果能够收复被西戎占领的周族发祥地(今陕西关中地区)"即有其地"。秦国以后在与西戎的战争中逐步发展,但在春秋早期,秦国的政治、经济、思想文化等方面一直比较落后,被东部各国视为野蛮国度,往往不让秦国参加诸侯的会盟活动。至战国时秦国实力已有很大增长,不仅收复了原周王室的土地,还积极向东部发展。至秦献公、孝公时,秦国相继采取了一系列的改革措施,尤其是公元前356年开始的由商鞅主持的变法,彻底改变了秦国的面貌。秦国综合国力日益强大。到公元前221年,最终统一了中国,建立了中国历史上第一个统一的中央集权制的专制主义皇朝。

　　秦统一中国后,将其在政治、经济、军事、文化等领域的制度贯彻到各地,这些措施虽然大大促进了中国政治、经济、文化的统一,但由于其措施的极端化和法律的严酷性,最终导致了社会矛盾极度激化,陈胜、吴广揭竿而起后,各地纷纷起兵反秦,秦朝仅传两代即告灭亡。

　　作为中国最早的中央集权朝代的法律制度,商鞅变法以后秦国以及秦朝的法律制度在中国法制史上具有重要的意义。

第一节　商　鞅　变　法

　　商鞅(前390—前338),卫国人,名鞅,公孙氏。后来因其变法强秦有功,被封于商地,号商君,故史称商鞅。他"少好刑名之学",曾为魏相公叔痤之中庶子(类似家臣),很受公叔痤赏识。公元前 361 年,秦孝公发布求贤令,商鞅离魏入秦,赢得孝公信任,被拜为左庶长,先后于公元前 356 年、公元前 350 年主持两次变法,即中国历史上有名的"商鞅变法"。

商鞅为实现强秦的目的,要求秦孝公实行法治。其变法的基本纲领就是"变法修刑,内务耕稼,外劝战死之赏罚",① 即用法律强制手段来推行农战政策。商鞅变法的主要内容有以下几个方面。

一、运用赏罚手段推行农战政策

商鞅深信欲王天下必先强其国,而要强国必先富国,富国的关键就是发展农业生产。"国之所以兴者,农战也",② 这是他的基本思路。基于此,他把变法强秦的重点放在富国强兵、农战之上。他以为"使民之所苦者无耕、危者无战,二者孝子难以为其亲,忠臣难以为其君",民众最苦恼的是农业耕种、最害怕的是去打仗,这是使孝子无法尽孝、忠臣难以尽忠的原因。所以,他提出"今欲驱其众民,与之孝子忠臣之所难",现在要让民众去干孝子、忠臣为难的事,"非劫以刑而驱以赏莫可",除了用刑罚相威胁、以奖赏来引诱外,别无他法。③ 正是在这一思想指导下,他主持制定法律,规定对耕战有功者予以厚赏,对怠于农作、从战不力者予以重罚,以法律手段保障秦国日益富强。

农业方面的奖惩之法规定:"僇力本业,耕织致粟帛多者复其身,事末利及怠而贫者,举以为收孥"。④ 对于尽力耕织、生产粟帛多的人,可以免除其徭役;相反,对那些贪图商贾之末利,不事农作,或懒惰不疾耕作而致贫困的,则罚为官奴隶。此外,还规定"民有余粮,使民以粟出官爵"。⑤ 允许以粮食换取官职和爵位,使国家增加了粮食储备,又使有余粮的平民得获爵位,不仅经济上富有,而且政治上也提高了地位。

为了更多地开垦土地,充分发挥农民的劳动潜力,扩大户赋来源,商鞅还发布了《分户令》,规定:"民有二男以上不分异者,倍其赋。"⑥此外,还以由国家分配土地、减免赋税的办法吸引三晋之民来秦垦荒,从而增加了秦国的人口来源,并使农业有更大的发展。

二、剥夺旧贵族的特权

商鞅变法从一开始就面临着贵族顽固派的阻碍和反对,而整个变法实际上就是在削弱旧贵族的势力,树立新的权威。所以,商鞅对法律制度改革的重要内容之一,便是设立新的军功贵族等级,来取代旧贵族在政治、经济等方面的特权。

上述奖励耕织有力者法令的实施,是以取消旧贵族在土地占有方面的特权为前提的。商鞅变法之初便"除井田""开阡陌封疆",实际上剥夺了旧领主贵族在井田制下所垄断的土地所有权,使全国的土地统一由国家向耕者分授,并由国家统一征收赋税。这就在经济上进一步削弱了旧贵族的优势,从而也为奖励耕战奠定了基础。

商鞅变法设定了全新的按照军功授予爵位的制度,调动臣民耕战的积极性。平民在战

① 《史记》卷 5《秦本纪》。
② 《商君书·农战》。
③ 《商君书·慎法》。
④ 《史记》卷 68《商君列传》。
⑤ 《商君书·靳令》。
⑥ 《史记》卷 68《商君列传》。

场上如果能够斩获敌方"甲士"(身穿盔甲的主力士兵)的首级一个,就可以晋升一级爵位。规定"宗室非有军功论不得为属籍",①除国君的嫡系以外的宗室贵族,没有军功,就取消其爵禄和贵族身份;而能以军功获爵,便可得到相应的"田宅、臣妾、衣服"。

同时,还采用取消分封制,实行郡县制的办法,剥夺旧贵族对地方政权的垄断。秦把全国划分为31个县,县下设乡、里,对农民则按5家为伍、10家为什的什伍制度编定小社区,各级官吏都由政府选派。这样一来,民众摆脱了贵族的控制,转归国家政权直接管理。

三、改法为律,扩充法律内容

春秋末期,礼法分离,公布的成文法逐渐改称为"法"。商鞅以李悝的《法经》为指导,在法律编纂中采取以罪统刑的新体例,并将法典的基本形式改称为"律"。"律"字的原意为以竖笛定音,转指乐曲的音律,进而指不以人的意志为转移的天文律历。商鞅将国家成文法典改称为"律",具有排除人为影响成文法的含义。中国后世均以"律"作为基本法典的名称,直至清末。

李悝的《法经》基本内容是调整刑事法律关系的,类似于后世的刑法典。秦国变法远不止刑事法律的改革,涉及社会生活的各个方面。现在发现的秦律的篇目有《徭律》《厩律》《传食律》《金布律》《工律》《置吏律》《效律》等。表明法律已进入更广泛的社会生活领域。同时,法律的增多和法律条款的增多自然使法律对某些社会关系的规定更加具体、细密。如关于农业生产的法律有《田律》《仓律》《厩苑律》《为田律》等。特别是在《仓律》中,不仅规定了收获物的收缴、保管、放置、统计、加工、发放,而且规定了种粮的保管、每亩地使用种粮的具体数量,等等。

四、明法重刑,奖励告奸

在以法治国的思想指导下,为保证变法改革的成功,商鞅特别强调"明法"。所谓明法,就是制定法律、法令,并公之于众,使人人皆知,"皆得以循之而避祸就福"。为了明法,他一方面要求用浅显通俗的语言立法,以便使"愚者遍能知之",主张"为法令置官吏","以为天下师",②帮助臣民明确法律的含义。

另一方面,他认为"贤良""辩慧"之说迷惑人心,影响臣民学法、守法。所以,他在明法的同时对其他学说,尤其是儒家的礼治学说采取了压制的措施。据说商鞅变法时曾"燔诗书而明法令"。③ 同时他也意识到变法会遭到旧贵族的反抗,因此在变法之初,当太子提出反对意见时,他就对太子的老师施加劓刑和黥刑,以此警告反对者不得以身试法。

明法就是要制定法律且使人知晓,而要树立法律的权威,使臣民严格遵守,就要设法加强法律对臣民的威慑制约作用,贯彻重刑原则。即使是对未遂或仅有预谋的行为也给予严厉的惩罚。商鞅认为"刑加于罪所终,则奸不去","故王者刑用于将过,则大邪不生"。④ "将过"即尚未实施犯罪,或虽已行为但没有造成犯罪后果,未给社会造成实际的危害,仍然需要处罚。

为了更为有效的"禁奸止过",充分发挥刑罚预防犯罪的作用,商鞅还主张奖励告奸。规

---

① 《史记》卷68《商君列传》。
② 《商君书·定分》。
③ 《韩非子·和氏》。
④ 《商君书·开塞》。

定"告奸者与斩敌首同赏"。① 对告发他人犯罪者,国家颁给厚赏,动员一些人充当国家的耳目,以便及时捕获罪犯,惩罚犯罪。

奖赏能促使一些人去告奸,但只靠奖赏却不能保证所有发现他人犯罪的人都去告奸,必须采取一种督促的办法。商鞅所采取的办法之一就是连坐,迫使发现他人犯罪的人,为了使自己不致受牵累,只好及时告官。商鞅变法后规定的连坐主要有以下四种:一是邻伍连坐。《史记·商君列传》记载,商鞅变法规定"令民为什伍,而相收司连坐",把老百姓编成以什(10 户)伍(5 户)为单位的小社区,然后强制同伍同什的人互相监督,对犯罪的人进行举告。二是军事连坐。5 人为一伍,作战时有一人逃跑的,其余 4 人都受连坐。三是全家连坐。规定家庭主要成员有违法行为,则全家受牵连,即所谓"一人有罪,并坐其家室"。② 四是职务连坐。这是对担负某种国家职务的人实行的连坐。官吏如果知而不告,就不能免自己的罪,不仅下对上有连坐责任,上对下也有这种责任。

由上可知,商鞅在秦国进行的系列改革,在深度和广度上都超过了其他诸侯国。这次改革为秦国法律的发展奠定了基础,更为秦国政治、经济的发展提供了强有力的法律保障。

公元前 338 年,秦孝公死,太子继位,史称秦惠文王。为了报复曾受到的侮辱,惠文王下令逮捕商鞅,商鞅出逃不成,结果被"车裂"处死。但是商鞅所建立的法制在秦国行之已久,并没有被取消,依旧是秦统治者富国强兵的有效工具。秦国在以后的一百多年中日渐富强,并最终由秦始皇完成统一天下的大业。

第二节　法制指导思想

自商鞅变法后,秦王朝坚定不移地将以商鞅和韩非为代表的法家思想作为法制指导思想,并且又结合一些阴阳五行家的学说。其指导思想主要有以下三个方面的内容。

一、"一断于法"③

在法家看来,法是客观的准则,是天下之公器,因此适用法律必须严格。对任何人的行为,都应用法这个客观标准来衡量,不能因人而异。要求"自卿相将军以至大夫庶人,有不从王令、犯过禁、乱上制者,罪死不赦"。④ 这就开始打破了"刑不上大夫"的壁垒。韩非曾进一步把这一原则概括为"法不阿贵""绳不挠曲""刑过不避大臣,赏善不遗匹夫"⑤。实际上强调的是对那些有身份、有地位、有功劳、有善行的尊贵者的违法行为也要依律断罪,不宥不赦。

需要注意的是,"刑过不避大臣,赏善不遗匹夫",主要是指适用法律的原则。这一原则同等级制度原则并不根本对立的,因为当时的法律本身就有维护等级制度、有严格的下不僭上的规定,秦律的许多条款也反映了对等级地位高的人的优待。如《传食律》规定有爵者与无爵者的饭食供应标准就有高低之别,对爵位高者与爵位低者供应的品种、数量也有差别。

---

① 《史记》卷 68《商君列传》。
② 《史记》卷 10《孝文本纪》集解语。
③ 《史记》卷 130《太史公自序》。
④ 《商君书·赏刑》。
⑤ 《韩非子·有度》。

二、法律必须公开

韩非对法的定义是:"法者,编著之图籍,设之于官府,而布之于百姓也。"①所谓"编著之图籍",就是制定成文法;"布之于百姓",就是必须向百姓公布所制定的成文法,使民众知晓,让他们"知所避就",以便在实践中按法律的要求行事,从而否定了"刑不可知,则威不可测"的秘密法。

以后的秦始皇根据法制实践也总结出:君主"作制名法"可以使"臣下修饰",使"职臣遵分,各知所行,事无嫌疑";也可以使"黔首改化""欢欣奉教";并且使百姓"咸知所避",②不误犯法律,危害君主的利益。因此在巡视各地时注意将在当地发布的法令刻石公布。在这一思想指导下,秦在立法上越发细密,法律调整的范围也越来越广。正如泰山刻石所记:"治道运行,诸产得宜,皆有法式。"③

三、轻罪重刑

商鞅强调"行刑,重其轻者"。④ 所谓"重其轻者",就是指在执行刑罚时,应对轻罪予以重罚。商鞅认为:"行刑,重其轻者,轻者不生,则重者无从至矣。"⑤即加重刑于轻罪的刑罚,轻罪就不致产生;轻罪不存在,重罪也就不可能出现;重罪不出现,也就不可能有刑罚加身。因为"重刑连其罪,则民不敢试。民不敢试,故无刑也"。⑥ 从而达到"以刑去刑,刑去事成"⑦的目的,即通过轻罪重刑的手段达到预防犯罪的目的。

这一立法的指导思想主要是针对民众的。商鞅说:"禁奸止过,莫若重刑"。⑧ 韩非也曾说过:"民不以小利蒙大罪","重一奸之罪,而止境内之邪。……重罚者当贼,而悼惧者良民也"。⑨ 这一立法的指导思想对之后中国历代王朝的立法均有很大影响。

秦始皇运用法家思想统一了中国,深刻体会到了法的巨大功用。另一方面,政治上的巨大成功也冲昏了他的头脑,由重视法律走向迷信法律。在统一之初,他便表现出无限扩大法的作用的倾向。在军事上统一中国之后,需要从社会心理上征服所有的民众,但秦朝的这种征服仅仅依靠法律,儒家的礼义及其他各家学说都被摒弃。他要使全国臣民"欢欣奉教","尽知法式",服从法定的等级制度,勤勤恳恳地为国家效力。他不需要用儒家的伦理道德去教化百姓,而是要用法律"经纬天下",使法"永为"臣民的"仪则"。⑩ 他在李斯建议下发布《焚书令》,除农林医书籍外禁止私人藏书,并焚烧所有的政治文学礼仪等各类书籍。这已不是法治,而是残暴和野蛮的象征。秦二世承其父,深信"今世不师文而决于武力","申法令"而不思礼义。⑪ 迷信法律必然导致用刑残酷及刑罚的滥用,以致造成"赭衣塞路,囹圄成市"的局面,社会危机迅速爆发,并使秦朝迅速灭亡。

---

① 《韩非子·难三》。
② 《史记》卷6《秦始皇本纪》。
③ 同上。
④ 《商君书·说民》。
⑤ 同上。
⑥ 《商君书·赏刑》。
⑦ 《商君书·靳令》。
⑧ 《商君书·赏刑》。
⑨ 《韩非子·六反》。
⑩ 《汉书》卷23《刑法志》。
⑪ 《史记》卷6《秦始皇本纪》。

【资料】

李斯给秦二世的《劝行督责书》片段

是以明君独断，故权不在臣也。然后能灭仁义之途，掩驰说之口，困烈士之行，塞聪揜明，内独视听。故外不可倾以仁义烈士之行而内不可夺以谏说忿争之辩，故能荦然独行恣睢之心而莫之敢逆。若此然后可谓能明申韩之术而修商君之法，法修术明而天下乱者，未之闻也。

译文：

由此圣明的君主一人决断，所以权力不在于大臣。这样就能够截断讲仁义之流出仕为官的途径，堵住游说的嘴巴，阻止侠客的行径，塞住大臣眼睛耳朵，全凭君主独断独听。不受朝廷外的仁义侠客行为影响，也不受朝廷内激烈谏争讨论牵制，君主可以为所欲为而没有人敢于阻挡。这才说得上是发扬了申不害、韩非的学说、贯彻了商鞅的法律。发扬了法家学说、贯彻了商鞅之法，从没听说天下还会有混乱的。

第三节　法律形式

秦朝的法律文本没有完整地保留至今。我们只能主要借助于各种史籍中零星的片段记载，尤其是 1975 年在湖北云梦睡虎地秦墓出土的竹简①和有关的出土文物，对其进行初步的介绍。

秦朝的法律形式多种多样。秦代"法律令"连称，"法"就是成文法，"律""令"就是最重要的法律形式。此外还有其他的一些法律形式。

一、律

律是成文法典。在湖北云梦睡虎地秦墓出土的竹简中，简末注明秦律篇目的就有 18 种，整理小组编为"秦律十八种"，有《田律》《厩苑律》《仓律》《金布律》《工律》《徭律》《军爵律》《置吏律》《传食律》和《效律》等。另外在一些竹简简文中提及的还有《除吏律》《游士律》《除弟子律》《中劳律》《藏律》《公车司马猎律》《傅律》《屯表律》《捕盗律》和《戍律》等。其具体内容涉及刑事、民事、行政等各个方面。

二、令

令是以皇帝命令形式发布的单行法规。秦始皇规定皇帝"命为制、令为诏"，即皇帝下达的指示命令称之为"制""诏"，具有最高的效力。如果需要制定某项单行法规，或者由皇帝直接下达制、诏指示，或者由大臣提出立法建议，经皇帝批准交由有关部门起草法规条文，再经皇帝以制、诏批准发布，即成为"令"。

"令"作为特别法，适用时优先于普通法的"律"。从睡虎地秦墓竹简的资料中可以发现

---

① 根据 1 号墓出土的"大事记"竹简记载，该墓主死于秦始皇三十年（前 217），因此这批载有法律文献的竹简至晚为公元前 217 年。

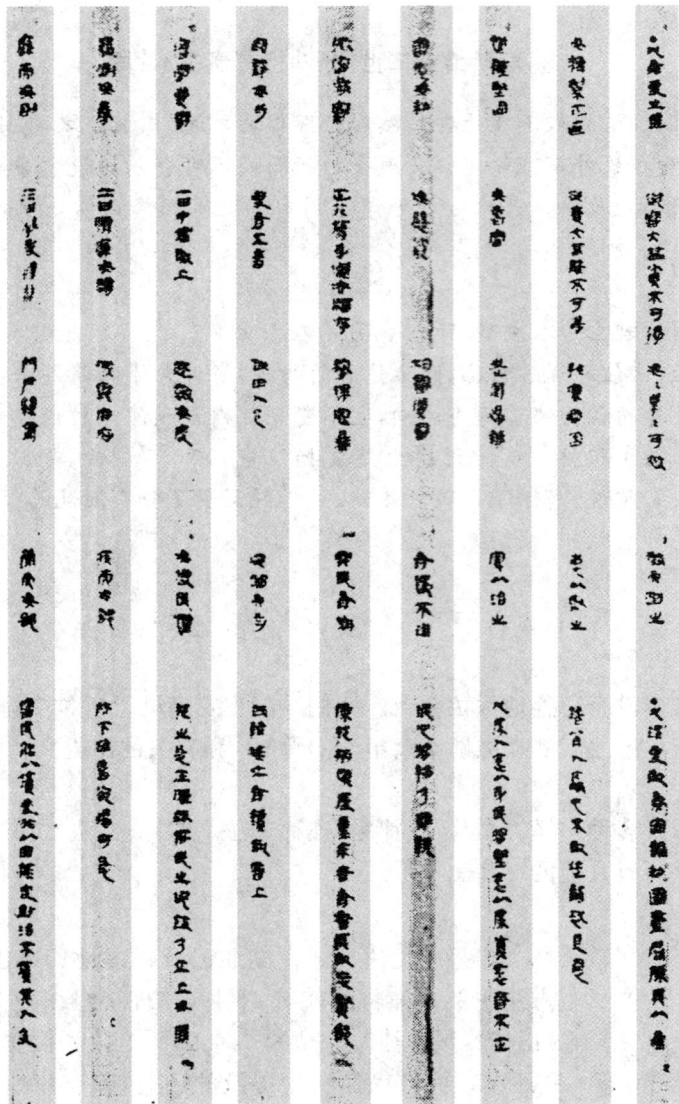

睡虎地秦墓竹简照片

秦有专门的"犯令""废令"的罪名。法律解释上称,"律"有规定的,而"令"规定不要施行的,官员却仍然按照"律"施行,就是"犯令"罪;而"令"有明文规定要施行的,官员却不施行的,就是"废令"罪。犯令罪和废令罪都要处罚,即使官员已经被免职、调任的仍然要追究。①

三、式

式是关于政府机关工作程序、原则及有关的公文程式的法规。睡虎地秦墓竹简中的《封诊式》,就是关于司法审判工作的程序,对司法审判工作的要求以及诉讼文书程式的法律文件。

① 《睡虎地秦墓竹简》,第 212 页。

四、廷行事

"廷行事"是司法机关判案的惯例。很可能由廷尉的判例演化而来。"廷行事"不仅可以填补成文法的空白,还可以改变成文法原来的规定。

【资料】

睡虎地秦墓竹简中按照"廷行事"判案的事例

廷行事:吏为诅伪,赀盾以上,行其论,又废之。

求盗追捕罪人,罪人格杀求盗。问:杀人者为贼杀人、且斗杀? 斗杀人,廷行事为贼。①

译文:

廷行事:官吏弄虚作假,要处赀盾(罚出一个盾牌钱)以上刑罚的,要按照判决执行,还要废除官吏的身份永远不可再做官吏。

承担抓捕罪犯职责的"求盗",在追捕罪犯时遭到罪犯抵抗身死。请问:罪犯应该算是故意杀人,还是斗殴杀人? 是斗殴杀人,但按照"廷行事"是故意杀人。

五、法律解释

从湖北云梦睡虎地秦墓出土的竹简中可以发现,秦朝对于成文法规有官方的解释文本。但可惜的是,这种解释当时的称谓还不得而知,湖北云梦睡虎地秦墓竹简的整理者将其定名为"法律答问"。

从现有资料来看还没有办法得知作出这些解释的是哪个部门,似乎是基层官府就法律疑难问题向某位上级请示后,上级就所问问题作出一个解释,并且被各地官府传抄。它既是对法律的具体解释,又是对法律的一种补充,与所解释的法律一样,具有同等的法律效力。

【资料】

睡虎地秦墓竹简中一条"法律答问"

或捕告人奴妾盗一百一十钱,问:主购之且公购? 公购之。

译文:

私家奴妾盗窃一百一十个铜钱,有人捕获报告了官府。问:应该由主人给予奖赏,还是官府给予奖赏? 由官府给予奖赏。

六、其他

从各种史料来看,秦代其他的法律形式还有程、课等。

"程,法式也"。② 睡虎地秦墓竹简中有《工人程》,是关于劳动定额等确定额度的法规。《荀子·致士》云:"程者,物之准也。"杨倞注曰:"程者,度量之总名也。"程就是标准、额度。《韩非子·难一》曰:"中程者赏,弗中程者诛。"其中的程也是数额标准的意思。

课是关于工作人员考核标准的法规。《云梦睡虎地秦墓竹简》有《牛羊课》。《管子·七法》曰:"成器不课不用,不试不藏。"《汉书·京房传》有"房秦考工课吏法"的记载。果就是按

---

① 《睡虎地秦墓竹简》,第176、180页。
② 《汉书》卷1下《高帝纪下》颜师古注。

一定的标准检验、考核。《牛羊课》就是关于牛羊饲养人员工作情况的考核标准的法规。

第四节　身份法律制度

商鞅变法,在秦国建立起了新的、以成文法严格设定的身份法制。社会上所有人都处在明确的社会等级制度、家庭制度之内,并以人们在社会以及家庭中的身份来进行定罪量刑、划分权利义务。

一、社会等级

(一)特权阶层

商鞅变法创立了新的军功爵位。除了国王的亲属"宗室"外,其余人都应通过战功或其他功劳晋升爵位。爵位由低到高分为 20 等。

与过去"士"相当的爵位分为 4 等,分别为"公士""上造""簪袅(zān niǎo)""不更";与过去"大夫"相当的爵位分为 5 等,分别是"大夫""官大夫""公大夫""公乘""五大夫";与过去"卿"相当的爵位分为 9 等,分别是"左庶长""右庶长""左更""中更""右更""少上造""大上造"(或称"大良造")、"驷车庶长""大庶长";与过去诸侯相当的爵位分为 2 等,分别是"关内侯""彻侯"。

每晋升一级爵位,就由国家赐予一定数量的耕地、宅地。彻侯还可以得到一个相当于县的封地,获得封地的赋税收入(但不得直接在封地进行统治)。每一爵位都可以享受相应生活待遇标准,比如"不更"可以免除一般百姓必须承担的劳役,"公乘"具有出行时乘坐政府车辆的特权等。有爵位者还具有出任一定级别官职的权利。

除了有爵位者外,职业官吏也是新的特权阶层。秦规定行为端正、能够诵读文章者经乡官推荐可以"试为吏"。吏可以逐步升迁官职,获得相应的待遇和特权。

(二)平民阶层

商鞅变法规定普通民众全民皆兵,成年男性一律编为"士伍",承担服兵役的义务。此外还要承担朝廷及地方政府的徭役。秦朝统一全中国后,下令所有的平民统称为"黔首",完全打破了古老的部族界限。平民都要承担朝廷的兵役、劳役,以及土地税、人头税。

有关服役、纳税、婚姻等行为能力的起始年龄,秦的法律规定很有特色,一律以身高为判断依据。一般而言,男子身高超过 6 尺 5 寸、女子身高超过 6 尺 2 寸,[1]视为成年,应该开始服役、纳税,可以结婚;并承担刑事责任,可以处以刑罚。身高不足即为"小"。这或许是因为秦在扩张过程中征服兼并得到的地区还来不及建立完备的户籍资料,而又需要尽可能快速地进行征发劳役、兵役、征税等工作,以身高来确定百姓的行为能力较为直接而简便的缘故。

(三)贱民阶层

秦的法律将奴隶划为贱民。属于官府的奴隶总称"隶臣妾",即隶属于官府的奴隶的意思。"隶臣"为男性奴隶,"隶妾"为女性奴隶。其来源主要有战争中投降的俘虏、罪犯及其连坐的家属等。隶臣妾为官府从事各类勤杂服役,各有严格的工作定额。军功贵族自愿向朝

---

① 秦国一尺约等于 23.2 厘米,6 尺 5 寸约相当于 151 厘米,6 尺 2 寸约相当于 144 厘米。

廷归还两级爵位,可以赎免亲父母为隶臣妾者一人;每两名青壮年可以赎免一名隶臣,一名青壮年可以赎免一名老、小(身高 5 尺以下)隶臣或一名隶妾。[①]

民间私人男女奴隶总称为臣妾。由于频繁的兼并战争中秦国是主要的战胜国,大批战俘被押到秦国成为私人奴隶。从云梦睡虎地秦墓竹简的材料来看,一般的士伍也往往在家中役使奴隶。还有的将难于管教的奴隶卖给官府,或请求官府对于不服管教的女奴施以刑罚的专门程序。

二、婚姻法律制度

由于缺乏史料,秦婚姻制度的具体细节还不能完全搞清。且从云梦睡虎地秦墓竹简材料来看,有这样三个特点。

1. 婚姻关系的确立和解除,都必须经过官府的登记程序

睡虎地秦墓出土竹简"法律答问"有一条提到:女子未成年("小,未盈六尺")成婚后背夫逃亡,应该如何处理? 回答是,如果是经过官府登记结婚,以背夫逃亡论罪;如没有登记,则视为无效婚姻,不予治罪。由此可以看出结婚需赴官府登记方为合法。解除婚姻关系也必须到官府登记。如"法律答问"有一条,"弃妻不书,赀二甲"。丈夫休妻必须要到官府登记,否则要作为犯罪处罚,罚两副皮甲。至于解除婚姻的条件,从目前的材料看,是否按"七去三不去"的原则,则无法得知。

2. 婚姻关系的双方较为平等

比如法令要求双方相互忠贞,男女通奸一律治罪,如"夫为寄豭,杀之无罪"。[②] 云梦睡虎地秦墓出土竹简的"法律答问"有一条提到,丈夫因为"妻悍"而殴打妻子,撕裂妻子的耳朵,或者折断妻子的手指、手脚,或使妻子脱臼,如何处理? 回答是丈夫要处以耐刑。[③] 显然,即使"妻悍",丈夫也不能随意殴打。说明男女双方在家庭中的地位相对比较平等。

3. 赘婿地位低下

据《汉书·贾谊传》载,秦人"家贫子壮则出赘"。出赘,指男到女家就婚作赘婿。赘婿在战国时代就已经受到歧视,社会地位很低,受人歧视。云梦睡虎地秦墓出土的竹简中有一条《魏户律》,规定赘婿不得单独申报户口,不得分配国有土地,三代以后子孙才可以出任官吏。另一条魏《奔命律》也规定在攻城时可以将赘婿填护城河,不必怜悯。[④] 秦朝发动远征作战时也首先征发赘婿。

第五节　刑事法律制度

一、有关定罪量刑的通例

从睡虎地秦墓竹简材料看,秦律关于定罪量刑的通例大致有以下几个方面。

(一)关于刑事责任能力

秦以身高来确定责任年龄。与确定男女普通的成年标准相同,男子身高超过 6 尺 5 寸、

① 《睡虎地秦墓竹简》,第 53、93 页。
② 《史记》卷 6《秦始皇本纪》。
③ 《睡虎地秦墓竹简》,第 185 页。
④ 同上书,第 293、294 页。

女子身高超过6尺2寸就要承担刑事责任、接受刑罚处罚。

与现代法律不同,秦法律中对于未成年人的严重犯罪仍然要处罚。比如睡虎地秦墓竹简的"法律答问"中有一个事例:有个少年犯了"盗牛"罪,盗牛时身高只有6尺,关押了一年后,再次丈量,少年身高已经达到了6尺7寸,询问如何处理?上级的答复是"当完城旦",应该将这个罪犯判刑,保留其发须,去服"城旦"苦役。由于秦法律将盗牛视为重罪,因此未成年"盗牛",仍然要处刑,但比普通盗牛罪处刑"黥城旦"减刑一等。①

(二)关于有无犯罪意识

有无犯罪意识,也是认定是否构成犯罪的标准。睡虎地秦墓竹简"法律答问"提到,有个人甲偷盗"赃值千钱";乙知道甲的偷盗行为,分赃所得价值不满一个铜钱。问乙应该如何处理?上级批复要作为同犯来处理。可是在另一个事例中,甲偷盗了铜钱后买了蚕丝,寄存在乙处,乙不知道甲买蚕丝的钱是盗赃。问乙应如何处理?上级批复"毋论",不予论处。前者乙知甲盗窃,虽分赃不盈一钱,亦与甲同样以盗窃论处;后者乙虽为甲寄存赃物,但不知其为盗窃所得,故不应论罪。可见,两者的区分在于有无犯罪意识。②

(三)关于故意与过失

秦律中,称故意为"端"、过失为"不端"。睡虎地秦墓竹简的"法律答问"有一个事例,甲告发乙"盗牛"或者"贼杀人",查下来乙既没有盗牛,也没有不杀人。如果甲的告发行为是"端为",就是诬告罪;如果是"不端"的,就只是"告不审"。③ 可见在案件的审理中很注重行为人主观意图,体现了故意从重、过失从轻的立法精神。

(四)关于并合论罪

所谓并合论罪,是指在数罪并发的情况下,将数罪合并在一起处刑的原则。睡虎地秦墓竹简"法律答问":"诬人盗值廿,未断,又有它盗,值百,乃后觉,当并赃以论。"④意指先犯有诬告人盗窃价值20钱物品的诬告罪,尚未判决,又发现该犯还有盗窃罪,赃值100钱,应当依律"并赃以论",即合并在一起论处。

(五)有关共犯加重

共犯,是指两人或两人以上所实行的犯罪。由于共犯的社会危害性较大,故处刑较重。睡虎地秦墓竹简"法律答问":"五人盗,赃一钱以上,斩左止(趾),又黥以为城旦;不盈五人,盗过六百六十钱,黥劓以为城旦。"⑤5人共犯盗罪,赃仅值一钱,但5人全都要被斩左趾、黥为城旦;而不满5人共犯盗罪,要赃满660钱以上才黥劓为城旦。可见秦以五人以上的共同犯罪为重大犯罪。

(六)关于自首减刑

秦律中的"自出",即今所谓"自首"。睡虎地秦墓竹简"法律答问":"把其假以亡,得及自出,当为盗不当?自出,以亡论;其得,坐赃为盗。盗罪轻于亡,以亡论"。⑥ 即携带借用的官府财物逃走,如能自首就以逃亡罪处罚,如果被捕获就以赃数定其盗窃罪;如因赃数较少,按盗罪处罚比逃亡罪轻,就按逃亡罪处理。可见自首者可以减轻其自首的罪刑。

---

① 参见张建国:《帝制时代的中国法》,法律出版社1999年版,第270页。
② 《睡虎地秦墓竹简》,第155页。
③ 同上书,第169页。
④ 同上书,第172页。
⑤ 同上书,第150页。
⑥ 同上书,第207页。

（七）关于诬告反坐

秦律中的"诬人"，即今所谓"诬告"。诬告罪的成立，必须是"端告"，即故意捏造事实，向司法机关控告他人，使无罪者入于罪，或使罪轻者入于重罪。睡虎地秦墓竹简"法律答问"："完城旦，以黥城旦诬人，何论？当黥。""甲盗羊，乙知，即端告曰甲盗牛，问乙为诬人，且为告不审？当为告盗加赃。"①二则答问中，前者是本应判处完城旦的人，以处黥城旦的罪名诬赖他人，诬人者应判以黥刑。后者是乙知道甲盗羊，却故意控告甲盗牛，即甲须从轻罪入于重罪，以"端告"者控告盗窃而增多的赃数处理。二则答问，皆依律对诬告者处以与所诬罪名相应的刑罚，这就是诬告反坐。秦律将控告别人犯罪而与事实不符但非出于故意者称作"告不审"，处罚较轻，一般是赀二甲。

二、刑罚制度

（一）死刑

秦的死刑种类和战国时期其他国家差别不大，主要有以下几种。

"具五刑"。这是一种极端残忍的肉刑与死刑并用的刑罚。先对罪犯施用黥、劓、斩左右趾等肉刑，再活活打死，砍下脑袋挂在高处示众，并在市场上将其尸体骨肉剁碎。有诽谤谩骂的，先割断其舌。

"族诛"。这是一种因一人犯罪而诛灭其亲族的刑罚。有"族诛"和"夷三族"。《史记·秦本纪》载秦文公二十年（前746），"法初有三族之罪"。② 这是目前有关秦使用族诛最早的史料记载。之后一直沿用。如秦始皇诛嫪毐(lào ǎi)及其同党时，"皆灭其宗"。③

"磔"。或称车裂，分裂罪犯尸体并高挂树木或车辆示众。

"腰斩"。将罪人从腰部一断为二。

斩首。最常见的死刑执行方式，斩首以上的死刑都是"殊死"，要破坏身体，在古人的心目中就难以得到祖先的原谅，因此是死刑中的重刑。

"弃市"。即在人众聚集的闹市，对犯人执行死刑，表示罪犯被大众所摈弃。有学者认为弃市是使用绳索将罪人勒死的绞刑。④

（二）肉刑

秦施用的肉刑主要有：黥、劓、斩左趾，以及宫刑。⑤ 据说商鞅变法时还规定在道路上倾倒垃圾者要处以"断手"。⑥

根据睡虎地秦墓竹简，秦广泛使用肉刑与劳役并用的刑名，如斩左趾、黥为城旦，即先斩左足，然后黥，再处以城旦的劳役。

（三）劳役刑

劳役刑是对罪犯施以强制劳役的刑罚。具体分为城旦舂、鬼薪白粲、隶臣妾、司寇等几

---

① 《睡虎地秦墓竹简》，第203页。

② 秦"夷三族"诛杀罪犯亲属的范围历来没有定论，有的说法是"父族、母族、妻族"，也有的说法是祖、父、己三族，或认为是"父母、妻子、同产"。比较合理的解释是杀死全部罪犯直系亲属，以及配偶、兄弟姐妹。可参见张建国：《帝国时代的中国法》，第129—159页。

③ 《史记》卷6《秦始皇本纪》。

④ 可参见张建国：《帝国时代的中国法》，第160—179页。

⑤ 斩左趾由原来的刖刑发展而来。砍去罪犯的左脚前脚掌，使之难以逃跑，又能保全罪犯的劳动力。参见张建国：《帝国时代的中国法》，第180页。

⑥ 《史记》卷87《李斯列传》。

种,主要是按照劳役种类来命名。城旦为男犯从事筑城苦役,舂为女犯从事舂米苦役。鬼薪为男犯从事伐木苦役,白粲为女犯从事粮食加工苦役。隶臣为男犯、隶妾为女犯,均从事各级官府的勤杂工作。司寇是为各地官府充当破案眼线、侦查贼寇。秦时劳役刑的刑徒都要加以铁钳之类的戒具,成为官府的奴隶,终身服役。[1]

钳Ⅰ式
秦陵刑具

钳Ⅱ式
临潼郑庄遗址出土,现藏临潼县博物馆

（四）迁刑

迁是把犯罪者迁到边远地区的刑罚。《史记·商君列传》记载：变法开始后,秦国百姓有的说新的法令不方便,有的称赞新法令方便,商鞅认为“此皆乱化之民也”,下令将这些议论法令的人“尽迁至边城”。这是关于秦有迁刑的最早记载。秦王政九年（前238）,处死嫪毐,将其手下的四千多户舍人“夺爵迁蜀”。[2] 睡虎地秦墓竹简《傅律》也有一条规定：百姓未到年龄就上报年老免役,或者已经年老仍然不上报、弄虚作假的,要罚二甲；里典、伍老不告发的也要罚一甲；邻伍每户罚一盾；“皆迁之”。[3] 根据睡虎地秦墓竹简的材料,迁轻于作刑（劳役刑）。似乎也没有路程远近之别。

（五）髡耐刑

这是剃光罪犯头发鬓须的刑罚。由于古代重孝,而孝的最基本要求是保全父母给予的身体发肤,因此剃光头发鬓须也是一种严厉的处罚。秦凡被判作劳役刑的刑徒一般都要附加髡刑,而有些罪名不附加髡刑,即称之为“完”（保全的意思）。

耐刑是剃光罪犯的鬓发、胡须,大多单独使用,适用于一些较轻的罪名。

（五）赀

赀刑,就是强制犯人缴纳一定财物或服一定徭役的刑罚。作为一种刑名,在秦早已使用赀。《韩非子·外储说右上》记载秦昭王时（前306—前251）已有赀刑。从云梦睡虎地秦墓竹简来看,赀刑的适用面很广,赀刑的名目也很多。主要有“赀一甲”（罚罪犯出一副盔甲）、“赀一盾”（罚罪犯出一个盾牌）、“赀布”（罚罪犯出布匹）、“赀徭”（罚罪犯劳役一定期限）、“赀戍”（罚罪犯守卫边疆一定年限）,等等。

（六）谇（suì）

谇,就是训诫刑。从云梦睡虎地秦墓竹简看,多用于轻微犯罪的官吏。如《效律》有很多这样的规定：官府仓库漏雨导致粮食腐烂不可食用,百石以下,“谇官啬夫”；在统计官府账

① 参见张晋藩：《中国法制史研究综述》,中国人民公安大学出版社1990年版,第123页。
② 《史记》卷6《秦始皇本纪》。
③ 《睡虎地秦墓竹简》,第143页。

目相差不到 220 钱的,"谇官啬夫"。"法律答问":将"贼伤人"罪行误判为"斗伤人"罪,"吏当论不当?当谇"。①

此外,秦朝还广泛沿用了过去的"籍没""赎"等刑罚。从云梦睡虎地秦墓竹简资料来看,当时耐刑、迁刑、黥刑的罪名往往可以出财产赎罪。

三、主要罪名　　秦朝法律令所规定的犯罪种类很多,以下仅介绍秦比较典型的一些罪名。

（一）不敬皇帝罪

秦王统一天下,"采上古'帝'位号,号曰'皇帝'",他自己称为"始皇帝,后世以计数,二世、三世至于万世,传之无穷"②。据秦律令,如对皇帝本人有失恭顺、对其命令有所怠慢,都被视为对皇帝不敬。如《秦律杂抄》记载:"听命书……不避席立,赀二甲,废。""命书"即皇帝的命令,也叫"制书"。听命书时,要下席站立,表示恭敬,否则,罚二甲,并撤职永不叙用。

（二）诽谤与妖言罪

《史记·高祖本纪》载,刘邦攻占咸阳后,对父老豪杰曰:"父老苦秦苛法久矣,诽谤者族,偶语者弃市。"《集解》引应劭曰:"秦禁民聚语。"即禁止人民诽谤皇帝,甚至进一步禁止群众聚集私下议论。秦始皇三十五年(前 212),侯生、卢生议论秦始皇"乐以刑杀为威",没有办法为秦始皇造长生不老药。秦始皇便以卢生等"今乃诽谤我,以重吾不德也","或为妖言以乱黔首"。于是,逮捕"四百六十余人,皆坑之咸阳"。这就是历史上有名的"坑儒"事件。③

（三）以古非今罪

就是利用过去的事例,指责现时的政策和制度。公元前 213 年,因为博士建议恢复西周的分封制引起争论,李斯认为"今皇帝并有天下,别黑白而定一尊。私学而相与非法教,人闻令下,则各以其学议之,入则心非,出则巷议,夸主以为名,异趣以为高,率群下以造谤"。④ 秦始皇随即下令凡是引用与当时政策相违的各家学说,议论当时的政策和制度,都构成"以古非今"罪,处以"族刑"。

（四）妄言罪

"妄言",即指发布反对或推翻秦朝统治的言论。秦始皇巡视会稽,渡浙江(钱塘江),项羽和他的叔叔项梁一起在远处观看皇帝的威严仪仗,项羽对项梁说:"彼可取而代也。"项梁赶紧掩住他的口说:"毋妄言,族矣!"⑤秦末各地纷纷起兵反秦,郦食其(人名)夜见陈留县令,劝说县令反戈一击,陈留县令说:"秦法至重也,不可以妄言,妄言者无类。"⑥"无类",就是"无遗类",也就是族刑。

（五）非所宜言罪

"非所宜言"即说了不应说的话。秦末,陈胜、吴广起义后,各地使者纷纷到朝廷告急,秦二世召集博士诸儒咨询对策,诸生有的说这是造反,有的说这是"盗"。秦二世下令御史将凡

---

① 《睡虎地秦墓竹简》,第 116、118、211 页。
② 《史记》卷 6《秦始皇本纪》。
③ 同上书。古代的"坑"并非刑刀,也不是活埋,而是指未经正式审判的集体大屠杀,并将尸体堆积于地面封土,以威吓民众。参见郭建:《"坑"考》,载《华东政法学院学报》2001 年第 2 期。
④ 《史记》卷 6《秦始皇本纪》。
⑤ 《史记》卷 7《项羽本纪》。
⑥ 《史记》卷 97《郦生列传》。

说这是造反的诸生都抓起来治罪,罪名是"非所宜言"。① 实际上,什么是不应该说的话,秦律并无明文规定,但统治者可以随便解释,加罪于人。

（六）挟书罪

收藏违禁书籍罪。公元前 213 年,秦始皇接受李斯的建议,下达"焚书令",规定民间收藏的书籍,除了医药、卜筮、种树之书外,所有其他国家史书、包括《诗经》在内的古代文献、诸子百家的书籍全部限 30 日内上缴官府烧毁,想学习法律的要向官吏学习,不得私相授受。只有朝廷的博士官可以收藏《诗》《书》之类的经典。如果仍然收藏违禁书籍的,即构成"挟书罪",黥为城旦。②

（七）盗窃罪

秦时的"盗"罪,指以公开或秘密的方式把他人的财物据为己有的行为。秦法律对于所有的盗罪都加以严惩。比如睡虎地秦墓竹简"法律答问":"或盗采人桑叶,赃不盈一钱",采了他人的桑叶,价值连一个铜钱都不到,仍然要判处盗采者"赀徭三旬"。而且盗罪的知情者或家属也要连带处刑。"法律答问":"甲盗,赃值千钱,乙知其盗,受分赃不盈一钱,问乙何论? 同论。"知情者虽分赃不足一钱,也要和盗千钱者同样论处。又如:"夫盗三百钱,告妻,妻与共饮食之。何以论妻? 非前谋也,当为收;其前谋,同罪。"丈夫盗得钱财,只要妻子与之一起消费,就要处罚;如果是有共同预谋的话,与之同罪。另外如果丈夫盗了 200 钱,妻子拿出 110 钱自己收藏,"妻知夫盗,以百一十为盗",就要以盗赃 110 钱处罚;如果是不知情的,仍然算作是"守赃"(窝赃)罪。③ 可见妻子对丈夫的盗窃行为无论知情与否,都要负连带刑事责任。

（八）贼杀伤罪

云梦睡虎地秦墓竹简中有许多关于"贼杀""贼伤人"的规定,所谓"贼杀""贼伤人"就是故意杀人、故意伤害罪。这种行为对统治有严重威胁,因此对其严酷镇压,特别防范。"法律答问"里有一条规定在凶犯入室行凶时,邻居确实因外出没有听到呼救声可以不予处罚,但是作为居民头目的里典、乡老即使外出未听到呼救声,仍然要予以处罚。四邻如果在家,听到呼救而不追捕罪犯的,肯定也要负刑事责任。

【资料】

"法律答问"一组斗殴伤害罪名

或与人斗,缚而尽拔其须眉,论何也? 当完城旦。

或斗,啮断人鼻、若耳、若指、若唇,论各何也? 议皆当耐。

士伍甲斗,拔剑伐,斩人发结,何论? 当完为城旦。

译文:

有人和别人斗殴,将他人捆绑起来,拔光其胡须眉毛,应如何论处? 应完为城旦。

有人斗殴,咬断了他人鼻子、或耳朵、或手指、或嘴唇,各应当如何论处? 都应以耐刑议处。

士伍甲斗殴,拔出剑来砍,砍掉了他人的发髻,应如何论处? 应完为城旦。④

---

① 《史记》卷 99《叔孙通列传》。
② 《史记》卷 6《秦始皇本纪》。
③ 《睡虎地秦墓竹简》,第 154、157 页。
④ 同上书,第 186—187 页。

（九）投书罪

"投书"，指针对官府的匿名信。云梦睡虎地秦墓竹简"法律答问"引秦律："有投书，勿发，见辄燔之；能捕者购臣妾二人，系投书者鞫审谳之。"[1]意思是如收到匿名信，不要开拆，应马上烧掉。对能够捕捉到写匿名信的人，悬赏两名奴隶。将投递匿名信的人抓起来审问。秦律之所以如此规定，是因为这类书信的内容多是反对统治的语言，统治者为防止内容扩散而如此处理。

第六节　财产法律制度

一、土地私有权

商鞅变法时"除井田"，实行土地私有制度，承认土地私有权，允许民间私人买卖土地。秦国统一六国后，又于公元前216年下令"使黔首自实田"，[2]即要求全部处在秦皇朝统治下的百姓向政府申报私人占有的土地，作为政府征收赋税的依据。按照自春秋以来的传统，按照私人占有土地面积设定赋税义务，也就是变相承认私人拥有合法地占有、使用土地的权利。

另外，继承商鞅重视农耕、招徕外地农民垦荒的政策，秦朝继续实行授田制度，向有爵位者授田外，无地农民也可以申请土地。秦《田律》规定，凡是从官府获得土地的，无论是否开垦，都要缴纳"藁税"（可以用作饲料的）。[3]

除了确定私有土地为课税对象外，秦法律还规定在私有土地上要"开阡陌封疆"，即开辟公共通行道路和设置私有土地的明确标志。所谓"阡陌"，就是道路，史书记载凡南北方向的道路称为"阡道"，东西方向的道路称为"陌道"。私人土地都要为公共交通开辟出道路，不得连绵不断阻挡交通。"封疆"是私有土地的地界标志，据《史记·商君列传》的注释，"封"的意思是"聚土"，即土堆；"疆"的意思是边界。

根据1980年在四川青川出土的秦武王二年（前309）的《为田律》，秦国法律规定在每顷（100亩）私人土地的四角堆起4尺高、4尺见方的"封"；封与封之间以2尺宽、1尺高的"埒"（liè，田埂）连接，作为地界标志。阡陌道路一律3步（6尺为1步，3步为18尺，约合今4.14米）。地主有义务随时保持道路的平整，每年的八月要修整田界，除去道路上的杂草，九月整修道路，十月全面整修道路桥梁。在睡虎地秦墓竹简的"法律答问"也有"盗徙封"罪，规定暗中移动田界、侵占公共道路的，要处以"赎耐"（判处耐刑，但可以财产赎罪）的刑罚。[4]

根据上述秦有关私有土地的法律，可以说当时法律对于土地私有权

青川出二的秦
《为田律》木牍

---

[1]　《睡虎地秦墓竹简》，第174页。
[2]　《通典》卷8《食货典》。
[3]　《睡虎地秦墓竹简》，第27页。
[4]　参见张建国：《帝国时代的中国法》，第263—269页。

并不是从正面的、明确为一种权利的角度来加以确认,而是从设定义务的角度来承认私有土地的合法性。这是中国法制史上有关财产权利方面的一个重要特点。

二、债权关系

现有的史料中有关秦债权关系法律的内容相当稀少。仅睡虎地秦墓竹简中有一些关于借贷债权关系方面的法律条文以及处理方式。

云梦睡虎地秦墓竹简"法律答问"有:"百姓有责(债),勿敢擅强质。擅强质及和受质者,赀二甲。"①意指百姓间的债务关系,不准擅自强行索取人质作为债务担保,即使是双方同意以人质作为债务担保,同样视为犯罪,均处以"赀二甲"的刑罚。可见当时已排除了以人身作为债务担保的做法。

根据云梦睡虎地秦墓竹简的资料,当时主要的债务担保方式是债务人以劳役抵偿不能及时偿还的债务。如有一条《司空律》规定:"有责(债)于公,以其令日问之,其弗能入及赏(偿),以令日居之,日居八钱。"即欠官府债的人,债务到期未还,传讯债务人,如其表示无力偿还,当日即令其为官府服劳役以抵偿债务。每劳役一天,抵偿 8 钱债务。但"公食者,日居六钱",即在服劳役时,是由官府供给饭食的,每日劳役则减少为抵偿 6 钱。在劳役时不得担任监工,其待遇和官府奴隶相同。债务人也可以自己的奴隶、牛马代为劳役,或者请他人代役。此外,还规定如果为抵偿债务而服劳役的人是种田的农民,则在每年播种、育苗农忙时,允其每次回家干农活 20 天。② 很可能民间债务也是这样以劳役为担保的。

【资料】

秦《金布律》关于买卖行为的规定

布袤八尺,幅广二尺五寸。布恶,其广袤不如式者,不行。

有买及卖也,各婴其价。小物不能各一钱者,勿婴。

译文:

布长八尺,幅宽二尺五寸。布的质量不好、长宽不符合标准的,不准流通。

有所买卖,应分别系上标签表明价格。小物件每件不值一个钱的,不必系标签。③

第七节　司法制度

一、司法机构

秦国在统一中国以前,已在朝廷设置廷尉,作为中央最高司法官员。廷尉的职责主要是审理皇帝交办的案件,称之为"诏狱";同时也有权审理各地上报的疑难案件。

秦统一全国后,采取了郡县两级制的地方制度,郡、县两级政府既是行政机关,也是司法审判机关。各郡设有郡守为最高长官,下设有负责各方面事务的列曹,一般由辞曹掾史、决

---

① 《睡虎地秦墓竹简》,第 214 页。
② 同上书,第 88 页。
③ 同上书,第 56—57 页。

曹掾史辅佐郡守审理案件。

县是基层政府机构，编户一万户以上的县设县令、不满一万户的县设县长为最高长官。另有负责治安的县尉、负责行政事务的县丞等辅助官职。以下有各曹掾史、辞曹、狱掾等帮助处理诉讼事务。县以下分乡，乡以下编户为里，有三老、有秩、啬夫、游徼（jiǎo）、里典等等名目的"乡官"，负有告发当地犯罪的责任。城乡道路分布着"亭"（有瞭望楼台的建筑），是县政府派出的治安机构，设亭长管理，负责治安巡逻，同时也是过往官职人员的招待所。

二、诉讼与审判制度

（一）诉讼的提出

根据现有的史料，秦代的诉讼案件一般采取以下两种方式向司法机构告诉。

告发，即官吏或百姓纠举犯罪。官吏或百姓非因本人被侵害，而是向司法机构告发本地的犯罪。睡虎地秦墓竹简《封诊式》所载"盗马""群盗""贼死""经死"等即属此类诉讼。从这些案例看，里典、伍老等负有巡视里内治安状况和遇有刑事案件须及时向官府告发的法律责任。

举发，指为维护自己的利益而向司法机构提出的自诉。这种告发类似于近现代的自诉。云梦睡虎地秦墓竹简《封诊式》中"争牛""告臣""黥妾""迁子""告子"等各案，都属于举发形式的案例。

秦法律一方面运用奖惩手段引诱和强迫人们"告奸"；另一方面也对告发作了种种限制。首先是禁止"子告父母，臣妾告主"，子女告父母、奴隶告主人，都不得受理。[1]

其次秦法律将告发案件分为"公室告"与"非公室告"两种。睡虎地秦墓竹简"法律答问"称"贼杀伤、盗它人为'公室告'"，而"子盗父母，父母擅杀、刑、髡子及奴妾"是所谓"非公室告"。可见"公室告"，是指告发他人的杀伤和盗窃行为；"非公室告"，是指告发他人的子女盗窃父母财产、父母擅自杀死子女或奴隶、或对子女和奴隶施加肉刑、髡刑。规定百姓对于"公室告"的案件必须告发，官府必须受理；但是"非公室告"案件不得告发，官府也不得受理。甚至规定要处罚告发"非公室告"案件者。[2]

此外，秦律还禁止诬告和轻罪重告。在通常情况下，也不受理对已死亡被告的控告。对于诬告，秦代实行反坐原则。同时，对于轻罪重告也予以处罚。如睡虎地秦墓竹简"法律答问"中有一条：乙知道甲盗窃羊，却故意告发甲盗牛，是"告盗加赃"罪；或者是乙知道甲盗窃羊，但不知道盗窃具体数目，就告发说是甲盗窃三只羊，乙也构成"告盗加赃"罪。[3] 上二例中的"告盗加赃"即属于轻罪重告，告发人均须承担一定的法律责任。

（二）案件的审理

一般情况下，当秦朝司法机关决定受理案件时，对案件的审理也就已开始。从睡虎地秦墓竹简资料来看，这一阶段主要包括双方当事人到庭、讯问、调查、制作审讯记录等内容。下面逐一介绍。

双方当事人到庭。秦代同西周一样，在案件审讯时须双方当事人到庭。云梦睡虎地秦墓竹简《封诊式》收录了23个案件的处理程序，除《贼死》《穴盗》两案的作案人在逃、《经死》

① 《睡虎地秦墓竹简》，第195—196页。
② 同上。
③ 同上书，第170—171页。

一案的自缢尚待查清之外,其余 20 个案例均提到了原告和被告。

讯问。在案件审理过程中,讯问是必经程序,也是最重要的环节,它包括讯问告发人、被告人和证人,其中以讯问被告人获取口供最为关键。为此,秦律允许司法官吏实施有条件的刑讯。

调查。这里的调查不是指近现代的法庭调查。在秦朝,调查包括三方面内容:一是指为了案件的局部不清问题而专门进行的单项或几项调查工作,如云梦睡虎地秦墓竹简《封诊式》中的"覆"(再次查问以及收集证词等)即属此类。二是现场勘查,如《封诊式》中的"穴盗"(墙上打洞进房盗窃案件)、"经死"(发现吊死者案件)等案笔录即属此项工作。三是检验,此类调查仅存于伤亡案件中,如《封诊式》中的"经死""贼死"(被杀身亡案件)两份笔录,即记叙了该项工作的过程及应注意的事项。

制作详细笔录。秦律明确规定,在案件审理时,须将审讯经过、在场人员、被告人的口供和所使用的证据等记录下来,笔录称之为"爰(yuán)书"。从《封诊式》所载事例看,秦代审理笔录主要包括以下内容:被审讯者的姓名、身份、籍贯、居址及因何被控告,原告的诉辞,被告的供述和辩解,被告人是否有前科,证人证词,证据,调查的过程,审讯时是否进行拷打,等等。

案件的判决和再审。从云梦睡虎地秦墓竹简"法律答问"看,秦有判决、上诉、复核、重审或再审等诉讼阶段。案件终结后应向当事人"读鞫(jū)"(宣读判决书)。罪犯不服可以申请再审。如"法律答问":"以(已)乞鞫及为人乞鞫者,狱已断乃听,且未断犹听也? 狱断乃听之。"[1]说明若对判决不服,当事人有权"乞鞫",即提出重新审理的要求;这种要求既可以由其本人提出,也可以由他人代为提出。但这种要求只能在判决以后提出才可受理,若在案件判决之前则不能受理。遗憾的是现存史料和云梦睡虎地秦墓竹简对上述诉讼阶段均无具体记载。

【资料】

秦"爰书"实例

爰书:某里士伍甲告曰:"甲亲子、同里士伍丙不孝,谒杀,敢告。"即令令史己往执。令史己爰书:与牢隶臣某执丙,得某室。丞某讯丙,辞曰:"甲亲子,诚不孝甲所,毋它坐罪。"

译文:

爰书:某里士伍甲控告说:"甲的亲生子同里士伍丙不孝,请求处以死刑,谨告。"当即命令令史己前往捉拿。令史己爰书:本人和牢隶臣(在监狱服役的官府男奴)某捉拿丙,在某家拿获。县丞某审讯丙,供称:"是甲的亲生子,确实对甲不孝,没有其他过犯。"[2]

(三)诉讼审判的主要原则

根据睡虎地秦墓竹简,特别是其中的"法律答问"和《封诊式》所记载的大量诉讼材料,我们可以了解到秦朝诉讼的基本原则。主要包括:有罪推定、依法律和事实断案、有条件刑讯及证据采用原则。

---

① 《睡虎地秦墓竹简》,第 200 页。
② 同上书,第 263 页。

（1）有罪推定原则。秦朝诉讼最基本的原则是"有罪推定"，即刑事被告人一旦被告发，在未经司法机关判决之前，被推定为有罪，对其以罪犯对待。从云梦睡虎地秦墓竹简记载看，司法官吏在诉讼过程中不仅常对未决刑事被告人采取人身强制，而且可随时对其私有财产采取法律强制。同时，刑事被告人对诉讼负有举证责任，司法官吏有权刑讯刑事被告人。

（2）依法律和事实断案的原则。虽然实行"有罪推定"，但在诉讼过程中，秦律严格要求司法官吏认真查验证据，尽量依据法律和事实对案件判决。从现存史料看，秦朝法律的一个重要特点，就是对功过是非和犯罪行为的界限以及奖惩规定得比较明确、具体，贯穿着要求司法官吏严格依法办事的基本精神。同时，云梦睡虎地秦墓竹简"法律答问"一方面就法律的概念、原则和规范进行解释；另一方面又对各种违法犯罪的事实依法应给予何种法律处置作出了具体解答。

（3）有条件刑讯原则。刑讯即以肉体摧残方法获取当事人的口供，这是古代中国盛行的诉讼原则，秦朝当然亦不例外。云梦睡虎地秦墓竹简《封诊式》所载《治狱》《讯狱》两则是现存最早的有关中国古代刑讯的法律规定。从中可以看出，秦朝在一般情况下并不提倡刑讯，认为"能以书从迹其言，勿笞掠而得人情为上；笞掠为下"。[1] 即最好是不经过刑讯、能够从供词的分析中获得真实情况，但当司法官吏认为当事人回答问题不实、狡辩时则允许刑讯。它说明秦律实行的是有条件的刑讯原则，其条件为："诘之极而数訑，更言不服，其律当笞掠者，乃笞掠。"[2] 即反复诘问至犯人辞穷，犯人多次欺骗或不断改变口供，拒不服罪，依法应当拷打的，就可刑讯。秦律还要求对刑讯的详情以"爰书"的形式记录下来。

（4）证据采用原则。秦朝诉讼过程中还贯穿着一系列的证据采用原则，主要有：以被告人口供作为主要定案依据，官吏举告与民人告奸必须举证，广泛收集证据，各种证据必须详载于笔录，等等。这些证据采用原则，在云梦睡虎地秦墓竹简《封诊式》所载各案例中均有充分的反映。

【人物】

李　斯

李斯(? —前208)，楚国人，年轻时担任郡的小吏，后来跟随荀况学习。大约在公元前237年后到秦国谋求发展，恰好秦王政(即后来的秦始皇)罢免吕不韦、并下令驱逐六国来的人员。李斯上《谏逐客书》，劝说秦王收回成命。在秦统一全国后李斯担任廷尉。不久升任丞相，公元前213年建议下达"焚书令"。秦始皇死后，李斯和赵高密谋立胡亥为新皇帝(秦二世)。陈胜、吴广起义后，各地纷纷响应，赵高诬陷李斯图谋恢复分封，李斯的儿子李由和反秦武装有联系。李斯全家下狱。赵高指使主审官动用刑讯，"榜掠千余"，李斯熬刑不过，被迫承认谋反罪名。按照当时惯例，重大案件结案后要由皇帝派出使者复审，赵高预先派自己的亲信伪装成使者来审问李斯，李斯一翻供就予以痛打。反复好几次后，当真的秦二世派来的使者来复审时，李斯不敢翻案，结果李斯谋反案件居然成为铁案，被判处夷三族、具五刑并腰斩。[3]

---

① 《睡虎地秦墓竹简》，第245—246页。
② 同上书，第246页。
③ 《史记》卷87《李斯列传》。

本 章 小 结

　　商鞅主持的两次变法运动,特别是以《法经》为基础制定的秦律,为秦国统一天下和政治法律制度在全国的推行奠定了基础。湖北云梦睡虎地秦墓出土的秦律为我们了解秦法律提供了可靠的资料。秦朝的法律基本上沿袭了秦国的法律,它在总体上是以法家的重刑主义作为指导思想制定出来的,具有轻罪重罚的显著特点。作为古代中国第一个中央集权的专制皇朝,秦朝在中国历史上具有承上启下的重要地位,其法律制度也如此。从云梦睡虎地秦墓竹简的记载看,秦朝的行政性立法、刑事立法、民事立法、经济立法等方面较前期均有所发展。秦朝的司法制度也有所创新,并对后世产生了长远的影响。如皇帝严格控制司法权、行政与司法不分、严格限制子女和奴婢的诉讼权利、在审判过程中有条件地实行刑讯逼供、注重证据的使用、重视现场勘验和法医检验、明确司法官吏的责任以及"乞鞫"上诉等制度,均为后世所沿用。

延伸阅读

基本史料

睡虎地秦墓竹简整理小组编:《睡虎地秦墓竹简》,文物出版社1978年版。

《史记》卷5《秦本纪》,卷6《秦始皇、秦二世本纪》,卷68《商君列传》,卷87《李斯列传》等。

参考书目

林剑鸣:《秦汉史》,上海人民出版社1985年版。

栗劲:《秦律通论》,山东人民出版社1985年版。

徐世虹主编:《中国法制通史》第2卷《战国秦汉》,法律出版社1999年版。

马小红主编:《中国法制史考证》甲编第2卷《战国秦法制考》,中国社会科学出版社2003年版。

[日]籾山明主编:《中国法制史考证》丙编(日本学者考证中国法制史重要成果选译)第1卷《通代先秦秦汉卷》,中国社会科学出版社2003年版。

思考题

　　1.秦法制的指导思想。

　　2.秦朝的法律形式。

　　3.法家所提倡的、秦所实践的"法治"与现代的"法治"有何异同?

　　4.评秦朝的诉讼法律制度。

第五章
两汉的法制
（前 206—220）

本章要点

　　汉朝统治者建立了以经过改造的儒家思想为主体的正统法制指导思想，被后世长期延续。同时在全面继承秦朝的法制的基础上，又进行了若干重大的改革。尤其重要的是汉文帝对于刑罚制度的改革，对于后世有重大影响。司法制度方面的"春秋决狱"等也产生很大的影响。

　　公元前 206 年，秦朝的残暴统治终于在农民大起义的浪潮中覆灭。推翻秦朝的武装力量互相兼并，最后刘邦击败项羽，登基称帝，建国号为"汉"，定都长安（今陕西西安市），史称西汉。汉初实行了某些有利于社会经济发展的政策，同时仍然坚持中央集权的政治制度，至汉文帝、景帝统治时期，社会秩序稳定，经济得到恢复发展，史称"文景之治"。汉武帝时期连续对长期威胁北方边境地区的匈奴用兵，国力大为扩张，但社会矛盾也随之加剧。昭帝、宣帝、元帝虽采取过一些缓和矛盾的措施，仍无法挽回颓势。公元 9 年，外戚王莽篡夺皇位，建立国号为"新"的皇朝。但王莽鲁莽而混乱地施行各项变法，导致社会秩序全面混乱，公元 23 年被绿林、赤眉农民起义军所推翻。

　　公元 25 年，原汉皇朝远房后代刘秀称帝，逐步兼并各地武装，重新建立起汉朝的统治。因其建都洛阳，史称东汉。东汉时期各地豪强势力逐步膨胀，朝廷内部则发生宦官专权、朝官党争，社会矛盾又趋尖锐。184 年爆发了黄巾大起义，很快席卷全国。这次起义虽被镇压下去，但东汉皇朝也名存实亡，朝廷被军阀挟制，各地武装割据。至 220 年曹操的儿子曹丕以所谓的"禅让"方式废除汉皇朝。

第一节　法制的指导思想

一、汉初以"黄老"学派为主的法制指导思想

　　黄老学派是在战国时期兴起的一种假托黄帝、老子为其创始人的学派，属于道家的一个流派，具有儒、道、法相结合的性质。

西汉初年由于长期战乱,社会经济凋敝,据史书记载,当时民间很少有积蓄,就连皇帝也凑不齐四匹同样颜色的马来拉车,"而将相或乘牛车"。① 鉴于秦朝迅速败亡的教训,以及现实情况的需要,西汉初期的六十多年间,刘邦以及吕后、文帝、景帝等,都主张以黄老思想为指导,推行轻徭薄赋、约法省禁、与民修养的政策。其主要的内容有以下几方面。

（一）以道统法,无为而治

黄老学派认为最高的规则是"天道",而"道"的基本内容又是"无为而治",所谓"无为"是顺应自然和社会规律施行统治。治理国家的根本在于安民而非扰民,法律的作用在于兴利除害、尊主安民。西汉初年的统治者为适应当时形势,有意识地采用"无为"政策,停止了大规模的工程建设项目,对外尽量避免战争,对内节省朝廷开支,从而有可能实行轻徭薄赋,减轻民众负担。

（二）约法省禁,刑不厌轻

西汉初年的统治者总结秦国仅十几年就亡国的教训,认为最主要的原因就是秦法过于繁密和严酷,激起人民的反抗。而黄老学派认为,法律的权威来自自然的"道",所谓"道生法",②并非简单的帝王压迫臣民的工具。汉文帝认为法律是用来"禁暴"而保护善良人民的,过于残酷、违背人性的法律应该被废除。③ 在这样约法省禁的指导思想下,汉初进行了力度很大的法制改革。

（三）重视明法修身

黄老学派主张帝王本身要受"天道"的制约,强调国君一举一动必须遵循法律,国家的繁荣衰败极大地取决于国君的道德品性,所以国君必须依法办事,自觉守法。西汉初年的著作《淮南子》提出:君主尽管具有立法的权力,但是立了法自己就必须带头守法,"先自为检式仪表",这样才能够做到"令行于天下"。④

二、经改造后的儒家法律指导思想

西汉至武帝初年,中央政权日益巩固,整个中国逐渐形成了大一统的局面。朝廷政治不再满意于汉初那种"无为"的黄老思想,希望能够有一种进取积极的政治学说来作为施政的指导思想。儒家的思想家董仲舒等应时以阴阳五行、法家、黄老的一些思想改造儒家理论,并建议朝廷"罢黜百家,独尊儒术",得到汉武帝的认可。儒家思想随之逐渐成为朝廷倡导的官学,成为主流学派,对于以后各朝代的法律都具有深远的指导意义。

经董仲舒等儒家学者改造的儒家法律指导思想概括而言有以下几个方面。

（一）法自君出、王者法天的神权思想

董仲舒论证天子是代表上天来统治人世的,"天子受命于天,天下受命于天子"。因此皇帝的地位至高无上,皇权可以不受任何世俗法律的限制。⑤ 在这种神权思想的解释下,皇权被神秘化,皇帝成为人与天的中介,可代天行赏,代天行罚。皇帝的至尊地位,使法律对于任何侵犯皇权的言行都视之为大逆不道的罪行,规定了最严厉的刑罚。

① 《汉书》卷24《食货志》。
② 《经法·道法》。
③ 《史记》卷10《孝文帝纪》。
④ 《淮南子》卷9《主术训》。
⑤ 〔汉〕董仲舒:《春秋繁露·为人者天》。

（二）德主刑辅、先教后刑的教化思想

该思想的主要内容是主张以教化为主要手段,以法律制裁为辅助手段来实现统治。董仲舒认为,从天道上讲,天地万物,以阴阳转化为大,阳主生,阴主杀,相应的就人间统治而言,教化为德,德为阳,刑罚为杀,刑为阴。所以,人间统治方式亦应"大德而小刑"。其次,从人性上讲,根据人性善恶的多少,人可以分为三等,即"圣人之性",指不经教化便可从善,这种人是极少数;"中人之性",自身兼善恶两性,经过教化可以成为善者,此种人为大多数;"斗筲之性",指恶性顽固不化,必须运用刑罚,这种人是少数。因此,统治应以教化为主,实行"德多而刑少"。

（三）礼律融合、三纲五常的尊卑思想

董仲舒将法家韩非的绝对忠孝观念结合到儒家伦理体系中,形成"三纲五常"的礼教教条。三纲就是"君为臣纲,父为子纲,夫为妻纲";"五常"就是"仁、义、礼、智、信五常之道"。董仲舒认为,属于"阳"的君、父、夫居主导地位,而属于"阴"的臣、子、妻则处于从属地位,前者是后者的绝对统治者,这种关系是天经地义,永远不能改变的。这样,就为"谋反大逆""恶逆不孝"等罪名的设定奠定了哲学基础。[1]

第二节　法律形式

汉朝开国皇帝刘邦原来是秦朝的小吏,应该很熟悉法律。汉高祖攻入秦都咸阳后,与关中父老"约法三章",即"杀人者死,伤人及盗抵罪",[2]约束自己的军队,获得关中民众的支持。汉皇朝建立后,基本沿袭了秦朝的法律制度,主要法律形式有律、令、科、比四种。

一、律

律,是最重要的成文法典。

根据1984年在湖北张家山汉墓出土的西汉吕后二年(前136)《二年律令》,可以得知汉律篇目除了《贼律》《盗律》《具律》《囚律》《捕律》《户律》《杂律》《兴律》等以外,还有很多沿袭自秦律的篇目-如《田律》《金布律》《徭律》《效律》《传食律》《均输律》等。另外还有《吏律》《告律》《行书律》《赐律》《爵律》《置后律》《秩律》《史律》等篇目。而史书记载汉初儒生叔孙通曾起草制定了有关朝廷礼仪《傍章律》,汉武帝廷尉张汤曾编定《越宫律》、赵禹曾编定《朝律》。可见汉律篇目相当多,并非有些史书上所说的《法经》之外"户""兴""厩"的"九章"。[3]

【资料】

汉初《二年律令》中的《盗律》条文

盗臧(赃)直(值)过六百六十钱,黥为城旦舂;六百六十到二百廿钱,完为城旦舂;不

---

[1]　以上见《春秋繁露》的《实性》,以及《深察名号》《威德所生》《度支》诸篇。
[2]　《史记》卷8《高祖本纪》。
[3]　汉律早已散失,从各类古籍中搜集的汉律可见沈家本《汉律摭遗》(载《历代刑法考》第三册),程树德《九朝律考·汉律考》。张家山汉墓出土的《二年律令》存有27篇律名,有律条295条;《津关令》20条。可见《张家山汉墓竹简》,文物出版社2001年版。

盈二百廿到百一十钱,耐为隶臣妾;不盈百一十钱到廿二钱,罚金四两;不盈廿二钱到一钱,罚金一两。①

译文:

偷盗的赃物价值超过660钱的,处以黥刑并处城旦舂刑;660钱到220钱的,保全罪犯的颜面处以城旦舂刑;不足220钱到110钱的,处以耐刑并处隶臣妾刑;不足110钱到22钱的,处罚金4两;不足22钱的,处罚金1两。

二、令

令,是汉朝的单行法规。

与秦令的制定过程相仿,或由皇帝"下诏"或由朝廷大臣建议后拟定条文经皇帝批准而发布。由皇帝下诏要求立法的诏书中往往有"具为令"或"议为令"的文句,即要求大臣进一步拟定法规的细节。大臣拟定后再上奏报告皇帝,皇帝再予以批准发布。

在秦汉时期,令也是律的一个重要来源,所谓"前主所是著为律,后主所是疏为令",②即前一个皇帝所颁布的令,如果在他死后仍然被认定为具有法律效力,就编入"律"的相关篇目;而目前在位的皇帝所发布的一般都称之为"令"。比如秦始皇颁布禁止私人收藏书籍的"挟书令",而在西汉惠帝四年(前191)"除挟书律"。③ 令的条文一般仍然保留其立法的过程,比如大臣提出的立法建议、皇帝的批准等等。在改编为律后,就成为单纯的法条,不再有立法过程的痕迹。

【资料】

汉初《二年律令》中的《津关令》第一条

御史言:"越塞阑关,论未有□。请:阑出入塞之津关黥为城旦舂,越塞,斩左止(趾)为城旦;吏主者弗得,赎耐;令、丞、令史罚金四两。智(知)其请(情)而出入者,及假予人符传,令以阑出入者,与同罪。非其所□为□而擅为传出入津关,以传令阑令论,及所为传者。县邑传塞,及备塞都尉、关吏、官属人、军吏卒乘塞者□其□□□□□日□□牧□□塞邮、门亭行书者得以符出入。"制曰:"可。"④

译文:

御史报告说:"偷渡及翻越边境关卡,没有明确的法律处罚。请求:凡是偷渡边境地区渡口关卡的,处以黥刑并处城旦舂刑;翻越关卡的,处以斩左趾刑并处城旦刑;未能及时抓获偷渡罪犯的长官处赎耐(判处耐刑后以钱财抵折刑罚),下级人员罚金四两;如果是知情放行的,或者是借给出入证件使其偷渡成功的,都和偷渡者同样处罚。不是其职责所在而擅自发放证件出入边境渡口关卡的,按照'传令阑令罪'(不及时传达命令罪)处罚,出入者也同样处罚。县城到边关的使者,边关的军官及下属、士兵出外巡逻放牧的,按照日期放行。传递信件的使者可以按照证件放行。"皇帝指示说:"可以。"

---

① 《张家山汉墓竹简》,第141页。
② 《史记》卷122《酷吏列传杜周》。
③ 《汉书》卷2《惠帝纪》。
④ 《张家山汉墓竹简》,第205页。

三、科

科是在东汉时期频繁使用的单行法规。

科据说就是"课"的意思，所谓"课其不如法者，罪责之也"。[1]　史书记载说，到东汉章帝时期，已是"宪令稍增，科条无限"。[2]

四、比

比，也称之为"决事比"，是指比照典型判例作为判决的标准。

据《后汉书·桓谭传》注，"比谓类例"，即在法律没有正式规定的情况下援引以往的有关判例来作为判决依据。史籍所载有死罪决事比、辞讼比、廷尉决事等名目。据说在汉武帝统治时期，仅仅"死罪决事比"就多达 13 472 事。[3]

【解说】

汉代的律学

汉朝废除了秦朝禁止私人学习法律的禁令，形成了私人注释法律、跟从司法官员或著名律学家学习法律的风气。传说西汉武帝时廷尉杜周以及他的儿子杜延年曾对法律进行细致的注释，号为"大杜律""小杜律"。两汉时期出现了不少律学世家，比如颍川郭氏、沛国陈氏等，都是接连几代传习法律，出任司法官职，如郭氏一门先后有 7 人担任廷尉。这些律学家名闻天下，四方来求学的学生常有数百。东汉时儒学大师也纷纷注释法律，号为"章句"。形成叔孙、马融、郑玄等十多家学派，以至于到东汉中期，可以援引判案的"章句"总计有 26 272 条、7 732 200 多字[4]。朝廷为之下令，只能以郑玄的"章句"作为判案的依据。

第三节　身份法律制度

一、社会等级

（一）特权阶层

汉朝皇室亲属都封为贵族，皇帝的儿子都封为国王，国王的儿子封为列侯。汉初实行分封制，功臣封为者侯王。但不久就发生诸侯王叛乱，中央朝廷逐一发兵削除。汉高祖在消灭异姓诸侯王后，与群臣斩白马为誓，非刘氏不得为王。至汉景帝、武帝时期进一步加强中央集权，逐步削弱诸侯王的权力，使分封的诸侯只能享用封国的赋税，但不得干涉政务。

汉朝仍然沿袭秦朝的制度，实行二十等军功爵位制。但是汉初开始就允许百姓向官府提供粮食来换取爵位，赎免死刑。甚至往往宣布普遍赐天下成年男子一级爵位，爵位逐渐不再是贵族的标志。仅侯爵才有实际的贵族地位，并且得以享受一定的地区人民的赋税作为收入，但到了东汉，普通的侯爵爵位也不再是贵族的标志。

职业官吏集团也是重要的特权阶层，而且逐渐成为特权阶层的主要社会集团。官吏按

---

① 《释名》。
② 《汉书》卷 23《刑法志》。
③ 同上。
④ 《晋书》卷 30《刑法志》。

照所得的俸禄分为"万石"(中央最高级官员)、"二千石"(中央的重要官员,郡守)、"六百石"(县级官员)、"四百石"(辅助官员)、"百石"、"斗食"等级别。二千石以上官员的儿子可以通过"任子"途径担任官职。

(二)平民阶层

平民阶层包括没有官职或爵位的地主、自耕农、雇农、佃农以及工商业者。平民还划分为"公卒""士伍"和地位略低的"庶人"(被解放的奴隶),以及因为大赦等原因免除罪犯身份的"司寇""隐官"(受过肉刑的人)。

汉朝实行严格的户籍管理,每年八月都要申报户口。法律规定平民向官府申请一顷耕地、一块宅地,但是必须承担缴纳人头税"算赋""口赋"(少儿人头税),土地税"田租"和"藁税",以及服兵役、服劳役的义务。

平民可以通过战功或向朝廷提供粮食物资来获取爵位,也可以"以吏为师"学习法律,从小吏逐步升迁为官。平民中的儒生可以通过跟随朝廷所设的"五经博士"为"博士子弟",出任官职;或者通过每年由各地地方长官按照人口比例向中央推荐的"举孝廉""举贤良"的途径到朝廷为官;或者由地方长官"辟举"在当地为官吏。

(三)贱民阶层

奴隶在汉代仍然被视为权利客体。汉文帝废肉刑后,"隶臣妾"这一称呼逐渐消失,私人奴隶称为"奴婢",官府奴隶称为"官奴婢"。

汉代的奴隶身份也有一些提高,私人虐待、残杀奴婢已遭到舆论谴责。西汉末年,王莽为了博取好名声,曾逼迫自己残杀奴婢的儿子自杀。西汉以及东汉初年,都曾多次下令允许在战乱中被迫卖身为奴者恢复人身自由,并禁止私自杀害奴隶,如东汉建武十三年(37)诏:"敢炙灼奴婢,论如律,免所炙灼者为庶民。"[1]朝廷也曾多次宣布免官奴婢为平民。

二、家族制度

(一)婚姻制度

汉朝的法定婚姻年龄比秦明确,规定了妇女 15 岁为结婚年龄。如惠帝时规定"女子十五以上不嫁者五算",[2]15 岁成为女子成婚的上限,否则政府要征 5 倍的人头税。

汉代婚约解除并无严格约束。但是对于一夫一妻的基本制度是加以维护的。如以妾为妻,或以妻为妾,都构成"乱妻妾位"罪名,为法律所不容。如《汉书·恩泽侯表》记载,孔乡侯傅曼,因为"乱妻妾位",被免除侯爵爵位。

(二)家族制度

在家族制度方面,由于儒家学说倡导大家庭同居共财,汉朝不再严格施行从秦朝沿袭而来的成年儿子必须分家的法律。

为了维护家庭关系,汉律还严禁家族成员内部之间不正当的性行为,对此将以"禽兽行"罪予以严惩。尤其以卑奸尊,更要处以死刑,而按汉律规定,一般人之间的"奸非"行为,只处耐为鬼薪的劳役刑。由此可见汉律极力维护家庭关系和伦理纲常秩序的原则。

---

① 《后汉书》卷 1《光武帝纪》。
② 《汉书》卷 24《食货志》。

三、继承制度

（一）爵位的继承

汉朝规定贵族爵位的继承权，一律属于嫡长子。如非嫡长子继承爵位的，就要受到法律的制裁。在《汉书》的《王侯表》里有很多因为不是嫡长子继承爵位而遭到免除爵位的处罚的记载。如成帝元延三年荣平侯因为以长安女子王君侠的儿子为嗣，遭到免爵处罚。

值得注意的是西汉法律规定实行卿以下的"降等继承制"。根据《置后律》的明确规定：彻侯嫡长子可以继承彻侯爵位，关内侯嫡长子可以继承关内侯爵位，但是"卿"（即大庶长、驷车庶长、大上造、少上造、右更、中更、左更、右庶长、左庶长这九等爵位）的嫡长子只能继承"公乘"爵位（相当于大夫级别的第八等爵位），以下则逐级降二等继承：五大夫嫡长子为公大夫，公乘嫡长子为官大夫，公大夫嫡长子为大夫，官大夫嫡长子为不更，大夫嫡长子为簪袅，不更嫡长子为上造，簪袅嫡长子为公士。① 也就是说"卿"这一级别爵位获得者，也只不过经过五代的继承就降为平民。

（二）财产继承

汉代有关财产的继承原则与爵位继承不同，可以由所有的儿子参加继承，而且民间习惯上倾向于平均分配财产。按照西汉初年《置后律》的规定，每户的财产及对政府赋役的义务由儿子继承，没有儿子的继承顺序依次为父母、死者的寡妇、女儿、孙子、曾孙、祖父母、兄弟之子。如果无上述顺序的继承人，而死者又有奴婢的，将奴婢解放为"庶人"，并按照死者遗愿，或由官府选择其中服役时间最长的为户主继承全部财产。②

汉代法律对于遗嘱继承也有很详细的规定，《户律》规定，有需要做"先令"（遗嘱）来安排死后财产处置的，要由当地的"乡部啬夫"（乡官）当面听取并记录，做成一式三份的"券书"。立遗嘱的人死后，即按照"券书"处置财产，分别登记入继承人的户籍。乡官没有能够及时为人做"券书"的，要处"罚金一两"。③ 在出土的汉代文书中，也确实发现了这样的"先令券书"。④ 没有经过乡官见证并保存的"先令"，则不一定能够得到履行。

【案例】

陆 贾 分 金

汉初儒生陆贾因功得到汉高祖赏赐的"千金"（汉以一斤黄金为"一金"，实际上往往折合为铜钱，"一金"合万钱）。年老后他以这笔财产分给 5 个儿子，每人"二百金"，要他们购置田产。和儿子们约定，自己轮流在每个儿子家里生活 10 天，如果在哪个儿子家里死去，就由那个儿子负责丧事，同时得到自己随身的动产：4 匹拉车的好马、车辆、10 个歌舞弹奏的奴婢、价值百金的宝剑。这个故事被广为赞颂，说明当时民间认同诸子均分原则。⑤

何 武 断 剑

西汉时沛郡有一个家产达到二千万钱的富翁，妻子先去世，留下一个才 5 岁的儿

---

① 《张家山汉墓竹简》，第 182 页。
② 同上书，第 184 页。
③ 同上书，第 178 页。
④ 见张传玺：《中国历代契约会编考释》，北京大学出版社 1995 年版，第 26、27 页。
⑤ 《汉书》卷 43《陆贾传》。

子。而早已出嫁的女儿和父亲关系不好。当富翁自己得了重病后,就叫来族人做了一份遗嘱,将所有的财产都留给女儿,只给儿子留下一把宝剑,说明要到儿子15岁时才可以将宝剑交付给儿子。富翁死后,女儿继承了全部财产。那个儿子长到15岁时,问姐姐要那把宝剑,姐姐却不给他。儿子只得到官府起诉。沛郡太守何武判决说:"富翁是看到女儿不是善类、女婿更是贪婪,惟恐将财产交给小儿子后,小儿子管理不了,就连生命也有危险。因此才姑且让女儿来继承,实际上只是寄托的意思。剑就是决断的意思,他是希望到了儿子长到十五岁后能够自立,而贪心不足的女儿必定是不会将宝剑交出的,必定要到官府打官司,因此寄希望于我这样的法官能够领悟到他的真实意思。"于是判决财产全部转归儿子,说"坏女儿、恶女婿得以温饱十年,算是幸运的了"。这个故事称之为"何武断剑",作为一个典型的案例,被以后很多谈论裁判的书籍所引证。[1]

第四节　刑事法律制度

一、刑法原则以及通例的变化

汉朝的刑法基本继承了秦律,但是在刑法原则以及通例上有几个重要的变化。

（一）对于具有官爵特权身份的人予以优待

汉高祖刘邦曾规定在郎中以上的官员犯有耐以上罪名,都必须"先请",即由皇帝来决定处罚方式,不能直接按照法律来处置。[2] 以后各代皇帝逐步降低"先请"的级别,到东汉时县级官员、公侯子孙、五代以内宗室亲属等都具有犯罪"先请"的特权。

汉惠帝时又宣布对于有官爵身份的人给以减免罪刑的特权。规定:爵位在五大夫以上,官吏在六百石俸禄以上,以及辅佐皇帝的有名的大臣,如果犯罪被控告应当戴戒具关入监狱的,应该"颂(rong,放松)系(ji)";爵位在上造以上,犯罪应当处以肉刑的、应当罚做城旦春的,都可以减刑"耐鬼薪白粲"。并又发布赎刑令:"民有罪,得买爵三十级,以免死罪。"即犯死罪者可以出钱财向国家购买三十级爵位,以免死刑。根据《汉书·惠帝纪》注释,爵位一级为二千钱,也就是说出钱六万就可以免死。这就从经济上给予了地主、官吏、豪绅等贵族有钱人以用钱买命的特权。

（二）长幼减免刑罚

汉惠帝曾下诏规定70岁以上,或不满10岁者,犯罪应当处肉刑或髡刑的,都可以免除。以后汉景帝时又正式定令:年80以上,8岁以下,怀孕及哺乳的妇女、教师、侏儒,被控告关押时都可以"颂系之"。[3] 这里只区别戴不戴刑具,但也有宽容之意。至东汉时,年纪在80岁以上,8岁以下的男子,除了亲手杀人的罪名外,其他所有的罪名都不予追究。仅为从犯的妇女只要不是"不道"罪名,也都可以免予处分。

（三）"亲亲得相首匿"

亲属之间可以互相隐瞒罪行,而不犯窝藏罪,这是儒家一贯提倡的道德原则。孔子就曾

---

① 《太平御览》卷836引〔汉〕应劭:《风俗通》,《折狱龟鉴》卷8。
② 《汉书》卷1《高帝纪》。
③ 《汉书》卷5《景帝纪》。

宣称："父为子隐、子为父隐,直在其中矣。"① 而秦朝法律贯彻法家原则,主张亲属之间应该互相揭发罪行,否则就予以连坐处罚。汉初仍然沿袭秦朝这一原则。至汉宣帝地节四年(前66)发生重大转折,汉宣帝颁布的新的法令规定:以后子女隐匿父母的罪行、妻子隐匿丈夫的罪行,孙子隐匿祖父母的罪行,都不视为犯罪。父母隐匿子女罪行、丈夫隐匿妻子罪行、祖父母隐匿孙子罪行的,如果所隐匿的罪行是死罪的,应该上请皇帝判决。② 这样就确立了亲属之间应互相隐匿罪行的原则,对于后世法律有深远的影响。

（四）自首得以减免刑罚

西汉初年的法律就已规定犯罪"先自告除其罪"的原则。谋反罪先自首的,可以免除罪名。③ 如果是"群盗",其中有人自首的,自首者就可以免罪。

二、刑罚制度的重大改革

汉初沿袭了秦朝以肉刑为主、广泛适用死刑以及连坐的刑罚制度。随着长期的国内和平局面以及社会秩序的稳定,这些刑罚遭到了批评。为了缓和社会矛盾,增强朝廷的威望,汉文帝统治时期对于刑罚制度进行了重大的变革,对于后世法律产生了深远的影响。

汉文帝即位当年(前179)即废除了连坐罪犯家属的"收孥"律。汉文帝十三年(前167)因淳于缇萦的上书,而宣布废除肉刑(在这之前很可能已经废除了宫刑):改黥刑为髡钳(剃光头发胡须、脖子上戴一个铁钳)城旦舂5年,改劓刑为"笞三百",改斩左趾刑为"笞五百"。同时还明确规定:其他如犯斩右趾(斩左趾后再犯斩趾罪)、杀人而自首、官吏贪赃枉法等罪名皆弃市处死。

这次改革同时还明确规定了劳役刑的刑期:完城旦舂3年后转鬼薪白粲1年、再转隶臣妾1年,即可释放为民(总共5年);鬼薪白粲3年后转隶臣妾1年,即可释放为民(总共4年);隶臣妾2年后转司寇1年,然后可以释放为民(总共3年);司寇2年后可以直接释放为民;髡钳城旦舂1年后,转为完城旦舂,以后按照完城旦舂处理(总共6年)。④

【解说】

废除肉刑的起因和经过

汉文帝十三年(前157),齐国看守太仓的官员淳于意犯了罪,应当受刑,奉皇帝诏令而将他逮捕送到长安进行审判。淳于意没有儿子,只有5个女儿,当被逮捕准备上路的时候,他骂道:"只怪我只生女儿不生儿子,遇到急难的事没有用处。"他的15岁的小女儿淳于缇萦听后,很是悲哀,于是就跟随父亲到了长安。

淳于缇萦向汉文帝写了申诉书,其中说:"小女子的父亲是个小官,在齐国为官时,人们都称赞他办事廉洁公正。现在偶然触犯了法律要被处判。我所忧伤的是被处死的人不能再生,受过肉刑的人不能再恢复原状,就是以后想要改过自新,也失去了改过的途径。小女子情愿没入官府为奴婢,来赎换父亲要受的肉刑,使父亲可以得到重新做人

①　《论语·子路》。
②　《汉书》卷8《宣帝纪》。"首匿"即"非同一般的隐匿"的意思,"首"在此作为修饰性的虚词。
③　《汉书》卷44《衡山王传》。
④　关于汉文帝改革劳役刑的方式因《汉书·刑法志》的记载文字释读有疑问,因此其细节有不同意见,本教材参考的是张建国《帝国时代的中国法》一书的说法,见该书201页。

的机会。"

汉文帝看了她的申诉很感动,为此下诏说:"我听说在古代圣王虞舜的时代,在罪犯衣帽上画某种图像,或给罪犯穿上与常人不同式样和颜色的衣服,就表示处以某种刑罚,然而百姓没有犯罪的,这是何等崇高的政治清明境界啊。现在法律有黥、劓、斩左右趾三种肉刑,然而犯罪却并不因此而减少,这罪过的责任在哪里?难道不是因为我的恩德浅薄,而且教化不明吗?我自己觉得非常惭愧。正是教化不明而使无知的百姓陷于法网。《诗经·大雅·洞酌》中说:'和乐而平易近人的君子,百姓把他当成父母。'当今百姓有过错,还没有对他进行教化就滥施刑罚;即使罪犯以后想改行为善,却没有重新做人的机会,我非常怜悯他们。刑罚重到截断人肢体、深刻人肌肤,终身不能消除的地步,这是多么的惨痛而不道德啊!这难道是'为民父母'的意思吗?应该废除肉刑,用别的律条来代替它;下令规定以罪行轻重判刑,在服刑期内不逃亡的,期满后释放为平民。把这些意思具体拟订为法令。"

于是丞相张苍、御史大夫冯敬拟订了法令条文,上奏说:"肉刑是用来禁止奸人的,已经由来很久了。陛下下达圣明的诏书,怜悯百姓犯了罪受刑罚就终身受苦,打算改行为善也失去了途径,这是出于陛下的盛德,是臣等所不及。臣等谨慎讨论后请定律:……(即上述刑罚改革内容)。臣等昧死请求皇帝批准。"皇帝即下诏批准。[①]

由于汉文帝的这次改革存在一些弊病,比如改肉刑为笞刑的数目太多,往往罪犯已被打死,还没有打够数目。因此以后汉景帝进一步改革:先后两次减少笞刑的数目,斩左趾的笞500下减为200下,劓刑的笞300下减为笞100下。汉景帝还颁布《箠令》,具体规定了执行笞刑的刑具尺寸、重量、规格,并且规定只能由一个人行刑,不准中途换人。这样才使得受刑人得以保全性命。景帝还废除了磔刑,改为弃市。并且规定被判死刑者可以选择改为执行宫刑,将宫刑作为死刑的代替刑罚。

汉朝这次刑罚改革具有进步历史意义,使中国刑罚制度从此摆脱了原始的形态,符合社会进步要求。是中国法制史上的一次重大改革,为后世以身体刑、劳役刑为主的"五刑"体系的建立铺平了道路。

三、主要罪名

汉律内容广泛,其罪名除了沿袭秦朝法律外,还增设了很多罪名。较有特点的是以下几个方面。

(一)维护君主专制权力

汉朝特设了一些维护君主专制权力的罪名。比如大臣对于皇帝有"欺谩"(不忠实、有轻侮言行)、"诋欺"(故意隐瞒)、"诬罔"(诬蔑并故意欺骗)行为的,都被视为严重犯罪。尤其是"诋欺""诬罔"罪,都要处以死刑。如汉昭帝时的廷尉李仲季主就是因为"诬罔"罪而下狱,处以弃市。[②]

对于皇帝的命令不予执行的,构成"废格沮事"罪。如汉武帝时有个地方官义纵,出于误会逮捕了朝廷派来的征收商税的使者,就被指控为"废格沮事",处以弃市。而且对于皇帝的诏书不得怀疑、议论,否则也构成"非议诏书"罪。汉武帝死后,汉宣帝要群臣讨论给武帝设

① 《汉书》卷23《刑法志》。据《史记》卷105《扁鹊仓公列传》,淳于意后被赦免,成为一代名医。
② 《汉书》卷19《百官公卿表下》。

祭祀时用的"庙乐",有个叫夏侯胜的官员认为武帝好大喜功,不应该立庙乐,结果被指控为"非议诏书"罪,下狱治罪。①

"诽谤怨望"也是用来恐吓大臣不得违背皇帝意志的罪名。汉武帝时实施盐铁官营政策,负责农业的大司农颜异在讨论这项政策时,微微冷笑,就被廷尉张汤弹劾,说他身为大臣,不真心参与朝政讨论,而是"腹诽"(在心里诽谤朝政),结果颜异即以诽谤罪被杀。② 汉宣帝时河南太守严延年因为批评丞相、御史大夫应该让位,结果被指控"诽谤怨望",处以弃市。③

"漏泄省中(指皇帝的宫廷)语"也是一项重罪,将皇帝的机密语言泄露出去,即构成死罪。如汉元帝时,淮阳王舅父张博因为此罪"腰斩",京房"弃市"。④

（二）维护统治秩序

汉武帝时期由于连年发动战争,国内社会秩序趋于混乱,为此创立了一些镇压"盗贼"的特别法律。比如有"通行饮食"罪:凡是群盗经过地区的民众有为"盗贼"提供向导、提供食物的,就构成这项死罪。这项罪名一直到东汉时期仍然存在。为了加强镇压力量,又设立"见知放纵"罪,责令各地长官,知道有人犯法犯罪而不加检举、揭发,即为故纵,见知者应负连坐之责。这就是说见罪不举,与罪犯同罪。又设"沈命法",如果地方长官没能及时发觉当地的"群盗",或者发现后不能按时捕获,长官以及下级官吏全部处死。⑤

（三）伤害罪的保辜制度

汉朝在追究伤害者的罪责时,实行"保辜"制度。"保辜"就是规定加害人在某一期限内对伤害后果负责,期限内受害人死亡的,以杀人罪论处;未死亡的,以期限末的伤势如何论处。张家山汉墓竹简《贼律》有一条规定保辜期限为"二旬"(20 日)。⑥

第五节　财产法律制度

一、所有权

由于目前史料方面的限制,汉代财产制度的细节还难以搞清,本节只能简单地介绍一些基本的特点。

（一）田宅制度

汉代的法律对于私人财产,尤其是土地房屋的私有规模有相当的限制,总的原则是必须按照人们的社会等级地位而有差别。

从张家山汉墓出土的高后二年(前186)《户律》来看,至少到西汉初年,仍然保留按照爵位等级授予田宅的完整制度。普通平民"士伍"每户耕地一顷,公士每户一顷半,上造以上爵位每级增加一顷,大夫以上爵位每级增加二顷,公乘 20 顷,以上递增至关内侯 95 顷。"士伍"每户宅地"一宅"(30 步见方为一宅,约合 3.75 亩),以上按爵位递增,至彻侯 105 宅。⑦

① 《汉书》卷 75《夏侯胜传》。
② 《汉书》卷 23《刑法志》。
③ 《汉书》卷 90《酷吏传严延年》。
④ 《汉书》卷 9《元帝纪》。
⑤ 《汉书》卷 90《酷吏传咸宣》。
⑥ 《张家山汉墓竹简》,第 137 页。
⑦ 同上书,第 176 页。

《户律》还规定，每年8月间进行户口申报。在立户前没有得到过田宅，或得到的田宅不足额的，可以请求补足，但是宅地只能补授接邻的。各地如果有立户后受田宅不足额的情况，各地官府汇总上报朝廷。在官府有新土地时（没收罪犯的土地）时，按照爵位及先后次序授予。所授予的土地应该是可以耕作的，否则受田者有权拒绝。受田后发现无法耕种的，允许退换。所受田宅允许买卖，但是将从政府获得的"受田"转让他人，或者出卖后，就不得再次申请。除非是官员或者是为皇帝服役的人员，其余人等买宅地必须是与原宅接壤的。

这种由政府向私人授予土地的制度不应该仅从其字面上的意义去理解。实际上这也是一种包容、承认民间私人已经拥有的私有土地，并且将这些私有土地纳入国家税收体制的制度。每户人户在立户时应"名田宅"，即申报已拥有的土地，如果按照其社会地位已经足额，就不发生土地的授予，而是承认所拥有的土地为合法的私有土地，并按照申报的土地面积征税。因此《户律》明确规定：没有向政府申报户口而拥有田宅，或者是将自己的名字附在他人户名后申报的，以及为他人附带申报户口的，都要处以"戍边二岁"的处罚，田宅则予以没收①。超过自己爵位等级占有耕地住宅的，就是所谓"豪强"，西汉武帝时派出刺史巡视各地，监察事务"诏书六条"的第一条就是"强宗豪右，田宅逾制"。②

公元前9年，西汉朝廷还曾宣布"限田令"，规定关内侯以下的爵位拥有者以及百姓私人土地超过30顷。③ 王莽篡汉后，还曾实施"王田制"，宣布取消土地私有权，禁止土地买卖，私人占有的土地不得超过一夫百亩的限制，多余土地应转让给亲属，否则予以没收。④ 这些法令的实际意义可能并不大，但至少表明法律并不承认无限制的私有权。

（二）遗失物制度

汉代法律对于遗失物的处理规定是：拾得遗失物以及他人走失的牲畜、奴婢，应立即持送当地县政府或乡、亭等政府机构，由政府机构公告一定时间，无人认领的，大的财物归政府，小的财物归拾得人。大小财物的区分标准不清楚，只知道正在换牙的奴婢算是"小"。⑤ 至于失主认领时拾得人是否可以要求报酬、报酬的比例据现有史料还难以搞清。关于埋藏物的处理及归属也没有直接的史料。

二、契约习惯及法律

根据出土的汉代文书资料来看，当时人们已习惯于以文字记载当事人的意思表示，作成书面契约，称之为"券书"或"书券""契书"等。大到买卖土地房屋、小到买卖布袍，都会做成竹木简的书面契约形式。契约上除载明当事人、标的、价金、日期等主要内容外，还必须有见证人的署名，可能还要举行"成交酒"的仪式。

汉朝法律对于借贷契约的利息有严格的限制，根据《汉书·王子侯表》的记载，有一些侯爵贵族就是因为放债"取息过律"，而遭到处罚，有的被免除爵位，有的甚至被削除封国。可见这项法律是相当严厉的。但是根据现有史料还无法搞清其利息限制制度的具体细节。

汉代社会租赁契约也很常见，中国古代习惯上将耕地的租赁称之为"租佃"（佃是耕作的

---

① 《张家山汉墓竹简》，第177页
② 《汉书》卷19《百官公卿表》注。
③ 《汉书》卷23《食货志》。
④ 《汉书》卷99《王莽传》。
⑤ 《周礼·秋官·朝士》〔汉〕郑玄注引汉律。

意思）。董仲舒在汉武帝时上书称农民"或耕豪民之田，见税十五"，即租佃地主的土地，地租率高达收获量的50%。这样的地租率以后一直维持到了近代。

【资料】

西汉赊买契约

建昭二年闰月丙戌，甲渠令史董子方，买障卒欧威裘一领，直七百五十。约至春，钱毕已。旁人：杜君隽①

译文：

建昭二年(前37)闰月，在甲渠担任令史的董子方，向边防士兵欧威购买一件皮大衣，价值750铜钱。约定到来年春天付清全部价钱。

见证人：杜君隽

三、损害赔偿

根据现有资料分析，汉代法律对于损害赔偿采用了简便的处理原则：凡是加害人应判处刑罚的，就不必承担赔偿责任；反之如果加害人无须判刑的，就要承担损害的赔偿责任。可谓之"刑而不偿，偿而不刑"。

【资料】

船人渡人而流杀人，耐之；船啬夫、吏主者赎耐。其杀马牛及伤人，船人赎耐，船啬夫、吏赎迁(迁)。其败亡粟米它物，出其半，以半负船人、舳舻负二、徒负一；其可组系而亡之，尽负之，舳舻亦负二、徒负一，罚船啬夫、吏金各四两。流杀伤人、杀马牛，有(又)亡粟米它物者，不负。②

译文：

渡船发生事故导致有人死亡的，渡船主人要处"耐刑"(剃光胡须鬓发)，当地主管渡船事务的官吏处以"赎耐"(判处耐刑后出钱财抵当刑罚，按照当时的规定是出黄金十二两)。如果有马牛大牲畜溺死，或者伤人的，渡船主人处"赎耐"，主管渡船事务的官吏处以"赎迁"(判处迁刑后出钱财抵当刑罚，按照当时规定是出黄金八两)。如果粮食之类的其他财物受损，渡船主人应该赔偿一半，其中舵手应赔偿十分之二、水手赔偿十分之一；如果(装运的财物)是可以用绳索捆扎的，(渡船主人)要全部赔偿，其中舵手赔偿十分之二、水手赔偿十分之一；当地主管渡船事务的官吏各罚金四两。如果有人伤亡，或有牛马溺死，同时又损失粮食财物的，就不用赔偿。

不过在湖北张家山汉墓出土的西汉初年《田律》中，也有一条规定具有"又刑又偿"的内容。该条规定，发生牲畜啃食人庄稼的，牲畜主人要处罚金刑，马、牛、猪各一两黄金(4头小猪与10头羊相当于一头牛)，同时还必须赔偿庄稼主人。如果是政府的牲畜侵害了私人庄稼的，主管的吏以及"徒"(服役的民众)要处罚金，并赔偿庄稼；如果没有钱财的，就要在官府做工抵偿。如果放牧官府牲畜的是在官府服役的罪犯"城旦舂、鬼薪白粲"，就要处以笞打一

---

① 见张传玺：《中国历代契约会编考释》，第39页。
② 《张家山汉墓竹简》，第115页《贼律》条文。

百下的刑罚,由官府进行赔偿,以后禁止再担任放牧的劳役。① 这应该是为了表示"重农"而采取的"又刑又偿"特别措施。

第六节　司法制度

汉朝的诉讼及审判制度大体承秦制而又有所发展。

一、司法机构

中央的司法机构有廷尉府,是皇帝之下专设之审判机关,长官称廷尉。其职责:一是审理皇帝交办的诏狱;二是受理地方上报的疑难案件,并审批地方之死罪案件。东汉时皇帝的尚书省(原为皇帝的秘书机构)属下的"三公曹"及"二千石曹"也有一定的参与审判权。在发生重大疑难案件时,会实行"杂治",就是由中央各部门高级官员联合审理。

在地方上,和秦朝相同,由郡守、县令兼任主要司法审判官,但其下属的专职司法佐吏:郡是"决曹掾史"、县"狱掾"等,负责具体的审理办案。

二、诉讼制度

起诉的种类。自诉告发称"告",是由原告直接向司法机关提起诉讼。公诉称"劾",是由监察官吏和行政官吏立案追究。汉朝的监察官吏都有"察举非法""举劾犯罪"的职责。

告诉的限制与处置。汉律禁止卑幼控告亲尊,即使尊长犯大逆之罪也不能控告,否则告者犯罪受杀。告发后,一般人犯即行拘捕讯问,但对贵族及六百石以上的官吏则必须实行上请制度,即先奏请朝廷,批准后方能捕讯。

汉代的司法审判制度还包括"乞鞫"请求复审的制度,法律规定判徒刑乞鞫,必须在宣判后的 3 个月之内由本人提出。《周礼·秋官·朝士》郑注说:"徒论决满三月,不得乞鞫"。判两年以上徒刑的,家人也可以代为乞鞫,"二岁刑以上,得以家人乞鞫。"

法律也允许向皇帝直诉,史书也有如同淳于缇萦那样的"诣阙",即向皇帝直诉的事例。

三、审判制度

(一)案件的审理

汉朝审理称为"鞫狱"。汉朝的审理同秦朝一样,可以进行刑讯。法官依所告罪审问,"不服,以掠笞定之。"②刑讯有一定限制,刑讯的方式仅限于"榜笞立",即竹板抽打和强迫站立。③ 但是司法实践中司法官员广泛使用刑讯逼供,西汉时的律学家路温舒就已曾上书朝廷,指出"捶楚之下,何求而不得?"④刑讯逼供是造成冤假错案的直接因素。

(二)疑狱上报制度

汉朝初年即确立疑狱上报制度。汉高祖七年(前200)诏书指出,秦朝时各地官府对于无

---

① 《张家山汉墓竹简》,第 167 页。
② 《汉书》卷 60《杜周传》。
③ 《后汉书》卷 3《章帝纪》注。
④ 《汉书》卷 51《路温舒传》。

法定案的"疑案"都长期拖延不决,"有罪者久而不论,无罪者久系不决"。因此规定以后凡基层不能解决的案件应逐级上报,一直到朝廷的廷尉为止。廷尉也难以解决的,附上有关的法律,上奏皇帝,由皇帝亲自裁判。①　以后的汉景帝再次强调案件有疑问应随时上报,即使不应当上报的地方官也不算失职。

（三）春秋决狱

从汉武帝时起,著名的儒家学者公孙弘、董仲舒等人提倡以《春秋》决狱,开始将儒家思想引入司法实践。《春秋》一书是孔子所做的春秋时期鲁国的编年史,由于孔子在这部历史书中主张"大一统",并以隐晦的手法指责了当时的种种社会弊端,被汉代的儒家学者认为是最重要的儒家经典,是评判事物的最重要的标准。由于适应了当时的加强中央集权的政治趋势,因而得到最高统治者的肯定和倡导。汉武帝时淮南王被指控犯罪,汉武帝命令董仲舒的弟子吕步舒"持斧铖治淮南狱,以春秋谊专断于外"。②　张汤担任廷尉后,凡遇到疑难案件都请教已经退休的董仲舒援引《春秋》代为审判,由是引经断狱之风更加盛行起来。董仲舒所判案件汇编为《春秋决事比》,为当时的审判实践所广泛引用。

春秋决狱的具体含义是在判案时引用《春秋》等儒家经典的经义或一些警句名言作为分析案情、认定罪行及适用法律的根据。往往也称为"经义断狱"。引经决狱制度的主要目的是以等级统治的忠孝伦理纲常作为立法和用法的指导原则,因为《春秋》是"王道之大者""礼义之大宗"。而《春秋》决狱的实行又进一步维护了伦理纲常。引经决狱还强调以行为人动机、目的的善恶作为判定有罪无罪及处刑免刑的主要依据,所谓"《春秋》之治狱,论心定罪,志善而违于法者,免;志恶而合于法者,诛"。③

汉朝开创的这种以儒家经典的原则和词句作为分析案情、认定罪行及适用法律根据的"经义决狱",对于后世产生了极其深远的影响。

【案例】

春秋决狱案例

甲的父亲为乙,乙和丙争吵而斗殴,丙以佩刀刺向乙,甲连忙用木棍去打丙,不料却误伤了乙。按照当时法律,殴伤父亲是应处枭首的死罪。张汤请教董仲舒应如何处理。董仲舒认为:父子是最亲近的,听说父亲与人斗殴,儿子自然会紧张,要拿木棍去救护父亲,至于误中父亲并非其本意。《春秋》经上说当年许国的国君生病,许国的世子许止为父亲喂药,结果药性不对,父亲因此而死。君子原心,根据许止的动机予以赦免,并不认为他有弑父之罪。同样甲并未构成法律上所说的"殴父"罪,应该无罪释放。④

（四）录囚制度

汉朝广泛推行由上级司法机关对下级司法机关在押犯进行提审和复核的制度,称之为"录囚"。一般做法是上级官员亲自巡行莅临下级司法机构,亲自提审在押犯,发现错误立即予以纠正平反。到了东汉时,皇帝也经常亲自或委派使者到各地或京师监狱进行录囚。表

---

① 《汉书》卷1《高帝纪》。
② 《汉书》卷24《食货志》。
③ 〔汉〕桓宽:《盐铁论·刑德》。
④ 〔汉〕董仲舒:《春秋决事比》逸文,见程树德:《九朝律考·汉律考》,第164页。

明司法审判权逐步向中央集权。

【案例】

西汉录囚事例

汉昭帝时隽不疑出任京兆尹(京师地区长官),他以前多次担任司法官职,在民间有很高的威信。在担任京兆尹时经常巡行下属各县录囚。每次录囚完毕回家,他的母亲就会问他:"这次录囚是否有所平反,保全了几个人的生命?"如果是平反的案件多,母亲就很高兴,饮食和言语都和平时不一样;但如果是无所平反,母亲就会不高兴,甚至会吃不下饭。[①]

四、其他制度

(一)死罪秋冬行刑

汉朝规定死刑行刑的时间一般要在立秋之后冬至之前进行,同时立秋之前,冬至之后一般也不判决死刑,这就是所谓"秋冬行刑"制度。

秋冬行刑制度的主要根据,是当时盛行的"阴阳五行"说及"天人感应"说。董仲舒认为春夏万物生长繁茂,主阳;秋冬凋零收藏,主阴。而德教属阳,刑杀属阴,所以刑杀安排在秋冬"顺天时"。秋冬行刑赋予刑杀"顺天时"的假象,同时,这种制度也并不束缚统治者的手脚,对危险的重要罪犯是仍然可以不论季节立即行刑。但秋冬行刑制度给某些死罪囚犯以一定的存狱时间,客观上给录囚制度以一定的时间条件。

(二)大赦惯例的形成

汉朝开始形成朝廷经常性发布大赦的惯例。凡朝廷有喜庆、灾异都要举行大赦,举凡登位有赦、死葬有赦、寿庆有赦、灾异有赦,史不绝书,多不胜举。凡是大赦令下达后,除了若干重罪罪名外,已发现未审结的案件全部撤销,在押的待决犯全部释放,未发现的犯罪也全部赦免。告发大赦前的犯罪作为诬告罪处理,告发者要反坐其罪。

根据近代学者统计,两汉时期平均每两年多就要有一次大赦。统治者总是先严法网捕,然后实行大赦,以期威慑百姓,同时显示"仁政"。[②]

汉朝的赦罪制度对后世影响很大,成为后代法律制度中的一项常规。

【人物】

张释之

张释之是汉文帝时期的廷尉(前177—前170)。他出身富豪,先是担任汉文帝的侍从,后来担任管理进出宫殿车马的公车令。有一次太子和梁王一起坐车,到了禁止车辆通行的司马门还要往里闯,张释之上前阻拦,指控太子和梁王犯了"过司马门不下"罪,要罚金四两。汉文帝和太后派出使者宣布赦免太子和梁王,张释之这才放了他们。文帝因此提拔张释之担任廷尉。他在廷尉任上执法如山,民众称颂说有张廷尉,天下没有受冤枉的人。

---

① 《汉书》卷71《隽不疑传》
② 徐式圭:《历代大赦考》,第123页。

有一次汉文帝出行经过中渭桥，突然从桥洞下跑出一个人来，惊了汉文帝的坐骑。汉文帝很恼火，要侍从把那人送到廷尉去法办。张释之审理后判决这个人是"犯跸"罪，处以罚金四两。汉文帝说："这人惊了我的马，还好我的马性格温顺，否则把我摔下来还了得？你怎么敢只判罚金？"张释之说："法律是天子和天下人共有的，法律就是这样规定的，如果法外加重刑罚，就会使法律在天下人面前失去了信誉。何况当时陛下叫人杀了他也就算了，既然交给廷尉处理，廷尉是天下最公平的机构，一旦倾斜了，各级法官都会仿效，执法不一，百姓怎么能够安居乐业呢？"汉文帝好久才平息了怒气，说："廷尉说的对。"

又有一次有人偷了宗庙里汉高祖牌位前供奉的玉环，张释之依照法律，认定是"盗宗庙服御物"罪，判处罪犯弃市。汉文帝大怒，说："我把这罪犯交你办，是要判他族刑，你怎么敢按照法律来向我汇报？这不是我侍奉祖先宗庙的意思。"张释之赶紧下跪，说："法律这样的规定已经是很重了。死罪总是要有等差的，如果盗宗庙服御物就族诛，那么万一有人盗长陵一杯(póu)土(对于盗墓的委婉的说法，长陵就是汉高祖的陵墓)，陛下再怎么来加重处罚呢？"汉文帝想了好几天，和太后商量后，最后批准了张释之的判决。①

董 宣

董宣，字少平，是东汉初年的著名法官。他长期担任地方官员，因为执法不畏权贵，屡屡遭到弹劾降级处分。后来担任东汉京城的地方官——洛阳令。洛阳当时权贵横行不法，治安很差，城里经常响起报警的桴(fú)鼓声。董宣到任后不久，光武帝的侄女湖阳公主的一个恶奴公然在白天杀人，犯案后躲在公主家里不出来。董宣调查清楚后，有一天打听到这个恶奴和公主同坐一辆车出行，就等在半路上，等车一到就上前拦截，当着公主的面将恶奴拖下车，大声宣布罪状，当场处死。湖阳公主到光武帝那里告状，光武帝把董宣抓来，说是要打死董宣为公主出气。董宣说："等我说完话再处死我不迟。陛下号称要中兴汉朝，却纵容奴隶公然杀人，怎么能够治理天下？"说完就一头撞在柱子上，血流满面。光武帝自觉理亏，就要董宣向公主叩头赔个不是，可是董宣两手撑住地面死不低头，两个太监硬按也按不下他的头。湖阳公主说："叔叔当年在民间，家里经常藏匿罪犯，官府从不敢上门追查。难道当了皇帝还制服不了一个小小的县令吗？"光武帝笑着回答："做皇帝和做百姓不一样。"于是吩咐："让强项令(硬脖子县令)出去吧！"洛阳的权贵见董宣连皇帝也敢得罪，无不震撼，称董宣为"乳虎"，不敢为非作歹。京师治安大为改善。百姓称颂"枹鼓不鸣董少平"。②

本 章 小 结

我国法律制度由秦朝统一以后，经过两汉时期的一系列重要改革，为中国法律制度的发展奠定了基础。尤其汉代开始实行刑德并用的法制原则，基于儒家的"仁政"学说，文景有废肉刑之举；根据礼的"刑不上大夫"的主张，在法律上确立了对贵族官僚特权的保护；按照孔子的"父子相为隐"的理论，规定了亲亲得相首匿的原则；为了贯彻

① 《史记》卷102《张释之列传》。
② 《后汉书》卷107《酷吏传董宣》。

"德主刑辅"的思想,汉代还经常实行大赦;根据汉儒所鼓吹的阴阳五行、天人交感的学说,反复强调于秋冬行刑。还提倡以儒家经典来注释法律、来指导审判。

刑德并用的汉朝法制基本上能够适应社会的经济基础,对于促进汉代经济文化的发展,保护以君主专制为核心的中央集权的国家制度,都起了重大的作用。《明史·刑法志》说:"历代之律,皆以汉九章为宗。"这说明汉律在中国法律制度的发展史上占有重要的历史地位。

延伸阅读

基本史料

司马迁:《史记》卷 10《文帝本纪》,卷 11《景帝本纪》。

班固:《汉书》卷 23《刑法志》。

《张家山汉墓竹简》,文物出版社 2006 年版。

参考书目

瞿同祖:《中国法律与中国社会》,中华书局 1981 年版。

程树德:《九朝律考·汉律考》,中华书局 1963 年版。

张建国:《帝国时代的中国法》,北京大学出版社 1999 年版。

徐世虹主编:《中国法制通史》第 2 卷《战国 秦汉》,法律出版社 1999 年版。

高旭晨主编:《中国法制史考证》甲编第 3 卷《两汉魏晋南北朝法制考》,中国社会科学出版社 2003 年版。

[日]籾山明主编:《中国法制史考证》丙编(日本学者考证中国法制史重要成果选译)第 1 卷《通代先秦秦汉卷》,中国社会科学出版社 2003 年版。

思考题

1. 汉朝的法制指导思想有什么变化?

2. 汉朝的立法概括。

3. 汉朝婚姻制度的特征是什么?

4. 汉初刑法改革的内容及历史意义。

5. 汉朝刑法的原则是什么?

6.《春秋》决狱的原因、目的、内容及其影响。

第六章
三国两晋南北朝的法制
(220—581)

本章提要

　　三国两晋南北朝时期的法制有很大的发展。在法律形式方面形成了律令两大法典，并出现一些新的法律形式。在法律内容方面，也形成了"八议""五服""官当""重罪十条"等重要制度。

　　东汉末年，各地先后形成了许多相互争夺、割据混战的地主豪强武装集团。结果是以曹操、刘备、孙权为首的三个较强的武装集团各自割据一方，并先后自立为王称帝。曹居中原建魏国(史称曹魏)，刘居西蜀重建汉朝(史称蜀汉)，孙守江南建吴国(史称东吴)，三国鼎立割据维持了近半个世纪。曹魏后期，政权旁落于司马氏集团。253年，魏灭蜀。265年，司马炎终于代魏称帝，建立晋皇朝(史称西晋)。280年，晋灭吴，出现了短暂的南北统一的局面。

　　晋朝并没有稳固的统治基础，不久就爆发皇族自相残杀的"八王之乱"，各地各族民众也纷纷举兵。至316年，西晋皇帝被匈奴俘虏，西晋灭亡。以后北方各少数民族贵族模仿汉制建立政权，先后曾出现过16个主要的政权，史称"五胡十六国"。439年，鲜卑族拓跋氏统一了混战于黄河流域的北方各国，建立了北魏皇朝。534年，北魏又分裂为东魏和西魏，550年，东魏由高欢取代，建立了北齐。557年，西魏由宇文邕取代，建立了北周。577年，北周灭北齐，统一了北方。自北魏建立至581年杨坚废周静帝取代北周而建立隋皇朝，史称北朝。

　　与此同时，在南方，西晋灭亡后，原驻守江南的西晋宗室司马睿在士族集团的支持下，于317年在建康(今南京)称帝，建立了东晋皇朝。420年，东晋大臣刘裕篡位，建立了刘宋皇朝，此后先后历经齐、梁、陈各朝，直至589年隋灭陈，史称南朝。

第一节　法　律　形　式

　　整个三国两晋南北朝时期，处在社会大动荡时期，政权由士族集团控制，因而在立法上标榜儒家思想，维护士族集团的等级特权，礼教与法律进一步趋于融合。南北朝的统治者都曾进行过大量法典编纂,但在很大程度上只是作为"正统"的标志。这一时期法律形式逐渐趋于完备,于律、令之外,又有科、比、格、式等形式出现。

一、律的演变

这一时期基本的法律形式仍然是作为成文法典的律。就法典本身的完整性而言,有"晋以后律分南北二支,北优于南"之说。①

(一) 曹魏的"新律"

三国初年各自沿用汉律,至魏明帝曹睿即位后,于太和三年(229)下诏改革法制,制定颁布了《新律》(史称"魏律")。该律由 18 篇组成,篇名为刑名、盗、贼、囚、捕、杂、户、擅兴、劫略、诈、毁亡、告劾、系讯、断狱、请赇、惊事、偿赃、免坐。②

该律在形式上的重要特点是正式将律作为定型化的法典,一经制定不再有单行法规编入。这开启了后代法典的基本形式。另一个特点是将大体相当于近代刑法总则的"具律"改称"刑名",排列为第一篇。确立了刑法总则的首要地位,为以后各代继承。

(二) 西晋的"泰始律"

曹魏末年,司马昭作晋王时已议论改定律令,晋武帝司马炎泰始三年(267)颁布了晋律,史称《泰始律》。共 20 篇,620 条。其篇目为刑名、法例、盗、贼、诈伪、请赇、告劾、捕亡、系讯、断狱、杂、户、擅兴、毁亡、卫宫、水火、厩、关市、违制、诸侯。

(三) 南朝的律

南朝基本上沿用晋律。由于南朝的统治者多是自中原南逃的士族地主,他们处在剧烈动荡的社会,不敢面对现实,因而崇尚"玄学"与佛学,蔑弃礼法,以清淡为高逸,以法理为俗务,优于辞章,疏于法律,阻滞了法律建设和律学的发展。刘宋统治五十多年,未立新制。萧齐仅于齐武帝永明七年(489)撰成律文 20 卷、1 530 条。这就是未经正式公布的齐"永明律",但始终未能付诸实施,依旧沿用《泰始律》。

梁武帝萧衍代齐以后,依照"永明律"修订梁律。天监二年(503),修成《梁律》20 篇,2 529 条,这是南朝规模最大的一次立法活动。其篇目为刑名、法例、盗劫、贼叛、诈伪、受赇、告劾、讨捕、系讯、断狱、杂、户、擅兴、毁亡、卫宫、水火、仓库、厩、关市、违制。

陈霸先代梁自立为帝以后,下诏删订律令,撰成《陈律》30 卷,篇目与《梁律》相同。

(四) 北朝的律

北朝是游牧部落民族入主中原建立的政权,十分注意汉人的统治方法,既积极吸取汉族统治阶级的统治经验,又不拘泥汉族传统思想的束缚;尚武民族的性格,也使他们没有沾染上当时南朝盛行的浮华颓废的风气,因而在立法上能综核名实,编制出优于南朝的法典,奠定了隋以后中国法制发展的基础。

北魏首开北朝重视法典编纂风气,从北魏建立后的一百多年中,制定法典的活动,见于记载的共有 9 次。除最后一次立法是议论修改条格以外,历次都是修订律典,使其律典前后经过一个多世纪的修订与改定。史称北魏的律典为《北魏律》或《后魏律》,共 20 篇,从现存史料中可知其篇目有刑名、法例、宫卫、户、厩牧、擅兴、贼、盗、斗、系讯、诈伪、杂、捕亡、断

① 程树德:《九朝律考·后魏律考序》,中华书局 1963 年版,第 339 页。三国两晋南北朝的律早已全部散失,从各类古籍中搜集的律条可见程树德《九朝律考》一书。
② 魏律的篇目名称及其排列顺序在各种史籍中记载不同,这是一般的说法。见程树德:《九朝律考·魏律考》。

狱等。

北魏于 534 年分裂为东魏、西魏两个政权。550 年,东魏权臣高洋自立为帝,改国号为齐,史称"北齐"。河清三年(564),颁布律典,史称《北齐律》。《北齐律》共 12 篇,篇目为名例、禁卫、婚户、擅兴、违制、诈伪、斗讼、贼盗、捕断、毁损、厩牧、杂。总共有 949 条。该律以"科条简要"著称,是隋、唐法制的直接渊源。

557 年,西魏权臣宇文觉废魏恭帝而自立,改国号为周,史称"北周'。北周武帝保定三年(563),颁布了新的律典,称为《大律》,共 25 篇。《大律》的名称来自儒家的经典《尚书・大诰》,总共有刑名、法例、祀享、朝会、婚姻、户禁、水火、兴缮、卫宫、市廛(chán)、斗竞、劫盗、贼叛、毁亡、违制、关津、诸侯、厩牧、杂犯、诈伪、请求、告言、逃亡、系讯、断狱,25 篇,1 537 条。

二、令的发展

三国两晋南北朝时期在法律形式方面变化最大的是"令",在这一时期"令"成为定型化的法典,不再是由皇帝发布的单行法规。令与律对称,成为并列的两大法典,其性质逐渐演变为引导性的法典,用以规定国家政治及社会生活各方面的制度。

曹魏时期已经开始制订定型化的令,史书中记载曹魏有《郡令》《尚书官令》《军中令》《邮驿令》等篇目,据说总篇目达到一百八十多篇。

西晋立法的原则是将一些"太平当除"的临时性法规,以及"施行制度、以此设教"的引导性的、制度性的法规编入令典。[1] 杜预在《律序》中说得很明确:"律以正罪名、令以存事制。"[2]268 年与《泰始律》同时颁布的《晋令》共 40 卷,2 306 条,分为 32 篇。篇目为户、学、贡士、官品、吏员、俸廪、服制、祠、户调、佃、复除、关市、捕亡、狱官、鞭杖、医药疾病、丧葬、杂、门下散骑中书、尚书、三台秘书、王公侯、军吏员、选吏、选将、选杂士、宫卫、赎、军战、军水战、军法、杂法。[3] 显然是按照官府行政事项以及职官机构两方面来编制的。

南朝时期的南梁进行了大规模的令典编纂。503 年和《梁律》同时公布了《梁令》,共有 30 卷,28 篇。篇目为户、学、贡士赠官、官品、吏员、服制、祠、户调、公田公用仪迎、医药疾病、复除、关市、劫贼水火、捕亡、狱官、鞭杖、丧葬、杂、宫卫、门下散骑中书、尚书、三台秘书、王公侯、选吏、选将、选杂士、军吏、军赏。南陈继续编制令典,也是 30 卷,其篇目估计和南梁相同。

自西晋以后,律令并称已成惯例。北魏时期多次立法,律令往往并不同时一起制定。因此遭到批评,大臣孙绍称"律令相须",只有律而不颁布令,"臣下执事,何依而行?"可见当时令已是政府机构必备的制度。[4] 据史籍所载,北魏有《职员令》和《狱官令》等单行的法规。

北齐在 564 年制定了篇幅达 40 卷之多的令典,其编制方法与晋以来的惯例不同,完全按照朝廷的尚书 24 曹机构名称来进行编制。篇目为:吏部、考功、主爵、殿中、仪曹、三公、驾部、主客、虞曹、屯田、起部、左中兵、右中兵、左外兵、右外兵、都兵、二千石、比部、水部、膳部、度支、仓部、左户、右户、金部、库部等。北周也曾制定令典,但具体情况不详。

---

① 《晋书》卷 30《刑法志》。
② 《太平御览》卷 638 载〔晋〕杜预《律序》语。
③ 晋令早已散失,部分条文可见张鹏一《晋令辑存》。
④ 《魏书》卷 78《孙绍传》。

三、科和格的变化

魏、蜀、吴三国建立政权之初,都承袭汉制,沿用其法律。但汉律经过 400 年的实施,到汉、魏之际,已经不适应新形势的要求。于是三国政权往往采用汉朝"科"的形式,作为主要的法律形式。曹操比较注重法制建设,曾制定科条,称为"甲子科"。蜀国在刘备定都成都以后,也由诸葛亮、伊籍等人"共造《蜀科》"(亦称《汉科》)。吴之律令,多依汉制,没有什么重大的改动。

晋朝立法取消了"科"的形式,但是南朝时期又恢复,南梁有《梁科》30 卷,南陈有《陈科》30 卷。

北朝也没有采取"科"周围法律形式。东魏于兴和三年(541)编成《麟趾格》,颁行天下。首创了"格"为法律形式。但其细节尚不清楚。

四、其他

西晋在颁布律令的同时,还颁布了《故事》30 卷,将律令以外有效的皇帝制诏之类的法律文书汇编在一起,作为各级政府机关办事准则。以后东晋时期仍然常有汇编"故事"的情况。南朝将晋的"故事"改编称"科"。

另一种在三国两晋南北朝时期得到发展的法律形式是"式"。西晋有不少规定具体政府办事细则的式,史籍记载有"户调之式"等。以后西魏于大统十年(544)颁布了《大统式》,共有 5 卷,作为临时性的法典。

【资料】

晋张斐《注律表》对于法律专用词语的定义

其知而犯之,谓之故;意以为然,谓之失;违忠欺上,谓之谩;背信藏巧,谓之诈;亏礼废节,谓之不敬;两讼相趣,谓之斗;两和相害,谓之戏;无变斩击,谓之贼;不意误犯,谓之过失;逆节绝理,谓之不道;陵上僭贵,谓之恶逆;将害未发,谓之戕(qiāng);倡首先言,谓之造意;二人对议,谓之谋;制众建计,谓之率;不和,谓之强;攻恶,谓之略;三人,谓之群;取非其物,谓之盗;货财之利,谓之赃。[①]

译文:

知道情况仍然侵犯的,叫做"**故**";以为不会发生破坏后果的,叫做"**失**";违反忠诚欺骗上级的,叫做"**谩**";违背诚信、暗中算计别人的叫做"**诈**";不守礼仪礼节的,叫做"**不敬**";双方都有加害对方意图的,叫做"**斗**";双方没有加害意图但造成伤害的,叫做"**戏**";故意使用武器伤害别人,叫做"**贼**";无意之中伤害别人的,叫做"**过失**";完全违背最基本道理的,叫做"**不道**";欺凌长辈妄自尊贵的,叫做"**恶逆**";预谋作恶尚未行动的,叫做"**戕**";首先提出犯罪意图的,叫做"**造意**";两人以上商量的,叫做"**谋**";起到领导指挥作用的,叫做"**率**";未经合意的,叫做"**强**";攻击作恶的,叫做"**略**";三人以上,叫做"**群**";(非法)获取别人物件的,叫做"**盗**";(非法取得)财产利益,叫做"**赃**"。

注:张斐将这 20 个专用名词称之为"律义之较名",其中除了"戕""略"以外,这些词语的定义以后被中国法律长期沿用。

[①] 《晋书》卷 30《刑法志》。

【解说】

三国两晋南北朝时期律学的发展

三国两晋南北朝时期的律学仍然有很大发展。西晋在颁布《泰始律》的同时，公布两位律学家对于律典所做的注解，一是明法椽张斐所作的《律解》20卷；一是河南尹杜预所著的《律本》21卷。两大家所注，均得到晋武帝的认可而颁行天下，与"泰始律"具有同等的法律效力，以至于以后被称为"张杜律"，将注释的条文和律条合计为1 530条。东晋南朝时期玄学流行，律学被世俗所轻视，但南梁时著名律学家蔡法度主持了《梁律》的起草，南陈时也有范泉、王冲等律学家。北朝的律学比南朝兴盛，北魏时期有羊氏家族、北齐时封氏家族都世传律学。封述直接参加了《北齐律》的起草。而且南北的律学也有一定的交流。如裴政，父亲为南朝刘宋的廷尉，自己为梁朝大臣，以明习法律著称。以后因南梁灭亡被北周俘虏，转仕北周，参加了北周《大律》的起草。隋朝建国后，又参与了隋律的起草。[1]

第二节 身份法律制度

一、社会等级

三国两晋南北朝时期社会等级制度有较大的变化。在社会上层，形成了士族特权集团；而在社会的下层，大批平民失去良民身份，沦为贱民阶层。

（一）特权阶层

除了传统的皇室及外戚、功臣贵族阶层外，在东汉以后出现了累世为官及称雄一方的士族阶层。[2] 曹魏时规定各地设置"中正"官，专职评定当地的人物，将当地的士子分为"九品"，地方官向朝廷推荐出任官职的人才必须严格按照中正评定的等级，高品士子出任大官、主官，而下品士子只能出任小官、辅官。同时自曹魏开始，官员的等级也明确分为"九品"，品级决定职位高低、俸禄多寡，以及可以享受的各种生活标准。

由于受地方豪强势力的影响，中正评定的标准往往是士子的家庭背景，大官的子孙总是被评为高品，而寒素士子永远只能被评为下品。所谓"上品无寒门，下品无势族"。[3] 与其相对的其他官吏以及平民阶层被称为"庶族"（或称"寒族""寒门"）。《宋书·恩倖传》称："魏晋以来，以贵役贱，士庶之科，较然有别。"

士族一般来说都是大地主，具有相当的经济实力，拥有大庄园，役使大量的依附农民。在战乱时，依附人口就成为士族的私家军队，士族阶层或以此发动政变，或以此割地自保，俨然为一地霸主。而在文化思想上，士族又以名教卫道士的面目出现，以"家学渊源"、儒学权威身份掌握儒学的教育和儒经的解释，互相标榜，评点人物，操纵舆论。士族把持了这一时期的政治权力，据统计，两晋南北朝时期史籍所载4 137位司徒至太守的高级文官

---

① 《隋书》卷66《裴政传》。
② 或称势族、世族、豪门、高门等名目，近代史学家一般以史书上或称"大姓""大族"，或是三代为五品以上大官的家族为士族。
③ 《晋书》卷45《刘毅传》。

中,士族出身的占 65% 以上。① 而且士族的政治地位一般不受皇朝变迁的影响,累世高官厚禄。他们只和本阶层家族通婚,仔细修订宗谱,严防寒素分子混入本阶层。士族集团的这些特权都受到法律的保护。北魏时期还曾正式立法,规定官职只能从哪一些世家大族中产生。

(二)平民阶层

平民的主体是农民,三国两晋南北朝的农民人身在法律上是自由的,但是在经济上,他们的土地所有权和占有权有很多限制,并且还有沉重的租税负担,加上天灾人祸,他们常会失去土地所有权。这一时期土地兼并十分激烈,豪强权贵兼并民产,封禁山湖,动辄幅员数十里至数百里,农民大批被剥夺了土地。特别是由于军阀混战,战乱不休,使大批农民流离失所,只好接受军阀豪族的人身控制。

平民中的手工业者的社会地位也大大降低。东汉末、三国之际,战乱使手工业一度衰落,政府直接控制手工业者,致力于发展官手工业。东晋、南朝对手工业者的控制较前有所放松。而北朝进一步加强对于工匠的人身控制。

(三)贱民阶层

三国两晋南北朝时期奴婢阶层的社会地位最为低下,可以被买卖、被赏赐。贵族、士族阶层都占有大量的奴婢人身,号称"耕当问奴,织当问婢",②迫使奴婢为其生产财富。北方自拓跋氏建魏,在战争中获得大量俘虏,其中一部分充作官奴婢,和国有土地、山泽、畜产一样,经常作为赏赐品赐予臣下。

另外各类名号的依附农民以及"百工"工匠也逐渐成为法律上的贱民。因为战乱、土地兼并等原因,大批农民失去了国家户口,也丧失了人身的自由,成为依附人口,称为"部曲""客户""荫户"等名目。他们以家庭为单位依附于军阀官僚大地主,平时为他们耕种土地,战时为他们服兵役。北朝将手工业工匠编为"百工"户籍,剥夺其人身自由,只能为朝廷服役,构成法律上仅高于奴婢一级的贱民阶层。

二、婚姻及家庭制度

(一)婚姻制度的变化

1. 一夫一妻多妾制的发展

至魏晋时,一夫一妻多妾制早已成为惯例。西晋为表示遵循古礼,附会《周礼》说法,在法律中规定娶妾数额应按官品地位决定。《晋令》中规定诸王置妾 8 人,郡公、侯爵置妾 6 人;一品、二品官可有 4 妾,三品、四品官可有 3 妾,五品、六品官可有 2 妾,七品、八品官只能有 1 妾。③ 这一规定在两晋都通行有效。

北魏入主中原后,废除西晋依官品娶妾制度,而官僚贵族之家沿袭鲜卑族旧俗,妇女出头露面,以"悍妻妒妇"为能,娶妾的情况不多。东魏时皇族元孝友为此上书,要求恢复西晋制度,这一建议虽未获通过,但反映出西晋娶妾制度的影响犹在。④

2. 门第婚的盛行

门第婚指刻意讲究门当户对的婚姻。在等级社会中门第婚的目的,是利用联姻缔结政

---

① 参见毛汉光:《两晋南北朝主要文官士族成分的统计与比较》,载台湾《历史语言研究所集刊》第 36 册下册。
② 《宋书》卷 77《沈庆之传》,同样的话还可以见《三国志·蜀志》注引杨颙语,《魏书》卷 65《邢峦传》。
③ 《魏书》卷 18《太武五王传》引《晋令》。
④ 《魏书》卷 18《太武五王传》。

治经济联盟。两晋南北朝时期家族门第不仅有豪门、寒门之分,豪门、寒门中又有高下等第之分,社会上门第意识极其强烈,上等门第把婚姻门当户对看作保持门第的手段,士族有与寒素通婚的,就会遭到弹劾。如南齐时士族王源将女儿嫁给庶族满璋,立即就遭到弹劾,要求将王源禁锢(不准为官)。[1] 北魏时还立法规定不准皇族、贵族、士族与庶族通婚,犯者以违制论罪。[2]

3. 聘财为婚娶的重要内容和程序

传统的"六礼"中,一个必备的环节是"纳征"。晋朝律令"崇嫁娶之要,一以下娉为正,不理私约",[3]更强调了聘财在嫁娶中的重要性,只要女方家长接受了聘财,就表明婚姻成立。这一原则对于以后的法律有重要影响。

(二)鼓励大家族同居

曹魏建国以后,正式废除了商鞅变法以来成年儿子应与家长分家的法律,所谓"除异子之科,使父子无异财也"。[4]"兄弟同居""累世同居"长期以来受到社会舆论的推崇。两晋南北朝时期,舆论大力褒扬大家族同居,如杨播"一家之内,男女百口",累世同居,"当世莫逮"。[5] 李几"七世共居同财,家有二十二房,一百九十八口",得到官府的表彰,"标其门闾"。[6] 相反,分家别产行为遭到舆论的谴责,如北魏士子批评江南之俗"各别资财,同居异爨,一门数灶"。[7]

(三)正式以五服为法定亲等制度

儒家所总结的以丧服为标志的"五服"亲属等级原则,在晋律中正式被接纳为法定亲等制度。史书记载晋律"峻礼教之防,准五服以制罪"。[8] 这是儒家礼教法律化的重要表现。

五服也就是"服制",即以丧服为标志,来规范亲属的范围、等级,也就是亲属关系亲疏远近的制度。服制分五个等级:(1)斩衰(cuī,生粗麻布制成、不缝衣边的丧服)亲,应穿着丧服三年的亲属,指父亲(以后包括母亲)。(2)齐(zī)衰(以生粗麻布制成的缝衣边的丧服)亲,也称"期(jī)亲",应穿着丧服一年或一年以下的亲属,指祖父母、叔、伯、兄等最近的亲属;(3)大功(以熟粗麻布制成的丧服)亲,应穿着丧服九月的亲属,指堂兄弟,未嫁的堂姊妹、已嫁的姑、已嫁的姊妹等亲属;(4)小功(以较细麻布制成的丧服)亲,应穿着丧服五月的亲属,指本宗曾祖父母、伯叔祖父母、堂伯叔父母、未嫁的祖姑、堂姑,已嫁的堂姊妹,兄弟妻,从堂兄弟及未嫁的从堂姊妹、外祖父母、母舅、毋姨等亲属;(5)缌(sī)麻(以细麻布制成的丧服)亲,应穿着丧服三月的亲属,指曾祖的兄弟、祖父的堂兄弟、父

斩衰丧服图

---

[1] 《昭明文选》卷 40《弹事·奏弹王源》。
[2] 《魏书》卷 7《高祖纪上》。
[3] 《晋书》卷 30《刑法志》。
[4] 同上。
[5] 《魏书》卷 58《杨播传》。
[6] 《魏书》卷 73《节义传李几》。
[7] 《魏书》卷 71《裴叔业传》。
[8] 《晋书》卷 30《刑法志》。

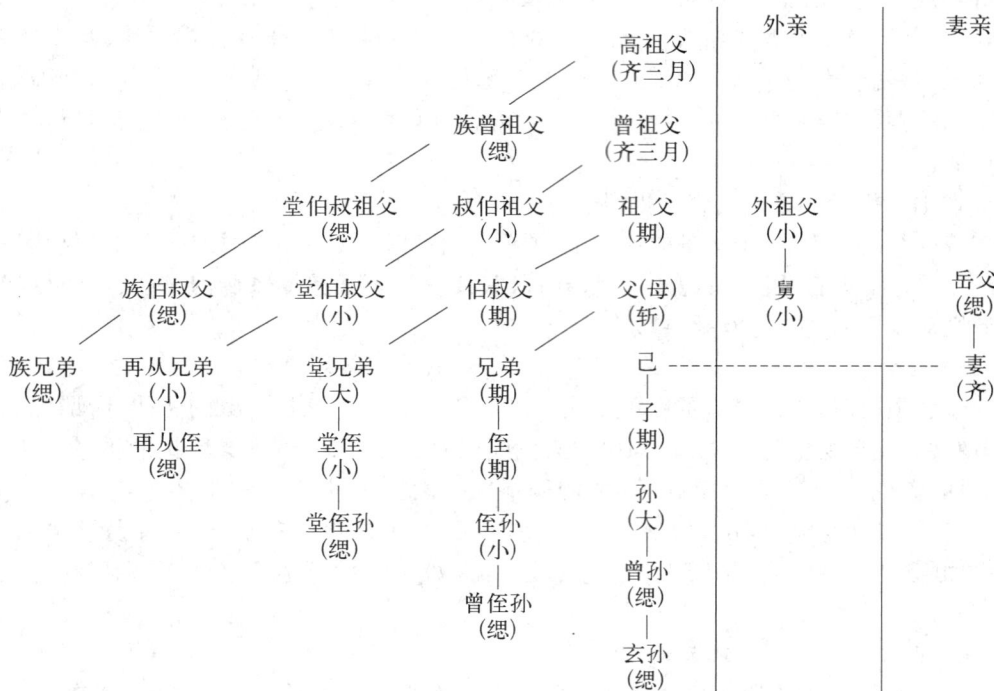

外亲　　妻亲

高祖父（齐三月）

族曾祖父（缌）　曾祖父（齐三月）

堂伯叔祖父（缌）　叔伯祖父（小）　祖父（期）　外祖父（小）

族伯叔父（缌）　堂伯叔父（小）　伯叔父（期）　父（母）（斩）　舅（小）　岳父（缌）

族兄弟（缌）　再从兄弟（小）　堂兄弟（大）　兄弟（期）　己——妻（齐）

再从侄（缌）　堂侄（小）　侄（期）　子（期）

堂侄孙（缌）　侄孙（小）　孙（大）

曾侄孙（缌）　曾孙（缌）

玄孙（缌）

五服亲等图

亲隔二代的堂兄弟,本人隔三代的堂兄弟等亲属。以上范围的亲属称五服内的有服亲,五服外同五世祖的亲属称为"袒免"亲,同六世祖的家属为"无服亲"。

南北朝时期各代法律,都继承了晋律所确定的这项制度。服制确立亲属间赡养与继承的权利与义务关系。服制愈近,赡养与继承的权利与义务就逾大;服制愈远,赡养与继承的权利与义务相对减轻。服制也是亲属相犯确定刑罚轻重的依据。晋律"准五服以制罪",即服制愈近,以尊犯卑,处置愈轻;以卑犯尊,处置愈重。服制愈远,以尊犯卑相对变重,以卑犯尊相对减轻。

第三节　刑事法律制度

建立在士族大地主经济基础上的三国两晋南北朝的法律制度,以维护贵族官僚大地主在法律上的特权地位为其鲜明特征,因而无论其内容或形式,都发生了许多重要的变化。

一、维护贵族官僚法律特权

魏明帝制定魏律,以周礼之"八辟"为依据,规定了"八议"制度,即下列八种人犯罪时享有宽宥特权:议亲(皇亲)、议故(皇帝故旧)、议贤(其德行有影响的士人)、议能(有大才干者)、议功(对国家服务勤劳者)、议贵(上层官僚)、议勤(对国家服务勤劳者)、议宾(前朝的统治者及其后代)。这样就使得贵族官僚地主更全面地获得了凌驾于法律之上的特权。《唐六典》注谓"八议自魏,晋、宋、齐、梁、陈、后魏、北齐、后周及隋皆载于律,是八议入律始于魏也"。这项制度一直沿袭至明清。

北魏和南陈的法律,还创立了为"官当"的制度,即允许以官位抵消徒刑。如陈律规定:"五岁四岁刑,若有官,准当二年,余并居作;其三岁刑,若有官,准当二年,余一年赎。若公坐过误,罚金。其二岁刑,有官者赎论。"①

这些法律制度在历史上流弊很大,消极影响极为深远。而且这一时期的法律实施更是维护贵族官僚的特权。如南梁武帝"急于黎庶,缓于权贵",因此,"王侯子弟皆长而骄蹇不法","或白日杀人于都街,劫贼亡命,咸于王家自匿",使广大人民不得安宁,失去了生命的基本保障。②

二、确立"重罪十条"名目

南北朝时对于严重危害政权和礼教的行为,都进一步确定罪名,并施行最严酷的刑罚。北魏律规定:"大逆不道腰斩,诛其同籍,年十四以下腐刑,女子没县官",而且将"害其亲者"视为大逆之重者,处缳刑;将"为蛊毒者"视为不道,"男女皆斩,而焚其家"。③ 梁律则规定:"其谋反、降叛、大逆已上皆斩。父子同产男,无少长,皆弃市。母妻姊妹及应坐弃市者,妻子女妾同补奚官为奴婢,赀财没官。"④北周《大律》刻意仿古,"而重恶逆不道、大不敬、不孝、不义、内乱之罪。凡恶逆,肆之三日。"⑤

两晋南北朝以来刑事法律这一发展趋势,在《北齐律》被总结为"重罪十条"。它将十类最严重的罪名,集中置于律首标明,作为主要打击对象。"重罪十条"分别为:"一曰反逆,二曰大逆,三曰叛,四曰降,五曰恶逆,六曰不道,七曰不敬,八曰不孝,九曰不义,十曰内乱。""犯此十者,不在八议论赎之限",⑥即明确这十类犯罪绝对不得宽减处罚。到隋代,这些名目又发展为后人所称"十恶不赦"的"十恶"。

三、刑罚制度的变化

三国两晋南北朝时期,各国统治者为了缓和社会阶级矛盾,虽然一贯实行残酷统治,但同时却往往在颁布的法律中调整刑罚制度,实行某种带有宽缓倾向的改革,以图造成"轻刑"的外貌。

(一) 对于族诛刑的改良

魏律规定的族诛已经开始"不及祖父母、孙"。正元二年(255),又改定律令为"在室之女从父母之诛,既醮之妇从夫家之罚",以改变"父母有罪追刑已出之女,夫党见诛又有随姓之戮,一人之身,内外受辟"的状况。东晋怀帝永嘉元年(307),再次宣布"除三族刑"。但东晋明帝太宁三年(325)又加恢复,"惟不及妇人"。⑦ 这样妇女不受族诛处死成为惯例。

这一原则同样也在北朝得到贯彻。北魏初期,有"门诛"之制,"犯大逆者,亲族男女无少长皆斩"。但到了太武帝时,诏崔浩定律令:"大逆不道腰斩,诛其同籍",而以"女子没县官"。

---

① 《隋书》卷25《刑法志》。
② 同上。
③ 《魏书》卷111《刑罚志》。
④ 《隋书》卷25《刑法志》。
⑤ 同上。
⑥ 同上。
⑦ 《晋书》卷30《刑法志》。

妇女株连为官奴婢,但不再处死。①

族诛缘坐是中国社会"一荣俱荣,一损俱损"的家族制度在刑罚上的表现,但自东晋、北魏以后,凡从坐之女子得以免除死刑而没为官奴婢,这对于后世的刑罚制度有明显积极的影响。

（二）宫刑的最终废除

宫刑在汉以后一直是作为减死一等的代替性质的刑罚,魏晋时,由于阶级矛盾和统治阶级内部矛盾的尖锐化,统治集团内部要求恢复肉刑的声浪迭起,因此多次引起关于肉刑的争论。主张依复肉刑的一派,魏有陈群、钟繇、李胜,晋有刘颂、卫展等人,他们宣称"使淫者下蚕室,盗者刖其足",可以达到"刑一人而戒千万人"的目的。② 反对恢复肉刑的一派,魏有杨修、王朗、夏侯玄,晋有周颖、王导等人,他们以"仁者不忍肉刑之惨酷"为标榜,而其根本出发点是认为肉刑"非悦民之道";③尤其是唯恐"百姓习俗日久,忽复肉刑,必骇远近",④从而引起更大的反抗。这场争论,时断时续,旷日持久,而恢复肉刑的主张终不果行。

三国两晋南北朝的法律,就法定刑罚而言,是沿着进一步废止肉刑的方向发展的。魏晋和南朝的法律,都无宫刑。北朝北魏、东魏,还有腐刑的记载。西魏文帝大统十三年（547）诏:"自今应宫刑者,直没官,勿刑";⑤北齐后主天统五年（569）,"诏应宫刑者免刑为官口"。⑥ 至此,才真正结束了宫刑在正式刑罚体系中的历史。

（三）改徒为流

秦汉法律无流刑,有迁徙刑,汉代作为死刑减等之法,多施用于对王公大臣的宽免,而且没有以远近分为等差的制度。流刑作为"不忍刑杀,宥之于远"⑦的常用刑,是南北朝以后的事情。

魏晋肉刑之议,反对恢复肉形的一派,主张用减死一等之法代替肉刑。北魏、北齐律,依据"赦死从流"的原则,都已将流刑列为法定刑。南朝在梁武带天监三年（504）以后,也出现了流的名目。北周大律,依《尚书》"五流有宅,五宅三居"之义,把流刑分为卫、要、荒、镇、蕃五等,以"去皇畿"2 500里到4 500里为5等,每等相差500里。服流刑者均加鞭笞。清末法学家沈家本说:"(隋)开皇元年定律,流为五刑之一,实因于魏周,自唐以下,历代相沿莫之改也"。⑧

【案例】

南朝礼法结合判案的案例

南朝刘宋孝武帝大明年间（457—464）,在安陆郡应城县（今属湖北孝感）有一个叫张江陵的百姓,和妻子吴氏一起骂自己的母亲黄氏,并恶毒地叫她去死。黄氏悲恨不已,果真上吊自杀。案发时刚好遇上大赦。法律条文规定:凡儿子杀死或打伤父母的,

---

① 《魏书》卷111《刑罚志》。
② 《通典》卷168。
③ 《三国志·魏》卷13《钟繇传》。
④ 《晋书》卷30《刑法志》。
⑤ 《北史》卷5《西魏文帝纪》。
⑥ 《北齐书》卷8《后主纪》。
⑦ 《唐律疏议·名例》。
⑧ 沈家本:《历代刑法考》,第142页。

应该杀头；辱骂父母的，应该处以死刑；谋杀丈夫的父母，也应该处死刑。法律同时还规定，如果碰上了大赦的话，就可以免去原刑而重新量刑。江陵辱骂自己的母亲，母亲因此而自杀，他的这种罪行要比打伤父母来得重。如果按杀人的条律处理，感到稍微重了一点；如果用伤人及骂人的条律处理，又感到稍微轻了一点。而法制上又只有殴打父母，即使碰到大赦仍然应该杀头的律条，却没有毒骂父母致其自杀身死、又遇大赦的律条。对此，尚书比部郎孔渊之发表意见。他说："里弄的名称如果违背了人心，仁慈的人就不会进去。对一个名称尚且如此厌恶，更何况为人处事呢？因此，殴打毒骂父母，是法律所不能原谅的。辱骂父母而使之自尽，从情理上讲就更不能宽容了。在处罚的律条里有从轻发落的规定，那是为了碰到难以判定的案件时不要错杀好人；推求条文的意思讲的绝不是目前这种情况。因此，张江陵即使碰上了大放的恩典，我认为还是应该处死。至于那女子，她是嫁夫随夫，爱公婆原不是她天生的属性，再说黄氏所怨恨的，也不是吴氏。因此可以免除她的死刑而另外议处。我认为这样做对健全法制是有好处的。"孝武帝下令按孔渊之所议的去办，吴氏免于处死。

第四节　财产法律制度

一、土地制度

三国两晋南北朝时期几乎每一个朝代都力图实施某种土地制度，以图控制最基本的生产资料——土地，以及农民的人身。这些制度不同程度上调整了当时的土地所有权。

三国鼎立局面形成后，各政权为了增强军事经济实力，都实行了"屯田"。其中曹魏屯田规模最大。由于东汉末年长期战乱，中原地区大量的耕地被抛荒，农民流离失所。曹魏政权即宣布所有的荒地一律国有，将流民按照军事编制组织为"屯田客"，强迫为国家开垦荒地，收获的粮食十分之六归政府，农民自己只能留下十分之四。屯田客没有人身自由，身份世代沿袭。

289年，西晋在统一全国后，颁行"占田制"，规定普通百姓男子占有的土地不得超过70亩，女子不得超过30亩，其中男子以占有土地中的50亩、女子以占有土地中的20亩为"课田"，承担向国家缴纳田租税的义务。实际上是以假设的男子人均50亩、女子人均20亩的平均数来确定土地租税，以便于按照人头数目、而不是实际的土地占有数量来征收土地租税。"占田制"还规定了各个等级的贵族、官员可以私人占有的土地限额，自一品官的50顷，以下递减至九品官的10顷。然而对于占田超过限额的行为并没有任何措施，可见这一限制私有土地规模的制度只是表面文章而已。

北魏于485年推行"均田制"，规定每个15岁以上的男子由国家分配40亩"露田"（不得种树，土地裸露而得名）、20亩"桑田"（规定必须种植桑树），女子分配"露田"20亩。露田在农民死后或年老免役后应归还政府，不准买卖。桑田可以私人继承，可以在限额之内买卖转让。这一制度将因为长期战乱而抛荒、被视为国有的荒地"公田"定期分配给农民，农民仅获得小部分土地的私有权，而对于大部分土地只有限期的使用权。分配土地不一定完全足额，但是政府却以理论上分配土地的额度，按照人头向农民征收赋税。分配对象包括奴婢、耕牛（每户限4头），并不触动贵族官僚以及地主阶级原有的土地私有权。

北魏"均田制"在北方地区产生深远影响,以后的东、西魏,北齐、北周政权都实行这一制度(细节有所不同),并影响到隋、唐。

二、契约与债

这一时期书面契约的制成材料已普遍使用纸张,比如《颜氏家训》记载北方的民间谚语"博士买驴,书纸三张,未见驴字"。根据出土文书来看,民间契约的书写习惯相当统一。

【资料】

北凉承平八年(450)翟绍远买婢券

承平八年岁次己丑九月廿二日,翟绍远从石阿奴买婢一人,字绍女,年廿五。交与丘慈锦三张半。贾则毕,人即付。若后有何盗仞名,仰本主了,不了,部还本贾。二主先和后券,券成之后,各不得悔,悔者罚丘慈锦七张入不悔者。民有私要,要行二主。各自署名为信。券唯一支,在绍远边。

倩书:道护①

译文:

承平八年(己丑年)的九月二十二日,翟绍远向石阿奴买一个女奴,名字叫绍女,年纪二十五岁。交付三张半丘慈锦为代价。价钱当场付清、人当场移交。以后如果有人声称这个女奴是盗窃来的、要认领走的话,由原主解决,解决不了的,加倍偿还买价。双方是合意后立的契约,契约成立后不得反悔,反悔者缴纳七张丘慈锦给不反悔者。百姓有私人约定,约定双方遵守。各自署名为信。本契约只有一份,由翟绍远保存。

书写契约人:道护

(一)北齐的"帖"

北齐实行均田制,原则上禁止土地的自由买卖。但是法律允许"帖":出让方获得受让方支付的一笔价钱后,向受让方转移土地的全部占有、使用、收益权利,在约定的年限(荒地一般为 7 年,熟地一般为 5 年)期满后,出让方可以原来的价钱赎回土地。"钱还地还"。②

这种交易显然有规避土地买卖禁令的企图,从债权角度考虑,可以说是出让方以土地作为债务的质押担保,并以一定时间内土地收益抵偿债务的利息,然后还债、收回土地;而从物权角度考虑,这又可以视为是带有买回特约的所有权转让方式。这种特殊的不动产交易形式产生深远的影响,是唐宋时期出现的不动产"典质""活卖"的滥觞。

(二)质押的流行

两晋南北朝时期,相当流行质押财产作为债务担保。出现了专门收取质押品放债的营业机构,称之为"质库"。佛教寺院收取质押品放债也很普遍。质押的财产可以是黄金、宝物,也可以是牲畜、奴婢,或小到一束麻、几本书,都可以质押。但是根据现有史料还无法搞清有关的法律制度情况。③

---

① 《吐鲁番出土文书》第一册,第 187 页。本件契约是纸张书写的,却仍然称"支",显然是过去竹木简文书的习惯。"丘慈锦"是西域龟兹出产的纺织品,三国两晋南北朝时期货币制度混乱,民间往往以谷物和纺织品作为货币。"何盗仞名"一般写作"呵盗认名",即声称标的物为偷盗的赃物、主张所有权要求认领的意思,是当时契约的惯用语。

② 〔唐〕杜佑:《通典》卷 2《田制》引〔北齐〕宋孝王《关东风俗传》。

③ 可参见叶孝信:《中国民法史》,上海人民出版社 1993 年版,第 207 页。

第五节　司 法 制 度

一、司法机构　　三国两晋南北朝的中央司法机构基本沿袭东汉制度。三国时的吴国中央审判机构改称"大理"。而曹魏为增加当时司法官吏的法律知识，提高统治效能，根据卫觊的建议在廷尉府设置了"律博士"，传授律学。被以后的西晋沿袭。

北齐于"大理"下加"寺"字称"大理寺"，作为专门的司法审判机构，长官为大理卿、副长官为少卿，以下设丞、正、监、评等辅助官员，以及律博士、明法椽等官职，使中央司法机构更趋完备。为后世继承。

这一时期还出现了新的朝廷机构参与司法审判。东汉以后朝廷三省（中书、门下、尚书）权力日趋扩大，是中国政治制度的重大变革，也给司法机构的发展带来了深远的影响。各朝代在尚书台省所属各部曹中均设有偏重于司法行政又兼理审判复核的机构：曹魏承汉制保留三公督、二千石曹，增设比部郎，"以司刑狱"。晋初，以三公尚书"掌刑狱"，武帝太康中裁省，改以吏部尚书"领刑狱"。北齐则以尚书省的殿中尚书统"诸曹囚帐，断罪"，都官尚书统"掌诏书、律令、勾检等事"。①

地方司法机关方面，仍然实行行政司法合一制。但各朝代地方体制有所不同，有的朝代实行县、郡、州三级体制。但北朝时期逐渐将州和郡合并，仍然维持州、县两级制。

二、诉讼审判制度　　这一时期诉讼审判制度总的变化不大，主要有以下几个方面。

（一）死刑奏报制度

这一时期军阀割据严重，而各朝代统治者在主观上都想进一步加强中央集权，因此往往在制度上反复强调死刑必须报告皇帝批准。如南朝宋武帝曾下诏："其罪应重辟者，皆如旧先须上报，有司严加听察。犯者以杀人论。"②北魏时期也多次下诏，要求"当死者部案奏闻"，"诸州国之大辟，皆先谳报，乃施行"。③ 但实际效果如何大可怀疑。

（二）察囚制度

南北朝各国还普遍推行由朝廷派出特使到各地"察囚"的制度。如北魏文成帝曾遣尚书穆伏真等30人巡行州郡，听由"冤枉不能自申"者"诣使告状"。④ 梁武帝曾下诏：凡是远处州县，"可遣法官近侍，递录囚徒，如有枉滞，以时奏闻"。⑤ 就是说，对乡县牢狱，可派法官和侍从官对狱中人犯进行复核，如发现有冤枉和疏漏，及时上奏。

（三）刑讯的规范

这一时期总的司法审判状况是相当黑暗的，统治者滥用刑讯逼供现象极为普遍。其中

---

① 《隋书》卷25《刑法志》。
② 《宋书》卷5《文帝纪》。
③ 《魏书》卷111《刑罚志》。
④ 同上。
⑤ 《隋书》卷25《刑法志》。

有的朝代试图对刑讯作出一定的规范,试图限制刑讯的残酷性。

南朝梁、陈对于不肯招供的嫌疑犯采用鞭打和罚站并用的"测立"(或称"立测")制度:用土筑成一尺高的墩子,顶部呈凸圆状,面积小到只能容纳两只脚。执行时,将嫌疑犯鞭打20下,再打30板,手脚、脖子都带上戒具,罚其站立在土墩上。每上一次约近两小时,当天罚站两次,以后每逢3日和7日再上测,隔7天再鞭打。等到打满150下,仍然不招供者,可以免死罪。虽然这是试图规范刑讯逼供,但是据当时的都官尚书周弘正说:"重械之下,危堕之上,无人不服,诬枉者多。"对于有特权身份的人,以及老弱妇女,可以改用"测罚",其办法是3天不让吃饭,女人及老小饿一天半,然后允许家里人送二升粥吃。这种情状要持续10天10夜才停止,对犯人用饿饭办法以逼取口供。①

(四)建立"登闻鼓"直诉制度

秦汉时期在皇宫外设置"路鼓",有紧急军情大事可以擂鼓报警,随时传递文件。也有人擂鼓申诉。晋朝正式设置"登闻鼓"("登闻"是立即使皇帝得知的意思),允许有冤抑者击鼓向皇帝直诉。《晋书·武帝纪》曾记载有"西平人麹路伐登闻鼓"的事("伐"就是敲打)。《魏书·刑罚志》也记载北魏设登闻鼓收纳拆状的事例。从此以后,直到清代都有这种直诉制度。

【人物】

刘 颂

刘颂(？—约300),字子雅,广陵(今江苏扬州)人。士族出身,在晋武帝时任负责司法的尚书三公曹尚书,曾代理廷尉6年,执法公平,被人们比做汉代的张释之。为当时著名律学家。他建议恢复肉刑,认为废除肉刑后,"死刑重""生刑轻",因此人们轻于犯罪。而且在山区服苦役的罪犯屡屡逃跑,无法禁绝。只有恢复肉刑才可能"去其为恶之具",可以"止奸绝本"。另外针对当时经常轻率改变法律的情况,他上书指出:"人君所与天下公共者,法也。已令四海,不可以不信以为教。"要求皇帝也应守法。并强调"断罪皆当法律令正文,若无正文,依附名例断之,其正文、名例所不及,皆勿论"。颇有"罪刑法定"的意思。②

本 章 小 结

三国两晋南北朝法制在中国法制史上具有承前启后的重要意义。首先,就立法而言,形成了每一新皇朝建立即制订新法典颁行天下的惯例。法典发展上出现了南北两系现象,北朝律先后有北魏律、北齐律、北周律;南朝则先沿用晋律,后有南梁律、南陈律。《北齐律》直接影响隋《开皇律》的制订。自曹魏起,各朝律典都将总则性质的篇目置于律典之首,为后世法律沿用。在法律形式上,这一时期确定了律令两大法典并列的立法格局,开启了所谓"律令制"的体例。

其次,就法律的内容而言,这一时期的法律以"礼法结合、以礼入律"为最主要的特点。

---

① 《隋书》卷25《刑法志》。
② 《晋书》卷46《刘颂传》、卷30《刑法志》。

曹魏律将儒家经典《周礼》中的"八辟"吸收入律,改称"八议",晋律以儒家经典《礼记·丧服》中的丧服制度作为法定划分亲属等级的标准。北齐律将严重危害统治及礼教的 10 类行为特别列出,称"重罪十条"。北周《大律》甚至以儒家经典《周礼·大诰》为蓝本。

另外,这一时期刑罚制度的变化也很引人注目。虽然战乱频繁、滥杀滥刑,但仅就法定刑罚而言,这一时期已有逐渐简化、减轻的趋势。肉刑最终被排除出法定刑。残酷的族诛逐渐被缘坐代替,仅适用于反对皇室的谋反、大逆之类的政治性重罪。并出现了徒刑、流刑,刑罚体系逐步向隋唐五刑过渡。

延伸阅读

基本史料

《晋书》卷 30《刑法志》。

《隋书》卷 25《刑法志》。

《魏书》卷 111《刑罚志》。

参考书目

程树德:《九朝律考》,中华书局 1988 年版。

张建国:《中华法系的形成与发达》,北京大学出版社 1997 年版。

丁凌华:《中国丧服制度史》,上海人民出版社 2000 年版。

乔伟主编:《中国法制通史》第 3 卷《魏晋南北朝》,法律出版社 1999 年版。

高旭晨主编:《中国法制史考证》甲编第 3 卷《两汉魏晋南北朝法制考》,中国社会科学出版社 2003 年版。

〔日〕冈野诚主编:《中国法制史考证》丙编(日本学者考证中国法制史重要成果选译)第 2 卷《魏晋南北朝隋唐卷》,中国社会科学出版社 2003 年版。

思考题

1. 三国两晋南北朝时期进一步以礼入律有哪些内容?

2. 三国两晋南北朝时期婚姻法律制度的特点。

3. 《北齐律》的特点和历史地位。

4. 什么是服制? 服制在家族制度和刑法上的作用,以及对后代法制的影响。

5. 三国两晋南北朝时期法制的变化及对后世的影响。

第七章
隋唐五代的法制
（581—960）

本章提要

　　隋唐时期是中国法制的鼎盛时期。唐朝的法制在隋朝基础上集历代法制之大成，具有经典性意义。唐朝贯彻"德主刑辅"的法制指导思想，建立起律、令、格、式为主体的完整成文法体系。全面贯彻礼教精神的《唐律疏议》影响极其深远。唐朝法制在各方面都相当完备。而五代的法制也具有承前启后的意义。

　　581年，原北周大臣杨坚（史称隋文帝）发动政变，建立隋朝。8年后隋朝消灭南陈，结束了自西晋灭亡以来长期分裂的局面。隋朝初期全国经济恢复发展，社会稳定。隋文帝统治前期制定了相当优良的法律，但到晚年却又自己任意破坏法律。他的儿子杨广（史称隋炀帝）继位后，兴建大运河，对高丽发动侵略战争，促使社会矛盾激化，爆发了大规模的农民起义。隋朝就此灭亡。

　　隋末农民大起义中，隋朝大臣李渊乘机起兵反隋，618年建立唐皇朝。唐皇朝先后消灭其他的反隋武装，至624年基本平定了全国。626年李渊（史称唐高祖）的儿子李世民（史称唐太宗）发动政变，杀死两个兄弟，逼迫李渊交出政权。以唐太宗为代表的唐初统治集团注重"与民休息"，重视法制的稳定，缓和社会矛盾，史称"贞观（唐太宗年号）之治"。唐玄宗李隆基统治时期，社会经济繁荣，国势强大，文化发达，号为"开元之治""天宝盛世"。755年爆发"安史之乱"，唐皇朝由盛转衰。以后外族侵扰连绵，各地藩镇割据，朝廷内部则文官党争，宦官专权，政治混乱。社会矛盾的激化导致在874年爆发了规模空前的农民大起义，虽然农民起义最后被镇压，但唐皇朝也已土崩瓦解。

　　907年，朱温废除唐昭宣帝，自称皇帝，建立梁朝（史称后梁）。后梁和先后占据中原地区的政权后唐、后晋、后汉、后周合称"五代"，实际控制地区仅在今黄河中下游地区。其他地方都被割据势力控制，史称"十国"。全国陷入混战局面。

　　从法制史的角度来看，这一时期是中国法制的鼎盛时期。唐朝的法制在隋朝基础上集历代法制之大成，具有经典性意义。而五代的法制也具有承前启后的意义。

第一节　承前启后的隋朝法制

隋朝继承了北朝注重制定律令的传统,仅有的两朝皇帝都曾制订颁布律令。据《隋书·炀帝纪》,大业四年(608)还曾颁布"新式";另外根据史籍记载,隋朝也有称为"格"的法律。不过关于格和式的性质、结构等在史书上找不到任何的记载。

一、《开皇律》和《开皇令》

（一）《开皇律》

在建立隋朝的当年,隋文帝就下令制订新的律典,并很快就颁布了第一部隋朝的律典。但是仅过了两年,又开始了新的立法活动,开皇三年(583)颁布了新的律典。虽然这两部律典都可以称之为《开皇律》,但一般仅指后者。

隋朝在政治上是北周皇朝的继承者,但《开皇律》却是继承了《北齐律》的体例,分为名例、卫禁、职制、户婚、厩库、擅兴、盗贼、斗讼、诈伪、杂、捕亡、断狱 12 篇,总共 500 条。《开皇律》久已失传,根据史籍的记载主要具有以下的重要特点。

（1）篇章及条文简明扼要。《开皇律》有意采用《北齐律》较为简明的篇章体例,而且大力删减条文数量,一举将律条数量压缩到了 500 条,比北朝几部律典减少了一半以上的条文。据《隋书·刑法志》的记载,开皇元年的律典已经比北周的法律大为简要,而隋文帝在第二年审阅刑部的奏文,发现当年的断狱数量有上万件,认为主要是法律条文太烦苛造成的,于是又下令删减。据说开皇三年律删除了 81 条死罪、158 条流罪以及千余条笞杖罪。《开皇律》的篇章结构以及对于条文的限量以后被长期沿用。

（2）刑罚体系相当宽简。《开皇律》确定的刑罚体系和前代相比大为宽简。死刑仅有绞、斩两等,将北朝原有的枭首、磔、轘、磬等酷刑一举废除。流刑则废除了北周以及北齐规定要附加鞭杖刑的规定,改为流刑犯人应在流放地"居作"(服苦役)两到三年;而且将流刑的距离大大缩短,流刑三等,每五百里为一等,最远不过二千里,以下为一千五百里、一千里。徒刑的年限也减到最高不过徒三年。身体刑方面废除了前代的鞭刑,改为笞、杖两类,各五等,每十下为一等,最高杖一百。这一号为五刑二十等的刑罚体系影响极其深远,经唐朝略加修订,一直被沿用到了清末。

（3）确立"十恶"罪名。《开皇律》将《北齐律》的"重罪十条"改称"十恶",作为重点打击对象,不得赦免。"十恶"即谋反、谋大逆、谋叛、恶逆、不道、大不敬、不孝、不睦、不义、内乱这十类犯罪,以后被历代律典沿袭。

（二）《开皇令》

隋文帝开皇二年(582)颁布了新的令典,史称《开皇令》。隋朝制订这部令典的时候,没有和律典一样采纳北齐的令典结构,而是基本仿照《南梁令》以事项分篇的体系。分为官品(上下)、诸省台职员、诸寺职员、诸卫职员、东宫职员、行台诸监职员、诸州郡县镇戍职员、命妇员品、祠、户、学、选举、封爵俸廪、考课、宫卫、军防、衣服、卤簿(上下)、仪制、公式(上下)、田、赋役、仓库厩牧、关市、假宁、狱官、丧葬、杂,一共是 27 篇、30 卷。这一篇章结构对于以后唐宋的令典有直接的影响。但是《开皇令》本身的具体内容以及条文总数等情况现在已难以知道。

二、《大业律》和 《大业令》

隋炀帝登上皇位后不久,认为开皇年间颁布的律令仍然过于严苛,于是又下令制订新的律令,于大业三年(607)颁布。

隋炀帝颁布的律史称《大业律》,篇目改为 18 篇:名例、卫宫、违制、请求、户、婚、擅兴、告劾、贼、盗、斗、捕亡、仓库、厩牧、关市、杂、诈伪、断狱。据说减轻了两百多条罪名的处罚,改善了行刑制度,并将"十恶"的名目删除了两种,分散到各篇分别规定。《大业律》早已散失,具体内容已无法考证。

《大业令》和《大业律》一起颁布,但是早已散失,只知道一共有 30 卷,篇章结构以及条文数量都已难以考证。

三、隋朝法制的总的 特色

隋朝法制的总的特点是立法和实践脱节。隋朝注重完善律令体制,而实际上皇帝却往往架空律令;立法强调宽简,而在实际的施政和司法过程中却往往苛求罪名,滥用酷刑,从而将君主专制集权下的法制弊端暴露无遗。

隋文帝在统治初期立法上追求完美,有时也还能按照法律办事,但往往求治心切,朝令夕改。如开皇三年定律后,先是下令在大理寺设"律博士",尚书省刑曹设"明法",各州县设"律生",专门研究解释法律。可过了两年因为发现始平县的律生辅恩舞文弄法,诬陷无辜,立即就下令废除全部的"律博士""明法""律生"。隋文帝自己习惯于在法律之外任意行事。比如为了探测朝廷各部门办事人员是否廉洁,暗中派人向他们行贿,如有接受者立即诛杀。还习惯于在朝廷责打大臣,甚至立即予以处死。开皇十年经过大臣们力谏,才下令把殿堂内设置的廷杖刑具拿走。可是没多久又发怒要打人,找不到刑具,就下令用马鞭将人活活打死。到了开皇十七年(597)还将这种做法推广到各级官府机构,下令长官可以在法律规定外对于下属进行责打。[①] 隋炀帝统治时期更是将法律完全架空,无视正常的法律秩序。

隋朝两部律典都强调宽简、轻刑,可是实际施行中却信奉重法酷刑的威吓原则。比如《开皇律》颁布不久,隋文帝就认为盗贼太多,要用重刑处罚。开皇十六年(596)下令偷盗边疆地区军粮一升以上就全部处死,"家口没官"。因为京城地区治安不佳,他下令能告发强盗的就将强盗的家产充赏。甚至下令"盗一钱以上皆弃市",结果 4 个人偷一根木料、3 个人偷一个瓜就全部处死刑。隋炀帝统治时期更将这种重刑威吓的做法发挥到极限,规定凡人民逃避赋役为"群盗"的,抓获即处决。窃盗无分轻重,无须上报朝廷,就可全部处死,并且没收家产。并恢复"辗""车裂""枭首"等酷刑。[②] 到了隋末实际上已无法制可言。

第二节 唐初的法制指导思想

唐初君臣都目睹了强大而富庶的隋朝仅传两代、三十多年的时间就彻底灭亡,而且推倒

---

① 《隋书》卷 25《刑法志》。
② 同上。

隋朝的主要力量是被迫铤而走险的普通农民群众，这种巨大的反差给了唐初统治者极其深刻的印象。另外短短的十多年战乱使得刚刚恢复的社会经济又跌到谷底，唐朝建立时。全国大多数地方社会秩序仍然没有稳定，人口锐减，灾害频繁。因此唐初统治者尤其是唐太宗统治时期的君臣群体，对于如何吸取隋朝的教训、如何使皇朝统治得以长治久安等一系列重大问题进行了认真严肃的讨论。唐太宗即位后又确定"安人理国"①的总方针，以稳定社会秩序、安定百姓生活为皇朝施政的前提。这些对于隋朝政治教训的深刻总结和唐朝施政的总政治方针直接影响到初唐立法、执法的指导思想。

一、德礼为政教之本，刑罚为政教之用

"德主刑辅"是汉代以来统治者惯用的口号，但都没有像唐初统治者那样对此进行深入的分析和全面的贯彻。

《唐律疏议》在第一篇《名例》的开头就明确："德礼为政教之本，刑罚为政教之用，犹昏晓阳秋相须而成者也。"也就是说"德礼"和"刑罚"（即法律）是治理国家、教化百姓的相辅相成的两大措施，就如同黄昏和拂晓、春天和秋天一样相互发生作用。同时，在实施治理和教化中，"德礼"又是处在根本的、主导的地位，是"本"，是原则。而"刑罚"是处在辅助的、派生的地位，是"用"，是手段。

所谓"德"，主要是指统治者应该以"宽仁"治天下。具体而言是要求统治者有所克制，将剥削和压迫限制在百姓能够忍受的限度上，并且在伦理道德和各种关系上严格自我约束。唐太宗清醒地认识到君、国、民三者之间的关系，他曾多次重复荀子的君为舟、民为水，水能载舟、水能覆舟的著名比喻，并且进一步发挥道："君依于国，国依于民"。刻剥百姓来奉承君主，就好比是割下自己的肉来填肚子，肚子虽然饱了，可是人却死了；君主富了，国家也就灭亡了。② 所以他强调"为君之道"，必须先存百姓。③ 因此唐初统治者采取了轻徭薄赋、征发农民尽量不占用农时、注意发展农业生产等措施，使百姓得到一定的好处，不至于会铤而走险而陷入法网。

所谓"礼"，是指统治者应该对百姓进行纲常礼教的教育、以正面引导百姓为主。唐初统治集团中曾经有人认为经过隋末的大乱，百姓思想混乱，习惯于犯上作乱，必须要以严酷的法律威吓，才能建立统治秩序。而魏征却认为，人在颠沛流离的时候，就会恐惧死亡；恐惧死亡就会思念有文化、有教养的社会秩序；而有了这种思念之情，就容易受教育，就好比"饥人易食"，会如饥似渴地接受教化。因此正是统治者进行教化的大好时机。他的这个观点得到唐太宗的坚决支持。④

二、立法要求宽简、划一、稳定

唐初的统治者虽然认定法律在统治中起到的只是次要的、辅助的作用，但他们同时也明确法律是不可缺少、不可替代的手段。法律的制定和完善在唐初得到高度重视，唐初君臣对于法律的制定原则有过热烈的讨论，由唐太宗确定的主要原则有宽简、划一、稳定这样三项。

---

① 《旧唐书》卷2《太宗纪上》。唐代文献为避唐太宗李世民名讳，凡"民"改用"人"；又为避唐高宗李治名讳之音，凡"治"字改用"理"。
② 《资治通鉴》卷191。
③ 《资治通鉴》卷192。
④ 《贞观政要·政体》。

宽就是宽大,简就是简约。宽大的基本出发点是尽可能减少罪名,并减轻犯罪的刑罚,反对严刑峻法,轻罪重刑,使人无所适从。简约是要求法律简明扼要,尽可能使百姓容易理解法律内容,司法官员便于掌握,反对法条繁杂、重叠矛盾。唐太宗即位后就要求"用法务在宽简",①10年后又强调"国家法令,唯须简约",不可以有几个条文涉及一个罪名,防止官、民不能完全记忆法律条文,而坏人乘机"更生奸诈"。②

立法划一,没有互相冲突,是保证法律正确实施的前提。唐高祖就曾指出法令如若不划一,就会导致司法官员"缘此舞弊"。③ 唐太宗对此也高度重视,在和大臣的讨论中,多次强调要实现法令的划一,认为法令如果不划一,司法官员就可能故意引用自己所需要的条文,轻罪引重罪条文,重罪引轻罪条文。要求立法的时候仔细审查,防止"互文"(互相矛盾)的情况出现。④

唐太宗也高度重视保持法律的稳定性。他曾指出:法令不可多次变化,多次变化就会烦琐,长官不能全部记忆;而且还会造成前后法令的冲突,"吏得以为奸"。⑤ 在其统治时期,立法注意连贯性、统一性,而且在每次修改法令时都要经过正式的程序,不能由一个机构独自立法。就是皇帝的制敕也要经过中书省起草、门下省复核后才能正式下达尚书省执行。这一思想反映于《唐律疏议·职制》的规定:律、令、式不适合现实需要,应修改的,必须要上报尚书省,经由集合七品以上京官的讨论,上报皇帝。不经过这一程序,直接向皇帝报告修改法律的,要判二年徒刑。

三、执法要求审慎

唐太宗强调执法办案必须严肃、谨慎,有确切的证据才可以作出判决。尤其是对于死罪、谋反之类的重罪,更为慎重。唐初社会秩序不好,在和臣下讨论时,有人主张实行"重法"威吓,但唐太宗并不同意。张亮检举大将侯君集向他建议一起造反,唐太宗却认为这件事只有两个人商量,没有人见证,没有确凿证据,不能轻信。后来侯君集的谋反事实败露才予以惩治。⑥ 贞观三年(629)唐太宗提出"死者不可复生",为防止仓促决定造成冤案,他下令以后处决死囚应该由在朝四品以上官员共同讨论。⑦ 过了两年,唐太宗又因错杀大理丞张蕴古、交州都督卢祖尚,追悔莫及,制定制度:以后执行死刑,即使是命令立即处死,仍然要"三复奏"(重复向皇帝报告三次),以后又规定京城地区案件要"五复奏"。⑧

第三节　唐代的法律形式

唐代明确规定国家的正式法律形式为律、令、格、式四种。《唐六典·刑部》里明确指出:

① 《贞观政要·刑法》。
② 《贞观政要·敕令》。
③ 《新唐书》卷88《刘文静传》。
④ 《贞观政要·敕令》。
⑤ 《资治通鉴》卷194。
⑥ 《旧唐书》卷69《侯君集传》。
⑦ 《资治通鉴》卷182。
⑧ 《旧唐书》卷50《刑法志》。

"律以正刑定罪,令以设范立制,格以禁违止邪,式以轨物程事。"按照今天的观点来看,律即是刑事法典(包括了部分诉讼程序);令是积极性的、正面性指导人们行为的法规,是国家和社会生活的制度;格是以禁止性规范为主体的单行法规;式是国家行政事务的具体操作程序、公文的格式。唐代几次大规模的立法活动都是同时修订律、令、格、式,说明这是一个完整的法律体系。

除了律、令、格、式法律体系外,唐代还曾编制称之为"六典"的典章汇编。唐末又曾将律、令、格、式以及有关的制敕以刑事法律为主体,汇编为"刑律统类"。

一、律

自商鞅"改法为律"以后,律一直是以刑法为主体的法典,也是历代立法的重点。

(一)唐律的制定过程

唐皇朝建立后进行了长期而频繁的立法活动,先后多次修订颁布律典。其中较主要的有:

(1)《武德律》。唐高祖武德七年(624)颁布了第一部唐律,史称《武德律》。这部律久已失传,据说是以隋《开皇律》为基础,仍然保持了12篇、500条的格局,再纳入53条"新格"。这是一部过渡性的法典,但其采纳《开皇律》为立法蓝本的做法对于以后的唐朝立法有很大影响。

(2)《贞观律》。唐太宗即位当年就命令长孙无忌、房玄龄等人开始起草新的律典。经过长期的讨论酝酿,贞观十一年(637)制定颁布。这部律也没有保留下来,据史书记载,《贞观律》仍以《开皇律》为基础,减轻了不少罪名的刑罚,将50条死罪罪名改处"加役流",缩小了反逆重罪的缘坐范围。

(3)《永徽律》及其《律疏》。唐高宗即位当年又再次修订律典,于永徽二年(650)颁布。这次修订时间短暂,很可能只是《贞观律》的翻版。真正有价值的是在永徽四年(652)又颁布了由长孙无忌领衔编撰的《律疏》,这是对于《永徽律》逐条逐句的解说,并预先设想在司法中可能会发生的问题,设置"问""答"进行举例说明。这是一种立法解释,《律疏》和律条被认为具有同等的法律效力。各级官员必须根据《律疏》统一对于法律的解释,并且可以直接援引《律疏》进行裁判。以后称之为《永徽律疏》,对于后世法制产生极其深远的影响。宋元时逐渐称为《唐律疏议》,[①]其全部文字保存到了现在,是中国现存最早的保存最完整的古代法典与其立法解释的合

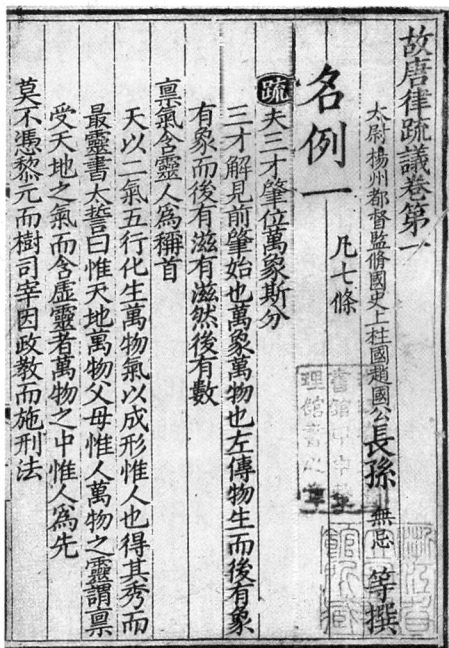

《唐律疏议》元泰定年间刻本首页

[①] "疏"当时是指对于儒家经典以及汉儒注释的进一步解释,比如唐皇朝曾公布《十三经注疏》。因《永徽律》原来就已含有"注",因此要对"注"再加解释,按当时习惯就称之为"疏"。《永徽律疏》的结构是,在每一律条的每一独立句子后,以"疏议曰"开头对此句进行解释,虽然原意为《《疏》是这样认为的》,但后人却直接以"疏议"为书名了。

编本。

（4）开元律。唐玄宗开元二十二年（734），唐玄宗命令李林甫等"刊定"律典。一般认为这次律典修订只进行了少量的改动。

（二）唐律的结构

唐律基本沿袭了《北齐律》以及隋《开皇律》的编制结构，分为12篇，号为五百条。① 其各篇篇名如下所述。

第一篇《名例》。主要规定了各类刑罚种类，以及定罪量刑的基本体例。

第二篇《卫禁》。主要规定护卫宫廷以及警戒各地城镇、关卡、渡口、要塞等重要地点的法律。

第三篇《职制》。主要规定有关国家官职设置、官员选任及其失职、渎职的处理，以及交通、驿传等方面的法律。

第四篇《户婚》。主要规定有关户口、赋役、田宅、家庭、婚姻等方面的法律。

第五篇《厩库》。主要规定公私畜牧管理以及国家仓库管理方面的法律。

第六篇《擅兴》。主要规定征调军队、兴建工程方面的法律。

第七篇《贼盗》。贼主要指谋反大逆之类严重侵害统治秩序的犯罪，以及人命之类严重危害社会秩序的犯罪。盗主要指强盗、窃盗等非法占有公私财物的犯罪。

第八篇《斗讼》。主要规定有关斗殴伤害，以及诉讼程序方面的法律。

第九篇《诈伪》。主要规定惩治欺诈和伪造行为的法律。

第十篇《杂律》。以上各篇所不能包含的犯罪统归入本篇。主要有私铸钱币、违契不偿、赌博、失火、犯奸、违反市场管理等的犯罪。

第十一篇《捕亡》。主要是规定捕捉现行犯或逃犯、追捕逃亡奴婢等等的法律。

第十二篇《断狱》。主要是规定审讯、判决、执行、监狱等的法律。

（三）唐律的特点

在唐以前历代的律典都早已散失，而唐律及其立法解释都完整的保存到了现代，这并非完全是历史的偶然现象。唐律是在一个空前强大而繁荣的朝代制定的，唐朝在历史上的深远影响力也决定了这部律典在历史上的地位。而尤其是《唐律疏议》本身也集历代律典之大成，达到了很高的水平。

《唐律疏议》最突出的特点是后人所称颂的"一准乎礼"（完全依照礼教）。② 首先表现在唐律的基本精神是以贯彻三纲五常的准则的，凡违反三纲的行为都被视为"十恶"之类的严重犯罪。其次有很多律条的规定本身就是来自礼教的教条、规范，比如"八议""五服""同居相隐"等，不胜枚举。再次，律疏对于律文的解释也大量引用儒家经典，以礼教的义理进行分析，寻找立法的理由。

《唐律疏议》的另一个特点是绝大多数罪名的处罚都比前代有所减轻，刑罚体系也在隋代基础上进一步减轻。特别是规定适用刑罚的原则是以轻为度，比如年幼、年老的人可以减免刑罚，规定犯罪时年轻、事发时老疾，按照老疾处理；反之，犯罪时年幼、事发时长大，仍按年幼处罚。又比如规定在根据情节及各种特别原因加重刑罚时，"加不至死"，只要该条法律

---

① 唐律每条均以"诸"如何如何开头，总共有502条，历史记载上一直称概数"五百条"。

② 〔清〕纪昀：《四库全书总目》卷82《史部·政书类二·唐律疏议》评语。

没有明文规定可加重至死刑的，就不得判死刑；相反的情况如可以减轻刑罚，"二死三流同为一减"，即斩刑减一等直接减为流刑，流三千里减一等直接减为徒三年。

《唐律疏议》第三个特点是立法技术高超，全律具有高度的逻辑统一性。《唐律疏议》经过细致缜密的再三修订，律条精简，文字洗练，概念明确，是中国法制史乃至世界法制史上的瑰宝。日本的中国法制史学者仁井田陞就认为唐律作为刑法典和欧洲19世纪的刑法典相比毫无逊色之处。[1]

（四）唐律的影响

《唐律疏议》长期被以后的皇朝沿用，五代小朝廷公布的法律几乎都将《唐律疏议》包含在内，而宋朝的法典《宋刑统》仍然几乎全文抄录了《唐律疏议》。元代虽然没有正式颁布和唐律相当的法典，但是在司法实践中仍然往往以《唐律疏议》为准则，"每引以为据"。[2] 直到《唐律疏议》颁布七百多年后的明朝初年，在制定律典时仍旧援引《唐律疏议》为蓝本。

《唐律疏议》对于整个东亚地区各国的法律也发生重大影响。日本在8世纪公布的《大宝律令》，即脱胎于唐代律令。朝鲜半岛的高丽国也曾仿照唐律制定法律。其他如琉球、越南等地的古代皇朝也曾以唐律为立法的蓝本。

【资料】

《唐律疏议·名例》"盗诈取人财物首露"条首句的律文及律疏

诸盗、诈取人财物，而于财主首露者，与经官司自首者同。

《疏》议曰：盗，谓强盗、窃盗；诈，谓诈欺；取人财物而能悔过，于财主首露，与经官司首同。若知人将告而于财主首者，亦得减罪二等。

问曰：假有甲盗乙绢五匹，经乙自首，乙乃取甲十匹之物为正、倍等赃，合坐何罪？

答曰：依律，首者唯征正赃。甲既经乙自首，因乃剩取其物，既非监主，而乃因事受财，合科坐赃之罪。

译文：

凡是盗取或诈骗得别人财物，后来向财物主人认罪的和至官府自首一样有效。

《律疏》认为：这里的"盗"，包括强盗、窃盗；"诈"是指诈骗。取得别人财物而能够悔过、向财物主人认罪的，就和至官府自首一样有效。如果知道有人要去揭发而向财物主人认罪的，也可以减罪二等。

提问：假如甲偷盗乙的五匹绢帛，后来向乙自首，而乙却取了甲相当于十匹绢帛的财物，作为"正赃"和"倍赃"（唐律规定盗犯判刑外还要向受害人加倍返还赃物的价值），该当何罪？

答复：按照律的规定，自首者只需要偿还"正赃"。甲既然已经向乙自首，乙为此要多取财物，乙并无管理权力，属于"因事受财"，应该处以"坐赃"（非法所得）罪。

二、令

自魏晋以来，令成为与律并行的、制度性的法典。唐令具有相当的强制力，违反令除了要受到降级、免职之类的行政性处罚外，唐《杂律》中还特设"违令罪"，规定违反令的规定的，可以处

---

① ［日］仁井田陞：《中国法制史》，牟发松译，上海古籍出版社2011年版，第102页。
② 〔元〕柳贯为泰定四年（1327）刊行的《唐律疏议》所撰序言。

答五十的刑罚。

唐朝每次修改律典,总是同时也修订令典。另外由于唐朝曾经对于官制进行多次修正,每次都会伴随着令典的修订。因此唐代令的修改比律更为频繁。据日本学者仁井田陞的考证①,较重要的有:(1)《武德令》,武德七年(624)与《武德律》一起颁布;(2)《贞观令》,贞观十一年(637)与《贞观律》一起颁布;(3)《永徽令》,永徽二年(650)与《永徽律》一起颁布;(4)《麟德令》,麟德二年(665)颁布;(5)《仪凤令》,仪凤二年(677)颁布;(6)《垂拱令》,武则天垂拱元年(685)颁布;(7)《神龙令》,唐中宗神龙元年(705)颁布;(8)《开元令》,唐玄宗开元年间三次改定,最后一次于开元二十五年(737)颁布;(9)《建中令》,唐德宗建中二年(781)颁布。《建中令》以后唐朝再也没有修订过令,而将立法的重点转移到了格敕的整编上。

由于唐代的令经十多次修订,前后的篇章结构、条文数目都有一些变化。而唐令的文本久已散失,现在只能根据各类史书记载辑录唐令的篇目和条文。根据《大唐六典》的记载,开元七年令的篇目为:《官品令》(上下)、《三师三公台省职员令》《寺监职员令》《卫府职员令》《东宫王府职员令》《州县镇戍岳渎关津职员令》《内外命妇职员令》《祠令》《户令》《选举令》《考课令》《宫卫令》《军防令》《衣服令》《仪制令》《卤簿令》(上下)、《公式令》(上下)、《田令》《赋役令》《仓库令》《厩牧令》《关市令》《医疾令》《狱官令》《营缮令》《丧葬令》《杂令》;总共是27篇,30卷,1 546条。②

【资料】

唐《衣服令》中的一条

法冠,一名獬豸冠。以铁为柱,其上施珠两枚,为獬豸之形。左右御史台流内九品以上服之。③

译文:

法冠,也叫獬豸冠。用铁做出冠顶的柱状,上面缀有两颗珍珠,模仿獬豸的形状。左、右御史台九品以上的官员佩戴。

三、格

唐代"格"是单行法规。其来源为皇帝因事、因人发布的制敕,所以也往往称之为"敕格"。但是一般意义上的制敕只具有针对特定对象、并在特定时间内的效力;只有经过一定的程序整编为"格",才具有普遍的、永久性的法律效力,所以也称之为"永格"。这种"永格"的效力高于一般的律令,涉及各个部门法。唐《断狱律》规定如果引用"临时处分"、未经编为永格的制敕裁判案件,造成裁判错误的,法官要承担法律责任。

唐高祖建立唐皇朝后,在第二年就颁布了53条"新格",来取代隋末混乱的法律。以后唐太宗在制定《贞观律》时,同时将积存的3 000多条敕格整编为700条,称《贞观格》。以后各朝在修改律令的同时也都整编制敕为格,并将有关朝廷事务的格编为"留司格",将有关各地官府事务的格编为"散颁格"。

① [日]仁井田陞:《唐令拾遗·序论》,栗劲等编译,长春出版社1989年版,第809—827页。
② 仁井田陞《唐令拾遗》共复原唐令715条。
③ 《唐令拾遗》,第367页。

唐中期以后,社会变化迅速,而编格的程序复杂,耗费时日,有时刚编格不久就又要增加或修改,因此唐玄宗开元十九年(731)颁布"格后长行敕",特意规定"格后长行敕"直接具有普遍而永久的法律效力。以后这种"格后敕"越来越多,逐渐取代了格的作用。因此编格的活动逐渐减少,仅唐文宗开成四年(839)曾颁布《开成详定格》,而汇编"格后敕"的情况日益常见。如唐宣宗大中五年(851)刑部侍郎刘瑑汇编自贞观至大中 224 年间有关刑法的 2 165 条敕(一说 2 865 条),分为 646 门,号为《大中刑法总要格后敕》。

唐格以及"格后敕"的数量繁多,但除了小部分被史书记载外绝大多数都已散失。

【资料】

《神龙散颁格·刑部格》中的一条

私铸钱人,勘当得实,先决杖一百;头首处尽,家资没官;从者配流。不得官当、荫赎,有官者仍除名。勾合头首及居停主人虽不自铸,亦处尽,家资亦没官。若家人共犯罪,其家长资财并没。家长不知,坐其所由者一房资财。其铸钱处邻保处徒一年,里正、坊正各决杖一百。[①]

译文:

凡是私铸铜钱,审问后罪名确凿,先决杖一百;首犯处死,没收全部家产;从犯判处流刑。罪犯不得使用官当、荫赎之类特权来抵消刑罚,有官的附加"除名"(撤销官员身份)。起意纠结同伙的,以及提供场地的,即使没有实际参加铸钱,也要处死,同样没收全部财产。如果是一家人共同犯罪的,家长的财产也要没收;家长不知情的,只没收罪犯本身的财产。发生私铸铜钱犯罪地方的邻居、保人判处徒一年,居民头目里正、坊正各决杖一百。

注:按照唐《杂律》,私铸铜钱最高不过流三千里,这条格的处罚却将首犯加重为死刑,并规定要并处没收财产。

四、式

唐代的式是政府机关办事细则和公文的程式。式具有相当的强制力,违反者不仅要受到行政处罚,也可能构成唐《杂律》中的"别式罪",可处笞四十。

唐式的修订也非常频繁,每次修订律令都同时修订式。但自开元以后就不再修订。唐式的结构和令有所不同,基本是按照朝廷各部门分篇,有《吏部式》《司封式》《司勋式》《考功式》《户部式》《度支式》《金部式》《仓部式》《礼部式》《祠部式》《膳部式》《主客式》《兵部式》《职方式》《驾部式》《库部式》《刑部式》《都官式》《比部式》《司门式》《工部式》《屯田式》《虞部式》《水部式》(以上为尚书六部二十四司名称)、《秘书式》《太常式》《司农式》《光禄式》《太仆式》《监门式》《宿卫式》《计账式》共 33 篇。唐式基本上已全部散失。[②]

【资料】

唐开元《水部式》中的一条

诸溉灌小渠上先有碾硙,其水以下即弃用者,每年八月卅日以后、正月一日以前,听

① 引自刘俊文:《敦煌吐鲁番唐代法制文书考释》,中华书局 1989 年版,第 261 页。
② 可参见霍存福:《唐式辑存》,社会科学文献出版社 2009 年版。该书从各类古籍中辑存唐代 207 条式文。

动用。自余之月,仰所管官司于用砲斗门下着锁封印,仍去却砲石,先尽百姓溉灌。若天雨水足,不须浇田,任听动用。其傍渠疑有偷水之砲,亦准此断塞。①

译文:

凡是用于灌溉的渠道上已有的磨坊水车,其下游的河水不再用于灌溉的,只允许在每年八月三十日以后、正月一日以前(农闲时节)运行。其他的月份,由所管官府锁住水车的"斗门"(进水门),并贴上封条,卸除磨坊里的磨石。优先让百姓用于(农田)灌溉。如果雨水充足,不需要灌溉的,允许运行。有为磨坊水车而从渠道引出小渠偷水的,也按照本规定堵塞。

五、其他

(一)《唐六典》

《唐六典》是唐玄宗开元二十七年(739)编成的典章汇编。

唐玄宗开元十年下令按照儒家经典《周礼》中"理典""教典""礼典""政典""刑典""事典"的体例汇编典章。大臣们想方设法将唐朝制度与儒家理想的说法相配,花了十多年,结果还是按照唐朝现行制度编成这部"六典",史称《唐六典》。

《唐六典》以唐朝各部门机关分篇,逐一列出各机构的职掌,并按照唐朝的令、式规定说明各机构的编制设置、应遵循的制度,同时又以小字注解方式介绍各机构在历史上的演变情况。共有 30 卷。

《唐六典》只是摘要汇编有关的令、式,并不具有立法的性质。当初编成后也只是上呈皇帝,并未颁布。但是这种编制体例对后世的影响很大。《唐六典》对于了解唐代法制也具有很高的史料价值。②

(二)"刑律统类"

"刑律统类"是唐末出现的刑事法律汇编形式。唐末在司法实践中格、敕的作用越来越重要,只凭《唐律疏议》已难以操作。大中七年(853),唐朝廷颁行《大中刑律统类》(一说"刑法统类"),将有关刑法的律、令、格、式以及相关敕条分为 121 门,汇编为一书,共有 12 卷、1 250 条,以便于各级司法官员掌握。这一汇编形式对于五代及宋朝的立法产生了直接的影响。

第四节　唐代的身份法律制度

一、社会等级

唐代法律严格划分社会等级,并严格按照人的不同等级适用法律。

(一)特权阶层

1. 贵族阶层

唐皇族以及外戚的封爵分为王(相当于正一品官,食邑一万户)、郡王(相当于从一品官,食邑五千户)、国公(相当于从一品官,食邑三千户)、郡公(相当于正二品官,食邑二千户)、县公(相当于从二品官,食邑一千五百户)、县侯(相当于从三品官,食邑一千户)、县伯(相当于

---

① 引自刘俊文:《敦煌吐鲁番唐代法制文书考释》,中华书局 1989 年版,第 331 页。
② 有陈仲夫点校本,中华书局 1992 年版。

正四品,食邑七百户)、县子(相当于正五品,食邑五百户)、县男(相当于从五品官,食邑三百户),共九等。但封爵实行降等继承制,嫡长子比父亲降低一等爵位,其他儿子再比嫡长子降低一等。因此几代以后即失去贵族身份。

功臣也是主要的贵族成员,除了极少数开国功臣、"中兴功臣"曾被封为异姓王,一般只能封侯爵以下爵位,而且唐中期后非皇室贵族封爵不得世袭继承,无法形成一个集团。有军功者大多被授予勋官称号。勋官等级为:上柱国(相当于正二品)、柱国(相当于从二品)、上护军(相当于正三品)、护军(相当于从三品)、上轻车都尉(相当于正四品)、轻车都尉(相当于从四品)、上骑都尉(相当于正五品)、骑都尉(相当于从五品)、骁骑尉(相当于正六品)、飞骑尉(相当于从六品)、云骑尉(相当于正七品)、武骑尉(相当于从七品),共12等。勋官由朝廷授予数量不等的"勋田",也可以凭勋官身份出选官职(要减二到四品级),勋官也可以免除赋役。但是唐中期以后,朝廷滥封勋官,甚至很多贱民也被授予勋官,其实际地位大大下降,已不再是贵族身份标志。

2. 士族门阀及官僚阶层

隋唐时原南北朝时期的旧士族门阀势力仍然很大,隋文帝废除了评定各个家族门第高低的"中正"官职,将门第的评定权集中到朝廷中央。但唐初朝廷编制《氏族志》,初稿列为头等的居然还是山东地区的崔、卢、李、郑等几家旧门阀,唐太宗很不满意,下令按照各家族现有爵位官职来平定九等门第。结果才改为以皇室陇西李氏为第一等,外戚长孙氏为第二等,以下按照各地门阀的影响力排列,共293姓、1 651家为士族门阀。武则天掌权后进一步压抑旧门阀势力,重新编制《姓氏录》,完全按照各家族现有官职排列九等等第,凡现任五品以上官员的家族一律列为士族,确定新的士族集团共235姓、2 287家。[①] 士族门阀根据这些等第为子女谈婚论嫁,不与平民通婚。

虽然隋唐时期确立了科举选官的制度,但唐《选举令》规定,贵族官僚之子可以直接参加官职选任,如一品官之子可以直接获得七品官衔,以下递减,至从五品(子可选从八品官职)为止。而科举考试最高级别的"秀才"也不过是选正八品官职。[②] 即使是科举考试的录取者也往往是士族子弟。据近代学者对唐代的官僚阶层所作的定量分析,表明在唐代官僚的主体依然是累世为官的士族。除了在安史之乱时,在唐代的任何一个时期,这种士族出身的官僚都要占整个官僚队伍的60%以上,平均为67%;而没有任何家族背景的官僚则至多不过30%,平均才21%而已。[③] 可见士族门阀仍然是特权阶层中一个具有封闭性质的集团。

唐代将官员分为九品三十阶(九品各分正、从两等,七、八、九品正、从外又各分上下阶)的等级,各按照其等级享受种种特权。隋代开始,规定全国所有的官员统一由朝廷吏部挑选委派,长官不得自行任命,地方官员3年一任,不得由本地人担任。

(二)平民阶层

唐代为避唐太宗李世民的名讳,凡"民"都改用"人"表示,平民称为"凡人"。凡人在法律上与贱民对称,也可以称为"良人""良色"。俗称"百姓""白丁"。唐《户令》将凡人划为士、农、工、商四类,"各专其业"。[④]

① 《新唐书》卷95《高俭传》。
② 《唐令拾遗》,第210、214页。
③ 参见毛汉光:《中国中古社会史略论稿》,载台湾历史语言研究所集刊第47册,1976年。
④ 《唐令拾遗》,第154页。

凡人中地位最高的是士,"习学文武者为士"。士学习文武才能是为了准备做官的,可以通过科举考试做官,但在做官以前并没有法律明文规定的特权。在做官以前的学习阶段,可以为农,但不可以经商。学习的途径有参加官府的各地官学,以及到朝廷的国子监下属的国子学、太学、四门学、律学、书学、算学等学校学习,但名额极其有限。毕业后可以获得做官的出身。科举考试的种类主要有秀才(考时事政策)、进士(考诗赋为主)、明经(考对儒家经典掌握的熟练程度)、明法(考法律)、明书(考书法)、明算(考算术)。实际上主要是进士和明经两科。通过考试者还要经过吏部考试才可以就任低级官职。

凡人的主体是农民,"肆力耕桑者为农"。根据唐代实行的"均田制",在理论上每个成年男子都能获得 100 亩国家授予的土地,其中的 20 亩为"永业田",可以由其后代继承,在一定的条件下可以转让;另外的 80 亩为"口分田",在其 60 岁后退还一半给官府,死后全部退还官府。虽然实际上这种"授田"往往并不足额,而每个农民却都要承担向国家缴纳"租"(每丁每年 2 石粮食)、"庸"(每丁每年为国家服役 20 天,或交纳 6 丈绢帛)、"调"(每丁每年 2 丈绢帛)的义务。农民被户籍固定,出外必须申请"过所",只能从人多地少的"狭乡"往人少地多的"宽乡"迁徙。随着官僚贵族不断兼并土地以及人口的增加,政府授田数量日减,而按男丁征收的"租庸调"却毫不减少。从而导致大批农民逃亡,或投靠豪门成为部曲、奴婢,失去良民身份。

唐代的"工"主要是指凡人中的"巧作贸易者",即是将产品出售的商品生产者,从事家庭纺织副业者并不算是"工"。工匠被编为特殊的户籍,其中的"短番匠"每年要为朝廷无偿服役 20 天,而"长上匠"则是隶属于官府的工匠。

凡人中的"商"是指"屠沽兴贩者",包括在本地从事屠宰和酿酒业的从业人员,以及从事贩运贸易的商人。工匠、商人往往并提,在法律上受到一定的歧视。唐初曾立法规定商人不得骑马、不得坐轿,出葬时不得排列仪仗,尤其是《户令》规定工商之家不得"预于士"去学习文武才能,企图做官。唐《选举令》也规定自己或同居的大功以上亲属为工商专业经营的,不得任官,剥夺商人的参政权利。[①] 但同时也允许商人和农民同样受田(份额减半,只能授予口分田),实际上默认商人占有土地的权利。武则天以商人之女而封后称帝,这些贱商的法令大多成为具文。

平民承担赋役的成丁年龄,隋朝的《开皇令》规定:3 岁以下的为"黄",10 岁以下为"小",17 岁以下为"中",18 岁以上为"丁",视为成年。[②]

唐朝《户令》基本沿袭了这一户口的划分方法,但具体年龄有变化。规定:3 岁以下为"黄",15 岁以下为"小",20 岁以下为"中",满 21 岁为"丁"。但同时又规定凡满 18 岁的中男就可以按照"丁男"的份额受田。[③]《唐律疏议·户婚》的"嫁娶违律"罪,规定这一罪名在男子 18 岁以下,女子未曾出嫁的情况下,仅处罚主婚人。又规定父母死后,18 岁以上者才可以分家另立门户。可见实际上唐朝仍然是以 18 岁作为成年年龄的。其成丁年龄提高到 21 岁只是作为"轻徭薄赋"仁政的表示。

(三)贱民阶层

1. 奴婢

唐朝法律明确将奴婢视为一种特殊财产,《唐律疏议·名例律》称:"奴婢贱人,律比畜

① 《唐令拾遗》,第 206 页。
② 《隋书》卷 24《食货志》。
③ 《通典》卷 2《食货二·田制》。

产。"《贼盗律》规定绑架奴婢的按照强盗罪论处,诱拐奴婢者按照窃盗罪论处。不过也承认奴婢可以作为财产的主体,如《唐律疏议·名例律》规定:奴婢犯罪要追赃的,只能就奴婢自己拥有的财产执行,不得涉及其主人的财产;《斗讼律》规定奴婢之间有财产侵害行为的,也按照平民的情况处理。唐《户令》允许奴婢以财产自赎。这些都说明奴婢可以拥有自己的财产。奴婢也可以有家庭,但必须经由其主人给其配合,不得和其他阶层人员通婚,所生子女世代为奴婢。

奴婢的身份也有可能得到改变。官奴婢可以通过朝廷的大赦而放免。私奴婢可以因主人的意思表示而放免。唐《户令》规定主人可以释放奴婢为良人,也可以释放为部曲、客女。其程序应由主人的家长亲自书写文书,由主人的长子以下亲属连署,报告当地官府后即可生效。

2. 部曲及其他的贱民

唐代法律划定了一类奴婢之上、平民之下的贱民阶层,分为属于官府官户、杂户等,以及属于私人的部曲两大类。

隶属于官府的这一级贱民有官户、杂户、番户、工户、乐户、太常音声人等名目。这些系官贱民由重罪罪犯的家属后代子孙转化而来,因其在不同的官府服役和服役的方式而有不同的名目,其中官户一般隶属于朝廷司农寺,工户隶属于朝廷少府,乐户隶属于太常寺,太常音声人原亦隶属于太常寺,后转隶于州县官府,番户与杂户隶属于各地州县官府,但应轮番上朝廷服役,番户每年 3 个月,杂户每两年 5 个月,但也可以以钱财顶替服役,号为"纳资顶番"。

"部曲"在汉代是指军队的编制。北周开始将没有独立户口、依附于主人的贱民称之为"部曲",女子称为"客女"。《唐律疏议·贼盗律》律疏:"部曲不同资财。"根据《唐律释文》的解释,奴婢经主人解放从良应该仍留在主人家为部曲。

这类贱民的子孙世代继承贱民身份,为官府和主人服役,不得擅自离开。在法律上他们不被视为"资财",不算主人的财产,具有自己的家庭,主人不得出卖他们(但是可以合家转让,转让时受让人应给原主人"衣食"之资)。

唐《斗讼律》规定:官户及部曲殴良人,罪加凡人一等,而良人殴官户部曲则可减罪一等;主人故杀部曲者绞,部曲谋杀主人则皆斩;主人殴部曲至死则不过徒一年;部曲殴奴婢可减罪一等,奴婢殴部曲则要罪加一等。主人犯重罪,部曲要被缘坐,而部曲犯重罪,非但主人无须缘坐,就是部曲的家属也可不缘坐,因为部曲的家属也是属于主人的。杂户、太常音声人犯反逆要缘坐家属,官户及二乐户则无须缘坐。

根据唐《户婚律》规定,官户、杂户等必须"当色为婚",只有太常音声人可以"婚司百姓"。部曲可以娶良人为妻,但其妻子失去良人的身份成为"部曲妻",在法律上视同部曲。良贱之间的性交往一律视为通奸,通奸所生的奸生子,则基本上是按照"不知情者从良,知情者从贱"的原则来确定奸生子女的身份。但奴奸良人、或部曲、奴奸主人缌麻以上亲妻,则被视为严重犯罪,其奸生子女要被没为官奴婢。

二、婚姻制度　　　　　　唐代的婚姻制度仍然是一夫一妻多妾制。唐令规定贵族官僚除正妻外,侧室也各分等级:凡亲王可有孺人 2 人(相当于正五品官阶)、媵 10 人(相当于正六品官阶);郡王以及一品官可有媵 10 人（相当于从六品官阶）；以下递减，至五品官可有媵 3 人（相当于从八品官阶），六品官以下至庶人的侧室就只能称之为妾，没有官阶身份。①

（一）婚姻的成立

唐《户令》规定的婚龄为男 15 岁以上，女 13 岁以上。婚姻制度突出"父母之命，媒妁之言"。婚姻必须由尊长主婚，父亲已不在的，由伯叔父主婚；伯叔父也已不在的，由兄主婚②。婚姻必须通过媒妁的中介，《唐律疏议·名例》称"婚姻有媒"。

婚姻的具体程序要件有"报婚书""有私约""受聘财"。所谓"报婚书"是指双方尊长以书面形式提出和答应订立婚姻。"有私约"是指男方应事先说明男方的一些特殊情况：比如年龄偏大、身有残疾、身为养子或庶子、妾生子、婢生子等。

"受聘财"是指女方尊长已接受男方作为聘礼的钱财。这是最关键的要件，无论聘财的种类、数量（亲朋宴饮的酒食不视为聘财），女方尊长一旦接受，即使在这以前并没有"报婚书"，仍然视为婚约成立，女方再不得反悔。《唐律疏议·户婚》称之为"婚礼先以聘财为信"。反悔者作为犯罪处罚，处杖六十；若女方尊长将女儿另行嫁人，已成婚者尊长要处徒一年半，知情的后婚男方也要处徒一年。

（二）婚姻的限制

《唐律疏议·户婚》规定了两大类有关成立婚姻的罪名。第一类称之为"嫁娶违律"罪，凡在服丧期间嫁娶婚姻均为严重犯罪，婚姻关系解除。在为父母服丧期间嫁娶是"不孝"，为丈夫服丧期间自行改嫁是"不义"，各处徒三年。为期亲尊长服丧期间嫁娶的，处杖一百。另外在祖父母、父母因犯死罪或流罪而被囚禁期间嫁娶的，也要处徒一年半到徒一年。

第二类称之为"违律为婚"罪，包括同姓为婚（男女各处徒二年），五服内亲属为婚（宗亲以奸罪论，处徒三年；辈分不同的外亲及姻亲为婚也以奸罪论），良贱为婚（各处徒刑），与逃亡妇女为婚（妇女为犯死罪逃亡者，知情娶者处流三千里，以下递减），监临（具有领导责任）官员与所监临之女为婚（处杖一百），妄冒（一方有意隐瞒身份、年龄、健康等情况）为婚（女家妄冒徒一年，男家妄冒罪加一等），恐猲（吓）、强娶为婚（处徒一年至一年半）。

按照唐令的规定，又有不得先奸后娶的规定。先通奸后成婚的即使发布大赦仍然要离婚。③

（三）婚姻的解除

关于男方单方面弃妻，唐令仍然沿袭"七出三不去"的制度，规定妇女有"七出之状"，丈夫应亲手书写弃妻的文书，文书应由双方的父母、伯、姨、舅等尊亲属，以及东西邻、见证人签署。即使有"三不去"，但犯有"淫佚""恶疾"，仍然可休弃。④

唐代法律规定在发生"义绝"情况下必须强制解除婚姻。《唐律疏议·户婚》的解释是"夫妻义合"，所以当发生"义绝"就必须离异。唐令规定的应"义绝"的情况包括：（1）丈夫殴打妻子的祖父母、父母，杀死妻子的外祖父母、伯叔父母、姑母、兄弟姐妹，与妻子的母亲通奸。（2）妻子企图谋害丈夫，殴打谩骂丈夫的祖父母、父母，杀伤丈夫的外祖父母、伯叔父母、姑母、兄弟姐妹，与丈夫缌麻以内的亲属通奸。（3）丈夫和妻子双方的祖父母、父母、外

---

① 《唐六典》卷2《尚书吏部》。
② 《唐令拾遗》，第 158、159 页。
③ 同上书，第 161 页。
④ 同上书，第 163 页。

祖父母、伯叔父母、兄弟姐妹之间有杀害行为。并且规定即使是妻子尚未正式过门成婚、或者是这些杀伤行为已被朝廷赦免，仍然都必须解除婚姻。[①] 这些条件显然偏向于丈夫一边，比如妻子只要有谋害丈夫的企图、只要有谩骂丈夫尊亲属的行为就必须"义绝"，而丈夫则要有殴打妻子尊亲属的行为才算"义绝"。

另外唐代法律也允许夫妻"不相安谐"的情况下可以"和离"，自愿协议解除婚姻。和弃妻一样，和离也必须要有丈夫亲手书写的文书。妻子只有持有这样的"休书""离书"，以及官府判决断离或义绝的文书，才可以改嫁。

三、家庭制度　　唐代法律严格维护父权和夫权，在法律上确定家长权威。《唐律疏议·户婚》称："同居之内，必有尊长。尊长既在，子孙无所自专。"同居的亲属构成家庭，家庭由辈分最高、年纪最长者为家长，也就是尊长。

首先，家长具有获得尊重和取得奉养的权利。子孙对于家长必须"无违"，绝对服从家长的意志，稍有触犯；或对于尊长"供养有缺"，都构成"不孝"重罪。甚至子孙出任的官职称号或任所地名和父亲名字相同，都被视为是对尊长尊严的冒犯，构成"冒荣居官"之罪，要处徒一年。比如父亲名字叫"卫"，而在朝廷设置的十二卫（军事编制）任职；祖父名字叫"安"，而任长安县官；如此等等都要处罚。

其次，家长具有教训、命令子孙的权利。家长即使在责罚子孙时将其打死，也不过是个徒一年半的轻罪。家长也可以向官府告发"不孝"的子孙。

再次，家长具有家庭财产的管理处置全权。只要是"同居"，就必须"共财"，子孙不得有私财，也不得擅自动用财产。没有尊长的命令，子孙不得"别籍异财"（分家），否则就是不孝。

四、继承制度　　（一）身份继承制度
唐代法律沿袭历来的嫡长子继承原则，贵族爵位的继承顺序为：一嫡子，二嫡孙，三嫡子的"同母弟"，四庶子，五嫡孙的同母弟，六庶孙，以下依次类推。

（二）财产继承制度

唐代法律仍然强调"诸子均分"的原则，《唐律疏议·户婚》规定分家时不平均即构成犯罪。唐《户令》明确规定父母死后，所有的土地财物由同居的兄弟（无论嫡子、庶子）一律平分，但各人妻子所带来的嫁妆即使妻子已经死亡仍不得计入家产总额平分。已经分居 3 年以上、或失踪 6 年以上的兄弟不得参加平分。尚未娶妻的兄弟应另外分得一份聘财，未婚的姑母，以及姐妹也可以分得一份相当于尚未娶妻兄弟应分得聘财二分之一数额的嫁妆。兄弟中已有人去世的，由其儿子（包括养子、继子在内）代为继承（与现代民法中的代位继承相当）；如果兄弟已经全部死亡的，就由所有的下一代儿子平分（这与现代民法中的代位继承不同，或许可以称之为"越位继承"）。

死者没有儿子，也没有养子、继子的，就构成"户绝"。按照唐《丧葬令》规定，如果户绝的死者有遗嘱的，按照遗嘱处分；没有遗嘱的，财产全部出卖（近亲属有先买权），得到的现金支

---

① 《唐令拾遗》，第 164 页。

付丧葬费用后,剩余部分由女儿平分;没有女儿的,由近亲平分;没有亲属的,由官府"检校"入官。在现有史料里找不到有关"近亲"范围方面的规定,应当是指父系的本宗亲属。对于户绝资产的这种处理方式,主要是为了保证不动产能够保留在父系家族,防止不动产流入女婿家。因此在唐文宗开成元年(836)曾有敕规定,如果发现女儿女婿企图侵夺父家财产的,可以剥夺其继承权。①

根据上述的令文,大概可以归纳出唐代财产继承的大致顺序为:第一顺序是儿子(包括养子、继子以及孙子)和未嫁的女儿,第二顺序是女儿(主要指已出嫁的女儿),第三顺序是"近亲"。

第五节 唐代的刑事法律制度

一、定罪量刑的基本原则和通例

(一)定罪量刑的基本原则

唐律根据礼教而定,其基本原则就是严格按照行为人双方的社会贵贱等级和血缘尊卑关系定罪量刑。

凡是企图逾越、破坏贵贱等级和尊卑关系的行为都被唐律视为严重犯罪。比如"十恶"重罪主要都是"以下犯上""以卑犯尊"的行为。又如人身伤害行为都是按照双方的社会贵贱等级来定罪量刑的,凡以贱犯良,都要罪加两等;而以良犯贱,都可以罪减两等。即使是贱民之内,最底层的奴婢侵害部曲的,也要罪加一等,而部曲侵害奴婢就可以罪减一等。亲属之间的人身侵害也完全依照血缘尊卑以及亲疏关系来确定罪名和刑罚,以卑犯尊、以幼犯长都要严惩,而以尊犯卑、以长犯幼则可以无罪或减罪。人身侵害上以疏犯亲一般而言依照五服等第逐级加重;但是盗窃财产则相反,由疏至亲逐级减轻罪名。之所以如此,正是基于礼教的"亲亲""尊尊""长长"的教义:亲属愈亲、愈该爱敬,而胆敢侵其人身,因此必须严惩;相反亲属愈亲、愈该互相周济,虽有盗窃财产行为,可以从宽。

作为社会等级金字塔顶端的皇帝受到唐律无微不至的保护,而却不承担任何法律上的义务。有人统计,唐律中专为保护皇帝所设的死罪就有18项。② 对于社会等级金字塔上层的贵族官僚,也同样设定了种种特权保护制度,主要有以下几种。

"八议"。唐律规定的"八议"对象与前代相同,其中的"议贵"明确为三品以上的职事官和一品爵位者。凡八议对象犯有死罪,必须要经过朝廷最高级官员的讨论,提出建议请求皇帝裁决;八议对象犯流罪以下罪名,可以直接减罪一等。

"请"。唐律规定"请"适用于皇太子妃的大功以上亲属、八议对象的期亲以上亲属、具有五品官爵者。凡"请"的对象犯死罪必须奏请皇帝裁决,司法机关要按照法律提供判刑意见;"请"的对象犯流罪以下罪名则也可以直接减罪一等。但如果是因反逆缘坐,或是犯有杀人、监守内盗、受财枉法之类的重罪不得享受这些特权。

"减"。适用于"请"的对象的直系亲属以及兄弟姐妹、妻子,以及六品和七品官员。这些人犯流罪以下可以直接减罪二等,但如果是因反逆缘坐,或是犯有杀人、监守内盗、受财枉法

---

① 《唐令拾遗》,第700页。
② 徐道邻:《中国法制史论略》,台湾正中书局1966年版,第50页。

之类的重罪不得享受这些特权。

"赎"。凡是以上的这些享有特权的对象在经过减罪后,以及六、七品官员的直系亲属和妻子、五品以上官员的侧室,所犯的流罪都可以铜赎罪,不必受刑。不过在法律规定应判加役流,或是因为犯有反逆缘坐、不孝、犯过失杀死祖父母父母的流罪,以及法律规定即使大赦仍应处流刑的情况(号称"五流")下,不得享受这些特权。

"当"。即"官当"。九品以内的官员触犯徒刑罪名都可以官品顶罪,流罪折合为徒四年进行官当。官当先以现任官职的官品,不够的话可以用历任的官职官品。如果官当后还留有"余罪"的,可以铜赎罪。

(二)定罪量刑的通例

唐律的《名例律》与现代刑法中的总则相当,集中规定了一些定罪量刑的通例。还有些从现代刑法眼光来看属于总则的规定则分布在各篇。以下将主要的一些通例归纳在一起介绍。

1. 刑事责任年龄的规定

唐律虽然没有"刑事责任年龄"的专用名词,但是《名例律》明确规定凡年满15岁至70岁以下的人犯罪要依律处罚,而老小残疾犯罪则可以减免刑罚。唐律基本沿袭汉代以来的旧例,将"老"分为70岁以上、80岁以上、90岁以上三档,"小"分为15岁以下、10岁以下、7岁以下三档,残疾人相应分为"废疾"(痴呆、哑巴、侏儒、一目盲、一肢折)和"笃疾"(癫狂、两肢折、双目盲、又聋又哑)两档。规定凡70岁以上、15岁以下以及"废疾"者触犯流罪以下罪名,一般可以"收赎"(以铜赎罪);80岁以上、10岁以下以及"笃疾"触犯杀人之类的死罪罪名,可以"上请",死罪以下罪名可以收赎;90岁以上、7岁以下即使触犯死罪罪名,仍然一律不予追究。

2. 划分公罪和私罪

《名例律》在"官当"条明确了"公罪"和"私罪"的概念。凡是官吏在办理公事中承办不力、发生失误、导致差错都视为犯罪,如果这并不是出于私利目的,就称之为"公罪";而如果是出于私利目的,或是接受贿赂、假公济私、有意欺诈的,就称之为"私罪"。另外官吏在公事以外的犯罪也统称为"私罪"。至于百姓的犯罪自然一律都是"私罪"。公罪一般处罚较轻,尤其是在"官当"时可以"优惠":犯"私罪",一个五品以上的官衔可以当徒二年,一个九品以上的官衔可以当徒一年;而犯"公罪",一个五品以上的官衔就可以当徒三年,一个九品以上的官衔可以当徒二年。

3. 区分故意和过失

唐律以行为人主观上是否有犯罪的动机和目的作为区分故意和过失的界限。一般的犯罪规定均指故意犯罪,过失犯罪可以相应减轻刑罚。对于过失的解释见《斗讼律》"过失杀伤人"条的律疏:"谓耳目所不及,思虑所不到",即没有杀伤人动机和目的,也不能预见到会发生杀伤的后果。因此规定过失杀伤人的可以"纳赎",以铜抵刑罚。但有些被认为严重犯罪的行为即使是过失仍然要严惩,比如《擅兴律》的"乏军兴"罪(遗漏或延误军队调动或军用物资的调配),即使是过失仍然一律处斩。

4. 共同犯罪区分首犯、从犯

对于两人以上的共同犯罪,《名例律》规定除了该罪名明确为"不分首从"、处刑有"皆"字样的以外,都必须要区分首犯、从犯,分别处理。首犯一般仅为一人,按照律条规定处罚,而

从犯则可以比照首犯减刑一等。并且规定一般情况下以"造意"(主谋)为首犯。但是也有相当多的例外情况,比如:

一家人共同犯罪,除了侵犯人身或财产的罪名外,无论由谁造意,只处罚同居的尊长。如果尊长是依律不负刑事责任者(如年满80岁以上或笃疾),则处罚次尊长。这里应受处罚的尊长仅指夫,如果妇女为家庭尊长和男性卑幼共同犯罪,即使是妇女尊长造意,仍然只处罚男夫。这个规定旨在加强尊长对于家人进行教令的义务。

外人和监临主守的官吏共同犯罪的,即使是外人造意,仍然以监临主守官吏为首犯,外人为从犯。这个规定旨在加强监临主守官吏的责任。

区分伤害罪的首犯和从犯规定又有所不同,一般以"下手重"者(造成致命伤或主要创伤的加害人)为首犯;如果是乱殴难以区分轻重以及先后的,以造意或最先动手者为首犯。而窃盗行为的造意者如果本身没有参加窃盗活动,也没有分得赃物,就要以实施窃盗活动时的指挥者为首犯,造意者作为从犯处理。

5. 同居者和亲属有罪相为隐

《名例律》规定凡同财共居的家庭,无论是否同一户籍,也无论相互之间是否有服制关系,相互之间得以"容隐"罪行,不构成窝藏罪。包括部曲、奴婢都应该为主人隐瞒罪行(主人则没有为部曲、奴婢隐瞒罪行的义务)。另外即使并未同居的大功以上的亲属,以及外祖父母、外孙、孙媳妇、夫之兄弟及兄弟妻之间也可以互相"容隐",即使是为罪犯通风报信、提供逃跑、隐藏的条件仍然不算犯罪。小功以下亲属相互隐瞒罪行的,也可以比照常人减三等处刑。这是出于儒家礼教"亲亲"的原则。但是儒家礼教也强调"君尊于亲",因此凡是犯有侵犯皇帝以及皇权的"三谋"之罪就不得"容隐",而必须要"大义灭亲"。不及时告发者就要受到严惩。

6. 自首减免刑罚

《名例律》对于自首有详尽的规定。作为总的原则是"犯罪未发"(未被发觉前)自首的,都可以"原其罪"(免除其刑罚)。但具体而言,又有如下的细致规定。

自首应该由罪犯自己进行,但是如果请人代为自首,或者上述的法定得以"容隐"其罪行的亲属出面告发,都视为犯人自行自首同样处理。犯人得知有人将要告发自己罪行、或已在逃亡途中而自首归案的,可以减罪二等。犯人触犯多个罪名,其轻罪被发觉后而能自首其重罪的,可以免除重罪。在审讯中主动交代其他尚未被发现的犯罪的,可以不加追究。自首"不实"(所自首的不完全符合犯罪事实,如本为强盗、而自首为窃盗)或者"不尽"(所自首的犯罪事实不彻底,比如枉法得赃15匹,自首为14匹),追究其"不实""不尽"之罪,已自首的罪行可以免除。至死罪者可以减罪一等(改处流三千里)。自首者可以免除刑罚,但是得到的赃物必须归还官府或原主。自首不实、不尽的赃物仍然要计赃处刑,至死刑可以减轻一等。

为了分化犯罪团伙,唐律规定犯罪被发现后共同逃亡的,其中的轻罪者能够捕获重罪者到官府自首的,或者是犯罪轻重相等而能够捕获半数以上罪犯的,则他们的本罪以及逃亡罪都可以一概不予追究。但是"常赦所不原"的犯罪除外。帮助罪犯藏匿、逃亡,或者充当其伪证、为罪犯担保的帮助犯,在罪犯本人自首的情况下也得以相应减免刑罚。

然而唐律也明确规定某些犯罪不得使用自首减免刑罚的规定:凡损伤人身、盗窃不允许私人收藏的物品(皇帝的印章、兵符、官府文件、禁书之类)、私自偷越边境或国内关卡、奸良人、私习天文之类的只要行为一旦完成就构成犯罪要件的犯罪不允许适用自首减免。

7. 数罪并发以重者论

《名例律》规定罪犯在被发现前如果触犯了两个以上的罪名,就是所谓"二罪以上俱发",只对其中最重的那个罪名适用刑罚即可,"以重者论"。从现代刑法眼光来看即采取了"吸收主义"原则,所有轻罪的罪名都被重罪吸收而以重罪罪名统一处罚。

如果是在犯罪被发现或者已被判刑后又犯新罪的,就是所谓的"更犯",应将前罪和后罪递加,一并处刑。这称之为"累科"。

8. 疑罪以赎论

对于无法证明的犯罪,唐律称之为"疑罪"。《断狱律》规定凡是无法确切证明的犯罪,没有确凿证据或者目击的直接证人,或者是证言有罪和无罪的证人人数相等,在这种情况下仍然要认定被告有疑罪,按照所被怀疑的罪名定罪后,要被告出铜抵罪。

9. 关于涉外案件的处理

《名例律》将在中国的外国人称之为"化外人"。对于化外人之间,以及化外人与中国人之间的诉讼,规定:凡是"同类相犯"的,即同一个国家的化外人之间发生的诉讼,就依照"本俗法"来处理,以该国的法律处理;如果是"异类相犯"的,即不同国家之间或化外人与中国人之间发生诉讼的,就以唐朝法律处理。从现在的眼光来看,采取了有条件的属人法和属地法结合的原则。

10. 关于类推

《名例律》规定对于法律没有明文规定的行为仍然可以类推适用法律来定罪量刑。其具体的做法称之为"举重以明轻"和"举轻以明重"。在受理案件时如果发现该行为在法律上没有明文规定,如果认为这种行为是可以"出罪"的,即是可以减免刑罚的,就可以比照律文中最相近的比该行为更为严重的情节是如何处理的,从而推论出该行为是可以相应减免的,这就是"举重以明轻"。比如《贼盗律》有一条规定"夜无故入人家者杀之无罪"(夜间可以杀死身份不明、目的不明的闯入者),但如果是将闯入者折伤,法无明文规定。因此"举重以明轻",既然是杀死闯入者都可以无罪,更何况是折伤? 自然推论出也可以无罪的结论。反之,如果认为这种行为是应该"入罪"的,即是应该处罚的,就可以比照律文中最相近的比该行为更为轻微的情节是如何处理的,从而推论出该行为是可以相应加重处罚的,这就是"举轻以明重"。比如《贼盗律》规定谋杀期亲尊长者无论是否有伤,都要"皆斩",但并没有规定杀死期亲尊长者应如何处理。因此"举轻以明重",既然是谋杀就要皆斩,更何况是真的杀死? 自然推论出也应该皆斩的结论。

11. 赋予法官一定的自由裁量权

唐律尽量采用严密的逻辑体系来网罗规范社会生活各个方面,但同时也注意到有限的条文永远不可能将所有的人类行为概括无遗。因此在《杂律》特设了一条"不应得为"的罪名,笼统规定凡是有被长官认为是"不应得为"(不应该做的行为)的行为,可以适用这一概念模糊的律条,由法官自由裁量处罚笞四十至杖八十的刑罚。

12. 律条中另有与《名例律》不同规定的按照律条本文处理

唐将《名例律》的规定作为一般性的、普遍的规定,但并不能因此就取代各篇章条文的具体规定。《名例律》特意规定:在名例以外各篇的律条就某种犯罪的具体规定和《名例律》不统一的,应该按照该律条的规定处理。这对于保持全律的协调和统一,具有重要的作用。

二、刑罚制度

唐律沿袭了隋《开皇律》的五刑体系，只是将五刑的排列改为从轻到重，在各个刑种上有所改动。

（1）笞刑。唐律规定笞刑责打大腿和臀部，使用的刑具是3尺5寸（约合今108.85厘米）长的荆条，笞刑用的"笞杖"大头直径二分（约合今0.62厘米），小头直径一分五厘（约合今0.47厘米）。笞刑自责打10下至责打50下，每10下一等，分为5等。

（2）杖刑。杖刑责打部位为"背、腿、臀分受"。所用刑具也是和笞刑同样长度的荆条，只不过杖刑用的"常行杖"大头直径2分7厘（约合今0.84厘米），小头直径1分7厘（约合今0.53厘米）。杖刑自责打60下到100下，分为5等。《断狱律》规定笞杖刑累加不得超过200下。不过唐初的格就有对于已定罪的某些罪犯先杖一百或"重杖一顿"的规定，以后杖刑的使用愈加普遍，经常有"与杖一顿""痛杖一顿"的处罚方式。到唐肃宗宝应元年（762）曾规定凡"与一顿杖"不得超过杖四十，"痛杖"或"重杖"一顿的不得超过杖六十。[①]

（3）徒刑。将罪犯关押在当地监狱，为当地官府服役劳作一定期限的刑罚。和隋律的规定相同，也是自徒一年至徒三年，每半年为一等，共分为5等。

（4）流刑。将罪犯流放到距离家乡遥远的地区并为官府服役一定年限的刑罚。以流放的距离分等，分为流二千里、流二千五百里、流三千里3等。罪犯押送至流放地后，为该地官府服满一年苦役后，即在该地定居落户。另外在3等流刑之外又有"加役流"，适用于一些特定的罪名，流三千里至流放地后要在当地服役3年。

（5）死刑。分为斩、绞二等。斩为砍头。绞是用木棍逐渐绞紧套在死囚脖子上的绳圈，使其窒息毙命。

另外从唐中期以后，格、敕又规定以"枷项令众"（让罪人戴枷示众受辱）处罚轻微犯罪。

三、主要罪名

（一）十恶

隋律确立的"十恶"是指10类被视为严重侵犯纲常礼教的犯罪。唐律沿袭这一制度，在《名例律》就明确说明"十恶"的具体罪行表现，并在以下各篇具体规定了各种纳入"十恶"罪名的处罚方法。

"十恶"是唐律的重点打击对象，因此定罪量刑上有这样三个特点：（1）"十恶"中的不少罪名只要有预谋即罪名成立，甚至只要表示了犯意就构成犯罪。表现出礼教所谓的"诛心"（惩罚坏的动机）原则。（2）"十恶"罪名的处刑都比较重，大量适用死刑，以及不分首从的"皆斩"。尤其是对于侵害皇帝或皇权的罪名，还往往要实行"缘坐"，连带处罚罪犯的亲属。（3）凡是"十恶"的罪犯一律不得被普通的大赦所赦免，所谓"常赦所不原"。而且贵族官员犯有十恶的，也不得援引八议、收赎之类的特权来逃避刑罚。

1. 谋反

谋反根据律文的注解是"谋危社稷"。社是土地神，稷是谷物神，社稷历来作为国家和君主的象征。谋反就是企图危害君主或国家。其刑罚与下述的谋大逆一样，律文本身也都是将谋反和大逆连称。这一罪名只要开始图谋就罪名成立，即使谋反者"词理不能动众、威力不足率人"，明显不可能对皇帝或国家造成危害，仍然要处"皆斩"，父子、母女、妻妾都要流三

[①] 《唐会要》卷39《议刑轻重》。

千里。甚至只是嘴里说说要谋反,并没有真实计划,也没有什么明显表象,也要流三千里。

2. 谋大逆

谋大逆根据律文的注解是"谋毁宗庙、山陵及宫阙"。宗庙是皇帝供奉祖先的庙宇,山陵是皇帝先人的陵墓,宫阙是皇帝本人居住的地方,这些都是皇帝和皇权的象征。谋大逆就是企图侵害皇帝的祖宗和挑战皇帝的权威。《贼盗律》规定谋反、谋大逆者,本人不分首从皆斩;其父亲和16岁以上的儿子皆绞;妻妾和15岁以下的儿子以及母亲、女儿、儿子的妻妾、孙子、祖父、兄弟、姐妹全部没入官为奴婢;家中的部曲、奴婢、资财、田宅也全部没官;伯叔父、侄子无论是否同居,皆流三千里。即使是仅仅图谋、没有实际实施,仍然要处绞刑。

3. 谋叛

谋叛根据律文的注解是"谋背国从伪",即图谋叛国投向敌对皇朝。《贼盗律》规定有叛国企图的,首犯处绞刑,从犯处流刑;已经"上道",即已实施叛国行为前往投向敌对皇朝的,不分首从皆斩,妻、子流二千里。而百姓"亡命山泽"不听从官府召唤的也以谋叛论罪;胆敢抗拒官兵,就以"上道"论。

4. 恶逆

恶逆是一组家族内部犯上侵害罪名。包括:(1)殴打、谋杀祖父母、父母;(2)杀害伯叔父母、姑母、哥哥、姐姐、外祖父母、丈夫、丈夫的祖父母或父母。罪犯不分首从皆斩。

5. 不道

不道是一组恶性侵害罪名。包括:(1)杀死一家没有犯有死罪的三人以上。罪犯不分首从皆斩,妻、子流二千里。(2)支解人。罪犯不分首从皆斩,妻、子流二千里。(3)造畜蛊毒,即培养、训练毒兽毒虫暗中害人。只要有这种行为,并且被人们认定足以害人的,无须有伤害事实即罪名成立,罪犯以及教令者处以绞刑,其同居的家属即使不知情仍然要流三千里。当地的"里正"未能及时告发也同样流三千里。(4)厌魅,即暗中施用巫术诅咒企图害人或者是企图控制他人感情(比如企图以此赢得家长、主人的喜爱)。如果是企图以巫术杀人的,减谋杀罪二等;因此而导致人死亡的,以杀人罪论。为求祖父母、父母、主人喜爱而施行巫术的,流二千里。如果是针对皇帝施用巫术的,不分首从皆斩。

6. 大不敬

大不敬是一组侵犯皇帝尊严的罪名。包括:(1)盗窃皇帝用于祭祀神灵的祭品,盗窃皇帝的生活用品。都处流二千五百里。(2)偷盗或伪造皇帝的印信。偷盗者,绞;伪造者,斩。(3)因失误在为皇帝合药时没有按照药方配药或者是写错了封题;为皇帝烹调"御膳"因失误而触犯"食禁"(饮食方面的禁忌);为皇帝制造车辆或船只因失误而不牢固;根据礼教臣子对于君父不得有任何失误的原则,都要处以绞刑。(4)"指斥乘舆",即严厉指责皇帝,处斩。(7)对于皇帝派出的使者没有礼貌,处绞刑。

7. 不孝

不孝是一组被认为严重违反孝道的罪名。包括:(1)告发或诅咒谩骂祖父母、父母。告发者和谩骂者都要处绞刑。(2)祖父母、父母在,"别籍异财"。即在祖父母、父母尚未去世的情况下就和祖父母、父母分家单过(如果是祖父母、父母指示分家则无罪),徒三年。(3)违反祖父母、父母的"教令"。即有意违抗祖父母、父母的教训和指令,徒二年。(4)"供养有缺"。即对于祖父母、父母的供养不充分,徒二年。(5)在为去世的祖父母、父母服丧期间有违反孝道的行为:自己娶妻或出嫁,或者是在服丧期间奏乐,脱掉丧服改穿"吉服",徒三年。(6)"闻祖父母、父母丧,匿不举哀",即听说祖父母、父母去世不马上悲痛哭泣地开始服丧,处以流二千里。(7)诈称祖父母、父母死,徒三年。①

8. 不睦

不睦是一组亲族内部互相侵害的罪名。因有违礼教"亲亲"的原则,也列为十恶。包括:(1)谋杀缌麻以内的亲属。谋杀缌麻以内尊长的,流二千里;已伤者,绞;实际杀死的,不分首从皆斩。相反,尊长谋杀缌麻以内卑幼亲属的,各依故杀罪减刑二等;已伤者,绞;已杀者,依故杀罪处理。(2)出卖缌麻以内亲属。将期亲以内的卑幼亲属(包括弟妹、子孙、侄子孙、外孙、子孙之妻、堂弟妹)"略卖"即强行出卖为奴婢的,和斗殴杀死期亲以内卑幼亲属同样处理(如斗杀弟妹徒三年,斗杀子孙徒一年半等)。如果是"和卖"(得到被卖者同意的),各减一等处刑。出卖其他缌麻以内的亲属要按照普通的略卖、和卖良民为奴婢罪同样处理。(3)妻子殴打、谩骂或告发丈夫大功以上的尊长和小功以内的尊亲属。妻子殴打、谩骂丈夫尊长亲属的,比照丈夫的同样行为减罪一等(如果减刑后过轻,可以按照比常人加一等处罚)。告发丈夫以及丈夫的祖父母、父母的,徒二年。

9. 不义

不义是一组被认为违反礼教尊卑等级之义的罪名。包括:(1)平民谋杀本地各级地方长官(包括朝廷派出的使节、刺史、县令),士兵谋杀本部五品以上的长官,学生谋杀目前担任其指导教学的老师。预备谋害的,流二千里;已有伤害的,绞;已杀害的,皆斩。(2)妻子听说丈夫去世后不立即哭泣服丧,或者在服丧期间奏乐、脱掉丧服改穿吉服,甚至在服丧期间就改嫁的,都要和上述的子孙为祖父母、父母服丧时违反孝道罪行同样处理。

10. 内乱

内乱是一组亲族内部的性犯罪罪名。包括:(1)和小功以内的同辈亲属通奸,双方都处流二千里。如果是强奸的,男方处绞刑。(2)和祖父、父亲的妾通奸的,或是小功以内不同辈分之间的通奸(具体而言指:伯叔母、姑、姐妹、儿媳或孙媳、侄女),处绞刑。

以上所列举的"十恶"包括的几十种罪名,大致可分为三大类:一类是被认为严重侵害君权的,如谋反、谋大逆、谋叛(以上三项合称"三谋")、大不敬等;第二类是被认为严重侵害家长权的,如恶逆、不孝、不睦、不义(部分)、内乱等;第三类是被认为严重侵害统治秩序的,如不道、不义(部分)等。

(二)人命和人身伤害罪

《唐律疏议·贼盗律》中的"贼"部分是指"三谋"以及人命等重罪,各类人身伤害罪散见于《斗讼律》和《杂律》。

1. 侵害人命犯罪历来是古代法律打击的重点,唐律分为谋杀、故杀、斗杀、误杀、戏杀、过失杀等几类

谋杀。《唐律疏议·贼盗律》对于"谋"的解释沿袭晋张斐定义,也是"二人对议",谋杀是两人以上预谋杀人。但又明确一个人有明显准备的杀人也属于谋杀罪。规定已有图谋、预备的,徒三年;已造成被害人受伤的,绞;受害人死亡的,皆斩。以"造意"为首犯。

故杀。无预谋杀人,包括无缘无故的杀人、在斗殴中使用凶器、在斗殴间歇后又杀人。

---

① 这是因为当时法律规定凡是官员一旦有祖父母、父母去世的情况,必须立即离职守丧 27 个月,而在这一强制性的服丧假期里朝廷并不给予俸禄。所以不少官员为了贪图俸禄而故意匿丧。相反在有些情况下为了躲避某些危险责任,也有的官员会诈称祖父母、父母死而以服丧作为逃避方法。

造成人死亡的,一律处斩。

斗杀。在斗殴中致人死命。和上者的区别主要在于行为人主观上并没有杀人故意。受害人死亡的,处绞。

误杀。斗殴时误杀旁人,按照斗杀罪处理。

戏杀。在游戏中造成他人死亡,减斗杀罪二等处刑(徒三年)。但如果是使用刃具或在悬崖、水流之类危险地方嬉戏导致他人死亡的,只减斗杀一等(流三千里)。

过失杀。因过失行为导致他人死亡,根据情节判处刑罚后,赎铜。

【案例】

唐代复仇案例

唐律对于复仇没有任何特别规定,复仇杀人者都按照谋杀或故杀罪处死刑。但是由于礼教的宣传,社会舆论对于复仇杀人者深表同情。最为著名的复仇案件之一是张氏兄弟复仇案。唐玄宗时嶲州都督张审素被人诬告贪赃枉法,朝廷特派御史杨汪前往当地审查。张审素的部下为他打抱不平,在半路上劫持杨汪,杀死诬告者。杨汪后来被救兵救出,回到朝廷报告张审素谋反,导致张审素被处斩,两个儿子张瑝、张琇因未满16岁得以幸免,流放岭南。不久张氏兄弟从流放地逃回,在洛阳杀死杨汪。此案轰动洛阳全城,舆论一致同情张氏兄弟。宰相张九龄劝说唐玄宗赦免张氏兄弟,而另一位宰相李林甫坚决反对。唐玄宗最后接受李林甫意见,专门下敕解释说:"国家法律是为了保护百姓,长久施行,防止杀害的。如果都要这样做孝子,辗转复仇,互相杀伤何时为止? 法律必须要实施,即使是有名的孝子犯罪,也难逃刑罚。"下令处死张氏兄弟。但是这个判决长期遭到非议。过了一百多年,到了唐宪宗时,又有个叫梁悦的人为报父仇,杀死仇人秦果。唐宪宗特意下敕减死一等,杖一百,流放到循州。为此又引起朝廷内的大争论。韩愈主张以后类似案件都作为个案处理,由尚书省召集大臣讨论,报请皇帝批准。①

2. 伤害人身罪

《斗讼律》规定殴打他人的,笞四十;将人打伤的或者是使用物件打人的,杖六十;损伤或拔去人头发达一寸见方,杖八十;如果把人的耳朵、眼睛都打出血来的,各加二等。如果是双方互相斗殴有伤的,各自按照法律处罚。

3. 保辜制度

唐律完善了"保辜"制度。《斗讼律》规定:手足殴打人,保辜期限为 10 天;以物件伤人,保辜期限为 20 天;使用刀具以及开水、火炬伤人,保辜期限为 30 天;折断人肢骨或造成暴露出骨骼的开放性创口,保辜期限为 50 天。在保辜期限内受害人死亡的,加害人即按照杀人罪处罚。

(三) 六赃罪名

唐律将凡是需要累计非法收入数额来定罪量刑的罪名统称为"六赃"。赃泛指一切非法的收入。唐律创立这种"六赃"名目长期为以后的各代所沿用。

(1) 强盗。唐律对于强盗的定义是"以威若(或)力",即以威吓或强力取得他人财物。

---

① 《旧唐书》卷 188《孝友传张琇》,卷 50《刑法志》。

包括使用药、酒等使对方陷入迷乱状态而取其财物的行为。规定：强盗不得财，徒二年；得赃一尺，徒三年；以上递加至得赃 10 匹，绞。如果强盗伤人的，无论是否得赃，一律处以绞刑，杀人的处斩。"持仗"(持有武器)的强盗，即使不得赃仍然处流三千里，赃满 5 匹者绞，伤人者斩。[①]

（2）窃盗。唐律对于窃盗的定义是"潜形隐面"，即暗中不让人发觉的取他人财物。窃盗不得财的处笞五十，赃满一尺处杖六十，赃满五匹徒一年，递加至赃满 50 匹以上，处加役流。

（3）受财枉法。官吏收受贿赂而违法处置公事。赃一尺，杖一百；以上递加至赃满 15 匹以上，斩。

（4）受财不枉法。官吏虽然收受贿赂，但并没有因此作出违法的处置。由于这种行为对于统治秩序的危害不如"受财枉法"大，因此可以相应减轻刑罚。规定赃满一尺，杖九十；以上递加至满 30 匹以上，处加役流。

（5）受所监临。收受或向自己部下、辖区内百姓索取财物的行为。这是专门指"不因公事"，如果是因为诉讼之类的事务而取财物就成为枉法赃或不枉法赃了。规定赃满一尺即笞四十，8 匹徒一年，以上递加至赃满 50 匹以上处流二千里。

（6）坐赃。坐赃泛指一切上述五种情况以外的非法所得。赃满一尺，笞二十；至 10 匹，徒一年；最高为徒三年。

第六节　唐代的财产法律制度

一、所有权

（一）土地的占有形态

隋唐时期仍然实行"均田制"，荒地以及"公田"由国家按照人们的社会等级分配。法律明确规定各个等级的人们可以占有的土地"永业田"限额。如隋朝规定王为 100 顷，都督为 30 顷等。[②] 唐令规定亲王永业田为 100 顷，正一品官为 60 顷，郡王以及从一品官为 50 顷，国公和正二品官为 40 顷，以下递减至男爵和从五品为 5 顷；勋官的勋田限额为上柱国为 30 顷，以下递减至云骑尉、武骑尉 60 亩。平民每人占有土地不得超过 100 亩。《唐律疏议·户婚律》专设有"占田过限"之罪，凡超过限额一亩的，处笞十，以上递增，罪止徒一年。但是同时又规定如果是在地广人稀的"宽闲之处"，不适用该条法律。

在均田制下，理论上私人对于土地只有占有权，处分权受到法律的限制。比如农民的"口分田"不得买卖，《户婚律》规定有"卖口分田"之罪，一亩笞十下，以上递加至杖一百为止。买卖行为无效，"地还本主，财没不追"(土地归还原主，地价没收归官)。但是又允许出卖为住宅、碾硙(水磨房)、邸店(货物仓储批发)，也可以出卖后迁往"宽乡"。永业田可以继承，但是不准自由买卖，只有在迁徙和出卖土地充作丧葬费用的情况下才可以出卖。所有的土地买卖都应该先报请官府批准。官员的永业田、勋田、赐田可以自由买卖。

---

① 隋唐之际实行的是"钱帛并行本位"的货币制度，绢帛作为价值尺度、支付手段和大额流通手段，以尺、匹(40 尺)为单位；铜钱则作为小额流通和贮存手段，以文、贯(1 000 文)为单位。法律计算价值均以绢帛表示。

② 〔唐〕杜佑：《通典》卷 2《食货二田制下》。

这些否认私人土地所有权的制度实际上并没有消灭广泛存在的土地私有现象，也根本无法阻止愈演愈烈的土地兼并活动。隋唐时期朝廷多次下令禁止土地买卖、土地兼并，从反面说明这种制度并无实际效果。至"安史之乱"爆发时，均田制已是名存实亡，国家已完全无力干预土地私有现象。唐德宗建中元年(780)朝廷开始推行"两税法"，规定赋税不再按照人丁征收，而是按照私人家庭资产征收"户税"，按照私人现在实际占有土地面积征收"地税"，实际上就是宣布承认私人占有土地现象合法存在。并按照中国历来的传统，也就是在确定私人财产作为纳税对象的同时，承认了私人土地所有权。

（二）遗失物、漂流物和埋藏物等的归属

唐代律令将遗失物称为"阑遗物"。《捕亡令》规定：拾到阑遗物应立即送交当地官府，由官府公告。如果有人认领即可领回，拾得人无权提出报酬要求。公告30日后无人认领的，由官府保管。一年之后如果仍然无人前来认领，阑遗物即归官府所有。《厩牧令》关于亡失牲畜的处理与之相仿。《唐律疏议·杂律》专门设立"得阑遗物不送官"罪名，如果阑遗物为官物的，依照"亡失官物"罪减二等处罚；如果阑遗物为私人财物的，依照"坐赃"罪减二等处罚。

对于漂流物的处理与阑遗物不同，《杂令》规定：因水灾而漂流的官、私竹木，如有人下水打捞得到，应当在岸堆积封存，明立标志，在木榜上写明打捞人姓名，并报告当地官府，由官府公告。有人前来认领的话，如果是在江河，打捞人可以得到其中的五分之二作为奖赏；如果是在其他较为平静的水面，打捞人可以得到其中的五分之一作为奖赏。官府公告30日后，仍然无人认领，即全部归打捞人所有。

唐代律令将埋藏物称为"宿藏物"。《杂令》规定：在他人土地里发现宿藏物，发现人和土地所有人各得二分之一。在自己土地或在国有土地、荒地发现宿藏物，可以全部归发现人所有。但在他人土地里发现宿藏物不及时报告土地所有人的，则是犯罪，按照坐赃罪减三等处罚。

唐代律令涉及今天民法概念上的添附物，只有关于河流新淤涨出土地的规定。《田令》规定因河流改道而淤涨出的土地优先补偿给被冲垮土地的所有者。但是如果新淤涨的土地位于别的县境内，即作为该县公田进行均田的授受。不过在上述情况下如果受损土地的所有者是具有"隔越受田"特权的五品以上贵族官僚，仍然可以将其他县境内的新淤涨土地作为补偿。如果两岸属于不同的县，以河道中流为界。

二、契约制度

唐初社会主要以自给自足的自然经济为基础，商品货币经济的影响很小，反映在唐初确定的法律中对于民间契约行为的规范很少。即使在盛唐时期社会经济有了长足发展的情况下，朝廷立法的反映依然相当迟钝。

（一）买卖契约

1. 动产买卖制度

根据唐《关市令》，买卖行为应该集中在政府设定的专门市场"市"里进行。只有州县政府所在地才可以设立市。市是城里一个用高墙围起的封闭性区域，由政府设置的"市司"管理。每日正午击鼓宣布开市，允许人们进入市场交易；日暮时分鸣钲关市，交易者退出。市场内按照交易货物种类排"行"，商人分"肆"陈设商品，必须标明品种、价格。市司每月按旬公布上、中、下三等商品的物价标准，称"旬估"；定期检查、校正交易者使用的度量衡器具；维

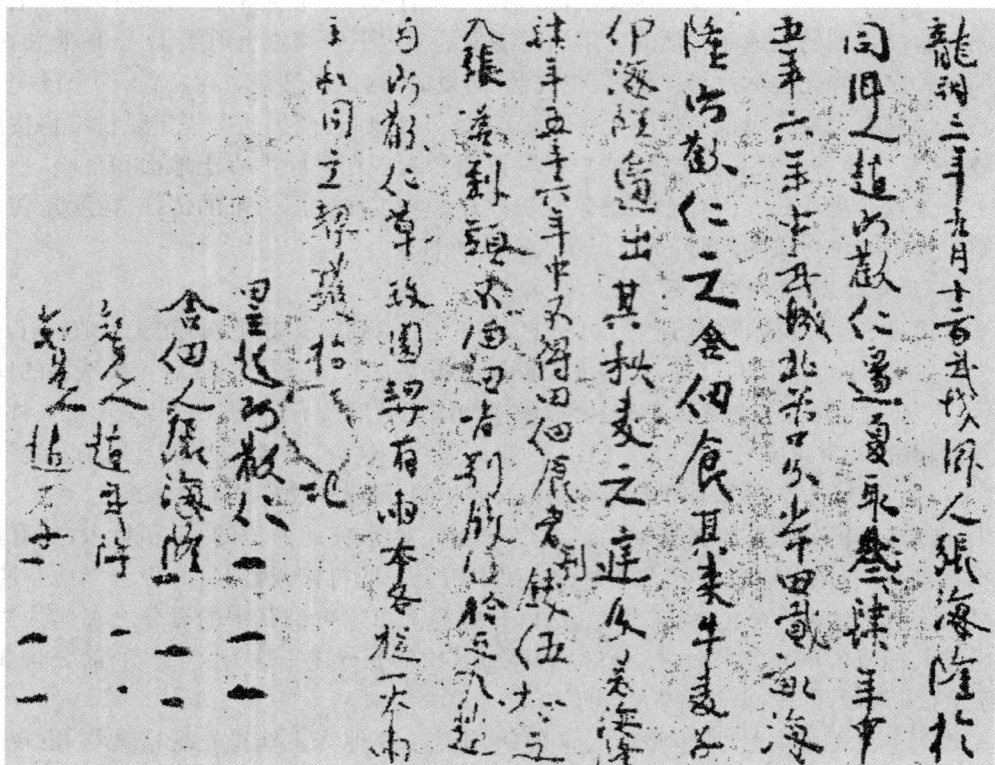

吐鲁番出土文书中的唐代契约

持市场秩序,检查商品质量。

《唐律疏议·杂律》有很多关于动产买卖的罪名,比如劣质商品称为"行滥",不合标准的商品称为"短狭"(如绢帛门幅必须在1尺8寸以上,每匹的长度必须在40尺以上),生产者和出售者都要杖六十,如果得赃多的要比照窃盗罪计赃处罚。买卖双方应"和同"(合意),不准欺行霸市(称"较固")和诈骗(称"叁市"),否则杖八十。

《关市令》规定买卖大牲畜和奴婢必须要在买卖行为后三天内在市司的监督下订立"市券"(在契约上加盖市司的印章)。在此三天内买方可以检查牲畜和奴婢的健康情况,发现问题可以悔约。契约上必须有保人的副署。奴婢买卖还要经过"过贱"程序,由当地官府确认属于奴婢,并非买卖良人。出售的手工制品必须要有制造者的姓名。

【资料】

唐咸亨四年(673)西州前庭府杜某买驼券

　　咸亨四年十二月十二日,西州前庭队正杜,交用练拾肆匹,于康国兴生胡康乌破延边买取黄敦驼壹头,年十岁。其驼与练,即交想(相)付了。若驼有人寒盗仞佲(呵盗认名)者,一仰本主及保人酬当,杜悉不知。三日不食水草,得还本主。待保未集,且立私契,保人集,别[立]市契。两和立契,获指为[验]。

驼主　康乌破延(画指)

买驼人　杜

保人都护人　敦（签名）
保人同乡人　康莫匡（画指）
知见人　张轨端①

译文：

咸亨四年十二月十二日,西州前庭军官杜某,用 14 匹练向康国兴生胡人康乌破延买了一头 10 岁的黄骆驼。骆驼和练已当场交付。如果日后有人声称该骆驼是偷盗的赃物来确认所有权的话,全都由骆驼本主以及保人负责,杜某都不知道。如果骆驼 3 日内不食水草,可以归还本主。没召集到保人前先立这件私契,等到保人召集,另外再立市契。双方合意立契,各自画指作为信验。（下略）

2. 土地买卖制度

如上所述,唐代法律限制土地自由买卖。关于土地买卖的程序规定也比较复杂。

首先,土地买卖必须先向当地官府提出申请"申牒",得到官府批准的"文牒"后才可以进行买卖活动。开元《田令》规定如果土地买卖没有文牒的,"财没不追,地还本主"。②

其次,土地买卖要由家长同意。《杂令》规定只要家长是在三百里以内,子孙就不得擅自出卖土地。否则也是土地归本主,地价归官府。

再次,唐法律规定"买卖有保",在买卖契约上必须有保人副署,以证明买卖行为的合法性。

再次,在实行"两税法"、承认土地可以自由买卖以后,朝廷又立法规定土地买卖后必须转移土地所承担的赋税,防止"产去税存"。大中四年（850）制敕称"地既属人,税合随去",如有"豪富之家"故意乘人之危,不立即转移赋税的,要予以"痛惩"③。

【案例】

唐代不动产交易事例

现有史料中关于唐代民间不动产买卖契约习惯的记载很少见。唐初有个叫王义方的清官,被调到京城长安担任侍御史。他在长安城里买了住宅居住,搬进去没几天,有一天正在院子里和朋友们聊天,忽然用手指着院落中的树木说："这些树我还没有付钱呢。"朋友们告诉他长安的习惯是"树当随宅",是作为房屋的附属物一起买卖的,并不需要另外付钱。王义方说："我只是买了房子,契约上哪里提到过这些树木?"立刻派人把原来的房主请来,付给了他四千文铜钱。④

（二）借贷契约

唐代律令将借贷行为按照是否计算利息分成两大类,不计息的称为"借"（包括现代民法中的使用借贷）、"贷"或"便"（不计息的消费借贷）,计息的称为"举"。法律仅保护前一种债权,后一种债权要靠债权人自力保护,官府不予受理。

---

① 《吐鲁番出土文书》第七册,第 389 页。北朝隋唐时期契约的签署除了各自署名外,最常见的是由当事人在自己姓名后画上自己食指的长度并点出指尖、指节的位置,称为"画指"或者"获指"。即使是官府诉讼文书也是以画指方式签署。
② 《通典》卷 2《食货二田制下》。
③ 《唐会要》卷 88《租税》。
④ 〔唐〕《人谱类记》卷下。

1. 不计息之债

《唐律疏议·杂律》"负债违契不偿"罪名专门针对不计息债务,规定债务数额在1匹以上、超过20日不偿还的,笞二十,以上每20日递加一等至杖六十为止;债务数额在30匹以上、超过20日不偿还的,加重二等处罚;债务数额在100匹以上、超过20日不偿还的,加重三等处罚;并且责令偿还。

《杂令》规定了不计息之债的三种担保方式:第一顺序为"牵掣"(扣押债务人财产抵债)。规定债权人要先报告官府,并且所牵掣的财产不得超过债务原本,《唐律疏议·杂律》"负债强牵财物"条规定超过部分要作为坐赃罪处罚。第二顺序为"役身折酬"(以债务人劳役抵债)。规定只能由债务人家中的"男口"去债权人家劳役抵偿。但没有规定劳役抵偿的折算方法,根据官府"折庸"方法,应该每一天劳役折为绢3尺。第三顺序为"保人代偿"。在债务人逃亡的情况下,则由在契约上副署的保人代为偿还。[①]

2. 计息之债

《杂令》规定凡是"出举"(计息放债)的行为,"任依私契,官不为理",即债权人完全要依靠自身力量来实现债权,官府不会受理对于债务人违契不偿的起诉。同时又规定如果债务人起诉债权人在法律限制之上算取利息、牵掣财物超过债务本息,则"官为理",官府应该受理,而且还规定违法计息行为允许他人告发,告发者可以获得本利充赏。

《杂令》明确规定了对于利息的限制。对于利率的限制为每月计息利率不得超过"六分"(6%),不得"回利为本"(复利计息)。并规定利息累计总额不得超过原本,"积日虽多,不得过一倍"。[②]

以后的唐代格敕坚持这些原则,开成二年(837)敕规定私人出举利率不得超过每月"五分"(5%),并将重利盘剥作为犯罪处罚,允许债务人到官府告发,违法放债取息的债权人决脊杖二十,并"枷项令众"(脖子上戴枷示众)一个月。户部格敕规定:官府放债可以"五分"计息,但私人放债只能"四分计息"(月利4%)。[③]

【资料】

唐麟德二年(665)卜老师举钱契

麟德二年正月廿八日,宁昌乡人卜老师,于高参军家人未丰边举取钱拾文,月别生利钱壹文。若未丰须(需)钱之日,本利俱还。若身东西不在,一仰家妻儿收后上钱;听掊家财,平为钱直(值)。两和立契,获指为信。

     钱主 高未丰

     举人 卜老师(画指)

     保人 翟子隆(画指)

     知见人 翟贞信(画指)

     保人 男石德(画指)

---

① 从出土的唐代契约文书来看,在契约后画指的"保人男""保人女"就是债务人的儿子、女儿。而且借贷契约中几乎都有债务人表示"如身东西不在,一仰妻儿收后者偿"的惯语,所谓"身东西"就是死亡的隐语。所以唐朝的"保人代偿"可能只是"父债子还"的表现形式之一。参见郭建:《中国财产法史稿》,中国政法大学出版社2005年版,第250—252页。

② 《唐令拾遗》,第789页。

③ 《宋刑统》卷26《杂律》引唐格敕。

译文：

麟德二年正月二十八日，宁昌乡人卜老师，向高参军的家人高未丰"举"钱拾文，每月利钱壹文。如果高未丰需要用钱时，本利一起归还。如果债务人死亡，全靠家里的妻儿、收拾后事者偿还，允许扣押家中财产抵偿债务。双方合意立契，画了手指作为信验。（下略）

提示：此件契约可以看到当时民间的利率远高于法律的限制，达到了月利10%。其次最后画指的"保人　男石德"，就是债务人卜老师的儿子卜石德，可见"父债子还"早已成民间惯例。

（三）寄存契约

寄存是一种常见的契约行为，但是唐律令中有关的内容很少。《唐律疏议·杂律》将"受寄财物辄费用"列为罪名，规定将他人寄存的财物消费掉的，按照坐赃罪减一等处罚。如果是欺诈宣称已亡失或死亡（如牲畜、奴婢）的，按照诈欺取财罪减一等处罚，赃一尺以上笞五十，一匹加一等，罪止徒三年。律疏又扩大解释，如果确实是亡失的，只要不是遭到强盗抢劫，都必须赔偿；牲畜、奴婢确实是自然死亡的也无须赔偿，但是如果是非自然死亡的，根据《厩牧令》要赔偿"减价"（牲畜原价减去出售死牲畜的皮、肉、骨等价值）。

以上唐律的规定只是从受寄人的保管义务出发，至于受寄人的寄存费用则毫不提及。另外也没有关于寄存物孳息归属的明确规定，只有在《唐律疏议·名例律》关于"正赃"的律疏中提到，在归还赃物时，"婢生子，马生驹"之类的自然孳息都作为"正赃"必须随同归还；然而凡是"兴生出举"（经营、放债）所得的利润都被视为并非原物的孳息，归占有人所有。以此类推，寄存的财物由受寄人经营后的利润也应当归受寄人所有。隋唐时期经营仓储批发的"邸店"，寄存财物的"寄附铺"，寄存现钱的"柜坊"都极为兴盛，显然都是利用这一法律原则，借他人财产经营获利的。

【资料】

唐代寄存契约案例

卫州新乡县百姓王敬从军卫戍边疆，出发前把家里的6头母牛寄存在舅舅李璠家。5年后当王敬退役回家时，那些母牛已产下30头小牛，价值10贯以上。可是李璠只还给他4头老母牛，说是另两头已经病死了，那些小牛也不是王敬的母牛养的。王敬气不过，到县衙告状。新乡县令裴子云把王敬关进监牢，下令把"盗牛贼"李璠抓来。李璠吓坏了，到了衙门就求饶。裴子云说："有盗牛贼招供说和你一起偷了30头牛，藏在你家，现在当堂对质。"狱卒蒙上王敬的头，伪装成盗牛犯，把他从监狱里带上来，站在南墙下。李璠赶紧说明："那30头小牛是外甥的母牛生的，不是偷来的！"裴子云一把拉掉王敬头上的蒙布，李璠吃了一惊说："这就是我外甥！"裴子云笑道："那就还牛吧，还有什么可说的？5年养牛也不容易，给你5头牛吧！"双方都接受了。全县的百姓听说后都佩服他的智慧。[1]

（四）质押契约

以财物质押担保债务是长久以来就有的民间契约行为。唐代称之为"质"，或者是"贴"、

---

①　〔唐〕张鷟：《朝野佥载》卷5。

"典"。《杂令》有一条对于"收质"的规定：凡收取债务人质押财物放债的，不当着债务人的面不得私下出卖质押物。当债务人的债务利息累计超过原本后仍然不能清偿，债权人应及时报告市司并通知债务人到场，在市司和债务人的监督下出卖质押财物，得到的卖价中相当于原本两倍的价金（原本以及相当于原本的利息）归债权人，余下部分归债务人。[①]

（五）土地的贴赁和典质[②]

唐代法律所允许的地权转让方式，除了有限制条件的买卖以外，还有"贴赁"与"典质"。贴赁是出让方获取受让方提供的一笔现金后，移交自己的土地由受让方使用收益约定的一段时期。"典质"则与北齐的"帖"相似，一方出让土地后必须以原来的转让价赎回土地，"地还钱还"。

唐中期以前法律一直不承认任何买卖外的地权转移，开元二十五年（737）的《田令》仅仅允许贵族官员可以贴赁和典质土地，禁止民间这类交易，违者"财没不追，地还本主"。天宝十一载（752）还曾下诏书禁止。[③] 但是到了宝应二年（763）的制敕就宣布凡是在一地居住一年以上、"贴、买得田地有农桑者"，都可以就地入籍，正式承认贴赁行为。[④] 长庆元年（821）敕又规定凡是典、贴得他人土地的，必须缴纳土地承担的赋税。[⑤] 按照传统法制的惯例，承担赋税也就默认了土地占有的合法性。

三、损害赔偿

《唐律疏议》总的来说仍然是将损害赔偿视为处罚犯罪的一种补充手段。

凡是侵损他人财产的行为在处以刑罚的同时都要进行赔偿。比如强盗、窃盗行为都要"倍备（赔）"，即加倍赔偿。但规定流刑、死刑罪犯无须加倍赔偿。如果因为过失导致水、火灾害的，要处以刑罚，但不必赔偿水火灾害造成的他人财物的损失，这称之为"坐而不偿"。相反如果是因为过失弃毁、亡失他人财物的，单纯进行赔偿即可，不必追究刑事责任，称之为"偿而不坐"。

《唐律疏议》中没有类似于今天法律中刑事诉讼附带民事诉讼的制度，凡是故意侵损他人人身造成伤害的都一律处以刑罚，加害人不再承担赔偿责任。只是在某些过失伤害罪的处理上，规定可以将刑罚转换为"赎铜"，并将所赎之铜交给受害之家。比如合法地在城内行驶车、马，因马匹受惊而伤害他人的，按照过失杀伤人罪处刑，再折换为赎铜，"铜入被伤杀之家"。

第七节　唐代的司法制度

一、司法机构

（一）中央司法机构

唐代中央的司法机构主要有大理寺、刑部，御史台也参与司法审判活动。形成由朝廷常设的三个机构分管司法的局面，对

---

① 《唐令拾遗》，第790页。

② 自唐代开始，民间逐渐习惯混用"典"与"质"，用以表示一方向相对方提交某项财产，并由相对方控制以担保债权的意思。这很有可能是为了避唐高宗李治的音讳。李治于649年登基，683年去世，以后武则天又长期执政至705年，夫妻两人的统治时间长达56年。在此期间，"质"因与"治"同音，民间避免使用，而改用"典"，形成两字混用情况。唐末后有关土地交易的立法，明确使用"典"，不混用"质"。

③ 《唐令拾遗》，第564页。

④ 《唐会要》卷85《逃户》。

⑤ 《文苑英华》卷423《敕》。

后世有很大影响。

唐代大理寺是最高审判机构,设卿、少卿为正副长官,以下设有正、丞、司直、评事等官职,负责审理朝廷百官犯罪以及京师地区徒刑以上案件。大理寺对于徒流刑以上案件的判决必须经过刑部的复核。对于刑部移送的地方死刑疑难案件有权重审。

唐代刑部是朝廷的司法行政机构,由两晋南北朝时期的"三公曹""二千石曹""比部"等尚书省机构发展而来。隋朝正式将刑部列为尚书省六部之一,长官为尚书,副长官为侍郎,以下分设4司,其中的刑部司主管审判复核,负责复核大理寺所判决的徒流刑案件,以及各地上报的疑难案件。此外还负责提出修改法律文件建议等事务。

御史台是朝廷的监察机构,设御史大夫、御史中丞为正副长官,以下有侍御史、监察御史等官职。负责监察朝廷百官,侦查、预审皇帝交办的案件,参与对于官员犯罪案件的审理,并有权对大理寺、刑部的审判以及复核进行监察。

以上三个机构的长官有时也会由皇帝命令组成会审法庭,号为"三司推事"。当地方发生重大案件,不便于移送朝廷,也会由这三个机构派员前往审理,号为"小三司"。

隋唐时期朝廷的中枢决策部门为中书省(为皇帝草拟诏敕的机构,长官为中书令)、门下省(隋朝称"纳言",长官为侍中,对中书省草拟诏敕进行复核的机构),合称"中书门下",也具有参与重大案件审理的权力。对于特别重大的案件,由御史台、中书省、门下省长官组成特别法庭,号为"三司",是非常设的最高法庭。另外又由御史台的侍御史、中书省的中书舍人、门下省的给事中组成民间向朝廷直诉案件的初审法庭,决定受理后再转交有关司法机构,号为"三司理事"。

(二)地方司法机构

隋唐时期地方司法机构仍然与行政机构混同,行政长官即一地的最高法官。地方分为州、县两级。州的长官为刺史,县的长官为县令。

和前代不同的是,从隋朝开始各级地方长官丧失自行在当地招募僚属的人事权,其辅助官员统一由中央调配,地方政府的机构设置也统一划定。唐代州刺史以下,法曹参军事(或称司法参军)受理刑事案件,司户参军受理民事案件。县令以下有县尉负责当地治安,并设有司法佐、史和司户佐、史之类的书吏协助处理刑民诉讼案件。

二、诉讼制度

(一)诉讼的限制

《唐律疏议·斗讼律》规定年纪在80岁以上以及未满10岁者,以及"笃疾"之人,只能起诉、告发谋反大逆、谋叛,子孙不孝,被同居人侵害这几项罪名,其余案件一律不得起诉、告发。在押犯也不得告发他人。另外根据"同居相为隐",家族内部不得告发,更不允许卑幼起诉尊长。奴婢、部曲不得告发主人(告者绞,但"三谋"罪除外)。

唐《杂令》规定凡是田宅、婚姻、债负之类的案件,只能在每年的十月初一至第二年的三月三十日这6个月内起诉和受理。

(二)诉讼管辖

在地域管辖上,根据唐《狱官令》,犯罪案件都由案发地的州县管辖。这是一个总的原则。而《唐律疏议·斗讼律》又补充规定,如果两地相隔在100里以内,则"后发就先发",后发现的罪犯应移送最先发现犯罪的州县审理。但是如果先发现的罪行轻、而后发现的罪行重,则"轻囚就重囚"。如果是共同犯罪,一处捕获的罪犯多、一处捕获的罪犯少,则"少囚从多囚",罪犯少的州县应向罪犯多的州县移送案件的管辖。

古代无所谓"级别管辖",一切案件都应从最基层的县开始诉讼审理。《唐律疏议·斗讼律》称"凡诸辞讼,皆从下始,从下至上"。如果直接向上级官府起诉,即构成"越诉"之罪,起诉人和受理者都要处笞四十。只有在基层官府违法不予受理或审理有"冤抑"的情况下,才可以逐级向上级官府申诉。有重大"冤抑"可以到朝廷直诉。唐代模仿儒家经典《周礼》一书的说法,在朝门外设"肺石"(红色的大石块),直诉人可以站立在石下。或者"挝登闻鼓"(擂在皇宫外专设的大鼓)、"邀车驾"(皇帝出行时在路旁喊冤)向皇帝直诉。

（三）诉讼的责任

《唐律疏议·斗讼律》专门设立"诬告"罪,规定诬告者反坐所诬告的罪名。也禁止以匿名方式告发他人,规定投递匿名书告发者要处流二千里,接到匿名书的人应立即将匿名书烧毁,如果投递到官府的,要处徒一年。

起诉或告发人所诉必须是事实,明确日期,不得称是可疑之类,否则不仅不予受理,还要处笞五十。帮他人起草书写诉状只能按照他人意思,不得增减情节,否则也要笞五十。《狱官令》规定除了告发"三谋"重罪外,所有起诉或告发都要经过"三审"的程序,要向起诉人三次(隔日进行)讲解诬告反坐的法律,并核对起诉或告发人三次所诉是否一致。

（四）诉讼时效

对于刑事案件的追诉时效是按照大赦来定的,凡在朝廷大赦前的犯罪,如果罪名是已被大赦赦免的,就不得再进行追诉。相反"告赦前事"还是一项罪名,告发人要反坐所告发的罪名。

民事财产方面的诉讼时效规定是在唐代后期才出现的。长庆二年(822)的敕规定:土地、房屋的相邻纠纷,经过 20 年未起诉的,官府就不得予以受理。20 年里如果确实是滞留在外地无法及时起诉的,可以扣除在外的年份。824 年又进一步规定了有关债务纠纷的诉讼时效:如果是远在 30 年前的债务、而债务人、保人已逃亡的,债主只凭债券起诉的,官府一律不予受理。[①]

（五）证人与证言

《唐律疏议·断狱律》限定证人的资格:有容隐义务的亲属、部曲、奴婢都不得作证;年纪在 80 岁以上、未满 10 岁,以及笃疾者,由于不能对其动用刑讯,也不得要求出庭作证。官府如果要求这些人作证的,要反坐罪人所控罪名减三等处罚。

唐律规定对于自己不认罪的被告,不能单纯根据证人的证言来定罪。只有当被告是八议、请、减的对象,或者是年纪在 70 岁以上、未满 15 岁以及废疾者,这些人法律规定不得施行刑讯,可以根据"众证"来定罪。"三人为众",即要求有 3 个以上证人的一致证言才可以定罪。

三、审判制度

（一）对于刑讯的限制

唐《狱官令》规定法官在审讯时首先要依靠"五听"来弄清事实,然后根据证人、证言及证据反复核对被告的供词。只有当被

---

① 《宋刑统》卷 13《户婚》"典卖指当论竞物业"引。

告在有了这些证据、证言后仍然狡辩,不肯"首实"、不肯讲实话认罪的,才可以动用"拷讯"(刑讯)。每次拷讯应该相隔 20 天,拷讯的总次数不得超过 3 次(即使在审讯中被移送到其他部门受审,仍然计总数不得过 3 次),而总的拷讯数目不得超过 200 下。对于杖一百以下的罪名拷讯也不得超过罪名所定的最高笞杖数目。经过了 3 次、200 下拷讯仍然没有认罪的,被告就可以取保释放。除了被杀、被盗以及亲属之间的诉讼外,其余的案件在被告拷讯限满未认罪的情况下,就要根据被告已经挨打的数目"反拷"原告。

（二）审判的依据

唐律明确规定法官必须严格依据律、令、格、式的正文来作出判决(律疏可以作为律文来引用)。如果引用皇帝未经编为格的敕条来作出判决,以至于判决有误的,都要按照"出入人罪"来处罚。

（三）法官的个人责任

《狱官令》规定当司法官员和诉讼当事人有五服以内的亲属关系,或者是有大功以上的姻亲关系,以及曾经是自己的老师或曾经是自己的上级、长官,还有是和自己有"仇嫌"者,都必须自行回避。

《断狱律》规定拷讯超过限定数目的或以非法手段拷讯的,法官都要杖一百,拷讯打死人的,法官徒二年。

《断狱律》明确法官在审判中应该实事求是,既不许"入人罪"(无罪判为有罪、轻罪判为重罪),也不许"出人罪"(有罪判无罪、重罪判轻罪),否则就是"出入人罪"之罪。如果是故意的,称"故出入人罪",必须要反坐所错判的罪名(包括轻罪和重罪之间的差额)。如果是过失造成的,称"失出入人罪",仍然要反坐罪名,但"失入"的,反坐后可以减轻三等处罚;"失出"的,反坐后可以减轻五等处罚。

第八节　五代的法律制度

五代十国时期军阀割据,战乱不已。但是在战乱的间隙以及一些割地自保的地区,社会经济仍然在发展,各个短命小朝廷也总是企图以法制长治久安。因此这一时期法制在某些方面有了变化,对以后的发展起到了作用。限于篇幅,本节集中介绍五代的法制,并主要介绍重要的、对后世有影响的变化。

一、立法方面的发展

除了后梁为了表示改朝换代曾经制定颁布《大梁新定律令格式》外,其他各朝基本沿用唐代的律、令、格、式,没有采取大规模制定法典的立法模式,习惯于进行各类简便易行的立法模式。主要特点有以下两个方面。

（一）编敕

五代时期的统治者沿袭唐后期以来的传统,敕的地位日益上升。由于敕原来只是单行法规,日积月累,不断增多,难免有互相冲突矛盾之处,为此出现了将敕汇总整编的立法形式,称之为"编敕",具有法典的性质。

见于史籍记载的最早的编敕是在后唐。后唐明宗天成年间(926—930)曾颁布《天成杂敕》3 卷。以后清泰二年(935),又将以前历朝颁布的敕中选择 394 道被认为可以长久施行的,编为《清泰制敕》30 卷,并明确宣布未被编入的敕一律封存,不得援引适用。

后唐创"编敕"立法形式后,被各代沿用。后晋立国后,在天福三年(938)又编制《天福编敕》31 卷,共收编整理了 368 道敕。后周建国当年,就整编后晋以来的 26 件有关刑法的敕为《大周续编敕》,同时也沿用前朝的编敕。

（二）刑统

五代时期处于战争环境,为了实际运用方便,将各种法规汇编为一体的实用型法典成为主要的立法活动。唐后期出现的"刑律统类"形式由此也成为主要的立法模式。

后唐建立后,因后梁政权曾经下令销毁唐朝的法典和法规书籍,京师地区原来唐代法典文本已经不存。以后从定州找到法典文本 286 卷,为了切合实用,采用了唐后期的《大中刑律统类》体例,对原有律令格式大加删减,编为《同光刑律统类》13 卷,于同光二年(924)颁行。

后周建国后,随着中原地区政治环境逐渐稳定,立法工作进一步得到重视。后周世宗下令将前朝的各类法典法规统一改编为新的法典。至显德五年(958)完成颁布,称《大周刑统》(史称《显德刑统》),共 21 卷。对于以后宋朝的法典制定有直接影响。

二、法律内容的主要变化

（一）刑事法律方面

1. 刑罚的变化

五代时期刑罚制度在原来隋唐所确立的"五刑"体系基础上有所发展,对于以后宋朝的刑罚制度发生直接影响。

首先,杖刑逐渐得以取代一些笞、杖、徒、流罪名。唐大中七年(853)已有敕规定,将杖刑改行"脊杖"(专打背部),脊杖 1 下折合原来的杖刑 10 下;笞刑改为"臀杖"(责打臀部),臀杖 1 下折合原来的笞刑 5 下。到五代时期很多徒、流罪名也以"脊杖"代替。这主要是因为五代时割据政权所控制地域有限,而朝廷又滥发大赦令,使得流刑和徒刑难以执行,所以改用杖刑便于迅速结案执行。

其次,开始将一些罪犯在执行普通刑罚后再附加"刺配"刑。五代时普遍在士兵脸上刺字,以防止逃兵现象。以后推广到所有的为官府服役的人都要刺字,刺字后发配服役,简称"刺配"。

再次,死刑方面出现了许多残酷的处死刑方式。最为著名的就是"凌迟",以快刀零割罪犯身体,使之痛苦而缓慢的死去。此外还有用长钉将罪犯的手足钉在木桩上缓慢流血至死等酷刑。

2. 定罪量刑的变化

由于军阀政权朝不保夕,社会秩序混乱,五代时期对于政治性的重罪以及"盗贼"罪的处罚都大大加重。唐代曾规定在京师地区强盗罪,以及窃盗赃满 3 匹一律"集众决杀"。[1] 五代时期则推广到全部统治区域之内。尤其"群盗"不仅全部处死刑,还要处罚家属、籍没家产(后晋时才曾禁止)。[2] 后汉时还曾规定"盗一钱"就要处死。[3] 此外对于私自生产销售盐、茶、酒之类国家专卖商品的行为,以及违反货币法令的行为也大量适用死刑和邻里连坐。

---

① 《册府元龟》卷 613《刑法部》引唐建中三年(782)敕。
② 《旧五代史》卷 89《晋书·桑维翰传》。
③ 《宋史》卷 199《刑法志一》。

（二）财产法律方面

五代时期在财产法律方面最大的变化，就是规范了土地交易的几种契约制度。规定买卖、典质、倚当（债权人长期占有债务人土地，以土地的收益抵消债务）这三种土地交易卖方亲属和邻居都具有同等价格条件下的先买权，订立的契约都要有牙人（买卖居间人）和邻居的见证，并到官府经验证确实无欺诈行为后加盖官印，同时缴纳契税。这一制度确切的实施时间已难以考证，但至少在后周广顺二年（952）的法令里已相当严密。①

【案例】

五代土地亲邻先买权案例

后唐时，石敬瑭（后来建立后晋皇朝，史称晋高祖）为河东节度使，属下的九门地方有个人打算出卖土地，可是已经分家了哥哥利用亲属所具有的先买权，要以低价收买。他想和外人交易，哥哥就百般阻挠。弟弟不得已到官府起诉。县令认为这两兄弟不相和睦，把他们送到上级衙门惩处。石敬瑭说：百姓不知大义，是因为我这个当长官刚到任，没有能够及时加以教化，我很是惭愧。不过就这件案子来说，哥哥想得到良田，弟弟想得到高价，哥哥"不义之甚"。下令将哥哥处笞刑，土地卖给出高价者。②

【人物】

赵　绰

赵绰，是隋文帝时的司法官员。他能够公平执法，不惜冒犯皇帝。隋文帝公布《开皇律》后不久就打算加重对于盗贼罪的处罚，赵绰当时担任刑部侍郎，他劝谏说：陛下推行尧、舜之道，心存宽宥；而且"律者，天下之大信"，怎么可以丧失信誉呢？隋文帝暂时接受了他的意见。赵绰以后转任大理寺少卿，有个叫辛亶的官员，出于迷信穿了条红裤子上朝，被隋文帝看见，认定辛亶是在搞巫术害人，马上下令要拉出去处死。赵绰挺身而出，说根据法律辛亶无死罪。隋文帝大怒，把他也绑到广场上，剥光了衣服要和辛亶一起处刑。赵绰高声说道："执法一心，不敢惜死。"隋文帝最后才放了他。赵绰升任大理卿后，隋文帝派出的特务在市场上抓了两个兑换劣质钱币的人，隋文帝下令处死刑。赵绰反对说这两人按法律不过是个杖罪。隋文帝说：这不干你的事。赵绰说：我在司法机关当差，有胡乱杀人，怎么不相干？反复劝谏，终于使隋文帝撤销了死刑命令。③

戴　胄

戴胄（？—633），是唐太宗统治时期的大理卿。他是唐代最著名的法官之一。当时有很多人伪造祖先的官衔履历，以图以"门荫"当官，唐太宗对此很恼火，宣布凡伪造者立即自首，否则都要处死刑。后来发现了一批伪造门荫的人，戴胄全部按照法律判处流刑。唐太宗召见戴胄，说：你胆敢使我说话不算数，你拿了罪犯多少好处？戴胄说：陛下既然将此案交给司法部门，就要按法处罚；"法者，国之大信"，陛下的言语只是一时喜

① 《五代会要》卷264《市》。
② 《旧五代史》卷75《晋书·高祖纪一》。
③ 《隋书》卷62《赵绰传》。

怒之发,如果为一时的喜怒而损害天下的大信,我真替陛下可惜。唐太宗接受了他的意见。唐太宗妻子、长孙皇后的哥哥长孙无忌有一次忘记解下佩刀就进入了皇宫的东上阁,按照法律规定这是个死罪。长孙无忌既是皇亲,又是功臣,按照"八议"制度,由朝臣集议。宰相封德彝提议:长孙无忌是过失犯罪,改判徒二年;守卫东上阁的校尉没有及时发现长孙无忌带刀,要判绞刑。戴胄坚决反对。唐太宗表态说:"法者,非朕一人之法也",不能因为长孙无忌是我的亲戚就宽免。戴胄建议说:校尉和长孙无忌都是过失犯罪,但只是此案中的从犯,长孙无忌能够免死罪,校尉也应该免死罪。最后得到了通过。[①]

徐有功

徐有功(640—702),是武则天统治时期的法官。当时武则天大肆任用特务诛杀异己,而徐有功则根据法律对抗,三次被指控死罪,多次被罢官,但仍然严守法律。有一次武则天在朝廷上为了一件案子厉声责问徐有功,满朝文武吓得战战兢兢,可徐有功镇静自若,据法力争,终于使武则天接受司法部门的结论。另一次武则天召见刚被指控为"包庇反贼"死罪的徐有功,说:你办案件为什么总是"失出"? 徐有功说:"失出,臣之小过;好生,圣人之大德。"武则天也知道是酷吏陷害,将徐有功判处流放。不久召回,仍然让他当法官。他在十多年里平反冤案数百件,挽救了数以万计的人命。被当时人誉为是比汉朝张释之还要伟大的法官。[②]

本 章 小 结

和同样二世而亡的秦朝一样,隋朝在法制史上的地位非常重要。在这个短暂的朝代里,中国的法制重新得到了统一。隋朝总结了自三国两晋南北朝以来的法制发展趋势,对于以后的唐朝法制发生了重大的影响,具有承前启后的意义。然而隋朝统治者这种注重法制的精神却并没有始终如一的贯彻于其施政的全过程,尤其是隋朝两代皇帝都迷信重刑威吓,置法律于不顾,导致社会矛盾激化,给后世留下的教训极其深刻。

唐初统治者认真吸取了隋朝法制的教训,在致力于完善法律体系的同时,注重法制的协调,尤其是注意自我约束遵守法律,保证了社会经济、文化的恢复发展,迎来了中国法制史上的辉煌时代。以《唐律疏议》为代表的唐代法典,与传统礼教高度结合,是中国法制史上的经典之作,被后代长期沿用,并对周边地区的国家的法律也曾产生巨大影响。

唐末五代战乱频繁,各割据政权注重于法律的实用性,在唐末法制的基础上也发展出一些颇具特色的内容,对于以后宋代的法制具有直接影响。

延伸阅读

基本史料

〔唐〕长孙无忌等:《唐律疏议》,刘俊文点校,中华书局1983年版。

---

① 《旧唐书》卷70《戴胄传》。
② 《旧唐书》卷85《徐有功传》。

〔唐〕李林甫等：《唐六典》，中华书局点校本，1987 年版。

［日］仁井田陞：《唐令拾遗》，栗劲等编译，长春出版社 1989 年版。

《旧唐史》卷 50《刑法志》。

《新唐书》卷 56《刑法志》。

参考书目

叶孝信：《试论唐律疏议》，见《法律史论丛》第一辑，中国社会科学出版社 1981 年版。

戴炎辉：《唐律通论》，台湾"国立"编译馆 1964 年版。

刘俊文：《敦煌吐鲁番唐代法制文书考释》，中华书局 1989 年版。

陈鹏生主编：《中国法制通史》第 4 卷《隋唐》，法律出版社 1999 年版。

倪正茂：《隋代法制考》，社会科学文献出版社 2009 年版。

钱大群：《唐律与唐代法制考辨》，社会科学文献出版社 2009 年版。

杨一凡、尤韶华主编：《中国法制史考证》甲编第 4 卷《隋唐法制考》，中国社会科学出版社 2C03 年版。

［日］冈野诚主编：《中国法制史考证》丙编(日本学者考证中国法制史重要成果选译)第 2 卷《魏晋南北朝隋唐卷》，中国社会科学出版社 2003 年版。

思考题

1. 唐初统治者在哪些方面接受了隋朝法制的历史教训？

2. 唐代的法律形式与汉代比较有哪些变化？

3. 唐代的社会等级结构有何变化？

4. 唐律定罪量刑的主要原则是什么？

5. 唐律定罪量刑的通例主要有哪些？

6. 隋唐"五刑"制度的具体内容是什么？

7. 设立"十恶"罪名的主要保护对象是什么？

8. 唐代法律对于借贷之债是如何分类进行保护的？

9. 五代期间法制主要有什么变化？

本章提要

　　两宋的立法非常活跃，法律形式也相当丰富。在法律内容上名义上继承唐律但实际上有大量的创制。鼓励并推广宗族制度，对刑事法律进行了大量的修订，尤其是在民事法律方面，两宋有很多立法成果，基本奠定了典权等一些基本的财产制度，对于后世有很大影响。宋朝的司法制度也颇具特色，较为强调法官的专职化，注重审判的分工和程序。

　　960年，后周将领赵匡胤发动兵变，建立宋皇朝，史称北宋。1127年在金朝的打击下，北宋灭亡。同年宋朝廷南迁，建都临安（今浙江杭州），史称南宋。1279年南宋为元朝所灭。两宋前后共经历了320年。

　　宋代的社会生产力比以往朝代有了明显提高。农村租佃制得到了普遍发展。地主与佃农形成契约关系，佃农的人身依附关系大大削弱，成为国家的编户齐民。商品市场更加繁荣，货币经济空前活跃，并发行了世界上最早的纸币。旧的城市坊市制度被打破，商业城市更为繁荣。国内外贸易也进一步兴旺发达。

　　自三国两晋以来门阀士族统治格局退出历史舞台，宋朝建国后，广开门路，通过科举考试、学校考选等途径，形成了相对具有一定开放性的官僚士大夫集团。宋朝吸取了唐末五代弊政的历史教训，制定出一套集财权、兵权、司法权于中央的集权主义专制统治制度，使宋代的政治体制收到了"上下相维，轻重相制，如身之使臂，臂之使指"的效果。[①]　然而也带来财政负担沉重，统治效率低下，"冗官冗兵""积贫积弱"的老大难问题。

第一节　法　律　形　式

　　宋代的法律形式基本承袭唐制，又加以发展变化，主要有律、敕、令、格、式、例。

---

　　① 〔宋〕范祖禹：《范太史集》卷22《转对条上四事状》。

一、律和《宋刑统》

宋代没有颁布律,宋代的律就是指《宋刑统》中全盘照抄的唐律。宋太祖建隆四年(963),颁布了由窦仪等人修撰的宋代第一部法典《重详定刑统》,简称《宋刑统》,共 30 卷。《宋刑统》是在后周《显德刑统》基础上加以删削增改而成的。

《宋刑统》承袭了唐、五代以来"刑律统类"的编撰体例,以《唐律》12 篇为主干,每篇之下再分门类,总共分 213 门。每个门类除了唐律原有的条文及其律疏,还编入唐开元以来各朝 177 条敕令格式。《宋刑统》的编撰者建议的新的立法称为"起请"。总共 32 条,每条冠以"臣等参详"。

在内容上,《宋刑统》亦有明显变化。比如增创"折杖法",作为代用刑,替代五刑中的笞、杖、徒、流刑。尤其是增加了不少有关调整民事法律关系的条款。《宋刑统》开设如"户绝资产""死商钱物""典卖指当论竞物业""婚田入务"等门类,将唐末以来有关赦令格式编于相关律条之后。

《宋刑统》一直是宋代的基本法典,宋代虽然大量修撰编敕,但就法律形式而言,律从未被敕所取代,敕律并行不悖。只是在法律适用原则上,敕优先于律适用而已。[①] 宋仁宗嘉祐二年(1057),宰相韩琦等奉诏修撰《嘉祐编敕》,于此同时,对《宋刑统》所附敕和起请条重新进行了审核,取其"见今可行者",编入《嘉祐编敕》,并规定《宋刑统》内所附敕和起请条停止使用,不再具有法律效力。[②]

【资料】

《宋刑统·婚田入务》"起请"条

臣等参详:所有论竞田宅、婚姻、债负之类(债负谓法许徵理者),取十月一日以后,许官司受理,至正月三十日住接词状,三月三十日以前断遣须毕。如未毕,具停滞刑狱事由闻奏。如是交相侵夺及诸般词讼,但不干田农人户者,所在官司随时受理断遣,不拘上件月日之限。

译文:

我们参与制定《刑统》的大臣讨论后建议:一切关于田宅、婚姻、债负之类(债负仅限于法律允许受理的)的诉讼,官府集中于十月一日以后受理,至第二年正月三十日截止受理,并必须在三月三十日以前审判完毕。如果不能审判完毕,应开具理由向朝廷报告。如果是涉及互有侵夺等各类诉讼,只要是不妨碍农耕的,所在地方官府随时受理审判,不受以上条文日期限制。

二、敕与编敕

宋承唐末五代之制,敕的应用更为广泛。皇帝颁布的单项法令称之为"散敕""续降",直接具有普遍适用的效力。散敕积累到一定程度,经立法程序,加以整理删修成具有成文法典性质的"编敕"。宋设有专门的机构进行编敕的修撰工作,称"详定编敕所",又称"编修敕令所"。

作为单行法规,"散敕"和奏汉的"令"相似,保留有立法的缘由、起草的条文、皇帝批准的立法经过。当编入了"编敕"后,立法过程都被删除,仅留单纯的条文。

① 关于此问题,法史学界也有不同看法,认为从宋神宗开始,敕取代了律。此说以陈顾远为代表。参见其著《中国法制史概要》,台北三民书局 1977 年版。
② 〔宋〕韩琦:《安阳集》卷 27《进嘉祐编敕表》。

　　宋代"编敕"修撰活动极为频繁,其数量之多,种类之繁,堪称中国古代立法史之最。宋代不仅有全国通行的具有法典性质的"编敕",还有适用于地方的《一州一县编敕》,以及适用于朝廷各部门的具有特别法性质的《一司一务编敕》《农田编敕》。两宋总共编修过18部全国通行的编敕,其他性质的编敕则难以计数。

　　编敕的编撰体例以神宗元丰七年(1084)为界,大致可分为两个时期。神宗元丰七年以前,编敕以《唐律》12篇为范式,篇目结构与《唐律》相同,每篇之下分立细目,敕从类编,"约束赏刑,本条俱载"。① 自元丰七年修撰编敕起,编敕体例改为按敕、令、格、式四种法律形式分类修撰,修成《元丰敕令格式》72卷。其中《元丰敕》仍依《唐律》分12门,《元丰令》分35门,《元丰格》和《元丰式》不分门。自此,宋代编敕修撰必分敕令格式,"编敕"也随之改称"敕令格式",但习惯上仍可称之为编敕。编敕中,"敕只是断罪",②是刑事法规。

【资料】

《洗冤集录》载"散敕"

　　嘉定十六年二月十八日敕:"臣僚奏:'检验不定要害致命之因,法至严矣。而检验失实,则为觉举,遂以苟免。欲望睿旨下刑部看详,颁示遵用。'刑寺长贰详议:'检验不当,觉举自有见行条法,今检验不实,则乃为觉举,遂以苟免。今看详:命官检验不实或失当,不许用觉举原免。余并依旧法施行。'奉圣旨:'依'。"③

　　译文:

　　嘉定十六年(1223)二月十八日敕:"有大臣上奏:'尸体检验未能确定要害致命的死因,法律已有严格规定。但是官员发现自己检验失实,就立即上报觉举(相当于自首),就可以免于处罚。希望皇帝下旨要刑部研究条文,颁示遵用。'刑部的官员讨论后提出:'检验不当后觉举已经有了现行的法规,现在有检验不实而通过觉举来逃避处罚的。现在建议立法:官员检验不实或失当的,不许利用觉举来寻求原谅免罚。其他仍然按照原有法律施行。'奉圣旨:'批准。'"

三、令、格和式

　　在宋代,令仍然是关于国家政治和社会生活制度的法典。北宋前期曾修撰过《淳化令》《天圣令》。自神宗将编敕的修撰体例改为按敕、令、格、式四种法律形式分类修撰后,令的修撰便纳入了编敕统编的行列。北宋先后修撰有《元丰令》《元祐令》《元符令》《政和令》。南宋的绍兴、乾道、淳熙、庆元、淳祐时期也曾修撰过令。宋仁宗天圣七年(1029)修撰的《天圣令》是现存唯一的一部宋代令典,原书共30卷,分21篇,约1 500条。现存10卷,篇名为《田令》《赋役令》《仓库令》《厩牧令》《关市令》(附《捕亡令》)、《医疾令》(附《假宁令》)、《狱官令》《营缮令》《丧葬令》《杂令》。④

　　宋代的格是为了正确实施国家制度而设立的一种借以比照和衡量的法定标准,与唐格"禁违止邪"的定义相去甚远。宋代的式是对朝廷各府衙公文程式和文牍方面的规定,与唐

---

① 〔宋〕李焘:《续资治通鉴长编》卷407元祐二年十二月壬寅。
② 〔宋〕吕祖谦:《吕东莱先生文集》卷20《杂说》。
③ 杨奉琨:《洗冤集录校译》,群众出版社1980年版,第7页。
④ 戴建国:《天一阁藏明抄本〈官品令〉考》,载《历史研究》1999年第3期。

式"轨物程式"的定义也不同。宋神宗分别给格、式下过定义："设于此而逆彼之至曰'格',设于此而使彼效之曰'式'。"①神宗元丰以后,除元祐朝外,宋每一次修撰编敕都曾修撰过格和式。今本《庆元条法事类》编入的《庆元格》和《庆元式》有:《田格》《考课格》《赏格》《断狱格》《仓库式》《服制式》《文书式》等,篇目达数十种。

四、例

宋朝的例是经立法程序将官府办事惯例法律化的法律形式。宋例大致可分为行政上的"例"和刑法上的"断例"。

政府行政办事"例"的来源十分广泛,凡是皇帝和朝廷颁布的有关敕、札、批状、指挥②都可以成为例。可以援引的例积累多了,前后往往产生矛盾,宋政府常常不定期对所行例进行整理删修,编集成册,如宋真宗时编集的《三司例册》。

两宋习惯将经朝廷审判的有典型意义的"断例"编类成册,作为各级司法机构判案的参考。如仁宗时的《庆历断例》、神宗时的《熙宁法司断例》和《元丰断例》等。断例的编修,最初是以类编次,比较简单。随着例的数量的增加,逐渐按照律的篇目来进行编制。南宋高宗绍兴三十年(1160)《绍兴编修刑名疑难断例》22卷,其中《名例》《卫禁》,共2卷,《职制》《户婚》《厩库》《擅兴》共1卷,《贼盗》3卷,《斗讼》7卷,《诈伪》1卷,《杂例》1卷,《捕亡》3卷,《断狱》2卷,《目录》1卷,《修书指挥》1卷。孝宗乾道二年(1166)《乾道新编特旨断例》70卷,也依《律》分12门。

宋代的断例主要是在常法无正条时,可以引用来判案定罪,作为成文法的补充形式发生作用。但是断例的适用被限制在一定范围之内,宋代规定,在法有正条时,不得引例,"引例破条"是违法行为。

五、条法事类

南宋孝宗时,于编敕之外,又创"条法事类"体的法规汇编体例。这种汇编体例始于淳熙二年(1175)的《淳熙吏部条法总类》。淳熙七年(1180)修成全国通行的《淳熙条法事类》,总420卷,分32总门、420别门。宁宗嘉泰二年(1202)宰相谢深甫等编成《庆元条法事类》,总437卷(一作80卷)。理宗淳祐十一年(1251)宰相郑清之等又编撰成《淳祐条法事类》,计430卷,这是宋代最后一部全国通行的条法事类。

条法事类以事目为经,将敕、令、格、式、申明等多种法律形式分门别类加以重新组合而成。司法官吏检阅之际,有关某一事类的法令一目了然。而原先的编敕,是按敕、令、格、式四种法典形式分开编撰的。相比较而言,条法事类使用方便,省却了司法官吏翻检之劳,且不易遗漏条款。

第二节　身份法律制度

一、社会等级

宋代的社会结构发生了很大的变化,贵族的世袭权利被大幅度削弱,魏晋以来的门阀士族退出了历史舞台,部曲、官户之类的贱民阶层也不复存在。宋代法律所确认的社会等级大致有

---

① 《宋会要辑稿·刑法一之一二》。
② 宋朝的"批状"是朝廷对于下级上报文件的批示,"指挥"是包括皇帝命令在内的上级下达指示的统称。

以下几类。

（一）特权阶层

宋代皇室贵族基本制度沿袭唐代。但贵族封爵不得直接世袭，贵族子孙由皇帝先授予名义上的官职、再视情形授予爵位。因此贵族已向官僚的性质靠近。非皇室贵族的封爵则已完全是一种荣誉性的虚衔，不再有实际的封地或收入。

宋代的官僚分为九品十八级（九品各分正、从两级）。正式的官衔仅表示品位和俸禄的高低，实际所从事的职务称为"差遣"，此外还给文官加学士、直阁之类的"贴职"称号。朝廷有品级官员的家庭称为"官户"。[①] 包括品官的父、祖及其他共同生活者。这与唐代作为贱民的官户完全不同。宋代的官户在经济上、政治上享许多优厚的待遇，可以免除徭役，犯罪后可以财物赎罪或减免罪行，子孙可以恩荫封官。

宋代的官户并无世袭特权，官员子弟通常可以通过恩荫制度获得低级官衔，但恩荫制度并不能保证官僚之家世代做官。因此宋代官户是一个具有一定开放性的社会特权阶层。

（二）平民阶层

宋代平民在户籍上分为主户、客户、吏户等名目。

主户是指拥有一定数量的生产资料的地主和自耕农。其中又有居住在乡村的乡村主户和居住在城镇的坊郭主户之别，他们承担国家的赋役，故又称"税户"。乡村主户和坊郭主户依据财产的多寡分为五等和十等，以承担不同的政府赋役。一般来讲，乡村主户中的第一、二、三等户为上户，他们占有较多的土地，属于地主阶级；第四、五等户为下户，属于自耕农。

客户相对于有生产资料的"主户"而言，主体是无生产资料而租种他人田地的佃农。也有居住在乡村的乡村客户和居住在城镇的坊郭客户之别。乡村客户"佃人之田，居人之地"，[②]通过契约形式与地主结成租佃关系，向地主缴纳税租。他们的人身依附关系与以往朝代相比，已大为减弱，具有较大的人身自由。法律规定，在土地典卖过程中，地主不得将原与佃农签定的租佃关系随契约转给新地主。"亦勿得勒令耕佃，如违，许越诉"。[③] 客户身份具有两重性，既是国家的编户齐民，受国家法律保护，但仍与地主存在一定程度的依附关系，在和其所租种土地的地主有互相侵害行为时，有法律地位上的差距。哲宗元祐五年（1090）规定："佃客犯主，加凡人一等。主犯之，杖以下勿论，徒以上，减凡人一等。"[④]到了南宋绍兴时，规定地主伤害佃客再减凡人一等罪。

吏户是指宋各级官府的低级办事人员之家，其人员组成包括各级衙门的胥吏及乡村基层政权的头目。虽然他们的身份只是平民，地位不能与官户同日而语，但却高出广大乡村民户一头。他们与官户合起来，统称为"形势户"。他们往往凭借权势，勒索百姓，兼并土地，胡作非为。南宋流行俗谚："打杀乡胥手，胜斋一千僧。"[⑤]反映了百姓对吏户的憎恶心态。

（三）贱民阶层

在宋代，真正法律意义上的等同于财物的奴婢数量大为减少。官府奴婢主要是因犯罪而充作奴婢的人。他们身上刺有侮辱性的标记，主要存在于北宋。南宋宁宗以后已不实行

---

① 参见朱家源等：《宋朝的官户》，载《宋史研究论文集》，上海古籍出版社1982年版。
② 〔宋〕李觏：《直讲先生文集》卷28《寄上孙安抚书》。
③ 〔宋〕李心传：《建炎以来系年要录》卷164绍兴二十三年六月庚午。
④ 《续资治通鉴长编》卷445元祐五年七月乙亥。
⑤ 《名公书判清明集》卷11《治推吏不照例襄被》。

因罪而充作奴婢之法。

宋代还有一种杂户，但其法律定义与唐代的杂户不同。在宋代，平民女子犯与三人以上通奸罪名的，"理为杂户"。① 杂户又称"娼户"，是官妓专业户籍。北宋神宗时，监察御史来之邵雇用杂户女为家仆，结果遭弹劾，受到降官处分。

由于社会的发展进步，宋代已无唐代部曲、官户那样的法定贱民阶层，但仍大量存在如人力、女使那样有"主仆名分"的半贱民。

"人力""女使"是雇佣性质的家仆。许多具有良人身份的平民为生计所迫，与雇佣者签定有期限的雇佣契约。家仆主要从事私人家内劳动，在契约规定的期限内，与雇主形成主仆关系，在法律上还存在一定的"主仆名分"。南宋法律规定："诸人力奸主，品官之家绞，……民庶之家加凡人三等。"② 对于曾经有过主仆名分的人力、佃客，奸污旧主，法律规定，若主为品官之家，加凡人犯奸罪二等；主为民庶之家，加凡人一等。反过来，旧主奸污女使，则以凡人犯法论处。另一方面，主人不得私自伤害雇佣家仆，不得私自在家仆身上刺字，不得把家仆当作家财处理，而且家仆相对于一般的平民而言则是平等的关系。

二、宗族制度

宋代建立起新型的、以同姓同宗的各个家庭组成的宗族组织，一种不同于以往朝代的宗族制度也随之出现。这是宋代在传统家族制度上的重大发展，对于后世有深远影响。

宋代宗族制度主要有如下几个方面的内容。

（一）编修宗族谱牒

宋仁宗统治时期，欧阳修编《欧阳氏族谱》和苏洵编《苏氏族谱》，首开宋代编修宗族谱牒之风，确立了宗族谱牒编修体例和模式。与魏晋南北朝隋唐时期的谱牒不同，宋代所修谱牒，不再以划分政治地位、界定门第高低为宗旨，而是以敬宗收族、团聚族人为目的。其内容包括谱序、世系图表、支派分析和迁移、家规族训、祠堂族产、忠臣烈妇、孝子贤孙、宗族坟茔、艺文志等。编修谱牒，也不再与政府相关联，完全成为私家行为。谱牒的编修强化了宗族的认同感，在维系宗族组织方面发挥了重要作用。

（二）兴置族产

私有制的发展必然导致宗族内部贫富不均，一些族人生活穷困不堪而流离失所，甚至激化阶级矛盾。有鉴于此，部分有财力的官僚地主捐资设立义庄，赈济和赡养宗族成员，以遏止宗族分化现象。义庄又称"义田"，由苏州范氏宗族首创，北宋皇祐元年（1049）范仲淹出资买田千亩，"号曰义田，以养济群族"，③ 并设计《义庄规矩》。宋英宗治平元年（1064）范仲淹子范纯仁奏请朝廷将《义庄规矩》发布，"应系诸房子弟有违犯规矩之人，许令官司受理"。得到宋英宗批准，"宜令苏州依所奏施行"。④ 范氏《义庄规矩》得到了朝廷承认，具有法规性质。从而得到推广，成为各地宗族组织设置公共族产的蓝本。

族产具有现代民法"法人"的意义，是独立的财产。族产主要由族人捐资设置，族产不属

---

① 〔宋〕方回：《续古今考》卷36。又《名公书判清明集》卷12《因奸射射》判语亦云：妇人犯奸，"第三人以上方为杂户。"
② 《庆元条法事类》卷80《诸色犯奸》。
③ 〔宋〕范仲淹：《范文正公集·褒贤祠记》。
④ 《范文正公集·义庄规矩》。

于任何个人,捐赠者的子孙对于族产并没有继承权。族产也不是属于宗族全体成员共有,不得进行分割。这样就避免了过去宗族依靠某些大家族资助,"一荣俱荣、一损俱损"的局面,可以避免政治及经济、社会的风险。

除义庄外,族产尚有义学田、义仓、义宅、学舍书堂、祀田。义学田收入供宗族义学开支,通过义学培养科举人才,发展宗族势力。义仓的功能则是在宗族成员青黄不接时通过贷粮方式,帮助困难户渡过难关。义宅是用来安顿宗族中贫无房产的人户。学舍书堂是为教育宗族子弟读书识字而建立的。祀田包括赡茔田、烝尝田,其收入主要用于祠堂供奉和宗族祭祀活动。

对族产的管理,各宗族都有自己的规章制度。其中以范氏宗族订立的《义庄规矩》最为典型。主要规定宗族成员不得租佃义田,义庄也不得典买族人田地。义庄将土地出租给族外人耕种,收取地租赡养宗族,采取租佃制经营方式,防止族人霸占。族产用于救济族人、兴办教育、建立祠堂及祭祖活动。[①]

两宋时期宋朝廷制定了一系列法令政策保护族产。宋哲宗时规定,凡愿捐田宅为族产及供祭祀之用,由官府发给凭据,设立税籍,免其税,不许子孙分割买卖。违反者追究法律责任。宋严禁买卖、损毁墓田及墓田内林木土石。族产受到国家法律保护。这有力地促进了族产的发展,为宋代宗族的繁荣提供了物质保证。

(三)制定家法族规

宋代的宗族组织通常都有自己的家法族规,用以调整宗族内部关系。制订者一般都是宗族内的儒生,依据儒家礼教原理以及朝廷法律对族众的行为作出规范。

宋代家法族规主要有如下一些内容:

(1)关于宗族成员的等级地位和权利义务。宗族内设族长、主事,对宗族成员实行管理。他们拥有对宗族成员的教令权、宗族财产支配权及宗族事务的裁决权。

(2)关于宗族财产的管理和族产收益的分配。宗族财产管理主要是对义庄、墓田、义学田、祠堂等族产实行管理。每年的族产收益的分配标准、分配时间等也都有详细的规定。

(3)关于维护宗法秩序。宋家法族规极力维护礼教、维护家长权,宗族成员有违反家法族规者,将受严厉惩罚,严重者送官府处置,甚至开除族籍。

(4)关于教育和婚姻。宋代的宗族十分重视子弟的文化教育。把教育当作进以考取功名,光宗耀组,退可持家立身的法宝。在婚姻方面强调择偶以德贤为首要条件,而不问财产多寡。

(四)祭祀

祭祀是宗族组织以祭拜祖先为内容的重要活动,每年春秋两祭,汇聚全体宗族成员在宗族祠堂祭祖。祠堂又称"家庙"。祠祭规模较大,仪式隆重而繁琐。通常设有祭祀员,有主祭官、司铎、通赞、通引、捧香、捧帛、捧爵、读祝、献茶。[②] 通过各种形式的祭祀活动,强化宗族内的凝聚力,达到寻源报本、敬宗收族的目的。

三、婚姻制度

(一)制定婚姻礼仪制度

宋代婚姻制度主要承袭唐代,有较大发展的是制订了大量有关婚姻礼仪的制度。北宋徽宗时曾修撰《政和五礼新仪》,命

---

① 《范文正公集·义庄规矩》。
② 参见《萧山东瓜沥高氏家谱》,上海图书馆藏本。

天下百姓婚嫁之时执行。并由官府组织培训婚礼司仪之人,然后将这些礼仪推广至民间。除了朝廷的礼仪制度,北宋大儒司马光编撰《司马氏书仪》、南宋大儒朱熹门人编撰《朱子家礼》(又称《温公书仪》《文公家礼》)也在民间产生了很大影响。

宋代的婚姻礼仪,根据不同身份和地位,制定有不同等级的礼仪。婚姻礼仪分皇帝婚仪、皇子婚仪、诸王婚仪、宗室婚仪、品官婚仪、庶人婚仪。等级越高,婚姻礼仪越繁琐。如品官婚仪必须经过纳采、问名、纳吉、纳成、请期、亲迎六道礼仪程序。而《朱子家礼》将普通百姓婚礼简化为纳采、纳成、亲迎三道主要程序"三礼",产生很大影响。宋代士人结婚时,可破例身穿官员服装。①

（二）妇女离婚权力的提高

宋代妇女的离婚权有所扩大,这表现在:或因丈夫犯法,或因丈夫病不堪生活,妻子可以提出离婚。此外还规定:"夫出外三年不归者,其妻听改嫁。"②

四、继承制度

由于租佃制的普遍实行,个体家庭不断地从大家族中分离移居出来。家庭内部的财产继承和分割问题也随之增多。为使家庭在有序的规范内发展,减少社会矛盾,巩固统治,宋代制订了较前代详备得多的继承制度。

（一）立嗣制度

宋代以前法律仅允许无子的贵族、官僚为自己立嗣,以继承家族的爵位和宗祧。至于平民能否立嗣并没有规定。宋代法律则允许无子的平民立嗣,并建立了相当具体的制度。法律允许立嗣方式主要有两种:户主生前立嗣(相当于现代的收养);户主死后,家属或家族为之立嗣。

户主生前立嗣是通过收养同宗子孙来完成的。收养同宗子又叫"过继子""嗣子"。立嗣讲究昭穆(辈分)关系,收养人与被收养人要相差一个辈分。在年龄上,被收养人不能大于收养人。同宗内的嫡长子和独子都不能为人继嗣。收养同宗子孙立嗣,必须申报官府,改正户籍,由官府发给公据。异姓收养立嗣只能算是例外,只能收养不超过3岁的幼儿。收养的嗣子被收养后,即负有承续宗祧、赡养养父母的义务,不能舍弃养父母,否则就构成不孝重罪。反过来,养父母也不能随便遣还、逐出已被收养人。嗣子的身份及地位和亲生子相同,得到国家法律承认和保护。

户主身死后,家属或家族为之立嗣,称"继绝",其条件与生前收养相同。其中又分"立继"和"命继"两种形式。立嗣法规定,夫亡妻在,立嗣由妻作主,叫"立继";夫妻俱亡,立嗣由祖父母作主,如祖父母亦亡者,由近亲尊长决定,这叫"命继"。无近亲尊长者,则由族长主持立嗣。

【案例】

宋代立嗣案例

有个叫张养直的人死后,他的妻子阿陈守寡30年,把儿子养大。想不到儿子张颐

---

① 参见朱瑞熙等著:《辽宋西夏金社会生活史》第八章。
② 〔宋〕黄榦:《勉斋集》卷33《京宦义诉曾岩叟取妻归葬》。

翁长到24岁就病死了。阿陈就为张颐翁立继,收养了一个不满三岁被人遗弃的小孩子,取名张同祖,作为自己的孙子来抚养。而张养直的弟弟张养中想把自己的第二子张亚爱立继为张养直的孙子,叔嫂之间由此发生了纠纷,告到官府。法官叶岩峰首先指责说"嫂叔相争,族义安在哉"? 然后一一援引当时的法律:"户绝命继,从房族尊长之命";"夫亡妻在,则从其妻";"诸遗弃子孙三岁以下收养,虽异姓亦如亲子孙法"。指出阿陈在张养直身故之后长期守寡,抚养儿子。现在儿子死了,"以祖母之命,尽可以立幼孙;以寡嫂之分,岂不尊于乃叔!"而且张养中打算以次子张亚爱为张颐翁的嗣子,而张亚爱是张颐翁的堂弟,"若以弟为孙,则天伦紊乱"。根本不符合法律立嗣要"昭穆相当"的规定。因此明确裁判阿陈可以收养张同祖为孙,驳回张养中的起诉。①

(二) 财产继承

宋代财产继承法相当细致,规定了各种特殊情况下的继承方式。

(1) 确定"别宅异居子"的继承权。宋代实行不分嫡庶的诸子均分法。较有特点是明确规定"别宅异居子",即非婚生子只要曾经与生父同注于户籍而有证据者,也享有遗产继承权。

(2) 在室女继承份额的上升。北宋时期,在室女(未出嫁的女儿)在和兄弟一起继承遗产时,仍和唐代一样,只能继承一份嫁妆。在家无男姓后代而"户绝"时,在室女可继承全部财产,而已出嫁女只能分得三分之一遗产。但到南宋时,子女的财产继承法发生变化。父母双亡后,在室女可以和兄弟共同继承财产,享有相当于兄弟应得份额一半的遗产权。可见女儿的继承地位的上升。

(3) 寡妇继承地位的明确。无子的寡妇可继承丈夫的全部财产,但不得出卖。若改嫁,则丧失继承权。因此实际上寡妇只有财产使用权,而无所有权。在立志守节条件下,可以终身享用丈夫遗产,但应为亡夫立嗣,死后财产由嗣子继承。

(4) 赘婿继承地位上升。北宋前期,尚无同居者可以继承户主遗产的规定,至仁宗天圣四年(1026)户绝法规定,户绝之家无在室女和出嫁女,如有与户主同居满3年以上的义子(非为立嗣收养的养子)、赘婿等同居者可继承全部财产。在宋代财产继承法里,能否养老葬死,是区分有无财产继承权的重要依据。在户主身前和死后无子女情况下,赘婿承担了对户主的生养死葬的义务。南宋时法令进一步规定:"诸赘婿以妻家财物营运,增置财产,至户绝日,给赘婿三分。"②赘婿经营妻家财产获得利润的,在妻家没有男性继承人"户绝",即使有其他的女儿,赘婿仍然可以分得"三分"即十分之三的遗产。南宋法还进一步规定,即使岳父死后有合法的男性继承人,"营运"妻家财产并生利润的赘婿仍可分得一半的遗产。③

(5) 进一步明确遗嘱方式。和唐代一样,宋代遗嘱继承的前提条件仍然是"户绝"无子嗣。但明确遗嘱继承在手续上必须经所涉及的当事人"签知"(见证)。④ 并且还要由官府审批,发给"公凭"(证明书)才算有效。遗嘱如有纠纷,诉讼时效为10年。

---

① 《名公书判清明集》卷7《已有养子不当求立》。
② 《名公书判清明集》卷7《立继有据不为户绝》。
③ 《名公书判清明集》卷7《探阄立嗣》。
④ 《名公书判清明集》卷7《遗嘱与亲生女》。

第三节　刑事法律制度

一、刑法基本原则

宋承唐制,刑法基本原则方面最突出的特色就是进一步无微不至地保护士大夫官僚的刑法特权。宋太祖曾立下家法,不杀士大夫。① 整个两宋时期,除了贪官及个别事例外,宋朝确实能做到不轻易杀士大夫文官。

宋代犯法官员有荫身的特权,可免杖、黥等皮肉之苦。宋人吕祖谦说:"庆历、嘉祐以来,鞭笞之罚不上于士大夫。"②神宗熙宁七年(1074)诏:"品官犯罪,按察之官并奏劾听旨,毋得擅捕系,罢其职俸。"③在统治者看来,品官身份高于平民百姓,对他们的处理不能依常法,在得到皇帝批准前不得逮捕和罢官停薪。宋徽宗在一条诏书中说,如果品官依常法,随随便便枷讯,"将使人有轻视爵禄之心"。④ 故宋人云:"待士大夫有礼,莫如本朝。"⑤

宗室人员也有相似的特权。北宋前期,宗室人员犯罪,与常人同法,经三次审问不认罪者,即加拷讯。政和七年(1117)徽宗诏令:"除涉情理重害,别被处分外,余止以众证为定,仍取伏辩,无得辄加捶拷。"⑥既不能对宗室用刑捶拷,黥面也必定是不允许的。

二、刑罚体系

宋代刑罚主要特点是:主刑刑罚趋轻弱化,但附加刑的适用却逐渐地重于主刑。与逐渐扩大使用附加刑的政策紧密相关,宋代刑罚是一个向两极分化发展的过程,呈现出轻者愈轻,重者愈重的趋势。

（一）主刑

两宋仍以死、流、徒、杖、笞五刑为主刑,折杖法是流、徒、杖、笞的代用刑。宋太祖建隆四年(963)吏部尚书张昭等奉诏制定了折杖法。笞杖刑改行"臀杖",刑具为三尺五寸(约合今107.62 厘米)长的竹板,大头阔二寸(约合今 6.14 厘米),小头直径九分(约合今 2.76 厘米),只责打臀部,数目自 7 下到 20 下。杖刑折杖:杖六十,折杖臀十三;杖七十,折杖臀十五;杖八十,折杖臀十七;杖九十,折杖臀十八;杖一百,折杖臀二十。

原来部分徒刑罪名改执行"脊杖",仍以竹板为刑具,只责打罪犯背部,数目自 13 下到20 下。凡是流刑则一律附加脊杖,数目为 17 下到 20 下。流二千里,杖脊十七;流二千五百里,杖脊十八;流三千里,杖脊二十;加役流,杖脊二十。三流俱配役一年,加役流配役三年。由于脊杖要打破皮肤,号为"背花"。

宋代死刑除了斩和绞,还有凌迟、杖杀等。凌迟俗称"剐",将受刑者身体零刀碎割,直至肉尽,使其备受痛苦折磨而死。史载,被处此刑者,"身见白骨而犹视息,四体分落乃方命绝"。⑦ 南宋法

---

① 见《建炎以来系年要录》卷 4,建炎元年四月丁亥;《宋史》卷 340《吕大防传》;《宋论》卷 1《太祖三》。
② 〔宋〕吕祖谦:《东莱吕太史集》外集卷 4《〈建隆编敕〉序》。
③ 《宋史》卷 199《刑法志一》。
④ 〔元〕马端临:《文献通考》卷 167《刑考》。
⑤ 〔宋〕孔平仲:《珩璜新论》卷 1。
⑥ 《文献通考》卷 167《刑考》。
⑦ 《宋史》卷 317《钱易传》。

宋代壁画中的刑场图

典中,凌迟被列为法定死刑执行法之一。①

（二）附加刑

宋代刑法的一个重要特色,是附加刑的广泛运用。实施折杖法后,结果无论是一般犯人还是重罪犯人,都能得到折杖法的优惠。同时因折杖法未涉及死刑,以致刑罚"死刑重,生刑轻,故犯法者多"。② 死刑与"生刑"脱节,重轻失调。对于那些犯了重罪而又不至于死的犯人,由于实行折杖法,刑罚显得过轻。为了弥补这一缺陷,官府逐渐采取刺配等附加刑来加大对重犯的惩治。随着宋代社会矛盾的发展,附加刑的运用范围也越来越广,其刑罚等级也日趋细密。例如北宋真宗大中祥符年间,刺配法仅四十多条。至南宋孝宗淳熙时,达 570条。发展到后来,宋代的附加刑远重于主刑,从而形成了宋代刑法的一个特色。

宋代的附加刑主要有如下几种。

（1）配隶。配隶包括刺面配和不刺面配,配隶者是隶于军籍的。刺面配又简称"刺配",始于五代时期,刺配者必须先执行徒、流、杖本刑(按折杖法责打)后,犯人脸上刺上部队番号或服役地点,前往服役。是刺面配还是不刺面配,完全视情节轻重来定。刺配的地理远近是根据罪行轻重来定的。以后逐步扩大运用,到北宋哲宗元符元年(1098)时,配隶等级约分九等,依次为配本州、邻州、五百里、千里、二千里、三千里、广南军州、远恶军州、沙门岛。南宋孝宗时又细分为十四等。

配隶刑不定刑期,配隶人并无明文规定何时能恢复自由,唯遇朝廷恩赦,可依"量移法"

① 《庆元条法事类》卷 73《断狱式》。
② 《续资治通鉴长编》卷 214 熙宁三年八月戊寅。

从远处移徙近地。犯人量移后,如又遇恩赦,则可以释放。

(2) 编管。编管最初是从配隶中派生出来的附加刑。配隶是要隶于军籍的,而编管则否,并且不刺面。编管人不隶于厢军而受州县官府管辖。因此编管刑轻于刺配。其以地理远近分为编管邻州、五百里、千里、二千里若干等级。其量刑幅度视罪行情节轻重而定。

与配隶犯一样,编管人遇朝廷恩赦,可"量移"近乡州军。量移后再遇恩赦,可以释放归家。也有的编管人被判"永不放还",不过习惯上编管满6年,就可在当地落户,成为当地居民。

(3) 移乡。一些重罪罪犯依法决杖后,被判处强制"迁徙别州县居住"。[①] 古人安土重迁,将犯人强制与有血缘关系的宗族乡党相脱离,移徙他乡。移乡后,犯人不得殖意迁徙。若干年后,逢皇帝赦令可放还。南宋时法令定为:移乡人情轻者10年,稍重者15年,重者20年,遇赦,给公凭释放,任从其便。

(4) 令众。由唐代的"枷项令众"发展而来,将罪犯处刑后戴枷示众受辱。适用于一些轻微罪名。

三、主要罪名

唐律的罪名都被宋代全盘继承,十恶、六赃等主要罪名也都沿袭使用。较为有特色的有以下几方面。

(一)"盗贼"重法

宋代经常发生农民起义和士兵暴动,为了加强统治,宋朝廷特设了"盗贼"重法对付反抗朝廷行为,大大加重了处罚力度。其主要内容为:"盗贼"罪当死者,没收家产,家属流放千里;罪当徒、流者,罪犯配岭南。上述罪犯虽遇大赦令,不得减其罪。凡窝藏、庇护死罪"盗贼",情节严重者斩首。"盗贼"之家门,必须钉挂木牌,上书犯罪情状、所定刑罚。如有迁移,得经官府批准。并划定开封府诸县,河北、京东、淮南、福建等路皆为实施"盗贼宣法"的区域。宋在惩处"盗贼"手段上,极其残忍,除了实行一般的斩首、凌迟极刑外,还往往法外用刑,如腰斩、"活钉令众"(将罪犯钉在木桩上示众,直至失血过多而死亡)、"断截首足",甚至"活剖取心"。

对于普通贼盗犯罪也加重处罚。《宋刑统》保留五代时期的法律,凡强盗"不问有赃无赃,并处死";窃盗,"赃满五贯文足陌处死"。[②]

(二)盗剥桑柘之法

中国古代社会是一个以农业经济为主的社会,养蚕业关系到农业和手工业,因此宋代制定了"盗剥桑柘之法"。早在宋太祖时就规定,盗剥桑柘树皮致桑树枯死者,以尺计量树身"身围长度",[③]积42尺为"一功",满"三功"处死。仁宗天圣九年(1031),有人提出法太重,仁宗命法官集议,法官讨论后依旧,仁宗诏"至死者奏裁",[④]由皇帝亲自来决定是否执行死刑。南宋法律有所减轻,规定:凡因仇而毁伐人桑柘者,杖一百,积满五尺徒一年,满一功徒一年半,每功加一等罪,流罪刺配邻州。砍伐后树未枯死者,减三等罪。[⑤]

---

① 《续资治通鉴长编》卷449元祐五年十月丁未。
② 《宋刑统》卷19《贼盗律·强盗窃盗》。
③ 宋制,以距地面一尺处的树身围为标准,测量枯死长度。
④ 《续资治通鉴长编》卷110仁宗天圣九年五月丁未。
⑤ 《庆元条法事类》卷80《采伐山林·杂敕》。

（三）重惩赃官

北宋太祖、太宗时期，官吏犯赃，通常严惩不贷，重者处死，轻者刺配远恶地区。然而自真宗以后，对赃官"稍从宽待"，[1]打击力度呈减弱趋势。南宋高宗曾一度申严赃罪之禁，诏令赃官不得任地方各级行政长官。南宋法令规定：政府部门的低级办事官吏，犯盗赃、枉法赃、恐吓赃及强乞取赃至杖罪，一律"勒停"，罢任不用。[2]理宗景定二年(1261)还规定，地方监司、州军长官以检劾赃官人数多寡作为考核、赏罚的标准。

【案例】

阿 云 案 件

北宋熙宁元年(1068)，登州女子阿云在母亲死后的服丧期间出嫁给一个姓韦的男子。阿云见丈夫面目丑陋，很是讨厌，一天晚上趁丈夫熟睡，拿了刀想砍死丈夫，结果力气太小，没能砍死。当官府来调查时，阿云在被传讯问话时承认了丈夫是自己砍伤的。登州知州许遵认为阿云在服丧期间出嫁是"违律为婚"，所以算不上是韦姓的妻子，只是常人谋杀未遂，又有自首情节，应该按照故意杀伤人罪减轻二等。但是朝廷的宫中审刑院、大理寺都认为阿云是谋杀亲夫，即使未遂仍要处死刑，考虑到"违律为婚"，应上请皇帝恩准免死罪。当时正值王安石主持开始变法新政，为打击反对变法的朝臣，他支持许遵意见：谋杀自首就可以免除谋杀罪名，只按故杀罪处理；而司马光等守旧大臣则支持大理寺意见：谋杀罪不得因自首免罪，应该按照谋杀罪处理。双方激烈争辩了一年多，最后宋神宗作出支持王安石的决定，并修改有关自首的敕条，谋杀自首可以免原罪。[3]

第四节　财产法律制度

两宋时期，所有权方面的一些法律仍然沿袭唐代。最重要的变化在于废除均田制，承认土地私有权。土地所有权转移极为频繁，呈现出"田宅无定主，有钱则买，无钱则卖"的局面。[4]当时人有"千年田换八百主"之说。为了维护土地私有权，有了一些新的法令。

一、所有权

（一）《限田条格》

为了缓和土地兼并，两宋一直有"限田"法。宋仁宗乾兴元年(1022)首次下诏"限田"，虽然不久就废除此法，但历朝仍有尝试。宋徽宗政和初年(1111)出于限制官户免役特权的目的，再次下诏"限田"，一品官私田不得超过百顷，以下递减，至九品为10顷，"限外之数，并同编户差科"。这一制度延续至南宋一直有效，称之为《限田条格》。[5]南宋又立法规定官员可按品级比《限田条格》规定的限额减半享受免役特权，一品官为50顷，以下每品等差为5顷，至九品官为5顷，限外的土地要

---

① 《建炎以来朝野杂记》甲集卷6《建炎至嘉泰申严赃吏之禁》。
② 《庆元条法事类》卷13《叙复·旁照法·名例敕》。
③ 《宋史》卷201《刑法志三》。
④ 〔宋〕袁采：《袁氏世范》卷3《治家·富家置产当存仁心》。
⑤ 《宋史》卷173《食货志一》。

和民田一样承担差役摊派。官户子孙仍可以再减半享受免役特权。①

宋代的这种"限田"有时也并不仅仅局限于限制免役特权。南宋末年,贾似道独揽大权,为增加朝廷收入,在浙西等地推行所谓"公田法",强行征购官户限田额外的私田。征购的土地名义上成为"公田",但实际上并不改变原来的土地占有关系,只是强迫原土地所有人向朝廷交纳地租。② 这次"公田法"自 1263 年开始,征购的逾限私田有 350 万亩(35 000 顷)。③

(二)保护私有土地

对于河流淤涨出的土地,唐代规定隔界的淤涨土地收归国有,进行均田的授受。而宋《天圣令·田令》规定:"诸田为水侵射,不依旧流新出之地,先给被侵之家。"④淤涨土地优先补偿受损土地的地主。显示出保护私有土地的立法意图。

同样,为了保护私有土地,两宋法律还严禁盗卖田产。盗卖田产者,"杖一百,赃重者准盗论。牙保知情与同罪"。⑤

二、契约制度

随着宋代商品经济的快速发展,交易活动普遍契约化,契约已成为宋代日常经济生活中不可缺少的要素。中国古代契约的要件格式,发展到南宋已基本定形。宋代人也说"官中条令,惟交易一事最为详备"。⑥

(一)田宅买卖

宋代建立了完整的田宅买卖契约制度。规定田宅买卖必须要经过"先问亲邻""印契税契""过割赋税""原主离业"这样几个程序。

"先问亲邻"。田宅出卖人必须先征求其亲属、邻居的购买意向。在同等价格条件下,亲属和邻居有优先权。这项法律在五代时期正式成文。宋代"先问亲邻"规定也有多次变化,宋太祖时规定:"其邻以东、南为上,西、北次之,上邻不买,递问次邻。"⑦哲宗绍圣元年(1094)将亲属限定于五服范围以内,五服以外的亲属没有优先权。南宋宁宗时进一步规定:"曰亲曰邻,止有其一者,俱不在批退之数。"⑧换句话说,虽为邻而非亲,或虽为亲而非邻,都不能优先典、买。宋代亲邻法规定亲邻有回赎权,如果未经征求亲邻意见即出卖田宅,亲邻有权按照所卖价格赎回田宅。

"印契税契"。出卖田宅的契约要经过官府加盖官印,并缴纳契税钱。这也是在五代时期确立的。宋太祖开宝二年(969),"始收民印契钱,令民典、卖田宅输钱印契"。⑨ 只有在缴纳契税钱后,官府在契约上钤盖官印,交易才算有效,契约便成为合法的朱契,又称"红契",具有法律效力,反之则叫"白契",不具法律效力。两宋契税税率多变,由契约价金的 2% 至10% 不等。

"过割赋税"。买卖后田宅所负担的国家赋税必须从原业主的赋税册上"割除","过户"

---

① 《名公书判清明集》卷 3《赋役门·限田》。
② 《宋史》卷 474《奸臣传贾似道》。
③ 《宋史》卷 173《食货志一》。
④ 详见戴建国:《天一阁藏明抄本〈官品令〉考》,载《历史研究》1999 年(3)。
⑤ 《名公书判清明集》卷 5《从兄盗卖已死弟田业》。
⑥ 《袁氏世范》卷 3《治家·田产宜早印契割产》。
⑦ 《宋会要辑稿·食货三七之一》。
⑧ 《名公书判清明集》卷 4《漕司送下互争田产》。
⑨ 《文献通考》卷 19《征榷考》。

到买受人处,简称"过割"。宋代法律规定:凡出卖田宅,要根据法律详细记载土地面积、土地等级、房屋大小、承担的赋税,"均平取推,收状入案,当日于簿内对注开收讫,方许印契"。①

"原主离业"。在田宅买卖成立后,出卖人必须放弃占有,称之为"离业"。宋仁宗皇祐年间(1049—1054)规定:出卖田宅后,原业主应该离业,不得留在原业为买受人的佃客。② 这一规定是为了防止自耕农数量减少,以及防止权利重叠会形成复杂的田宅纠纷。

【资料】

宋代民间土地买卖契约

　　武山乡胡梦斗,今将龙昌下都如字源廿二号山壹段,东止田,西止降,南止王富山地,北止康如楫地。其山计叁亩,随田直上止降。今将出卖与同乡人李武成。三面平(评)议价钱,十七界官会贰伯贯。其官会当日交领足讫。其山未卖已前,不曾与□人、外人交易。其山系西排,自有康如楫上手照□,其上手并分付照证讫。如有四止不明,并是出产□(人)知当。其契请业主行官纳□,起割税钱,入李武成户供解。今恐人[心]无信,立此卖契为凭。

淳祐八年六月十五日　胡梦斗(画押)
见交钱人李敬盂(画押)③

译文:

　　武山乡的胡梦斗,现在将龙昌下都如字源廿二号(以上为土地图册的编号)山地壹段:东边至农田,西边至斜坡,南边至王富家的山地,北边至康如楫家土地。这段山地总计为叁亩,包括山坡田地及山头斜坡。现在出卖给同乡人李武成。三面商量价钱为十七界官会贰伯贯(十七界官会:南宋官府当时发行的纸币),其官会当日足额交付并已领取。该山地在未卖以前,不曾与家人、外人交易。该山地是从西面延伸过来,有康如楫出卖给胡梦斗的上手契约,该件上手契约也已一起交付。如果该段山地有四至不明,都由出卖人负责。本件契约请新业主到官府纳契税,并将山地负担的税钱记入李武成户籍名下缴纳。恐人无信,立此卖契为凭。

淳祐八年六月十五日　胡梦斗(画押)
见交钱人李敬盂(画押)

(二)田宅出典

宋代田宅典质早已成民间习惯,宋代法律对此进行了一些规范。主要内容是:

在田宅出典的程序上,规定应和田宅买卖契约制度完全相同,"典、卖"往往连称,同样要经过"先问亲邻""印契税契""过割赋税""原主离业"这样几个程序。

宋代法律特别规定田宅出典必须使用官印标准契约文本,即须使用正契和合同契(具有

---

① 《宋会要辑稿·食货六一之六四》。
② 《宋史》卷176《食货志上四》。
③ 契藏中国社科院历史研究所,引自《徽州千年契约文书》(宋元明编)卷1,花山文艺出版社1991年版。由于受唐以来士大夫草书签名影响,宋朝民间往往模仿草书以自己名字后亲手画一个符号来签署契约,称为"花押"或"画押"。最常见的就是画一个十字。官府也承认这样简单符号的效力,官府文书如诉状、具结也只要求画押即可。这一习惯一直流传到民国时代。

骑缝记号的契约副本)。"人户出典田宅,依条有正契,有合同契,钱、业主各执其一,照证收赎。"①出典人日后若想赎回田地,须凭合同契以相验证。田宅出典必须用官印标准契约文本,究其原因,在于田宅出典是一种非买断性的交易行为,产业的过割,税租的缴纳,都较田宅出卖来得复杂。同时,宋代的"典"常常与"卖"联称,契约格式可以通用,两者的关系十分密切,"典"常被混淆为"卖",极易发生纠纷。因此强调要使用官印标准契约文本。

《宋刑统·户婚律》"典卖指当论竞物业"明确规定,在出典契约中白双方约定禁止回赎的"典期"期满后,只要契约原件依然存在,出典人可以随时以原典价回赎田宅,不限定回赎的期限;但是如果契约原件已经灭失、双方当事人已经死亡而契约难以证明真伪的情况下,经过 30 年后回赎权才消灭。

宋代法律明确典权人具有相当的处分权,比如可以"转典","其田宅见(现)主,只可转典,不可出卖"。②宋太宗时又补充规定,田宅已经出典,典权人为第一顺序的购买优先权人,根据典价和卖价之间的差价,另外开列"绝卖"文契粘连在原来的典契上,到官府加盖官印缴纳契税,"付见典人充为永业。更不须问亲邻"。③即规定典权人的先买权优先于出卖人的亲邻。宋代民间一般称这种先典后卖的出卖为"断骨卖"。

(三)倚当

《宋刑统·户婚律》"典卖指当论竞物业"沿袭五代的法律,还规定有"倚当"的田宅交易方式。倚当由唐代的"贴赁"发展而来,双方约定一定期限内由"倚当主"占有田宅、获取全部的收益,期满后或田宅收益已达到原"当价"的两倍,田宅即应归还原主。《宋刑统·户婚律》"典卖指当论竞物业"规定倚当的程序和出典、买卖相同,宋太宗太平兴国七年(982)又规定倚当"并须随业割税",④即规定财产的占有权必须转移、纳税义务也转移至"倚当主"。但仁宗天圣六年(1028)朝廷下令废除倚当法,认为这种交易容易产生纠纷,帮助债主逼迫贫民。倚当不再是国家"正行"交易行为。⑤

(四)借贷

宋代的立法中保留了唐律令有关限制借贷利息的内容,如《庆元条法事类·杂门·出举债负》引南宋庆元《关市令》:"诸以财物出举者,每月取利不得过四厘;⑥积日虽多,不得过一倍。"即月利仍被限制于 4‰ 以下。对于米谷之类的借贷又规定:"元(原)借米谷者止还本色,每岁取利不得过五分(注:谓每斗不得过五升之类),仍不得准折价钱。"粮食借贷的年利率被限制在 50% 以下。而且加重了对于债权人收取复利违法行为的处罚,《庆元条法事类·杂门·出举债负》:"诸以财物出举而回利为本者,杖六十。以威势殴缚取索,加故杀罪三等。"⑦

---

① 《宋会要辑稿·食货六一之六四》。
② 《宋会要辑稿·食货一之六一·农田杂录》。
③ 同上。
④ 《宋会要辑稿·食货六一之五六》。
⑤ 郭建、姚少杰:《抵当、倚当考》,载《中国法制史考证》甲编第 5 卷《宋辽金元法制考》,中国社会科学出版社 2003 年版。
⑥ 古代民间习惯在表示利率时以分为 1%,与平时一般意义上以分表示十分之一的用法不同。而宋朝《名例敕》规定:"诸称分者,以十分为率;称厘者,以一分为十厘。"(《宋刑统·杂律》"受寄财物辄费用"引)故宋朝的法律言及利率均以分为十分之一,以厘为 1%。但宋代民间表示利率时一般依然习演惯用法。其余各代法律都按民间惯例以分为 1% 表示利率。
⑦ 按:故杀为死罪,无加重之法,此处当为"加斗殴三等"之误。《宋刑统·斗殴律》:"诸以威力制缚人者,各以斗殴论,因而殴伤者,各加斗殴伤二等。"

南宋《庆元条法事类·杂门》"出举债负"条引南宋《庆元令》:"诸负债违契不偿,官为理索。欠者逃亡,保人代偿。"可见到南宋时,"牵掣"及"役身折酬"的债务担保方式都已不再得到法律的承认,保人代偿已成为主要的债务担保方式。

(五)租赁

宋代租赁的范围很广,诸如土地、房屋、耕牛、生产工具等都可租赁。但有关的法律相当稀少。如宋太宗太平兴国七年在一份诏书中规定:佃农合伙租佃地主土地,须"明立要契",以免发生纠纷。① 又如房屋租赁,其租赁官屋契约称"赁帖子",并由官府经办人员"印押粘贴"。②

【案例】

宋租赁纠纷案例

南宋时,刘宰担任泰兴县知县。10 年前,邻县有一个人将自己的耕牛出租给了泰兴县的农民。承租人和出租人原是姻亲,在出租人去世时,承租人前往参加丧事仪式,乘机偷偷拿走了原来租赁耕牛的契约。丧事结束后,出租人的儿子前往讨还耕牛,承租人谎称耕牛早就卖掉了。出租人的儿子到官府起诉,可是又无法提供租赁契约作为证据,累次败诉。刘宰到任后,出租人的儿子又来起诉,刘宰说:"耕牛已失十载,安得一旦复之?"将出租人的儿子打发回去。刘宰暗中嘱咐好两个乞丐,然后故意将他们关入监狱,公开提审,乞丐供称是盗牛犯,偷到的耕牛都放养在承租人处。刘宰于是拘捕承租人,承租人赶紧辩称是租赁来的,并拿出偷回来的租赁契约作证据。刘宰乘机传唤出租人的儿子,承租人只得还牛,并付清租赁费用。③

第五节 司 法 制 度

宋代的司法制度以严密详赡而著称,在中国古代法制史上颇具特色。

一、司法机构

(一)中央司法机构

宋代的中央司法机构基本沿袭了唐代的设置,大理寺、刑部、御史台仍然是主要的司法机构。比较有特色的是一度设置的宫中审刑院。

宋太宗淳化二年(991)为加强对全国司法案件的审判,在皇宫中设审刑院,以知院事为长官。凡天下上奏案件,先经审刑院登记备案,然后由大理寺判决,刑部复议,再由审刑院审核,皇帝裁决,最后付中书下达执行。这一直接受皇帝控制的司法机构直到神宗元丰三年(1080)撤销,其职能并入刑部。

宋代加强司法中央集权的另一个特色是设置"制勘院"来办理"诏狱"。由皇帝下诏委派

---

① 《宋会要辑稿·食货一之一六》。
② 参见郭东旭:《宋代法制研究》,河北大学出版社 2000 年版,第 530 页。
③ 《宋史》卷 401《刘宰传》。

官员组成直接向皇帝汇报的临时性法庭。制勘院既可以在御史台、大理寺、开封府设置,也可以在其他任何机构包括地方州府设置。负责审讯的官员称"制使"。制勘院的审讯活动完全独立进行,与其他常设司法机构没有关联,防止舞弊枉法行为,以提高办案效率,保证重大案件的审理置于皇帝控制之下,加强中央集权统治。

（二）地方司法机构

宋代地方行政体制实行州（府、军、监）、县二级制。而在州之上,设有由监察区向行政区过渡的"路"。宋代的路设有转运使司、提点刑狱司、提举常平司。代表中央政府监察地方,统称"监司"。其中提点刑狱司是一路司法主管部门,也是地方最高司法机构,长官为提点刑狱公事,简称"提刑",副长官为同提点刑狱公事,通常以武臣为之。属官有检法官和干办公事。提点刑狱司负责审查地方案件,平反冤狱,监督地方官吏依法行事。这是在中国法制史上首次在地方设置专职的司法审判部门。

二、审判管辖

宋代的审判管辖大致可分为逐级复审、专门管辖和地区管辖三种。

（一）逐级复审制

宋代开始严格执行逐级复审制度。县级审判权限为杖以下罪（包括杖罪）,只能对杖以下案件的判决直接发生法律效力。"杖罪以下,县长吏决遣"。[①] 徒以上案件,须将案情审理清楚,写出初步处理意见,送州,由州作正式判决,宋代谓之"结解"。

州级有权审结县报呈的徒刑以上的案件。同时,本身也受理诉状,审讯刑案。神宗元丰改制以前,州可以审结包括死刑在内各类大小案件。元丰改制以后,州判决的死刑案必须报送路提点刑狱司核准,才能执行。

路转运司、提点刑狱司等机构负有审查本路州县刑案、平反冤狱之责。这是一种监督性的措施,以弥补州县诉讼制度的不足。元丰改制后提点刑狱司又有死刑案件的复核权。

（二）专门管辖

专门管辖指宋代对朝廷命官、皇族宗室人员及军人案件的管辖。

朝廷命官犯法,地方无权处置。"凡天下狱事,有涉命官者,皆以其狱上请。"[②]但允许地方司法机构进行初审,亦须先经朝廷允准,然后报呈朝廷。品官死刑案,司法机构判决后,通常还须经朝廷百官集议才能定判。

皇族宗室人员犯法,杖以下刑归大宗正司掌管,徒以上罪由皇帝下旨裁决。

宋代军人案件的管辖也有专法,中央禁军军士犯法,在京者,徒以上案奏裁。奏裁案送大理寺判决,报审刑院和刑部复审。地方厢军犯法,其审判权限依案件轻重及案犯职务大小而有所区别,或本部决断,或录案闻奏。军人死刑案须经枢密院审核才能执行。

（三）地区管辖

宋沿唐制,"诸犯罪,皆于事发之所推断"。[③] 即案件由犯罪地审判机构审理。如犯人作案后逃往他处,则由犯罪地审判机构派人追逮归案,依法判决。宋代地区管辖遵循由犯罪地审判机构审判原则,但案件有涉及他处他人者,犯罪地审判机构须将案情通报所在地区

---

① 《宋会要辑稿·刑法三之十一》至道元年五月二十八日诏。
② 〔宋〕司马光:《涑水记闻》卷3。
③ 《庆元条法事类》卷73《决遣·断狱令》。

官府。

宋代京师,为皇族、达官贵人居住地,同时又是全国政治和文化中心,"狱讼之间,尤为繁剧"。治狱机构有开封府院(南宋为临安府院)、开封左右军巡院、御史台狱、大理寺狱、三司及各寺、监刑狱,共二十余所。北宋初至大中祥符二年(1009),京师案件,通常由开封府和各寺、监的刑狱机构审判。审判后的案件,无论大小须报大理寺审核,再送刑部复审。神宗元丰改制,纠察审核在京狱案的权力归御史台,而御史台办的案件,则由尚书省纠察复核。凡"紧要"案件,如诈欺赃数过五十匹、窃盗至死及罪人情涉"巨蠹"者都要由皇帝"奏裁",由皇帝直接委官审理,谓之"诏狱"。诏狱不受常法限制。

三、诉讼与受理

(一)起诉

宋初沿用唐制,起诉人年龄在八十以下,未满十岁,谋反等大案不受此限制。至乾德四年(966),起诉人年龄上限减为七十岁以下。身患重病及有孕之妇不得起诉。到南宋,又进一步规定妇女通常无起诉权。起诉案必须与起诉人有关,无关者不得起诉。"讼不干己事,即决杖,枷项令众十日。"①人命案应由死者亲属(称之为"苦主")起诉,盗案应由受害人(称之为"事主")起诉。

关于起诉状的书写,宋初手续比较简单,也不须具保识人姓名,甚至一张白纸亦可起诉。这对起诉人来说,十分方便。伴随着宋代社会政治经济的进一步发展,诉讼活动日渐频繁,简便的起诉状不再适应,容易产生错告、乱告等现象,于是起诉状的书写手续严格起来,规定平民百姓的诉状由"书铺"(由官府指定的书写文件的专业户)统一书写。"官人、进士、僧道、公人……听亲书状,自余民户并各就书铺写状投陈。"②诉状不仅由书铺书写,还得由人保识才能投呈,法官开庭审讯,据此传呼起诉人,以防诬告。

【资料】

宋代的诉状格式

某乡、某村、耆长某人,耆分第几等人户,姓某,见住处至县衙几里【原注:如系客户,即云系某人客户】。所论人系某乡村居住,至县衙几里。

右某,若干,在身有无疾、荫【原注:妇人即云有无娠孕及有无疾、荫】,今为某事,伏乞

县司施行。谨状。

年　月　日　姓某　　押状③

译文:

某乡、某村、耆(qi,乡以下的居民组织)长某人,耆内的第几等人户,姓某,现在的住处离开县衙有多少里【原注:如果是客户,说明是某人的客户】。被告人某某,在某乡某村居住,离开县衙有多少里。

以上(原告)某人,(说明)身体有无疾病、荫(是否具有官户身份)【原注:妇女要说

① 《宋会要辑稿·刑法三之一二》。
② 〔宋〕朱熹:《朱文公文集》卷100《公移·约束榜》。
③ 〔宋〕李元弼:《作邑自箴》卷6。

明是否怀孕以及有无疾病、是否具有官户身份】，现在为了某件事诉，恳请（为表示尊敬，另起一行顶格书写）

县政府审理。谨慎立状。

年　月　日　姓某　　（画扣）

（二）诉状的受理

宋代将官府受理民间民事诉讼的时限称为"务限法"。规定自十月一日起至次年的一月三十日，为官府受理民事案件的期限，官府必须在三月三十日以前将案件审理完毕。南宋绍兴元年制定的法令进一步明确规定，二月一日后为"入务"，即进入农忙季节，不受理民事案件。十月一日后为"务开"，是受理案件的时间。为防止豪强地主趁入务之际，不肯给赎业主出典之地，侵夺百姓财产，宋又作了补充规定：虽在入务期限，但有涉及侵夺财产的案件，"亦许官司受理"。①

官府受理一般民间诉状有特定的日期，称"词状日"。② 起诉状由州县长官亲自批阅，长官认为可审理的，批示交有关机构，或传讯，或逮捕，或审讯。未经长官批阅的原始起诉状称"白状"，不得受理。

受理案件，根据起诉人的不同职业，有先后受理的区别。按职业，宋人被划分为士、农、工、商、杂五类。有诉状，先受理士人，次农人，次手工业者，再次商人，最后为杂人，如"师巫""游手末作""僮仆"等。案件受理的先后规定，反映了宋代各类人的不同社会地位。受理诉状，官府应及时出给告示。

四、证据

宋代十分重视证据的收集。由于宋代社会生产力和科学技术的发展，为司法证据的采集提供了条件，使宋代的证据制度进一步完善化。

（一）物证与书证

宋代司法活动中证据的应用极为广泛。徽宗时规定，审讯盗窃案，务必要查出窝藏的赃物和地点，否则法官要受到徒二年的处罚。换言之，只有查到赃物才能给罪人定罪。在田宅买卖发生纠纷时，钤有官印的契约是法官判案的最主要证据，"官司定夺，止凭契约"。③ 如杀人案的审理，必须有尸首可验，如无，则作为疑案上奏朝廷处理。仁宗时，洞庭湖上常发生抢劫商船案，杀人后投尸湖中，罪犯"每捕获，以所杀尸飘没无可验"，而以疑案减死罪。④

【案例】

书证定案的案例

北宋时永新县有一个豪强之子龙聿，引诱同乡少年周整饮酒、赌博，暗中设局，使周整输了一大笔钱。龙聿逼周整还赌债，把周整家的上好田地都写成卖契，算作了龙家财产。以后周整的母亲发现家中田地被龙聿侵占，到县里告状。县官审理此案，龙聿拿出

① 《宋会要辑稿·刑法三之四六》。
② 见《名公书判清明集》卷13《妄诉者断罪枷项令众候犯人替》；《宋会要辑稿·刑法三之三二》。
③ 《名公书判清明集》卷5《物业垂尽卖人故作交加》。
④ 《续资治通鉴长编》卷105天圣五年三月戊申。

契约为证,县官发现契约上有周整母亲的掌印,因此认定该契约为合法有效,驳回起诉。周整母亲又接连上诉到州、朝廷使者,直至击登闻鼓,都不能胜诉。以后永新县来了一个新的县官,名叫元绛。周整母亲又来起诉,元绛仔细检视契约,发现契约上书写的年月日是在掌印之上,从而断定龙聿是将印有母亲掌印的纸张偷来改写为卖田契的。龙聿只得当天就归还田地。①

(二) 尸体检验

南宋法学家宋慈说:"狱事莫重于大辟,大辟莫重于初情,初情莫重于检验。"②宋代司法极为注重尸体检验工作,制定了严格的检验制度,规定有初检、复检程序。

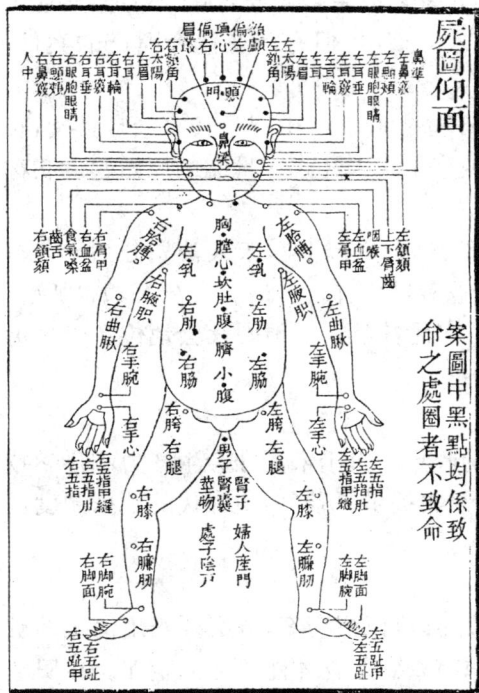

古代检验尸体所用的"正背人形图"

官府接到报案后,必须立刻派遣官员前往案发地进行初检。检验官,在县,由县尉负责,在州,由司理参军负责,验毕即时申报上级。然后由上级部门派遣复检官进行复检,对初检加以核实,监督有无错误和伪弊。

宋规定,复检官与初检官不得有"关联"(同事或上下级关系),以保证检验的准确性。检验官必须如实填写检验状。南宋孝宗淳熙元年(1174),浙西提点刑狱郑兴裔创制了"检验格目",并在全国推广使用。检验格目列有详细而具体的检验步骤、检验要点、注意事项。宁宗嘉定四年(1211),宋又印制颁布了"检验正背人形图"。这是一种供检验用的人形正背图状,检验官根据尸身伤痕点依样画于图状上,验状直观明了,从而方便了检验工作,也减少了检验中的失误。

由于检验技术的进步和完善,检验活动的广泛化,宋代出现了不少与检验相关的著作,其中以宋慈所著《洗冤集录》最具代表性,它博采众书,集宋代检验技术和经验之大成,是世界上最早的一部系统的法医学著作。书中对尸体检验、现场勘察、疑难鉴定都有精到的阐述,充分反映了宋代法医学所取得的成就,表明宋代法医学在当时世界上处于领先水平。

【资料】

《洗冤集录》片段

凡生前被烧死者,其尸口、鼻内有烟灰,两手脚皆拳缩(缘其人未死前被火逼,奔挣口开,气脉往来,故呼吸烟灰入口鼻内)。若死后烧者,其人虽手足拳缩,口内即无烟灰。若不烧着两肘骨及膝骨,手脚亦不拳缩。

---

① 《宋史》卷343《元绛传》。
② (宋)宋慈:《洗冤集录·序》。

译文：

凡生前被火烧死的，其的口鼻内有烟灰，两手两脚都拳缩（由于被烧的人未死前被火逼得奔跑挣扎，开口喘气，所以呼吸烟灰入口鼻内）。如果是死后烧的，被烧的人虽然手脚拳缩，口内便没有烟灰。如果不烧着两肘骨及膝骨，手脚也不拳缩。①

五、审判方式

宋代的刑事审判分为鞫与谳（yan）两大步骤。鞫，谓查明犯罪事实；谳，谓决定应适用的法律。依据这两大步骤，审判机构也相应地分成两大部分：鞫司（亦称狱司）和谳司（亦称法司）。审判中，鞫谳分司，各自独立活动，不得相互商议，"狱司推鞫，法司检断，各有司存，所以防奸也"。② 这是为保证司法审判的准确性而制定的措施。

（一）审讯

法官只能审讯诉状所告范围内的事情，状外之事不得追究。"非本章所指而蔓求他罪者，论如律。"③审讯过程中法官可用刑逼供，宋把刑讯作为逼迫犯人招供的必要手段，但也有限制，不得随便滥用。刑讯数满，犯人不招供而不得其情，则放之。但倘若罪证俱在，犯人不肯招供而于法又不能用刑，或虽用刑而犯人仍不招供的，可以"众证定罪"。

（二）录问

徒刑以上案件，审讯完毕，还得由审讯官以外的人员核实案状、供词，这道程序叫"录问"。录问时，录问官必须向犯人读示供状，如所供属实无误，案子才能量刑定罪，录问时，如犯人翻供，案子便交由另外一个机构重新审理。

（三）检法

犯人录问后，即进入法官量刑程序，法司依据犯罪情节，检出应适用的法律条款，供长官判决，这一司法程序叫"检法"。法司检法时，如发现案情有误，有权力、有责任驳正。案子当驳正而未驳正者，法司将受到处罚。法司的权力和责任仅限于审案检谳，至于案子如何判决，则不得参与意见。

（四）拟判

法司检出适用的法律条款后，再由其他官员根据条款写出案子的初步处理意见。这一程序称"拟判"，也叫"书拟"。县审理的徒以上案件，也须有拟判意见，然后送州复审定判。

（五）集体审核

案子拟判后，在作出正式判决前，还得经同级官僚集体审核，签署意见。案件的集体审核，是一项慎重而有意义的程序，签署意见的官员须认真审查，有疑问即可商讨，可减少错案的发生率。宋代规定，凡参与审判活动的官员都负有连带的法律责任，在集体审核过程中，如有错误未能查出，所有签署意见的官员都将受到不同程度的处分。

（六）判决

案件经集体审核后，呈知州做正式判决，由知州书写判语定判。定判后，必须对犯人宣读判词，犯人无申诉不服，即执行。至此，整个案件的审判方算终结，宋代谓之"结绝"。

---

① 杨奉琨：《洗冤集录校释》，群众出版社 1980 年版，第 69、153 页。
② 〔明〕黄淮等：《历代名臣奏议》卷 217《慎刑·周林疏》。
③ 《宋史》卷 18《哲宗纪二》。

（七）封案

判决生效但仍然不一定予以执行,宋代有特设的"封案法"。法官判定犯人罪行后,宣布暂缓执行,将案件封存一段时间,以观后效,给犯人以赎罪的机会。经过一段时间的考察,如犯人能思过改正,则撤销原判;如无悔改,则执行原判。"封案"还兼有延期执行之意。北宋时,韩琦任大名府知府,有一官吏犯法,韩琦"令封起公案",直至半年后,才正式执行处罚。①《名公书判清明集》载一判词云:"许文通勘杖八十,封案。如敢更干预王氏家事,即行拆断。"②"拆断",即拆封重行勘断之意。

六、申诉、复审和死刑复核

申诉、复审和死刑复核是用来减少错假案发生,正确量刑的必不可少的措施之一,宋代也有这么一套制度。

（一）申诉

宋代规定,犯人如不服判决,可提出申诉。申诉方式有两种:一是犯人在录问或行刑时称冤,这是一种向原审机构提出的申诉;二是犯人向上级司法机构提出的申诉。

宋初,中央设有鼓司、登闻院,受接地方上诉案,案状上呈皇帝,由皇帝裁决。真宗时改鼓司为登闻鼓院,登闻院为登闻检院。州县审判的案犯有冤,可不经监司而直赴京师,击登闻鼓申诉,如鼓院、检院不受,犯人可向御史台乃至邀车驾向皇帝申诉。后来,事无大小,动辄进京直诉的人增多,皇帝应接不暇,太宗至道元年(995)下诏禁止越诉。此后进一步规定上诉者,必须逐级先向州、转运司申诉,不受理,才能赴京上诉。

（二）复审

复审可分为对申诉不服的狱案复审和对下级申报上级的狱案复审。

犯人在录问或行刑时推翻供状,申诉称冤,宋人谓之"翻异",原审判机构必须将案件移到同级的另一司法机构重新审理,称为"翻异别勘"。

宋代对申诉不服案的复审,先采取同级异司复审法,称"别推"。如犯人仍申诉不止,再交上级机构审,称"移推"。

为防冤案发生,切实发挥复审作用,宋先后作出几条重要补充规定:

第一,捕盗官及参与初审的法官不得再参与复审活动。复审另由与初审案无关联的官员进行,如本州缺乏人手的话,则由邻州派遣官员。

第二,犯人不服,本州复勘,照例由知州委官进行,假使知州有私,仍免不了有冤滥的可能。因此,宋又规定,死刑复审权一律交由监司掌管,由监司"就州选官复勘"。③

关于犯人向上级司法机构提出申诉的狱案复审规定为:凡县判决之案,犯人不服,向州申诉,州复审,如确属判决不当,县法官受罚。向监司告州判决不当者,由监司差官或长官亲往复审,属大案者,申报朝廷,由邻路监司差官审理。如系原审错误的,原审法官受罚。向转运使陈告州县判决不当者,转运使须及时审理。

（三）死刑复核

死刑为刑罚中最重之处罚,其判决适当与否,对社会影响很大。宋统治者对死刑的审判十分慎重,其制订的死刑复核制不同于以往朝代而别具特色。

① 《韩魏公集》卷 20《遗事》。
② 《名公书判清明集》卷 8《背母无状》。
③ 《宋会要辑稿·刑法三之五八》。

为缩短审判时间，提高司法办事效率，但又不致草率行事，宋代将死刑的复核分成两种。

1. 无疑难的死刑案复核

凡属有证有据，不难判决的死刑案，其判决执行权交地方掌管，执行前，无须报中央刑部核准。神宗元丰时稍有更改，规定死刑案，州须报提刑司核准才能执行。地方只是在死刑执行后将案情申报刑部，刑部进行事后复审；刑部的复审，在死刑案执行后进行，对案件本身不再起直接的判决效能，仅仅对执法官吏发生监督作用，是朝廷用来监督地方法官，防止滥杀的一种补救措施。这种事后的死刑复核制在法制史上仅见于宋代。

2. 死刑疑案的奏谳

"狱疑者谳"，狱有疑难不能判决者，报朝廷议决。即属证据不足而有疑难的死刑案上奏裁决。这就改变了以往朝代死刑案不问有无疑难，一律报中央核准才能执行的做法。大致分为5种情况："刑名疑虑"（适用法律有疑问）、"情理可悯"（情节上有可以怜悯之处）、"尸不经验"（未经过尸体检验程序）、"杀人无证"（杀人案没有旁证和物证）以及审判官或审议官意见不统一。[1]

奏谳的死刑案由大理寺详断，刑部详复。太宗淳化二年（991）八月，又设审刑院，加强对奏案的审理。疑案的判决、详复和详议，皆以公牒往来形式进行，严格遵守鞫谳分司原则。大理寺、审刑院不能决之疑案，则由皇帝诏大臣集议而定。神宗元丰三年（1080），废审刑院，其官属归刑部。刑部不能决的案子，还可送御史台定断。

【案例】

南宋"疑案奏谳"案例

宣州的百姓叶全三，与人结伙偷了一个名叫檀偕的地主藏在地窖里的钱财。檀偕发现后，指使他家的佃农阮授、阮捷杀死叶全三等5人，把尸体扔在了河里。案件破获后，按照法律檀偕要处斩，可是因为打捞不到尸体，没有经过尸体检验程序，仅凭口供人证无法确认罪名。为此当地官府上报到朝廷由皇帝裁决。

大理寺、刑部为宋高宗草拟的判决，将阮授、阮捷判处杖脊、流三千里；檀偕也免死，改为杖脊配琼州。这一判决意见被为皇帝起草诏书的中书舍人孙近驳回。

原来孙近曾任浙东提点刑狱，当时处理过一个绍兴百姓俞富因"捕盗"而杀死盗贼以及盗贼的妻子的案件。孙近当时上奏：俞富和那个盗贼别无私仇，可以免其一死，得到了宋高宗的批准。大理寺就是根据这个断例才为宋高宗草拟了这个判决。孙近指出："俞富案中俞富是持有本县的通缉令去逮捕盗贼，盗贼拒捕，因此俞富杀死拒捕之人以及其妻子。檀偕是私自发威，而且杀死五人，犯罪性质不同。"

宋高宗下诏由御史台"看详"。侍御史辛丙等人认为："檀偕是故杀，众证分明；而且关于这类案件已有最近下达的一系列申明条法，不应上报奏裁，应该按法处理。"孙近得到支持，要求追究宣州地方官员"观望"之罪。宰相朱胜非则建议："疑狱不当上奏而轻率上奏的，法不论罪。"宋高宗说："宣州官员可以赦免，如果加罪的话，将来案件真的有疑问的也不敢奏陈了。"于是下诏檀偕按照故杀罪处死，负责此案的大理丞、大理评事以及刑部的郎官，都以公罪赎金处罚。[2]

---

[1] 〔宋〕楼钥：《攻瑰集》卷27《缴刑部札子》。
[2] 《文献通考》卷170《刑考》。

【人物】

包　拯

　　包拯(999—1062),字希仁,庐州合肥(今属安徽)人。仁宗天圣五年(1027)进士。初任命为建昌县知县,包拯以父母年老,辞不就职。后直至父母双亡,在乡亲们的劝勉之下始入仕为天长县知县。县有盗偷割人牛舌,主人到县衙报案,包拯叫他回去把牛杀了去卖肉。牛主依嘱而行。宋法规定,伤牛及私杀牛者有罪,而举报者则有赏。于是很快就有人来举报牛主私杀牛。包拯认定此人即为偷割牛舌者,审问道:你为何偷割了人家的牛舌,又跑来告人家私杀牛?此盗惊异之下只得服罪。包拯曾任端州知州,端州盛产名贵砚台,每年要向朝廷进贡。端州前任知州们往往征取数十倍于贡额的端砚,私下里赠送朝中权贵。而包拯在任期间,规定仅按进贡的数额制造,不准多取。当他任满调离之时,连一块砚台都未带。调任监察御史,建议朝廷选将练兵,充实边防力量。还主张重惩赃官贪吏。任谏院知院,上章要求罢斥权幸之臣,正刑明禁。建议多被朝廷采纳。在地方,还担任过扬州、庐州、池州的知州。在中央担任过权知开封府、权御史中丞、三司使,官至枢密副使。去世后,赠礼部尚书,谥孝肃。包拯为政刚严,执法如山,宦官贵戚为之敛手。京师流传曰:"关节不到,有阎罗包老。"其天性不苟言笑,人以包拯笑比黄河清。开封府下至妇女老幼皆知其名。因其曾加职天章阁待制,人呼曰"包待制"。包拯位至高官,仍过着俭朴的生活。其性情耿直,为人敦厚,虽嫉恶如仇,但常以忠恕待人,不与人随便交接,朋友亲戚皆绝其往来。曾告诫子孙云:后世子孙为官,有贪赃罢归者,家族不得接纳,死不得葬于族墓。"不从吾志,非吾子孙。"①

宋　慈

　　宋慈(1186—1249),字惠父,建宁建阳(今属福建)人。宁宗嘉定十年(1217)进士,补信丰县主簿。因参与镇压南安军峒民反抗有功,被推荐为长汀县知县,在任期间有善政。升任广东提点刑狱,时吏多不奉法,积压了大量的未断案件,宋慈立定期限,经过八个月的审理,处理了二百多件死刑案。此后又任江西、湖南提点刑狱,先后四次担任路的提点刑狱,积累了丰富的司法经验。他在总结当时的司法检验成果的基础上,撰写了《洗冤集录》。这是我国历史上最早的法医学著作。为推动我国古代法医学的发展,做出了重要贡献。淳祐九年(1249)任广东经略安抚使,同年去世。宋慈通经史,善文章辞令,为官有政绩,重民命。史称其"据案执笔,一埽千言,丰裁峻厉,望之可威。然不以己长傲物,虽鲰生、小校,寸张片善,提奖如恐不及。性无他嗜,惟喜收异书名帖,而疏食缊袍,萧然终身"。去世后,宋理宗特"御书墓门以旌之"。②

本章小结

　　宋太祖以兵变方式建立政权后,惩五代诸侯割据之乱,采取了"事为之防,曲为之制"的治国原则。宋统治者十分重视法制建设,用敕这种灵活变通的法律形式来适应

---

① 参见《宋史》卷316《包拯传》;杜大珪:《名臣碑传琬琰集》下集卷6。
② 参见陆心源辑:《宋史翼》卷22《循吏传》;《嘉靖建阳县志》卷10《宋慈传》。

社会发展的需要,有效地解决了不断出现的新问题。同时又注重将敕编撰为法典"编敕",注意成文法的灵活性与稳定性的结合。

宋代是一个商品经济高度发展的社会,与之相适应,宋政府制订了较为周密的民事法律制度,内容十分广泛,诸如契约制度、典权制度、继承制度、诉讼制度等。国家以法律形式保护编户齐民的财产所有权和一定的人身自由权。这对稳定社会秩序,调整生产关系,缓和社会矛盾有着积极意义。

宋代的司法制度在中国古代法制史上是最为完善的,它的鞫谳分司制、翻异别勘制、死刑复核制等别具特色,对于减少冤假错案,提高司法效率发挥了重要作用。南宋《检验格目》的颁布执行,进一步完善了宋代司法检验制度。《洗冤集录》作为我国法学史上乃至世界法学史上最早的一部系统法医学著作,代表了宋代法医学所取得的成就,表明宋代法医学在当时世界上处于领先水平。

延伸阅读

基本史料

窦仪等:《宋刑统》,薛梅卿点校,法律出版社 1999 年版。

《宋史》卷 199—201《刑法志》。

邓广铭:《〈宋史·刑法志〉考证》,载《中央研究院历史语言研究所集刊》第 20 本,商务印书馆 1949 年版。

《名公书判清明集》,中华书局点校本,1987 年版。

《庆元条法事类》,《中国珍稀法律典籍续编》第 1 册,黑龙江人民出版社 2002 年版。

杨奉琨:《〈洗冤集录〉校译》,群众出版社 1980 年版。

参考书目

赵晓耕:《宋代法制研究》,中国政法大学出版社 1994 年版。

苏基朗:《唐宋法制史研究》,香港中文大学出版社 1995 年版。

王云海主编:《宋代司法制度》,河南大学出版社 1999 年版。

郭成伟主编:《中国法制通史》第 5 卷《宋》,法律出版社 1999 年版。

郭东旭:《宋代法制研究》,河北大学出版社 2000 年第 2 版。

戴建国:《宋代法制初探》,黑龙江人民出版社 2000 年版。

戴建国:《宋代刑法史研究》,上海人民出版社 2008 年版。

尤韶华主编:《中国法制史考证》甲编第 5 卷《宋辽金元法制考》,中国社会科学出版社 2003 年版。

〔日〕川村康主编:《中国法制史考证》丙编(日本学者考证中国法制史重要成果选译)第 3 卷《宋辽西夏元卷》,中国社会科学出版社 2003 年版。

思考题

1. 宋代的法律形式与唐代比较有哪些变化?
2. 宋代的社会阶级结构有何变化?
3. 宋代的继承制度有哪些内容?
4. 宋代的刑法体系有何特色?
5. 宋代的契约制度与以往比较有哪些变化?
6. 宋代的司法制度有哪些特色?

第九章
辽、金、西夏、元朝的法制
（916—1368）

本章提要

　　辽（契丹）、金、西夏和元朝（蒙古）是几个少数民族的政权。在其统治地区曾不同程度地实行一些民族歧视和民族分治的政策及法律。然而其法制又不可避免地受到汉族法律文化的影响。在这一过程中这些朝代的法制逐步汇入中原传统法律文化。

　　自唐末五代以来，在我国的北部和西部地区，先后出现了契丹（辽）、金、西夏，以及蒙古（元朝）等少数民族的割据政权。而最后蒙古族政权逐渐兼并了各割据政权，入主中原建立元朝，于1279年灭了南宋，成为实现了大一统的统治皇朝。为了叙述方便，本章按节分别介绍各个少数民族政权法制的基本情况。

第一节　辽国（契丹）的法律制度

　　辽国是中国北方契丹族建立的一个少数民族政权。唐朝末年，由于中原地区军阀混战，给了契丹向南扩张的机会。契丹在连年的对外侵掠过程中，势力不断强大。916年，契丹族首领阿保机仿效汉人的制度，建立了国家政权，国号为契丹，不久又改国号为辽。

一、立法概况

　　契丹（辽国）建立后，为了适应政治、经济、文化以及社会生活等各方面的需要，开始了制定法律的活动。921年，辽太祖阿保机认为国家事务，"钜细各殊"，如果没有明确的法律，就无法治理，臣民也搞不清哪些是被禁止的行为，因此命大臣"定治契丹及诸夷之法"。① 在大臣耶律突吕不的主持下，制定了《决狱法》。这是契丹最早的一部基本法律，应该是契丹族习惯法

---

① 《辽史》卷61《刑法志上》。

的汇编,主要适用于契丹等少数民族,其具体内容已难以考证。

随着辽国统治政权的巩固,立法活动也得到了很大发展。特别是第六代君主圣宗耶律隆绪即位后,命人翻译了唐、宋的律令,并在此基础上,对辽国现行的成文法律和习惯法进行了改革,重点是解决对于契丹人和汉人适用法律轻重不均的问题,并明确规定:以后即使贵戚是被告,无论事情大小,"兰令所在官司案问",不得擅自直接向皇帝请求放免,"其不按辄申,及受请托为奏言者,以本犯人罪罪之"。① 其后,辽兴宗耶律宗真于重熙五年(1036),命大臣萧德、耶律庶成等"纂修太祖以来法令,参以古制",编成《重熙新定条制》(简称《重熙条制》)547条。这是辽国第一部重要的成文法典。

辽道宗耶律洪基于咸雍六年(1070),又以"契丹、汉人风俗不同,国法不可异施"为由,对《重熙条制》进行了较大规模的修改,"凡合于律令者具载之,其不合者别存之"。共增订为789条,②是为《咸雍重修条制》。这部法律的制定,标志着辽国汉化进程的完成。但由于《咸雍重修条制》"条约既繁,典者不能遍习,愚民莫知所避,犯法者众,吏得因缘为奸",③所以于道宗大安五年(1089)又下令"复行旧法",④恢复行用《重熙条制》。

从辽国(契丹)立法活动的发展来看,有两个显著的特点。一是整个立法发展的过程,就是不断吸收、继承以唐宋法律为代表的汉族法律文化传统的过程;⑤二是整个立法发展的过程,就是从"蕃汉异治"逐步向各民族统一适用法律过渡的过程。契丹初年,曾"定治契丹及诸夷之法,汉人则断以律令"。⑥ 其后,辽圣宗改革法律时,废除了"契丹人及汉人相殴至死,其法轻重不一"的做法。至修订《咸雍重修条制》时,又以"契丹汉人风俗不同,国法不可异施"为指导思想,基本实现了契丹与汉人以及其他各民族统一适用法律。

二、刑事法律制度

(一)刑罚制度

辽国的刑罚类型有四种,即死刑、流刑、徒刑和杖刑。

1. 死刑

死刑法定执行的方式有三种,即绞、斩和凌迟。绞、斩作为死刑的执行方式,显然是沿袭了中原法律传统。而凌迟作为死刑法定的执行方式,则是辽国开始使用的。它主要适用于那些恶性犯罪,如谋反、谋叛、恶逆等。对于因谋反等被判处死刑的,还要附加"籍没"之刑,即连坐亲属,籍没为奴。

2. 流刑

流刑分为三等:一是"置之边域部族之地";二是"投诸境外";三是"罚使绝域"。辽国的流刑多适用于贵族和官员,作为死刑的减轻或者代刑。⑦

3. 徒刑

徒刑与中原传统明显不同,分为三等:一是终身徒刑;二是五年徒刑;三是一年半徒刑。

---

① 《辽史》卷61《刑法志上》。
② 同上。
③ 同上。
④ 《辽史》卷25《道宗纪五》。
⑤ 关于这一点,可参见下文刑事法律制度中的有关内容。
⑥ 《辽史》卷61《刑法志上》。
⑦ 详见张晋藩主编:《中国法制通史》第5卷,法律出版社1998年版,第722页。

凡是被判处徒刑的罪犯,一律附加杖刑。终身徒刑决杖五百,以下递减一百。犯重罪及窃盗被判处徒刑的,除附加杖刑外,还得黥面。辽兴宗重熙二年(1033)废除黥面之制,规定"犯终身徒刑者,止刺颈"。①

4. 杖刑

杖刑也与中原传统不同,决打50至300下。"凡杖五十以上者,以沙袋决之",沙袋用熟皮缝制,长6寸,宽2寸,盛沙半升,下有一尺左右的木柄。此外,还有木剑、大棒、铁骨朵等击打刑罚。木剑和大棒之数分为3等,自15至30下,一般用于对官员犯罪减轻处罚时,"大臣犯罪者,欲宽宥,则击之"。② 铁骨朵是用熟铁打作八片虚合而成,以3尺长的柳木为柄,击打之数或5下或7下。

(二)刑事法律的特点

辽国法律在继承汉民族法律文化的同时,又保留了大量的契丹族的习惯,这在刑事法律方面尤为突出。

其一,在刑事法律方面,大量沿用唐宋法律的原则和制度。如辽初"十恶"的罪名仅对汉人普遍适用。至辽圣宗时,规定"契丹人犯十恶者依汉律"。③ 而对于贵族、官员犯罪的,同样也有"八议"之制。此外,唐宋法律中的"赎刑"制度,也被辽国的法律所沿用,"品官公事误犯,民年七十以上、十五以下犯罪者,听以赎论"。④

其二,在刑罚制度方面,大量保留了契丹的习惯。以《重熙条制》为代表的成文法律虽然对刑罚制度作了明确规定,但在实际适用中,依然保留了大量的习惯法内容。如"射鬼箭",原来是一种宗教仪式。《辽史·礼志》记载:出师时皇帝身穿甲胄,祭祀祖先,然后将一名死囚犯绑在木桩上,由士兵乱箭射死;班师时将捕获的间谍同样处理,谓之"射鬼箭"。《辽史·国语解》中称这一仪式是为了"以被不祥",以后"因为刑法之用"。⑤

其三,在刑罚的适用上,体现了"蕃汉异治,右蕃卑汉"的民族歧视。在契丹人与汉人发生争执时,同样的行为,在量刑上存在明显的差异。尤其是在辽国(契丹)初期,这种情形尤为显著,所谓"往时虏杀汉人则罚,汉人杀虏则死"。⑥ 汉人被契丹人殴打致死的,仅"以牛、马偿之",没有死罪;若是汉人殴杀契丹人,不仅本人要被处死,亲属也要被沦为奴婢。⑦ 自辽圣宗改革法律后,这种情形才在较大程度上得到改变。

其四,法外用酷刑的情形普遍存在。辽国初年,为了稳定统治政权,对于一些恶性犯罪,往往采用严酷的刑罚予以制裁,对付反叛的贵族,采用"投高崖"杀死;对于"淫乱不轨","五车辕杀之"(使用5辆马车将罪人撕碎)。"犯上者,以熟铁锥椿其口杀之"。此外还有枭(斩首后将首级挂树顶)、磔、生瘗(活埋)、炮掷(使用抛石机将罪人抛掷摔死)等酷刑。⑧ 法外酷刑始终存在,主要适用于那些危害统治政权的恶性犯罪。

---

① 《辽史》卷61《刑法志上》。
② 同上。
③ 同上。
④ 同上。
⑤ 有关"射鬼箭"这一刑罚的适用,可参见包振远等编著:《中国历代酷刑大观》,中国社会出版社1998年版,第156页。
⑥ 〔宋〕欧阳修:《六一居士集》卷6《请耕禁地札子》。
⑦ 〔宋〕晁补之:《鸡肋集》卷5《上皇帝论北事书》。
⑧ 《辽史》卷62《刑法志下》。

三、司法制度

早在契丹由部落联盟向国家政权过渡的过程中，就设立了"决狱官"，这是一个世袭的司法官职。辽国（契丹）建立后，于920年设"夷离毕"一职，作为专门负责国家司法的机构。后又扩大为夷离毕院，性质相当于刑部，内设夷离毕、左右夷离毕、知左右夷离毕、敞史、选底等属官，分掌部族法令、刑狱及狱攻等。

辽国建立初期，实行民族分治的政策，表现在国家政制方面，就是官僚机构分设南面官和北面官，"北面治宫帐、部族、属国之政；南面治汉人州县、租调、军马之事"。[1] 作为总领国家军政、包括司法大权的最高机构枢密院也分设北、南二院，分别拥有对契丹和汉人刑事审判的终审权。其后，至辽圣宗时，又仿效唐宋朝的制度，设大理寺、尚书刑部、御史台，以及登闻鼓院等，并逐步取消了契丹与汉人在诉讼管辖上的差异。

在地方上，辽国基本上也是实行行政长官兼理司法的做法，在行政长官之下，设有专门负责司法审判事务的属官。同时，还注意对地方司法的监督，地方有冤狱、滞狱，则派遣分决诸道滞狱使、按察诸道刑狱使、采访使等分道巡察。

第二节　金国的法律制度

1115年，北方的女真族首领阿骨打建立了金国，并于1125年灭了辽国，随后又南下灭了北宋，并将其疆域扩展至淮河以北的广大地区，成为与南宋对峙的又一个少数民族政权。金国同样大量吸收了汉民族的文化，建立了各项制度。

一、立法概况

金国在建立初期，在法律上基本是沿袭了女真族的习惯法，以所谓"祖宗旧俗法度"为治国之本。在先后征服的原辽、宋地区，则基本上是按照当地原有的契丹法律或者宋朝法律。随着金国政权的逐步稳固，在法律制度上，也开始吸收汉族法律文化，并继承女真族习惯法的立法活动。金熙宗皇统年间（1141—1149），以女真习惯法为基础，"兼采隋、唐之制，参辽、宋之法"，制定了《皇统制》，这是金国第一部成文法律。

自《皇统制》颁行之后，金国又先后颁布了《续降制书》《军前权宜条例》等，造成了多种法令并行的局面，"或同罪异罚，或轻重不论，或共条重出，或虚文赘意，吏不知适从，贪缘舞法。"[2]为此，金世宗大定十七年（1177）设立专门机构，由大理卿移剌慥负责，召集精通法律的人士共同参与修订成文法典。基本原则是：凡是《皇统制》及《续降制书》中没有规定的，参照唐宋律的律文予以补充；《皇统制》《续降制书》及律文都没有规定的，以及疑而不能决的，取旨定夺；《军前权宜条例》中可以作为常行制度的，也予以保留。共定为1190条法律，编为12卷，并于大定二十二年（1182）正式颁布，史称《大定重修条制》。[3] 经过这次法律修订，金国的法律基本上实现了汉化。

金章宗明昌元年（1190），以《大定重修条制》中制、律混淆，不便适用为由，下令重新审定律令，并设置详定所，作为专门的修订法律的机构，至明昌五年（1194）基本完成，是为《明昌

---

[1] 《辽史》卷45《百官志一》。
[2] 《金史》卷89《移剌慥传》。
[3] 《金史》卷45《刑志》。

律义》。但由于《明昌律义》的内容与《大定重修条制》差异较大,一旦颁布,可能会造成适用上的困难。因此,在大臣们的建议下,以知大兴府事尼庞古鉴、御史中丞董师中等为校定官,大理卿阎公贞、户部侍郎李敬义等为覆定官,重新修订法律。这项工作于泰和元年(1201)完成,共有律12篇30卷,篇目与《唐律》相同,内容基本上也是沿袭《唐律》,只是增加了赎刑的数额和徒刑的年限,删去了47条不合时宜的条文,另新增了149条,略有修改的有282条,加上还有几条拆分的条文,共563条。并"附注以明其事,疏议以释其疑",既沿袭了《唐律疏议》的内容,故称为《泰和律义》。此外,还修成《泰和令》20卷30篇700余条;《新定敕条》3卷219条;《六部格式》30卷。从而形成了与宋朝一样的律、令、格、式、敕条并行的法律体系。

二、刑事法律制度

(一)刑罚制度

金国初期的刑罚比较简单,轻罪加以笞杖(用柳条制成),"杀人及盗劫者,击其脑杀之,没其家赀,以十之四入官,其六偿主,并以家人为奴婢"。允许罪犯与受害人赎罪,"或重罪亦听自赎"。① 直到《泰和律义》中,才仿效唐宋制度,确定了以五刑为核心的刑罚体系。

金国的五刑与唐宋五刑基本相似,但在具体内容上有所变化。笞杖刑与唐宋法律规定完全相同。徒刑则分为7等,即增加了4年和5年徒刑。徒刑一律要附加杖刑,具体为:徒刑一年、一年半,决杖六十;二年、二年半,决杖七十;三年,决杖八十;四年,决杖九十;五年,决杖一百。同时,金国还借用宋朝"折杖法",徒刑一年,折杖一百二十;一年半,折杖一百四十;二年、二年半,折杖一百八十;三年以上,均折杖二百。流刑虽然仍为流二千里至流三千里3等,但实际执行上是用徒四年、徒五年代替流刑。法定的死刑分为绞、斩二等,凌迟刑作为法定死刑以外的重刑继续保留。

由于金国的刑罚制度确定的时间很晚,加上受到女真习惯的影响,事实上刑罚的执行是非常混乱的。以杖刑而言,《金史·刑志》记载:"州县立威,甚者置刃于杖,虐于肉刑。"《金史·贾铉传》也有记载:"亲民之官,任情立威,所用决杖,分径长短不如法式,甚者以铁刃置于杖端,(犯人)因而致死。"至于官员法外用刑的情形,更是层出不穷。在《金史·酷吏传》中就有记载:"徒单左丞思忠好用麻锥击人,号'麻锥相公';李运使特立号'半截剑'言其短小锋利也。"

(二)刑法内容的变化

虽然与辽国相比,金国法律在吸收以唐宋法律为代表的汉族法律文化方面更为显著,但是在刑法内容方面,结合本民族和统治政权的实际情况,对于有些规定作了较大的变化。

首先,加重了对"盗"罪的处罚。盗罪除了依法治罪外,还要加三倍追罚赃款。后又规定盗罪要附加刺字。

其次,缩小了"八议"适用的范围。金国虽然也沿袭了"八议"制度,但在实际上,对于"八议"的适用是非常严格的。《金史·刑志》中说:"金初,法制简易,无轻重贵贱之别。"金海陵王时,皇族阿鲁补因为"取官舍材木构私第"而获罪,依法可以"议勋""议亲",但海陵王认为:"国家立法,贵贱一也岂以亲贵而有异也?"结果阿鲁补还是被处死。② 金世宗时,后族有犯罪者,尚书省引"八议"为奏,但金世宗说:"法者,公天下持平之器,若亲者犯而从减,是使之

---

① 《金史》卷45《刑志》。

② 《金史》卷69《宗敏(本名阿鲁补)传》。

恃此而横恣也。"其后，又于大定二十六年(1186)作出规定："太子妃大功以上亲，及与皇家无服者，及贤而犯私罪者，皆不入议。"①因此，金国法律虽然也规定了"八议"制度，但范围较唐、宋法律要缩小，而且在适用上的限制也更加严格。

最后，严肃官纪官规，严刑制裁各种官吏犯罪。对于官吏贪赃及徇私枉法的行为，规定了严厉的刑罚。同时，为了整肃官场风气，于大定八年(1168)专门制定了《品官犯赌博法》，凡官员犯赌博的，"赃不满五十贯者，其法杖，听赎；再犯者，杖之。"其理由是："杖者，所以罪小人也。既为职官，当先廉耻。既无廉耻，故以小人之罚罚之。"②

三、司法制度

金初职官的设置比较简单，没有专门的司法机构，而是由军政长官兼理司法事务。至金熙宗改革后，逐步仿效汉人制度，建立了中央和地方的司法制度

中央建立了以大理寺、刑部、御史台为核心的司法机构。大理寺掌审判，官职设置与唐宋相仿，强调大理正、丞等官员"掌参议疑狱，披详法状"；而知法等官员"掌检断刑名事"。③仿照了宋朝"鞫谳分司"的制度，将"审"与"判"的职能分别由不同官员行使，为了提高大理寺的审判效力，对于案件审理期限也有明确规定："凡法寺断重轻罪，各有期限。法官但犯，皆的决。"具体期限为：死刑不过七日，徒刑五日，杖刑三日。④

刑部与御史台设置、职能也与唐宋相仿。值得一提的是，金国中央司法机关的官员、令史皆由汉人和女真、契丹人分任，并设有译史担任翻译，避免在审理案件的过程中因语言不通而造成误判。⑤

金国的地方制度参用宋朝制度，基层以行政长官兼理司法事务。在州府设推官、知法等属官，协助长官处理司法事务。在各路则设提刑司，"掌审察刑狱、照刷案牍"等事，作为中央的司法派出机关，以提刑使为长官，其下有副使、签事、判官、提刑、知事、知法等属官。知法亦设汉人、女真、契丹各一人。

第三节　西夏的法律制度

唐朝末年在今宁夏及陕北一部分地区已出现少数民族的割据力量，831年党项族首领拓跋思恭占据夏州(今陕北横山县)，受封为夏国公，世代割据相袭。1038年，正式建国，以夏为国号，称"大夏"。宋人称之为"西夏"，与辽、北宋鼎足而立。

一、立法概况

党项族原为游牧民族，西夏建立政权之前，无法令，无徭役，以畜牧为业，不知稼穑。⑥对于民间纠纷，往往采用调解的方式进行处理。凡发生互相杀伤的案件，由官府选择"舌辩气直之人

① 《金史》卷45《刑志》。
② 同上。
③ 《金史》卷55《百官志一》。
④ 《金史》卷45《刑志》。
⑤ 张晋藩总主编：《中国法制通史》第5卷，法律出版社1998年版，第748页。
⑥ 《旧唐书》卷198《西戎党项羌传》。

为和断官,听其曲直,杀人者纳命价,钱百二十千"。[1]

作为西夏开国君主的李德明、李元昊父子,对于法律问题尤为重视。《辽史·外纪西夏》称李德明"通法律";《宋史·外国传西夏》也称李元昊"案上置法律"。西夏建立后,各代君主不断修律。据现有资料证明,西夏至少在崇宗贞观年间(1101—1113)就已有了称作"律令"的法典。[2] 而现存的西夏法典,是仁宗天盛年间(1149—1169)颁布的《天盛改旧新定律令》。这是目前可知的第一部用少数民族文字印行的法典,共20卷,分为150门,1461条。从编纂体例和内容看,既吸收、借鉴了唐宋法典编纂的经验,沿袭了唐宋法律的内容,如有关"十恶""八议""官当"的规定等;又大量保留了党项部族原有的习惯法的内容,形成了自身的特色。

天盛律令首页

二、刑事法律制度

西夏的刑事法律就其基本原则和内容而言,在很大程度上深受唐宋法律的影响。唐宋法律中的一些量刑原则和罪名,也被西夏所沿用。不同的是,西夏结合了本民族的某些习惯以及实际情况,对于某些犯罪的规定及刑罚的适用都出现了一些新的变化,体现了自身的特点。

(一)量刑的一般原则

李元昊建国时,他的重要支持者、野利部的野利仁荣就提出:"商鞅峻法而国霸,赵武胡服而兵强",主张按照党项民族的状况和风俗,"顺其性而教之功利,因其俗而严以刑赏"。[3] 这一重刑原则在西夏法律内容上得到了具体的体现。

按行为人的身份来定罪量刑,是中国古代刑法的一项基本原则,西夏法律自然也不例

① 《辽史》卷115《外纪西夏》。
② 史金波等译注:《天盛改旧新定律令》"前言",法律出版社2000年版,第2页。
③ 蔡美彪等:《中国通史》第6册,人民出版社1979年版,第153页。

外。而且在内容上,比前朝寛律的规定更为具体。除了沿用"八议"和"官当"之类的规定,对于有官之人的儿子和兄弟,以及僧人、道士,除了个别犯罪外,可以根据官职大小,用官抵罪或比照庶人减轻刑罚。官员犯罪的,还可以用罚缯、罚马来代替应受的刑罚。罚一马折交20缯(每缯1000文)铜钱,或折算降官一级。不愿罚马、罚缯钱及降官而愿受杖的,罚一马折十杖,罚二马折十五杖,罚三马折十七杖,罚四马以上一律二十杖。对于亲属之间相互侵犯的行为,在法典中专门规定了"亲节门",明确将服制关系写进了法典,作为量刑适用的依据。

(二)刑罚制度

西夏的刑罚体系虽然也是"五刑",但内容上与唐宋"五刑"完全不同。西夏的五刑为杖刑、短期徒刑、长期徒刑、无期徒刑、死刑五种。

杖刑,使用"大杖"责打,分为7下、8下、10下、13下,一共4等。此外,对于某些特定对象应受杖刑时,可以折算成细杖(即笞刑)。应受七杖者笞三十,八杖笞四十,十杖笞五十,十三杖笞六十,应受十五杖者笞七十,十七杖笞八十,二十杖笞一百。

短期徒刑,分为3个月、6个月、1年、2年、3年、4年、5年、6年,一共8等。

长期徒刑,分为8年、10年、12年,一共3等。

无期徒刑,需服13年劳役,服役期满后留住服役地。

死刑,分为绞、斩二等。斩刑一律用剑斩。

除了五刑外,西夏还以黥刑和戴铁枷为附加刑。黥刑主要适用于十恶、盗窃等犯罪,以及需判长期徒刑的杂罪。具体适用是:徒一年至四年,于手背黥4字;徒五年、六年,于耳后黥4字;徒八年、十年等于面上黥8字;无期徒刑等黥10字。戴铁枷主要适用于被判处徒刑服劳役的罪犯。短期徒刑所戴铁枷重3斤,长期徒刑所戴铁枷重5斤。

(三)主要罪名

西夏法律关于罪名的规定,基本上是沿袭了唐宋法律的相关内容,但同时又根据本民族的特点,出现了一些新的变化。

1. 十恶

西夏法律沿用了"十恶"罪名,从《天盛改旧新定律令》的规定看,"十恶"之名显然是从宋朝法律翻译的,所以具体名称略有变化,分为谋逆、失孝德礼、背叛、恶毒、为不道、大不恭、不孝顺、不睦、失义、内乱十种。具体内容与唐宋法律相比也有所不同。

2. 盗杀牲畜的犯罪

西夏在最初是一个游牧民族的政权,而在其后不断扩展的过程中,农耕经济又得到了很大的发展,加上不断进行的战争,对于牲畜的需求很大,因此,法律上对牲畜的保护非常重视。在《天盛改旧新定律令》中,关于牲畜使用和保护的规定就有数十条之多。不仅对牲畜的所有和使用方面,法律作了具体规定,而且对于私自屠斩牲畜的行为,规定了严厉的处罚。比如凡未经官府批准,擅自屠杀自己所有的牛、骆驼、马等牲畜的,不论大小,杀1头徒四年,杀2头徒五年,杀3头以上一律徒六年。他人知觉而食肉的,也要徒一年。盗杀他人牲畜:凡盗杀五服以内亲属牛、骆驼、马等牲畜的,不论大小,1头徒五年,2头徒六年,3头以上一律徒八年;盗杀他人牲畜的,1头徒六年,2头徒八年,3头以上一律徒十年。他人知觉而食肉的,徒二年。

3. 军事犯罪

西夏政权是在武力扩张中建立起来的,因此,西夏政权建立后,继续推行对外武力扩张的政策,经常发动战争。为了保证战争的胜利,在法律上对有关军事的犯罪作了详细、具体的规定。在《天盛改旧新定律令》中,直接与军事方面有关的规定就有三卷,近200条。成为西夏法律的一个显著特点。

三、财产法律制度

（一）买卖制度

西夏法律关于土地买卖方面,与宋朝法律相比,一个重要的区别,就在于不承认不动产地邻的先买权。如以接邻为理由而强买要判处刑罚。

买卖关系的成立,必须建立在双方情愿的基础上,禁止倚仗官府权势强买强卖:"诸司有应派人买种种官之物、杂财产、树草炭等,及临时买畜、物等,诸家主双方情愿,可买卖,不许强以逼迫买取。若违律强以逼迫买取时,……一律以强买取物之价与所予之价相较,……少则徒一年。"①

【资料】

《天盛改旧新定律令》"租地门"

诸人卖自属私地时,当卖情愿处,不许地边相接者谓"我接边"而强买之、不令卖情愿处及行贿等。违律时庶人十三杖,有官罚马一,所取贿亦当还之。

诸人帐舍、田地、畜、人、物等卖与二人而争执时,应较先后,先买者当成交,后买者之资当还。买与双方者依做错法判断。先未为凭据,则何人价高当卖,不许其帐舍、田地近边邻居主家谓"我相邻"而敛集之。倘若敛集时,与前述卖与二人同样判断。②

（二）借贷制度

借贷关系的成立,应当根据自愿原则,订立契约（文据）,明确有关事项。日后若有争执,则以此为凭。③ 同时,为了保障债权,西夏法律明确规定,对于负债不还的,10缗以下有官员身份的罚5缗钱,庶人十杖;10缗以上有官员身份的罚马1匹,庶人十三杖。所欠债务依旧依法偿还。对于一时确实无法还债的,可给两三次限期,设法偿还。或以劳力抵债。

（三）典当制度

动产的质押典当必须双方情愿,并规定典当的日期。过期不取赎的,典当主可以将典当物自行处理。不许典当主擅自出卖典当物品。若违反规定,出卖典当物品的,物价在10缗以内,有官员身份的罚马1匹,庶人十三杖;10缗以上一律徒一年。同时,为了保证所典当物品不是赃物,对于典价超过10缗的,如果典当主与出典者并不相识,则可要求其另寻熟人担保。④

四、诉讼与审判制度

西夏的诉讼与审判制度并不复杂,在很大程度上还带有习惯的影响。

（一）诉讼程序

西夏的诉讼程序比较简单,普通的刑事案件和民事诉讼由地方官府受理,京师的案件则

① 《天盛改旧新定律令》卷17,"急用不买"门。
② 《天盛改旧新定律令》卷11,"分用私地宅"门。
③ 《天盛改旧新定律令》卷3,"催索债利"门。
④ 《天盛改旧新定律令》卷3,"当铺"门。

由中兴府和御史审理。在官府受理案件后，"不许越司另告他处"。违者，不论是告诉者还是受理的官员，都要受到处罚，有官者罚马一匹，庶人十三杖。

（二）监禁与审讯

凡十恶、长期徒刑等犯罪被拘禁的，不论有官无官、官职高低，一律戴枷拘禁，其余犯罪视情节，由官员共同商议戴枷与否。若应枷而不枷、不应枷而戴枷的，官员罚马一匹，庶人十三杖。木枷长三尺九寸，宽三村半，厚一寸半，并盖有官府的烙印。

对于事实明白而罪犯拒不说实话的，允许三番拷讯，一番笞三十。所用木杖以柏、柳、桑木制作，长3尺1寸，头宽1寸9分，厚8分，杆粗细8分，自杖腰至头裹面置筋皮若干，并写明制作年日，盖有官府的烙印。对于违法拷讯、无理拷打，导致被拷打者死亡的，要追究有关人员的刑事责任。①

西夏法律还对审讯限定期限，死刑及长期徒刑不得超过40天，有期徒刑服劳役者不得超过20天，其余案件必须在10日内审理完毕。若在期限内无正当理由不能审理完毕的，承办人员要处以杖十三，有官者罚马一匹。②

（三）判决

为了保证判决的公正和适用法律的准确，审判衙门除了专门负责讯问的"案头""司吏"等官吏外，另设一个"律案检"。所有审判的刑事案件，经审问后，由官吏将应有罪情记录在案，并在案卷后留有空白处，经主管官员确定罪名后，由律案检在法律中找出相应的条文，用红字写于空白处，作为量刑的依据。如果负责审问的官吏定罪有误或负责检索法律的官吏引用法律有误，以及有受贿、挟嫌报复等情形的，要依法承担相应的刑事责任。③

第四节　元朝的法律制度

1206年，蒙古族首领铁木真统一了蒙古诸部，建立了蒙古汗国。蒙古汗国迅速走上军事扩张道路，1227年灭西夏，1234年灭金，开始入主中原地区。1271年忽必烈汗称帝建立元朝，并于1279年灭了南宋，建立了大一统的元朝。

一、立法概况　元朝的立法，经历了从蒙古部落时期到蒙古国时期，再到元朝建立以后这样一个复杂的过程。

（一）蒙古部落时期的立法

1. 蒙古部落的习惯法——"约孙"

在蒙古部落中，有许多世代相传的"yusun"（蒙古语音译为"约孙"）。它作为蒙古社会古老的习惯，是蒙古人据以评判是非的标准、调整社会关系的准则和遵守社会秩序的行为规范。④ 其中有些内容随着社会经济的发展以及法律制度的建立，成为重要的法律渊源。其

---

① 《天盛改旧新定律令》卷9，"行狱杖"门。
② 《天盛改旧新定律令》卷9，"诸司判罪"门。
③ 《天盛改旧新定律令》卷9，"事过问典迟"门。
④ 吴海航：《元代法文化研究》，北京师范大学出版社2000年版，第41页。有关"约孙"的渊源和内容，可参见该书第40页以下。

中,一部分被直接上升为法律条文,另一部分则作为蒙古社会的习惯法,在社会生活中继续发挥规范作用。在成吉思汗的一则训令中,就将习惯(yusun)和法令(yasa)者视为"当国者之敌"。① 从"约孙"的性质来看,与中原先秦时期的"礼"相当接近。

2. 蒙古部落时期的成文法——《大扎撒》

"扎撒"是蒙古语汉字标音的拼写,也读作"扎撒黑"(相当于扎撒的复数),波斯语音写复数为"yasaqha",或"yasaq",单数"yasa"。② 扎撒最初是蒙古部落首领对众发布的命令。后来将一些一般性的规范加以汇编,以文字记载下来,成为系统性的成文法律。据记载,最早的一次系统性编定扎撒是1203年,成吉思汗在"订立完善和严峻的法令(yasaqha)以后,幸福地登上了汗位"。③ 至1225年,又下令颁布扎撒和训令,史称《大扎撒》或《扎撒大全》。

《大扎撒》的原文已经佚失。俄国学者梁赞诺夫斯基在《蒙古习惯法研究》中,摘录了《大扎撒》36条。在其他一些史籍中,也保存了《大扎撒》的片段。④ 从这些内容也可以看出,《大扎撒》实际上是一些习惯法的汇编。其特点:一是刑罚严酷,大量适用死刑。在现存《大扎撒》36条条文中,属于严厉刑杀的法条就有14条;二是包含了一些涉及风俗习惯和禁忌的规定。

【资料】

扎 撒 的 编 成

他(成吉思汗)给每个场合制定一条法令,给每个情况制定一条律文;而对每种罪行,他也制定了一条刑罚。因为鞑靼人没有自己的文字,他便下令蒙古儿童习写畏兀文,并把有关的扎撒和律令记在卷帙上,这些卷帙,称为"扎撒大典",保存在为首宗王的库藏中。每逢新汗登基,大军调动,或诸王会集[共商]国事和朝政,他们就把这些卷帙拿出来,仿照上面的话行事。⑤

(二)入主中原初期的立法

蒙古势力开始进入中原之初,成吉思汗就采纳了金国降将郭宝玉的"建国之初,宜颁新令"的建议,制定并颁布了《条画五章》。其内容包括:出军不得妄杀;刑狱唯重罪处死,其余杂犯量情笞决;僧道无益于国有损于民者禁之;等等。这是蒙古入主中原的第一次立法,有点类似于刘邦进入关中时的"约法三章",被后世称为是元朝的"一代法制之始"。⑥

与辽、金、西夏一样,蒙古在入主中原时,也经历了一个借鉴汉族法律的过程。早在蒙古进入中原初期,耶律楚材就提出:"天下虽马上得之,不可以马上治。"⑦主张借鉴中原地区实行的汉族法律制度。因此蒙古逐步扩大对中原地区的占领后,继续沿用了《泰和律》为基础的金朝全套法制,并在耶律楚材等人的主持下,仿效中原法制传统,颁布了一些单行法令。

① [波斯]拉施特:《史集》卷1,余大均、周建奇译,商务印书馆1983年版,第354页。
② 《元代法文化研究》,第61页。
③ 《史集》卷1,第185页。
④ 《元代法文化研究》一书中,对《大扎撒》的内容及有关史料作了详细的考证。可参见该书第67页以下。
⑤ [伊朗]志费尼:《世界征服者史》,何高济译,内蒙古人民出版社1981年版,第28页。
⑥ 《新元史》卷102《刑法志》。
⑦ 《国朝文类》卷57《中书令耶律公神道碑》。

（三）元朝建立后的立法

忽必烈建立元朝后，大臣许衡在上书中提出了"必行汉法乃可长久"的建议，认为"自古立国，皆有规模。循而行之，则治功可期。……考之前代，北方之有中夏者，必行汉法乃可长久。故后魏、辽、金历年最多。他不能者，皆乱亡相继。史册俱载，昭然可考。"因此，"以是论之，国家之当行汉法无疑也。"①忽必烈召家世业儒的郝经顾问对策时，郝经也提出了"以国朝之成法，援唐宋之典故，参辽金之遗制，设官分职，立政安民，成一王法"的"附会汉法"的建议。② 这些主张，对元朝的立法和司法产生了重要影响。随着元朝统治政权的不断巩固，在法制发展的过程中，受汉族法律的影响也不断加深。

但是元朝统治者也认真总结了辽、西夏、金等少数民族皇朝统治的经验，并不愿意全盘接受中原法制传统。元朝建立后，在立法形式上，尤其是在如何看待继承以律令式法典为代表的汉族法律传统的问题上，曾产生了激烈的争论。元初不少政治家都明确反对采用各民族统一适用的法律体系。元朝初期的大臣胡祇遹主张在保存蒙古旧制的基础上，实行民族分治，即以蒙古旧制（习惯法）治蒙古人，而以汉法治南人（原南宋地区的汉族人）。他认为："法之不立，其源在于南不能从北，北不能从南。然则何时可定乎？ 莫若南自南而北自北，则法自立矣。"③具体地说，就是"治汉人必以汉法，治北人必以北法，择其可使而两用之、参用之亦可也，未有无法而能立享者也。"④

就在元朝建立的同时（1271），就下令废除了原先在中原地区沿用的金《泰和律》。在禁行《泰和律》之后，为了使用法有所准凭，一方面，循蒙古部落的习惯，将一些具有典型意义的判例加以汇编，作为审判的依据；另一方面，又试图在吸收、借鉴前朝立法成果的基础上，制定一部通行的综合性的成文法律乃至成文法典。元世祖时，王恽在《上政事书》中，就建议"将累朝圣训，与中统迄今条格，通行议拟，参而用之"。⑤ 胡祇遹也认为："泰和旧律不敢凭倚，蒙古祖宗家法汉人不能尽知，亦无颁降明文，未能遵依施行。……窃谓宜先选必不可废急切者一二百条，比附祖宗成法。"⑥

这种思想，在元朝的立法活动中得到了充分的体现。正是在这种思想影响下，经过讨论，元朝统治者最后不采纳中原法制传统，而是创立一个包括了蒙古法、汉法和回回法在内的多元联合体性质的法律体系，⑦因此，元朝在对汉族法律文化与法律制度的接受的程度方面，与辽、金是不同的。元朝并没有采取《唐律》那样成文法典的立法形式，而采取了以编修"断例"为主的立法形式。这种形式，实际上是在损益、汰选、糅合"蒙古法"与"汉法"基础上的糅杂物。

1.《至元新格》

《至元新格》是元朝建立后制定颁布的第一部成文法律。至元二十八年（1291），中书右丞何荣祖主持编撰了《至元新格》，经元世祖忽必烈批准刻版颁行。共分为公规、选格、治民、理财、赋役、课程、仓库、造作、御盗、察狱等十个部分。从内容来看，基本是一些行政规范的

---

① 《国朝文类》卷13《奏议·时务五事》。
② 《陵川集》卷32《立政议》。
③ 〔元〕胡祇遹：《紫山大全集》卷21《论法治》。
④ 《紫山大全集》卷22《政事》。
⑤ 《元史纪事本末》卷11《律令之定》。
⑥ 《紫山大全集》卷22《论定法律》。
⑦ 有关这一点，可参见姚大力：《论元朝刑法体系的形成》，载《元史论丛》第3辑，中华书局1986年版。

汇编,相当于唐宋时的"令"。

2.《大元通制》

在这种情况下,元成宗大德四年(1300),命令何荣祖负责"更定律令",并特别强调"古今事异,不必相沿,但取宜于今者"。① 但何荣祖还是仿效唐宋律的体例,编定《大德律令》380余条。尽管由于未及颁行,何荣祖便去世了,但《大德律令》还是遭到了批评,结果最终未能颁布。

大德十一年(1307),中书省建议:"律令事重,未可轻议,请自世祖即位以来所行条格,校雠归一,遵而行之。"②此后,立法活动便主要以编修"条格"和"断例"为主。元仁宗皇庆元年(1312),命赵世炎等"以格例条画有关于风纪者,类集成书,号曰《风宪宏纲》"。③ 延祐二年(1315),命李孟等人"类集前朝条格",并于次年完成,"著为令"。④

元英宗时,在前朝编撰格例的基础上,对现行的条格和断例等进行了系统的整理,编撰了《大元通志》,颁行全国。《大元通志》共2 539条,计有诏制94条,条格1 151条,断例711条,令类577条。条格是按照唐宋令典的体例编集的,共分27篇,内容主要是一些行政方面事例的汇编。断例是具有典型意义的刑事判例的汇编,编撰方式是仿效宋朝的断例,按《唐律》11篇的体例(不包括"名例"部分)进行编集。因此,《大元通志》不是一部唐宋律那样的成文法典,而是一部法规和判例的汇编,是成文法与判例法的结合。这种立法形式,是由元朝特殊的文化传统所决定的。

3.《经世大典》

元文宗天历二年(1329),下令采辑本朝典故,仿照唐宋《会要》的体例,编集政书,至顺二年(1331)完成,是为《皇朝经世大典》,简称《经世大典》。这是一部汇集元朝政治、经济和法律制度的综合政书,共880卷,另有目录12卷,公牍1卷,纂修通议1卷,分为帝号、帝训、帝系、治典、赋典、礼典、政典、宪典、工典等10门,其中宪典部分分为名例、卫禁、职制、祭令、学规等22门。《元史·刑法志》的内容即摘录《经世大典》的宪典部分而成。

4.《大元圣政国朝典章》(《元典章》)

《大元圣政国朝典章》(简称《元典章》)是由元代地方官吏自行编辑刻印的元朝中期以前法令文书分类汇编,后经中书省批准。由《前集》和《新集》组成。《前集》60卷,分为诏令、圣政、朝纲、台纲、吏部、户部、礼部、兵部、刑部、工部10门,收录了自中统至延祐年间颁布的条画、诏令、条格等,共373目,目下有若干断例、条格。《新集》不分卷,分为国典、朝纲、吏部、户部、礼部、兵部、刑部、工部8门,收录了英宗至治元年、二年(1321—1322)的诏令、条格和断例。《元典章》的这种编撰体例,对《大明律》按六部分篇的体例产生了直接影响。

二、身份法律制度

(一)社会等级

1. 民族等级

元朝将全国民众分为"蒙古人""色目人"(来自西域的民族)、"汉人"(原金国辖区内的汉族人和契丹、女真、高丽、渤海人等)和"南人"(原南宋辖区内

① 《元史》卷20《成宗本纪三》。
② 《元史》卷22《武宗本纪一》。
③ 《新元史》卷102《刑法志上》。
④ 《元史》卷25《仁宗本纪二》。

的汉人与其他民族）四等，并贱称汉人为“汉子”，南人为“蛮子”。而在法律上确认蒙古贵族的最高统治地位、色目上层的优越地位。

蒙古族为元朝的特权阶层。在政治上，朝廷的主要机关中书省、枢密院、御史台，地方行省的行台、宣慰使、廉访使以及路、府、州县的长官，大多由蒙古贵族来担任；蒙古贵族干不了的，以及各种副职，则尽量由色目人担任。在经济上，元朝建立后，将原南宋的官田的一部分赐给蒙古贵族，他们在受赐占有的土地上，可以自行委派庄官，收取田租。同时，还倚仗权势，用各种手段和方法强占民田和官田。在法律上，同样也可以享有种种特权。元朝商人中的色目人，也享有仅次于蒙古人的优越待遇，这也是元朝社会所特有的现象。在元朝建立的过程中，不少色目商人由商而官，包税、垄断对外贸易，获得了很多特权。

2. 贵族阶层

元朝皇室贵族统称为宗王或诸王，按照所授的印章质地和印纽形状分为金印兽纽、金印螭纽、金印驼纽、镀金银印驼纽、镀金银印龟纽、银印龟纽 6 等。同时又按照所封封国为王号。在封国内具有统治权力，并获得封国的赋税。异姓贵族分为王、郡王、国公 3 等，都封有食邑，可以享有食邑的赋税收入。贵族都实行长子世袭继承，而次子实行降等继承。

3. 僧侣

僧侣在元朝也享有特殊权利。元朝佛教寺院遍布全国各地，占有大量的田产。并且僧侣在法律上受到特殊保护。在中央设立宣政院，与中书省、枢密院并立，在各路也设行宣政院，作为专门的宗教审判机关，而且不受御史台的监督。各地涉及僧侣的诉讼，除了奸盗、诈伪、致伤人命等重大案件由地方长官审理报宣政院外，其余一切涉及僧侣的案件均由寺院的主持审理，地方官吏无权擅断。确认了僧侣的司法特权。并严厉禁止各种侵犯僧侣的行为。元朝初年就曾规定：“殴西番僧者断其手，詈之者断其舌。”①

4. 农民

元朝农民中自耕农户的数量比起前朝有所减少，这是因为自耕农在战乱中大量被掠为驱奴，或者沦为权豪的部曲。幸存的自耕农也被列为“民户”，要负担繁重的丁税、地税及各种差役，往往因不堪重负而被迫流亡，丧失土地，称为佃农。江南地区随着土地兼并和租佃关系的发展，以及国家对自耕农的赋税、差役的压迫，自耕农同样也越来越多地沦为佃户。而佃户由于依附于地主的土地，社会地位非常低下。佃户在法律上虽然仍是良民，不能像驱奴那样合法地买卖，但田主在典卖土地时，往往将佃户计数立契典卖。地主还可以随意打骂佃户，法律甚至还规定地主打死佃户不用偿命：“诸地主殴死佃客者，杖一百七，征烧埋银五十两。”②

5. 奴隶（驱奴）

蒙古在军事扩张的过程中，将大量俘获的人口沦为奴隶，称为“驱奴”。随着奴隶制的推行，北方的一些破产农民也往往因偿债典身或卖身为奴。奴隶在法律上没有独立的地位，与钱物一样属于主人所有，可以如牲畜一样被主人自由买卖。奴隶不能与良民通婚。奴隶所生的子女，世代为奴，仍属主人所有。元朝的法律还明文规定：如果奴隶因打骂主人，主人因而将奴隶打死的，无罪。主人故意杀死无罪奴婢的，也仅处以杖八十七。而如果奴隶控告

① 《元史》卷 22《武宗本纪一》。
② 《元史》卷 102《刑法志一》。

主人的,依法要处死。奴隶处于整个社会的最底层。

(二)婚姻制度

元朝在婚姻制度上,对待汉人和蒙古人适用不同的标准和习俗,具有属人法的性质。"诸色人同类自相婚姻者,各从本俗法;递相婚姻者,以男为主(蒙古人不在此限)。"①从而形成了特殊的婚姻制度。

1. 婚姻关系的成立

元朝将订立婚书作为婚姻关系成立的法定条件。婚书即书面的婚约,是双方当事人同意建立婚姻关系的书面的意思表示,"但为婚姻,须立婚书,明白该写元议聘财;若招召女婿,指定养老或出舍年限,其主婚、保亲、媒妁等人画字,依理成亲,庶免争讼"。②

婚书又称"嫁娶礼书",由男家婚书和女家回书两部分构成,文字不得使用日常方言。男家婚书写明聘财礼物数额,由婚主(一般为娶妻人的父母)和媒人签字画押;女家回书写明受聘礼数额,由嫁主(通常为出嫁女的父母)和媒人签字画押。然后将这两份礼书翻背连接,骑缝大书"合同"二字,各由双方收执,作为婚姻关系成立的凭证。

2. 特殊的婚姻形式

(1)入赘

入赘即男子到女家成婚,成为女家的一员,称为"赘婿",俗称"招女婿"。中原地区初期有歧视赘婿的传统,但到元代这种观念已有很大转变,民间招婚之风非常盛行,而且法律也对赘婿进行了明确的规范。

元朝法律将赘婿分为四类:一是养老女婿,"谓终于妻家聚活者";二是年限女婿,"谓与妇人归宗者";三是出舍女婿,"谓与妻家析居者";四是归宗女婿,"谓年限已满,或妻亡、并离异,归宗者"。③ 民间招赘的原因很多,"或无子嗣,或儿男幼小,盖因无人养济,内有女家下财,召到养老女婿,图借气力,及有男家为无钱财,作舍居年限女婿"。④

养老女婿是典型的赘婿,一般为有女无子之家所招赘,终身作为妻家的家庭成员,与岳父母同居,为岳父母养老送终。年限女婿又称"舍居年限女婿",实为劳役婚,男方多为家境贫困,无力筹措聘财者;女方多为有子尚幼,需要成年男性劳动力者。在缔结婚约时,男方少出、不出甚至收受聘财,约定成婚以后女婿到妻家共同生活若干年,实际是为岳父母家劳作若干年以抵充聘财,年限期满后,即携妻回本家。出舍女婿是养老女婿或年限女婿的特殊形态,其一,女婿入赘妻家后,与岳父母分家析居,但仍有为岳父母养老送终的义务;其二,女婿入赘妻家后自立门户,但在年限之内必须为岳父母家劳作,期满才能免役。归宗女婿是因各种原因从女家回到本家的原赘婿,包括期满后携妻归宗的年限女婿,以及因丧妻、离异等原因而独身回本家的原赘婿。

在上述四类赘婿中,真正意义上的赘婿只有养老女婿和年限女婿两种,另两类只是它们的特殊形态而已。此外,还有一种特殊的赘婿,称为"接脚夫"或"接脚婿",即寡妇再婚而招赘的女婿。

入赘这种婚姻形态,尽管被蒙古的习俗所认可,但是它与汉族的婚姻习俗和制度是不相

① 《通制条格》卷3《户令》。
② 《通制条格》卷3《户令》。
③ 《吏学指南·婚姻》。
④ 《元典章·户部四》。

符合的。因此,元朝在承认入赘这种婚姻形式的同时,又从法律上给予了一些限制。首先,独子不得出赘,如果实在是因贫穷无力娶妻的,则可以作年限女婿。至元九年(1272)令:"民间富实可以娶妻之家,止有一子,不许作赘;若贫穷止有一子,立年限出舍者,听。"其次,军户户籍的继承人不得出赘。至元十年(1273)令:"贴户、正军承继本户军名为户头者,不得与人家作养老出舍女婿。"①其实际意义就是军户的长子不得出赘,如果是独子,也不能适用上述可以作年限女婿的规定。

(2)收继婚

收继婚是未婚男子收娶家族中的寡妇为妻的婚姻形式。这也是我国北方少数民族中比较盛行的婚姻形式。蒙古部落中,就有"父死则妻其从母,兄弟死则收其妻"②的习俗。在蒙古部落时期的法律《大扎撒》中也规定父亲死后,儿子除了不能处置自己的生母之外,对父亲的其他妻子或可以与之结婚,或可以将她嫁与别人。蒙古入主中原后,公开宣布这种收继婚的合法性。但对于汉人则由限制到明令禁止不得收继。

然而由于受到蒙古习俗的影响,在汉人中收继婚也日益普遍。法律的禁止,正从反面证明了这一点。这种现状,与汉族的文化传统和伦理道德是截然相违背的。因此,一些官员曾上书建议严厉禁止收继婚,但收效甚微。而蒙古人的收继婚则一直被法律所认可。在元末顺帝时,儒学教授郑昍上书建议:"蒙古乃国家本族,宜教之以礼。而犹循本俗,不行三年之丧,又收继庶母、叔婶、兄嫂,恐贻笑后世,必宜改革,绳以礼法。"③但他的建议最终还是没有被采纳。

【资料】

蒙古族收继婚制的记载

有的时候一个儿子把他父亲所有的妻子都拿来当妻子,只有他的生母除外。因为父母的斡耳朵总是归最小的儿子继承,因此他必须供养他父亲所有的妻子,这些妻子都带着他父亲的财产来到他这里。这是,如果他愿意,他可以把她们当作妻子来使用。④

法律对于汉族人收继婚的禁止

诸兄收弟妇者,杖一百七,妇九十七,离之。虽出首,仍坐。主婚笞五十七,行媒三十七。诸居父母丧,奸收庶母者,各杖一百七,离之,有官者除名。诸汉人、南人,父没子收其庶母,兄没弟收其嫂者,禁之。诸姑表兄弟嫂叔不相收,收者以奸论。⑤

(三)继承制度

在《大扎撒》中,就已对财产继承的问题作了明确规定。财产的分配依据以下原则:"长

---

① 《通制条格》卷4《户令》。
② 《元史》卷187《乌古孙良桢传》。
③ 《元史》卷44《顺帝本纪七》。
④ [英]道森:《出使蒙古记》,吕浦译,中国社会科学出版社1983年版,第122页。马可·波罗也对这种收继婚的情形作了记载:"父死可娶其父之妻,惟不娶生母耳。娶者为长子,他子则否。兄弟死亦娶兄弟之妻。"(《马可·波罗行纪》,冯承钧译,中华书局1954年版,第238页。)与道森的记载的由末子收继的情形有所不同。但根据蒙古人由幼子守家产的传统习俗,并比较《大扎撒》中的有关规定,似乎由末子收继的记载更为正确。
⑤ 《元史》卷103《刑法志二》。有关收继婚的案例,可参见《元典章·户部四》之《婚姻·收继》。

子优分制",长子可以比诸弟多得若干;但同时又有"末子继祖制",父亲的祖业由最幼的儿子继承;妾所生的儿子具有合法地位,但继承份额应少于妻生子。无论何物,都严格禁止合法继承者以外的人利用死者的遗物。这应该是蒙古族的习惯法。

元朝建立后,在先后发布的一些条格和断例中,对中原地区汉族的财产继承问题也作了具体规定。

不论是婚生子还是非婚生子都有继承权,但嫡、庶及非婚生子在具体数额上是不同的。按照断例规定,其具体份额为:"妻之子各四分,妾之子各三分,奸良人及幸婢子各一分",①也就是说,奸生子(非婚生子女)以及婢生子继承份额只能为妻生子的四分之一,妾生子的份额只能为妻生子的四分之三。在继承时,按此标准对遗产进行分割。

在没有儿子的情况下,赘婿、侄子可以享有对遗产的继承权。在"户绝"即没有男性继承人(包括侄子)的情况下,未出嫁的女儿也可以享有继承权,但遗产除支付其必需的生活费用外,全部由官府代管,待其年满 15 岁或出嫁时,再全部交还。而继承开始时已出嫁的女儿,则与宋朝法律的规定一样,只能得到遗产总额的三分之一,另三分之二归官府。

对于无子的寡妇,有权继承亡夫的全部遗产,亡夫家族兄弟不得分割。但如果寡妇改嫁的,则丧失继承权,连陪嫁的财产也不得带走。元成宗大德七年颁布的法令中就明文规定:"随嫁奁田等物,今后应嫁妇人不问生前离异、夫死寡居,但欲再适他人,其原随嫁妆奁财产,一听前夫之家为主,并不许以前搬取随身。"②这种做法,也被后来明清法律所继承。

三、刑事法律制度

（一）刑罚制度

蒙古部落时期的刑罚制度比较简单,体现了游牧民族的特点。蒙古国建立后,受到金国《泰和律》的影响,基本上沿袭了其中的刑罚制度。元朝建立后,在形式上,依然采用五刑体系,但其内容却发生了一定变化。

1. 笞杖刑

元朝笞杖刑的一个最为突出的变化,就是将决罚的尾数改为"七"。传说元世祖忽必烈曾宣称"天饶他一下,地饶他一下,我饶他一下",从而形成了这样特殊的制度。③

2. 折杖法与徒刑

元朝前期在刑罚制度方面,也继承了宋朝和金国实行的"折杖法",笞刑与杖刑均用"笞杖"(即执行笞刑时所用的杖,比执行杖刑时所用的杖要轻)执行,徒刑用杖执行。具体折杖数为:

笞刑:10 下决 7 下;20 至 30,决 17 下;40 至 50,决 27 下。

杖刑:60 至 70,决 37 下;80 至 90,决 47 下;100,决 57 下。

徒刑:徒一年、徒一年半,决 67 下;徒二年徒二年半,决 77 下;徒三年,决 87 下;徒四年,决 97 下;徒五年,决 107 下。

徒五年折杖 107 下,就是后来杖刑最高刑为"杖一百七"的由来。当然,这种折杖法适用的时间并不是很长。以后又恢复了徒刑,并将以杖折徒改成了"加杖减徒法",即减杖数而附加徒刑,最初只适用用强盗、窃盗等严重犯罪,但后来适用日益普遍,以至于原来作为附加刑的徒刑成了主刑,而作为主刑的杖刑反而成为附加刑。具体为:徒一年附杖六十七,每半年

---

① 《元典章·户部四》。
② 同上。
③ 《草木子》卷 3 下,《杂制》。

加杖一十,徒三年附杖一百七。

3. 流刑和死刑

元朝的流刑亦分三等,并沿袭了宋朝的"刺配军籍"之制,称为"出军"。死刑则分为斩、凌迟二等,并以"凌迟处死"为极刑,斩刑为其次。

4. 刺字

五刑之外的附加刑,最重要的是刺字,将罪犯触犯罪名刺在罪犯身体之上。窃盗罪犯,初犯刺右臂,再犯刺左臂,三犯刺项(颈脖后部)。强盗罪犯,初犯即刺项。但刺字刑不可适用于蒙古人、色目人,也不适用于妇女。

(二)刑罚适用的特点

元朝作为一个入主中原的少数民族政权,在刑罚适用方面的一个最为显著的特点,就是实行蒙汉异法、蒙汉异罚。

首先,禁止汉人与蒙古人斗殴。凡"蒙古人员殴打汉儿人不得还报",只能"指立证见于所在官司赴诉",如果不按此办理的,要"严行断罪"。[1] 同样,如果蒙古人因争及乘醉殴死汉人的,仅"断罚出征,并全征烧埋银"了事;而汉人在同样情况下打死蒙古人的,就要立即处死,并征烧埋银。

其次,凡犯盗罪的汉人,要附加刺字刑,而蒙古人则不须。擅自给蒙古人刺字的官员要被判杖刑,并开除公职。

最后,在犯罪管辖方面,汉人犯罪案件由普通司法机关管辖,而蒙古人等犯罪的,一般都由专门的机关(如大宗正府)进行管辖。

四、财产法律制度

蒙古以游牧民族入主中原,其本族的财产关系并不复杂。因此,在财产法律制度方面,基本上是沿袭了宋、金的制度。

(一)所有权

金国政权建立后,在中原地区不再维持宋朝的"限田"制度,"民田业各从其便,卖质于人无禁,但令随地输租而已",[2] 放松了对土地私有权的干预,私人对私有土地的处分在合法的范围内不再受限制。元朝建立后,继承了这一做法,不限制私有土地的买卖和兼并。

(二)契约制度

1. 买卖契约

元朝对田宅的买卖和典质仍然规定相同的程序,主要沿用了宋朝的法律。买卖或典质田宅仍然需要经过先问亲邻、印契税契、过割赋税。但是也做了相当的调整。

首先是元代废除了宋代法律中"原主离业"要求,出卖人或出典人在田宅出卖或出典后,依旧可以占有田宅,只是必须向买方或典权人缴纳地租或房租。

其次元代法律在田宅交易中增加了一个前提,"经官给据"。在进行田宅买卖之前,要向官府申请发给凭据,取得官府的许可,证明田宅的合法所有权。凡"典卖田宅,先行经官给据,然后立契,依例投税,随时注收"。[3]

---

① 《元典章·刑部六》。
② 《金史》卷 47《食货志一》。
③ 《元典章·户部五》。

另外,元代法律将典权人的先买权推迟到了亲邻之后,"诸典卖田宅及已典就卖,先须立限,取问有服房亲(先亲后疏),次及邻人,次见典主。若不愿者,限三日批退;愿者,限五日批价。若酬价不平,并违限者,任便交易。"①

还有,元代在当事人到官府请求官府在契约上加盖官印、缴纳契税后,官府发给"契凭"(纳税证明单据)。"契凭"一般直接粘连于契约文本之后,所以又称"契尾"。根据法律规定,凡"私相贸易田宅、奴婢、畜产及质押交业者,并合立契收税"。② 经过税契之后,买卖契约正式成立,合法有效。

和宋代类似,典质田宅订立的契约必须是一式两份有骑缝记号的"合同契":"典质交易,除依例给据外,须要写合同文契贰纸,各各画字付务投税。典主收执正契,业主收执合同。虽年深,凭契收赎。"③

【资料】

元代土地典、卖契约标准样本

某里某都姓某。右某有梯己承分晚田若干段,总计几亩零几步,产钱若干贯文。一段坐落某都,土名某处,东至……,南至……,北至……,系某人耕作,每冬交米若干,今为不济差役重难,情愿召到某人为牙,将上项四至内田段立契尽底出卖【或云"典"】与某里某人宅,当三面言议,断得时值中统钞若干贯文。从立契后,仰本主一任前去,给佃管业【典云"约限三冬,备原钞取赎,如未有钞取赎,依元管佃"】永为己物,去后子孙更无执占收赎之理。所有上手朱契,一并缴连,赴官印押。前件产钱,仰就某户下改割供输应当差发。共约如前,此凭为用。谨契。

年　月　日　出业人：姓某　　号　契

知　契：姓某　　号

牙　人：姓某　　号

时见人：姓某　　号④

译文:

某里某都姓某。以上的某某有确实属于自己继承所得的晚田若干段,总计几亩零几步,承担的土地税铜钱若干贯。土地一段坐落某都,土名某处,东至……,南至……,北至……,现在由某人耕作,每年冬天交地租稻米若干。现在因为没有办法缴纳政府的差役摊牌,自己情愿找到某人为牙人(中介),立契将上面提到的土地在四至之内彻底出卖【或者写作"典"】与某里某人,经过三面商议,确定卖价为中统钞(纸币)若干贯文。从立契后,请新的地主前往,出租管理【如果是出,写作"约定三年之后,出典人可以原来的价格赎回;如果没有准备好钱钞,依旧管理出租"】永远作为自己财产,出让方的子孙以后永远没有争论收回占有要求收赎的理由。所有的上手交易契约,都一起交付,请新业主到官府加盖官印。土地税以及其他摊派也请过户到新业主名下承

①　《元典章·户部五》。
②　《元典章·户部八》。
③　《通制条格》卷16,《田令》。
④　《新编类事要启札青钱》外集卷十一《公私必用·典卖田地契式》。参见陈高华:《元代土地典卖的过程和文契》,载《中国史研究》1988年第4期。

担。一起约定上述内容,作为凭据。谨慎立契。(下略)

2. 借贷契约

在蒙古国时期,有被称为"羊羔息"的高利贷,"如羊出羔,今年而二,明年而四,又明年而八",①即采用复利计息、利上滚利的高利贷。由于这种高利贷"其害为甚",因此,元太宗时采纳了耶律楚材的建议,"凡假贷岁久,惟子本相侔而止,著为令。"②即规定以本金数额为借贷累计利息总额的上限,也就是按照中原地区传统的"一本一利"。

另外,金朝的《泰和令》已经规定借贷利息每月不得超过三分(3%)。蒙古入主中原后不久即规定:"民间贷钱取息之法,以三分为率",③即将月利限制在三分(3%)以下,实际上沿袭了金朝的制度。元代法律也禁止以人身抵债,违者治罪。但实际上,违禁放高利贷的情形依然非常普遍,元朝以后又对禁止高利贷作了具体规定,将高利贷作为犯罪处理:"诸称贷钱谷,年月虽多,不过一本一息。有辄取赢于人,或转换文契,息上加息;或占人牛马财产,夺人子女以为奴婢者,重加之罪,仍偿多取之息,其本息没官。"④

(三)损害赔偿

元朝法律关于损害赔偿的规定,与中原法制传统相比有很大的发展。

在人身伤害方面,凡是故意造成他人人身伤害的,加害人除了要承担相应的刑事责任外,还要承担民事赔偿责任。赔偿的范围包括"养济之资""养赡之资"和"医药之资"等,"又坐又偿"。而凡是过失伤害行为,采用的基本原则是"偿而不坐",加害人只需承担赔偿责任即可。没有沿用中原地区对过失伤害行为规定"赎刑"、只有部分伤害行为"赎铜入受害人之家"的法制传统。

而对于杀人行为,元代法律还明确规定,罪犯承担罪责外,还要向"苦主"(被害人家属)支付"烧埋银":"诸杀人死者,仍于家属征烧埋银五十两给苦主,无银者征中统钞一十锭,会赦免罪者,倍之。"⑤大赦时赦免了执行死刑的,烧埋银还要加倍征收。

五、诉讼与审判制度 蒙古入主中原初期的诉讼与审判制度比较混乱,主要表现在机构设置繁杂,且有的互不统摄。在统一的元朝建立后,在前朝的影响下,形成了具有自身特色的诉讼与审判制度。

(一)司法机关

1. 中央司法机构

元朝中央司法机关设置比较复杂,一般来说,专职的司法机关主要有大宗正府、刑部、宣政院、御史台等,值得注意的是裁撤了中原地区传统的审判机构大理寺。

大宗正府,是元朝初期最高审判机构。在蒙古汗国时期,设立了札鲁忽赤(汉译为"断事官")作为负责司法审判的官员。元朝建立后,设立大宗正府,置札鲁忽赤10人(后陆续增加至42人)作为国家最高法官。最初蒙古人、色目人以及汉人犯罪的案件都由大宗正府审理。至元仁宗时,将汉人案件归刑部。大宗正府成为主要审理蒙古、色目诉讼的司法机构。

① 《遗山先生文集》卷26《顺天万户张公勋德第二碑》。
② 《元史》卷2《太宗本纪》。
③ 《元史》卷12《世祖本纪九》。
④ 《元史》卷103《刑法志二》。
⑤ 同上。

刑部的职权在元代大大扩大,成为专司司法审判与司法行政的机构,"掌天下刑名法律之政令。凡大辟之按复,系囚之详谳,孥收产没之籍,捕获功赏之式,冤讼疑罪之辨,狱具之制度,律令之拟议,悉以任之"。[①] 主要审理的是汉族的诉讼案件。

宣政院是管理道教、佛教的宗教事务机关,也负责所有涉及僧侣道士案件的审理。各地僧侣、道士的狱讼,大案由地方长官审理后上报宣政院,普通案件则由宣政院在地方的派出机构僧录司审理。但从元成宗、武宗二朝起,宣政院的审判权逐步被取消。

御史台仍然是朝廷最高的监察机关。元朝为了加强对地方的监督,在地方上还设立行御史台。元初设四道提刑按察司,纠察地方政务,兼管地方刑狱,属御史台统领。灭南宋后,设江南行御史台,又设云南诸路行御史台(后改陕西诸道行御史台)。1291 年将提刑按察司改为诸道肃政廉访司,以内八道直属御史台,江南十道隶属于江南行台,陕西、云南四道隶属于陕西(云南)行台。

此外,其他的国家机关中一般也设置断事官,拥有一定的审判权,如内史府的断事官可以受理王府词讼之事,枢密院的断事官可以处断军府之狱讼等。

2. 地方司法机关

元代仍然在地方实行司法行政合一,地方长官兼理司法事务。各级官府都设置蒙古人担任的"达鲁花赤"作为总督性质的最高长官。

元朝的行省作为中央政府在地方的派出机关,其司法方面的职能并不是十分突出。凡地方的重案要通过行省上报中央,刑部的判决也要经行省下达地方执行。

路设总管府,置达鲁花赤一人为监临官,总管一人为长官,下设同知、治中、判官等属官以及专门负责审判的推官。达鲁花赤由蒙古人担任,总管由汉人担任,同知由回回人担任。

府,又称"散府",以达鲁花赤一人为监临官,府尹(或知府)一人为长官,属员有同知、判官、推官、知事、提控案牍各一人。州以达路花赤为监临官,州尹(知州)为长官,属员有同知、判官、知事、提控案牍、吏目等。

县也置达鲁花赤为监临官,县尹为长官,属员有县丞,属吏有主簿、县尉、典史等。

(二)诉讼审判制度

1. 诉讼的受理

一般的诉讼应向官府递交书状。为了保证书状的规范,自元成宗大德年间起,仿照宋代制度,在全国普遍设置书铺,内有官府任定的"书状人",专门负责代写诉状。当时的法律对于书写诉状的程序、书状人的职责等作了明确规定。

元朝对于民间婚姻、田土、钱债诉讼的受理,继承了宋朝的"务限法",规定受理诉讼的时间为每年的十月初一至次年的三月三十日。即只有在农闲时才受理民间诉讼,目的是为了保证不因诉讼而耽误农业生产。

2. 诉讼的管辖

根据元朝法律规定,对于普通的刑、民事案件,杖五十七以下,由(录事)司、县决断;杖八十七以下,由散府、州、郡决断;杖一百七以下,由宣慰司、总管府决断。[②] 流刑及死刑案件,

---

① 《元史》卷 86《百官志二》。

② 《元典章·刑部一》。

则上报中央刑部。

3. 案件的审理与判决

案件一般由推官等专门负责刑狱的官员来审理。如果罪犯伏罪的,由衙署官员集议之后作出判决。应判处刑罚在杖一百七以下的,分别由有管辖权的衙门决断;徒刑案件由路将案卷送各道肃政廉访司(原提刑按察司)复审,复审无异的,在各地就地服刑;如果有疑问或罪犯翻供、以及其家属称冤的,则由肃政廉访司委托邻近衙门的官员审理;流刑以上案件或有疑问的案件,则需通过行省上报刑部,经刑部复审后批复,流刑依法发遣,死刑就地执行。

【人物】

王　翛

王翛(xiū)(1132—1207),字翛然,涿州人。进士出身。曾长期担任金朝地方官员,曾任大理卿,以性情刚严、临事果决著称。在担任成平知府时,当地有很多女真族的贵族横行不法,欺压百姓。有一次一个百姓欠了贵族的债务没能及时归还,那个贵族带了家奴闯入百姓家抢夺耕牛和财产。百姓到衙门告状,王翛立即下令传讯那个贵族。那个贵族毫不在乎,带了家奴随从大模大样地来到衙门,王翛命令衙役给那贵族戴上戒具,动用刑讯,判决他犯有强盗罪,拖到市场上杖杀。当地贵族从此不敢胡作非为。后来王翛担任京城大兴府的知府,京师有许多和尚依附豪门,为非作歹。王翛下令午后不准和尚上街。有一次抓住一个犯禁的和尚,立刻就有皇姑某公主派人来求情。王翛说:"既然公主说情,我这就放他出去。"于是带上和尚审讯,判处杖一百,和尚回庙不久就伤重身亡,京师肃然。他的事迹广为流传,被当时人誉为是比北宋包公执法还要严正。[①]

何荣祖

何荣祖(1218—1297),字继先,出生于一个书吏世家,年轻时即入官庭做书吏。蒙古汗国入主中原后,何荣祖被提升到御史台的"都事",成为御史台书吏头目。何荣祖在元朝建立后被任命为侍御史,作为朝廷监察官与蒙古贵族权臣阿合马、桑哥多次发生冲突,受到忽必烈的信任,多次出使地方,巡视监察各地官府以及处理疑难案件,建立起嫉恶如仇、精明强干的名声。他再三建议设置直属中央的监察体制,终于说服忽必烈,于至元二十八年(1291)将派驻各地的提刑按察司改名为"肃政廉访司",有关的民政、财政事务,以及"官吏奸弊",都由肃政廉访司全权负责,与本地的政府机关不发生统辖关系,直接向中央朝廷负责。何荣祖担任尚书右丞,受忽必烈委托起草了元朝第一部成文法《至元新格》。何荣祖清廉持正,作为朝廷重臣,他在大都一直是租屋居住,家里的餐具也只是普通的青瓷器。当忽必烈得知这一情况,赐予何荣祖黄金五十两、白银五百两、宝钞二万五千贯,让他在大都买房以及家居器具,以表彰何荣祖的廉洁。

---

① 〔金〕刘祁:《归潜志》卷8,《金史》卷105《王翛传》。

本 章 小 结

　　辽（契丹）、金、西夏和元朝（蒙古）是自唐末五代以来,在我国的北部和西北部地区先后出现的几个少数民族的政权。由于各少数民族政权的政治、经济、文化发展较汉族政权落后,因此它们在法律上曾不同程度地实行过民族歧视和民族分治政策。但与此同时,它们在建立各自政权和法制的过程中,又不断受到汉族先进的法律文化的影响。它们正是在吸收汉族文化特别是法律文化,结合本民族的习惯,形成具有鲜明的民族特色的法律制度。

　　由于各个少数民族政权的具体的政治、经济、文化等各方面状况的不同,决定了它们对汉族法律的吸收、借鉴的程度也是不同的。相比较而言,辽、金、西夏等少数民族政权受汉族法律文化的影响较深,其法律制度的"汉化"程度也比较彻底,如辽国的《咸雍重修条制》、金国的《泰和律义》以及西夏的《天盛改旧新定律令》等,从体例到内容基本上沿袭了以《唐律》为代表的汉族法典。而元朝由于其政权本身的特点,使得它在学习、借鉴汉族法律的程度方面,不如其他少数民族政权那样彻底,而是结合了本民族的习惯,在法律的形式与内容方面都有所发展和创新,并对后来明、清两朝的法律制度产生了重要影响。

　　辽、金、西夏、元朝法制的发展过程,有力地证明了这样一个事实:中国古代法律是以汉族为主体的各民族法律文化传统的共同结晶。

参考阅读

基本史料

《辽史》卷61—62《刑法志》,中华书局1979年版。

《金史》卷45《刑志》,中华书局1979年版。

史金波、聂鸿音、白滨译注:《天盛改旧新定律令》,法律出版社2000年版。

《元史》卷102—105《刑法志》,中华书局1979年版。

《新元史》卷102—103《刑法志》,上海古籍出版社2012年版。

《大元圣政国朝典章》,天津古籍出版社2011年版。

《大元通制条格》,法律出版社2000年版。

参考书目

韩玉林:《中国法制通史》第6卷《元》,法律出版社1999年版。

曾代伟:《金元法制丛考》,社会科学文献出版社2009年版。

姚大力:《论元朝刑法体系的形成》,载《元史论丛》第3辑,中华书局1986年版。

殷啸虎:《论〈大元通志〉"断例"的性质及其影响》,载《华东政法学院学报》1999年第1期。

尤韶华主编:《中国法制史考证》甲编第5卷《宋辽金元法制考》,中国社会科学出版社2003年。

〔日〕川村康主编:《中国法制史考证》丙编(日本学者考证中国法制史重要成果选译)第3卷《宋辽西夏元卷》,中国社会科学出版社2003年版。

思考题

1. 辽国的刑事法律有哪些特点?

2. 金国在刑法内容方面有哪些重要变化?

3. 与唐宋时期的"五刑"相比,西夏的刑罚制度有什么重要变化?

4. 元朝法律在民族歧视和民族压迫方面,有哪些具体表现?

5. 金、元时期的"折杖法"与宋朝相比,有哪些发展变化?

第十章
明代的法律制度
（1368—1644）

本章提要

　　明代法制着重维护君主专制中央集权政治体制，突出实用性。刑法方面加重重罪处罚力度，力求确保君主专制制度。民事法律方面则具有强调"先占"的特点。司法方面大大加强了审判中央集权的程度。其法制承前启后，在中国法制史上具有重要意义。

　　元末爆发了红巾军农民大起义，摧毁了元朝的统治。原为红巾军首领之一的朱元璋（史称明太祖）以集庆路（今南京市）为根据地，逐步兼并其他的反元武装，于1368年建立起明朝。明太祖在位31年，死后由长孙朱允炆（史称建文帝、明惠帝）继位。但不久其分封于北平（今北京）的四子燕王朱棣以"清君侧"为名举兵，号称"靖难"（平定国难），经残酷的内战登上皇位（史称明成祖）。1420年正式迁都北京，明皇朝基本政治格局就此定型。

　　中国社会经济在明代有了长足的发展，但基本经济结构并没有发生重大变化。与同时代完成了地理大发现的西欧相比，中国社会经济的发展速度明显放慢。而在政治上，明朝统治者以全面加强君主专制中央集权作为对应社会变化的主要对策。1380年明太祖废除了传统的丞相制度，统治权力集中于皇帝一人之手。可是这并没有保证明皇朝能够长治久安，历史上曾经出现过的太监揽权、特务政治、文官党争、官吏腐败等政治弊病都在明代愈演愈烈，而社会矛盾也随之激化，猛烈震撼着皇朝的统治。

　　明代法制着重维护君主专制中央集权政治体制，突出实用性，而对于社会经济的发展反应迟钝。其法制承前启后，在中国法制史上具有重要意义。

第一节　明初法制的指导思想

　　明初统治集团中的大多数人出身于社会底层，曾切身感受元末吏治腐败、统治秩序混乱的状况。这个统治集团对于元朝政治的总结决定了明初法制的基本指导原则。

一、刑乱国用重典

和同样是在农民大起义后建立皇朝统治的汉初、唐初统治者不同,以朱元璋为首的明初统治集团普遍认为元末的社会动荡主要原因是宋元两代政治过于宽纵、姑息,造成天下大乱,因此有必要援引儒家传统的"刑乱国用重典"的理论,以法制加强镇压。比如朱元璋在写给他主要的谋士刘基的信中说"胡元以宽而失,朕收平中国,非猛不可"。刘基也认为"宋元以来,宽纵日久",先应加强镇压,使得"纲纪振肃",然后再可以施行"惠政"。① 明初朝廷普遍流行有"杀运三十年"②的说法,也是这种力图加强镇压思想的反映。

"刑乱国用重典"的一个重要方面是要"重典治吏",就是要求以重刑维护统治集团内部的纪律和统一。明初统治者虽然号称恢复汉唐传统,但却没有恢复唐律中的"官当"制度。明太祖还曾以"谋反"罪名大量杀戮官员,如洪武十三年(1380)左丞相胡惟庸谋反,在十年后还在穷追"胡党"党羽,先后杀近三万人;洪武二十六年(1393),大将蓝玉谋反,根据口供牵引,被灭族约有一万五千人。另外对于腐化的官吏也予以严惩不贷,如洪武九年(1376)"空印(预先在空白文书上加盖官印的官场陋习)案",逮捕数百官吏。洪武一八年(1335)因户部粮仓亏空七百多万石,株连户部侍郎郭桓以下官吏数万人下狱。明太祖甚至还曾采用"剥皮实草"③的酷刑处罚贪官污吏。

"刑乱国用重典"的另一含义是要严厉镇压民间一切犯上作乱的行为。明太祖以为经过蒙古族的元朝统治,汉族人民受到蒙古族"胡俗"的污染;而且元末大乱,民风奸猾,需要严厉整肃。他自称自己的目标是要革除"胡俗",治理"旧习汙染之徒"。④ 因此不惜采用一些历史上罕见的酷刑、颁布形式独特的法规来矫治民风。

出于"家天下"的观念,明太祖急于在自己在位的时间里用各种恐怖手段来实现"天下大治",同时又制订一部优良的法典让后代遵守。他的继承人长孙朱允炆曾劝告他减轻刑罚,他说:我是治理乱世,用刑不得不重;你将来治理的是"平世",自然就可以减轻刑罚,这就是古人所说的"刑罚世轻世重"了。⑤

二、法贵简、严

明初统治者认为元朝法制没有采用传统的以法典为主的形式,而是以各类单行法规、法规汇编为法制主体,造成法律过于复杂,连司法官员都无法全部掌握,普通百姓更是不知如何操作,只能便利贪官污吏从中上下其手,舞弊捣鬼。因此在明太祖曾为制订法律的官员确定原则:现在的立法就是要矫正元朝法律的弊病,主要的原则是"简、严";法律简单官吏就难以作弊,法律严厉百姓就不敢轻易犯法。

法律的"简"是指法律要简单明了,少用或不用普通人听不懂的法律术语,让人一听就懂。同时"简"也是指法律的条文不要太多,要突出重点,着重打击危及统治秩序的重大犯罪。明太祖称为"网密则水无大鱼,法密则国无全民"。

法律的"严"是指法律要严厉处罚重罪,尤其是严重影响统治秩序的罪行,必须予以严

① 以上分别见(明)刘基:《诚意伯文集》卷首"皇帝手书"和卷1《行状》。
② 《明史》卷128《刘基传》。
③ 剥下贪官的皮蒙在草人上,制成"皮囊袋",悬挂在官员公座旁,"使之触目警心"。见(清)赵翼:《廿二史劄记》卷33《明初吏治》引(明)叶子奇:《草木子》等书籍的记载。
④ 《明太祖实录》卷82洪武六年五月壬寅。
⑤ 《明史》卷93《刑法志一》。

惩。从而威吓民众不敢轻易触犯法律。唐朝初年统治者强调法律应宽大简单,简明是以宽大为前提的;而明初统治者却以严厉为简明的前提。反映了不同的社会阶级力量的对比以及明初专制统治的加强。

【资料】

明太祖颁布《大明令》的"圣旨"
洪武元年正月十八日

朕惟律令者,治天下之法也。令以教之于先,律以齐之于后。古者律令至简,后世渐以繁多,甚至有不能通其义者,何以使人知法意而不犯哉!人既难知,是启吏之奸而陷民于法。朕甚悯之。今所定律令,芟繁就简,使之归一,直言其事,庶几人人易知而难犯。

译文:

朕知道只有律令是治理天下的法则。令用来教育在前,律用来规范在后。古代的律令都很简单,后世逐渐繁杂多样,甚至有的读了不知道它的意思,怎么能够让人知道法律的意思而不触犯呢!人们既然难以知晓,结果让胥吏玩弄奸计而使百姓落入法网。朕非常怜悯这样的事情。现在确定的律令,芟繁就简,使之统一,直言其事,这样就能够人人都容易明白而不会轻易犯法。

三、明刑弼教

明太祖自称仿照古代圣贤帝王建立统治,"明礼以导民,定律以绳顽"。[①] 就是申明礼教、对民众进行正面引导,同时又以法律严惩顽固不化的"顽恶之徒",进行反面的警告,从而推进教化。在对普通民众施行教化方面,明初制订了不少有创造性的制度,力图将教化落实到社会基层。

洪武五年(1372)下令在全国城乡设置"申明亭",亭里张挂板榜,定期张贴朝廷的文告,以及公布本地犯有罪错人员的姓名及其罪错内容。并且由民间推举本地"年高有德"之人,号为"老人",在申明亭主持调解民间轻微纠纷,对于本地品行不端者,"老人"还可以予以责罚。与申明亭相对,各地城乡还普遍设置"旌善亭",同样设置板榜,定期公布本地的孝子顺孙、贞女节妇事迹。

明太祖还在民间推行儒家经典记载的西周"乡饮酒礼"。制定制度:每年的正月十五和十月初一由州县长官亲自主持"乡饮酒礼",本州县已致仕退休的官员、城乡各里的"年高有德之人"到场,依照辈分、年纪安排座次,接受州县长官的祝酒,被特邀的一些有过罪错前科的人到正席前请罪悔过、肃立聆听。

明太祖还特创了"大诰""教民榜文"之类强调普及性的法令文告形式,力图使民众都熟悉礼教最基本的原则。还发布简明扼要的六句"圣谕":"孝顺父母,尊敬长上,和睦乡里,教训子孙,各安生理,毋作非为。"在各地刻立石碑,并要求城乡"老人"每日摇铃巡行诵唱。

这种强调在民间基层开展"教化"的原则,至明代中期仍然得到贯彻。统治者在城乡各地推行"乡约"制度,以自然村落或每百户住家为一"约",挑选"公道正直"人士担任"约正"

① 《明史》卷93《刑法志一》。

"约副""约讲""约史"。每半个月全约在"圣谕"牌位前集会一次,由约讲为众人讲解圣谕;约正指摘本约人户半月来的言行,并由约史记载于专门的"善簿""恶簿""改簿";约正和约副还要出面调解本约内人户之间的纠纷,调解的结果也由约史记载于"和簿"。①

第二节　法律形式

一、《大明律》

朱元璋在 1367 年自称吴王,已下令制订律、令。其中的律,史称"吴元年律",没有能够存留到今天,只知道这部律以六部分篇,吏律 18 条,户律 63 条,礼律 14 条,兵律 32 条,刑律 150 条,工律 8 条。

1368 年朱元璋建立明朝,左丞相李善长建议说:历代的律典都源自汉代的"九章律",而到唐律才集大成,现在制定律典应该遵守旧有的唐律。② 明太祖很感兴趣,就要人将唐律抄写成大字条幅挂在宫殿里,每次上朝后,就召集儒臣和刑部官员为自己逐条讲解唐律,讨论如何按照唐律来制定新的律典。经过几年的讨论消化,洪武六年开始正式以唐律为蓝本制定律典,洪武七年(1374)颁布。这部律典史称"洪武七年律",也已亡佚,仅仅从史籍记载中可以知道其篇目和唐律完全一样,也是 12 篇,总共有 606 条。

"洪武七年律"颁布后曾几次修订,洪武二十二年(1389)经刑部建议又对律典进行全面的修订。由于当时《御制大诰》等特别法令是主要的法律依据,律典并没有正式颁布施行。到洪武三十年(1397)明太祖认为"刑乱国用重典"可以告一段落了,才正式颁行《大明律》,明太祖下令他的子子孙孙必须严格遵守这部律典,以后若有大臣建议修改这部律典的,就要按照"变乱祖制"的罪名处罚。③

这部不准再加修改、一直沿用到明朝灭亡的律典一共有 30 卷、460 条。《大明律》编制体例和前代律典不同,《名例律》以下按照吏、户、礼、兵、刑、工六部分篇,律下又按事项分成 30 门类。即《名例律》47 条;《吏律》2 门 33 条:职制 15 条,公式(公文格式)18 条;《户律》7 门 95 条:户役 15 条,田宅 11 条,婚姻 18 条,仓库 24 条,课程(有关政府盐铁专卖事项)19 条,钱债 3 条,市廛(市场管理)5 条;《礼律》2 门 26 条:祭祀 6 条,仪制 20 条;《兵律》5 门 75 条:宫卫 19 条,军政 20 条,关津 7 条,厩牧 11 条,邮驿 18 条;《刑律》11 门 171 条:贼盗 28 条,人命 20 条,斗殴 22 条,骂詈 8 条,诉讼 12 条,受赃 11 条,诈伪 12 条,犯奸 10 条,杂犯 11 条,捕亡 8 条,断狱 29 条;《工律》2 门 13 条:营造 9 条,河防 4 条。

《大明律》是中国法制史上又一部具有代表性的律典。这部律典以名例和朝廷六部命名,又结合了传统的以事项分类的编制体例,门类划分较细,便于检索。另外这部律典注重文字浅显,通俗易懂,在律首附有《服制图》《五刑图》《六赃图》等图表,实用性较强。《大明律》的条文数目虽然少于唐律,但实际上律条的内容往往比唐律条文复杂,有的一条概括了唐律四五条内容,而且有三分之一以上的条文是唐律所没有的内容(其中约有一半是明朝创设的)。

---

① 〔明〕吕坤:《实政录》卷 5《乡甲约》。
② 《明史》卷 93《刑法志一》。
③ 同上。

【解说】

明代的律学

《大明律》颁布时没有官方的正式解释。以后私家注释很多,比较有名的有张楷的《律条疏议》(约成书于宣德年间),雷梦麟的《读律琐言》(约成书于嘉靖年间),王樵、王肯堂父子的《读律私笺》(约成书于万历年间,后又名《大明律附例笺释》《律例笺释》等)。以后各地官府在翻刻《大明律》时往往也吸收较为通行的几家注释,有的以小字夹注形式编在律文文字之间,有的是将注释文字集中排在每段律文之后。这些注释逐渐被认为具有权威性,具有了官方注释的意义。

二、《大明令》

1367年朱元璋下令制订律、令,而令典制订完成时已建立明朝,因此称之为《大明令》。和同时制订的"吴元年律"一样,这部令典按照朝廷六部分篇,有《吏令》20条,《户令》24条,《礼令》17条,《兵令》11条,《刑令》71条,《工令》2条,共145条。

这部令典是唯一一部完整保存到今天的古代令典,也是中国法制史上最后一部以令为名的法典。但是其性质却和唐、宋的令典有所不同,并不完全是积极性规范。由于在制订"吴元年律"时没有刑法总则性质的名例篇章,因此大量具有刑法总则性质的如"五刑""十恶""八议""赎刑""二罪俱发"等条文被放置在令典的《刑令》中。在颁布《大明律》后,《大明令》有关刑法总则性质的条文大多失去了效力,但其他部分的条文仍然有效。而且直到清代,不少条文还被作为条例附载于有关的律条之后,仍然具有效力。

【资料】

《大明令·刑令》"检尸告免"

凡诸人自缢、溺水身死,别无他故,亲属情愿安葬,官司详审明白,准告免检。若事主被强盗杀死、苦主告免检者,官为相视伤损,将尸给亲埋葬。其狱囚患病,查得看治而死者,情无可疑,亦许亲属告免检复外,据杀伤而死者,亲属虽告,不听免检。

译文:

凡有人因自缢、溺水而死亡,没有其他缘故,死者亲属情愿自行安葬,官府详细审理明白,可以允许申请免于尸体检验。如果是被强盗杀死、受害人亲属申请免于尸体检验的,官府要根据伤损情况,发还尸体由其亲属埋葬。在押囚犯患病,经过治疗而死亡的,情节没有可疑的,也允许亲属申请免于尸体检验。但是杀伤死亡的,亲属就是申请,也不能批准免于尸体检验。

提示:该条以后作为条例被清代沿袭。由于中国传统以保持尸体完整为尊,而动手检验尸体的仵作又是贱役,因此检验尸体往往被看作是对于死者的亵渎。该条令文允许因自杀、意外事故而死亡的亲属,或在监狱病死者的亲属,以及被强盗杀死的受害人(事主)的亲属(苦主)申请免除尸体检验。但是凡控告杀人罪的就必须要经过尸体检验,不得申请免检,以防止讹诈。

三、"大诰"与"榜文"

明初创设了一些特别的文告形式的谕令,作为当时主要的法律形式之一,曾发挥过重要的作用。这种形式特别的法令就是"大诰"和"榜文"。

（一）"大诰"

"大诰"是明太祖于洪武十八年至二十年(1385—1387)陆续发布的4集文告的总称,包括《御制大诰》74条,《御制大诰续编》87条,《御制大诰三编》43条,《大诰武臣》32条。"大诰"的名称来自儒家经典《尚书》的《大诰》篇,该篇的内容是周公东征殷遗民时对于臣民的告诫。明太祖将一些由自己亲自审判、自认为有典型意义的案例,新制订的特别法令,以及告诫、"训导"臣民的文告汇编成这4集"大诰"颁布天下,规定每户人家都要有一本"大诰"。如果家中有人触犯死罪以外的罪名,家中有"大诰",就可以减刑一等;相反如果家里没有"大诰"的,就要罪加一等。还规定,家中不收藏"大诰"、不遵守"大诰"的,要"迁居化外,永不令归"。[1] 并规定读书人要在民间向普通百姓"讲读大诰",科举考试也以《大诰》为考试内容。据说当时全国到南京参加讲读"大诰"考试的师生有十几万人之多。[2] 因此"大诰"可以说是中国法制史上普及率最高的法令集。

"大诰"的内容相当庞杂,涉及社会生活的各个方面。但主要内容是警告、惩治贪官污吏的,据统计这方面内容要占到全部条文的80%左右。"大诰"规定的罪名往往是律典上没有的,比如"断指诽谤""寰中士夫不为君用"等。即使是律典上有的罪名,"大诰"的处罚往往要重于律典,比如"有司滥收无籍之徒",律典规定处刑杖一百徒三年,而"大诰"加重为族诛。"大诰"规定的刑罚往往也是五刑以外的,甚至是一些历史上久已不用的酷刑,诸如族诛、枭首、断手、斩趾、刖足、墨面文身、挑筋去膝盖、阉割为奴等。[3]

"大诰"是明太祖"刑乱国用重典"的主要手段之一,在其统治后期,自认为天下已基本大治,因此洪武三十年(1397),将"大诰"中的147条死罪条款编为《大明律诰》和《大明律》一起颁行天下,废除种种法外的酷刑和罪名。明太祖死后,"大诰"不再有法律效力。但直到明末,家有"大诰",死罪以外的罪犯仍然可以减刑一等。

【资料】

《御制大诰续编·闲民同恶第六十二》

今后敢有一切闲民,信从有司,非是朝廷设立应当官役名色,而于私下擅称名色,与不才官吏同恶相济,虐害吾民者,族诛。若被害告发,就将犯人家财给予首告人。有司凌迟处死。

译文:

今后敢有各类游手好闲的"闲民",相信官员招募,并非朝廷设立的正规官府衙役名号,充任私下擅自设立的衙役名号,与蠹恶官吏一起作恶,虐害我的百姓,处以族诛。如果被害人能够告发,就将犯人家财给予告发人。蠹恶官吏凌迟处死。

---

① 《御制大诰·颁行大诰第七十四》,《御制大诰续编·颁行续诰第八十七》,《御制大诰三编·颁行三诰第四十三》,见杨一凡:《明大诰研究》所附载"大诰",江苏人民出版社1988年版,第252、337、419页。
② 《明史》卷93《刑法志一》。
③ 可参见(清)沈家本:《明大诰峻令考》,《历代刑法考》第4册,中华书局1983年版,第1899—1947页。

（二）"榜文"

"榜文"也称"教民榜文"，也是由皇帝发布的文告，其内容一般是皇帝的谕旨或经皇帝批准的官府告示、法令、案例。文告前题为"为某某事"，或"申明教化事"，文后有"右榜谕众周知"字样，以大字抄写在板榜（1986年西安发现的一件榜文，板榜尺寸为94.5×276厘米）上，悬挂于各地衙门门首以及城乡申明亭。

和"大诰"一样，"榜文"极其庞杂，涉及社会生活各个方面，也有很多苛求罪名、滥用酷刑的榜文。明太祖、成祖两朝发布大量榜文①，但以后不再有法律效力。以后各朝皇帝很少采用这种文告法令形式。

【资料】

明成祖永乐九年榜文

一榜为禁约事。该刑科署都给事中曹润等奏："乞敕下法司：今后人民娼优装扮杂剧，除依律神仙道扮、义夫节妇、孝子顺孙、劝人为善及欢乐太平者不禁外，但有亵渎帝王圣贤之词曲、驾头杂剧，非律所该载者，敢有收藏、传诵、印卖，一时拿赴法司究治。"永乐九年七月初一日奉圣旨："但这等词曲，出榜后限他五日都要干净，将赴官烧毁了。敢有收藏的，全家杀了。"

译文：

一件为禁止约束的榜文。刑部的总监察官曹润等上奏："请求下敕给司法部门：今后百姓倡优扮演杂剧，除了依照法律扮演神仙道术、义夫节妇、孝子顺孙、劝人为善，以及歌颂太平的不予禁止以外，只要是有亵渎帝王圣贤的词曲、驾头杂剧，不是法律所允许的，敢有收藏、传诵、印卖的，立刻捉拿到司法衙门查处。"永乐九年七月初一日奉圣旨："只要是这样的词曲，出榜后限他五日都要干净，拿到官府来烧毁了。敢有收藏的，全家杀了。"

提示：明律规定民间演戏装扮历代帝王后妃、忠臣烈士、先圣先贤的处杖一百。

四、条例

条例是单行法规的总称，往往也简称为"例"。明朝的"条例"是指司法部门拟订的条文化单行法规，经皇帝批准颁布。和秦汉的"令"、唐代的"格"、宋代的"敕"性质相同。

明太祖统治时期已颁行了不少条例，比如《充军条例》《抄劄条例》等，而从广义上而言"大诰""榜文"等也可视为条例。司法部门曾经因为条例和律典冲突问题向明太祖建议修改律典，被明太祖拒绝，他说律典是"常经"（长久发挥作用的经典），而条例只不过是"一时之权宜"，只是为了应付一时需要的权宜之计。因此在明代前期的一百多年中，每一朝皇帝发布的条例只是作为本朝有效的临时性单行法规，新的皇帝一即位就宣布司法审判一律只准援引《大明律》，实际上也就是宣布前朝条例失效。②

由于明太祖规定日后子孙不得修改《大明律》，而历经一百多年后，《大明律》的条文已不

---

① 现《南京刑法志》一书存有洪武、永乐两朝榜文69件，见黄彰健：《明洪武永乐朝榜文峻令》，台湾《历史语言研究所集刊》第46册第4分册。

② 参见黄彰健：《明洪武永乐朝榜文峻令》，台湾《历史语言研究所集刊》第46册第4分册。

能适应新的社会环境。在实际司法中条例已发挥重要作用,每朝废除旧有条例后不久就必须发布新的条例。为了能够让条例长久有效,明孝宗于弘治十三年(1500)下令朝廷大臣集体讨论编订《问刑条例》,并又规定这次制定的《问刑条例》以后不得废除,这样一来,条例由权宜之计转变为"常法",和律典有了同样的效力。[1]

1500 年的《问刑条例》有 297 条,经嘉靖朝和万历朝的修订,《问刑条例》达 382 条。朝廷部门及各地官府在翻刻律典时往往将《问刑条例》和《大明律》编在一起,或者将各条条例分别编订在相关的律条后面,形成律例合编的体例。

| **五、会典** | 会典是以朝廷各职官机构为纲的法规汇编。其体例仿照《唐六典》《元典章》。明弘治十五年(1502)首次编纂,至正德六年(1511)正式发布。会典按照各个职官机构的职责以及制定的 |

先后汇编有关的各类法令制度。其中的刑部项下还收录了《大明律》以及条例和有关的制度。以后嘉靖、万历朝又曾再度编纂会典。

第三节　身份法律制度

| **一、社会等级** | （一）特权阶层 |

1. 贵族

明代皇族宗室制度有较大变化。明太祖规定皇族宗室分为 8 等爵位,即亲王、郡王、镇国将军、辅国将军、奉国将军、镇国中尉、辅国中尉、奉国中尉;女性分为公主(丈夫封驸马)、郡主(以下各级丈夫封仪宾)、县主、郡君、县君、乡君 6 等。

为了让朝廷得到拱卫,明太祖时将皇子分封于各边境或要害地区为藩王,可以拥有王府卫队武装,并往往可以指挥当地驻军。明成祖以藩王起兵登上皇位后,即继续建文帝的"削藩"政策,规定亲王就国,只可享用封国的赋税,不得干涉封国的官府事务,尤其是不得掌握兵权。各级皇族宗室都可以按照爵位享用朝廷提供的"宗室禄米",亲王每年万石,以下递减,至奉国中尉每年 200 石。各级宗室贵族不受普通司法体系管辖,涉及诉讼要由朝廷宗人府处理,并享有"八议"之类的法律特权。但宗室贵族不得干涉当地政府事务,也不准参加科举考试、出任官职,或者经商贸易。

在宗室贵族身份的继承上,明代法律与前代法律有所不同。除了和历代一样实行嫡长子继承封爵、余子降等的制度外,明确规定第八等奉国中尉爵位无限制继承,世世代代永远为奉国中尉,可以享用"宗室禄米"。这样宗室贵族人口以平均每 15 年翻一番的速度增长,形成一个庞大的寄生阶层。到明末天启六年(1626),宗室的总人口已经达到了 627 424 人,即使以人均 200 石计算"宗室禄米"也要有 1.2 亿石以上,相当于朝廷财政总收入的好几倍。[2]

功臣和外戚贵族,分为公、侯、伯 3 等爵位。外戚贵族以后被定为"流爵",不得世袭。而

---

① 《明史》卷 93《刑法志一》。
② 参见吴缉华:《论明代宗藩人口》,台湾《历史语言研究所集刊》第 41 册第 3 分册。

《大明律》明文规定"文臣不得封公侯",最高只能封伯爵。明太祖曾大封功臣,按照功劳赐予"岁禄"。并赐予"铁券",子孙可凭"铁券"免死(每券一次)。功臣子孙有的可以出任军职,年幼袭爵要入国子监读书。但因明太祖统治时期有意识的罗织罪名诛杀功臣,因此功臣贵族人数远远少于皇族宗室。

2. 士大夫

明代明确规定只有通过朝廷科举考试的读书人才是具有特权身份的士大夫。通过县官主持的"县试"的人,被称为"童生",被承认是读书人,但并不具有特权地位。童生如能通过两年左右举行一次的由省学道主持的"院试",就算是正式进入了官学成为官学生,由于每次院试能够录取的官学生都有员额限制(一般每县仅几个人),因此称为"生员"(俗称"秀才")。生员是最基层的士大夫,享有如下的特权:平时在官学学习优秀者由官府提供生活费用"膏火银";有机会被选拔为朝廷的国子监监生,其中的优秀者得以出任低级官职;可以免除家中两个男子的差役;可以和地方长官平礼相见,不用下跪叩头;涉讼时可以不必亲自出庭,只要委派家人代诉;犯罪受审时可以不受刑讯(重罪情况下要经过省学道批准才可以用刑),也不受身体刑罚(折换为赎刑)。

生员可以参加每3年一次的省一级考试"乡试",通过者即获得"举人"身份。举人有资格参加也是每3年一次的全国性的"会试",或可以经过6年一次的"大挑"出任低级官职。通过会试者成为"贡士",贡士再通过名义上由皇帝主持的、没有淘汰的"殿试",就成为"进士"。进士可以直接出任正七品的知县或朝廷的七品官职。

科举考试的内容主要是根据儒家经典中的一些片言只语进行发挥,要模仿古代圣贤的口吻语气,按照死板的"八股文"格式作文,不得联系社会现实。根据明末清初思想家顾炎武的估计,明末全国有大约50万名生员。而其中大多数人只是为了取得一个特权身份以"保身家"而已。[①] 因此明代的士大夫并不是近代意义上的知识分子,而是一个特殊的特权集团。

3. 官员

明代沿袭历代的九品十八级官阶制度,官员各按其品级享受各项政治权力以及社会待遇。其来源除科举考试外还有书吏(只能担任低级官职)、军功等。

明代法律没有恢复唐宋律中的"官当"制度,但基本保留了其他的一些有关官员的法律特权。《大明律》中规定的官员职务上的"公罪"都要处以笞杖刑,不过绝大多数罪名都折换为罚俸、降级、罢职之类的行政处罚。而官员犯"私罪"则要处刑。

(二) 平民阶层

明代法律将平民分为军、民、匠、灶等几类户籍。

军户是世代为朝廷承担兵役的人户。明代的军队以卫(约5 600人为一卫,设指挥)、所(分为定额为1 120人的千户所、定额为112人的百户所两种)为单位分驻全国各地,各省设有都指挥使统帅驻军,朝廷设五军都督府分掌统帅权。军户分得一小块屯田,平时耕种,农闲操练。

民户的主体是农民。无论有没有田产,都视为法律上的平民。明太祖曾规定佃农见地主应该行晚辈见长辈之礼。农民要为朝廷承担各类差役,外出探亲、经商等都必须要向当地官府申请"路引"(通行证)。明代商人也属于民户,并没有特殊的身份。

---

① 顾炎武:《亭林文集》卷1《生员论》。

　　匠户是手工业者。承担特别的匠役,无偿为朝廷提供各类工作。其中的"轮番匠"每年必须到京城服役。

　　灶户是为朝廷生产食盐的专业户。明代实行食盐专卖,禁止私人生产食盐。盐产区的居民被点检为灶户,每年上缴定额的食盐,代替其他的差役。

　　明代法律规定男子16岁成丁,不满16岁的在户籍上登记为"未成丁"。

　　(三)贱民阶层

　　奴婢仍然是社会底层的贱民。其法律地位与前代奴婢相似。但按照明律的规定,庶民之家不得存养奴婢。而且还曾有法律限定贵族拥有奴婢的数量。尤其是明律和前代法律不同,没有在法律上明确奴婢"视同畜产",也不再规定平民和奴婢之间的互相侵害行为要有加重或减轻刑罚的区别,表现了相当的社会进步倾向。

　　明代法律规定的法律地位高于奴婢、但与其主人存在人身依附关系的贱民称为"雇工人"。雇工人是以"投靠文书"向主人出卖自身自由,算是主人"义男"的家仆。他们可以有自己的家庭,主人不能将他们出卖。他们和其他的平民有人身上、财产上的侵害都同样处理,并不像唐律中的部曲那样要加重或减轻一等处罚。但是雇工人和主人之间有"主仆名分",加害主人的行为都要加重一等处罚,如果是人身侵害加重幅度更大(但轻于奴婢),殴打主人及其尊长亲属都要处杖一百徒三年(奴婢斩、绞),谩骂主人及其尊长亲属杖八十徒二年(奴婢绞),但谋杀主人则和奴婢同样处以凌迟。而主人即使杀死雇工人也不过是杖九十徒二年半而已。

　　明代法律规定的另一类贱民是乐户。乐户是娼妓和优伶职业的专门户籍,世代承袭这两项贱业。明初将在京师的罪犯以及俘获的元朝及各地割据政权君臣的妻女编为乐户,外地州县则编入"丐户",专门设立教坊司管理这些人户。明律规定乐户不得和平民通婚,不得买平民子女为娼妓优伶或为养子女,其后代不得参加科举考试。

　　(四)平民中的"贱役"

　　除了法律上的贱民外,明代的法律还限定某些职业的从业人员是所谓的"贱役",本身及其三代以内子孙不得参加科举考试或出任官职。这些人员被称为"娼、优、隶、卒",即未列入官府"乐户"户籍的妓女和戏子,官府衙役(勤杂人员)中充当官员仪仗护卫的皂隶、看管监狱的禁卒。实际上后两种还包括衙役中的捕快(传唤诉讼当事人、侦缉案件)、门子(随身侍候官员的少年)、刽子手、仵作(检验尸体)等。

二、婚姻与家庭制度

明代法律在婚姻家庭制度方面维持了传统的精神,而在以下几个方面有一定的调整。

　　(一)确定平民娶妾的条件

　　历代法律都没有明确规定平民娶妾的条件。《大明律》的《户律·婚姻》则明确规定:普通的平民只有在40岁以上、无子的情况下才可以娶妾一名。违者处以笞四十。但是该律条却并不同时规定"离异",因此以后的注释者都认为尽管违反这项规定是犯罪,但娶妾行为本身却无须撤销。以后这一解释成为通例,笞四十的刑罚也一般折换为赎刑,这条限制平民娶妾的律条实际上归于无效。

　　(二)扩大禁止通婚的亲属范围

　　在血亲方面,明律将表兄妹列入不得通婚的范围,与历代法律规定不同。这是明太祖为矫正"胡俗"而采取的"矫枉过正"的措施。凡表兄妹成亲的,主婚要处以杖六十,婚姻撤销。

明律尤其强调近亲的姻亲不得结婚。由于明初统治者认为兄长死后弟弟娶寡嫂为妻,或弟弟死后兄长娶弟妇为妻,是和父死娶父妾一样的乱伦行为,是由蒙古族带入中原的"胡俗",因此明确规定凡兄亡弟娶嫂、弟亡兄娶弟妇,要处以绞刑(历代法律对此虽有禁止但并不作为重罪)。

(三)进一步确认丈夫对于妻子的监护地位

明律规定妇女犯罪,除了犯奸罪、死罪要收押监狱外,其他罪名都由丈夫"收管"。丈夫骂詈、殴打妻子,减罪二等;相反妻子骂詈、殴打丈夫要加罪二等。妻子谋杀丈夫要处以凌迟。丈夫杀死有罪妻子仅处杖一百。丈夫虐待妻子以至于妻子不堪忍受而自杀,丈夫无罪。并沿袭了元代法律丈夫有权在通奸场所将通奸的妻子和奸夫当场一起杀死的规定。已离婚的前妻如果对于前夫有骂詈、殴打、谋杀、诬告等侵犯行为的,和未离婚同样处理。

(四)鼓励寡妇守寡

《大明令》规定:民间平民的寡妇,在30岁以前丈夫死亡,能够守寡直到50岁以上仍未改嫁,就可以申请"旌表门间"(树立"贞节牌坊"之类的纪念物)。并且可以免除本户的差役。丈夫死后愿意守寡的,可以继承丈夫应继承的财产。但是如果以后又改嫁的,就要丧失所继承得到的丈夫家财产以及自己原来嫁妆财物的所有权。

(五)招婿婚姻

男到女家的招婿入赘婚姻在明代又有发展。《大明令·户令》规定凡招婿必要经过媒人介绍,写立婚书,说明是终身的"养老女婿"还是有年限的"出舍女婿"。男家只有一个儿子的,不准出赘。而且还明确规定,即使是养老女婿仍然不得继承女家的全部遗产,如果岳父母别无儿子,在岳父母死后必须由女家的族长为其立嗣,来承奉祖宗牌位,养老女婿和嗣子平分遗产。

三、继承制度

明代法律在身份继承方面完全沿袭了传统的法律,而在财产继承方面,则突出了保护直系晚辈亲属财产继承权利的原则。

根据《大明令》的规定,财产继承的第一顺序继承人为亲生子,包括了妻生子、妾生子、婢生子、奸生子;第二顺序继承人为拟制血亲的嗣子;第三顺序为已出嫁的女儿(在室女和儿子一起继承);没有立嗣、又没有女儿的,财产充公入官。寡妻是特殊顺序的继承人,如果寡妻有儿子(包括妾生子、婢生子)并立志守寡,而不分析家产,就无所谓儿子们的继承,仍由寡妻掌管家产;但如果儿子各已成家立业、寡妻命令分析家产,寡妻可以分得和儿子同样的一份遗产,在她死后,这笔财产再由儿子们平分。从《大明令》的这些规定来看,完全排斥了旁系亲属如兄弟姐妹等的继承权。

《大明令》规定的立嗣顺序为亲侄、堂侄、族侄,如果同宗没有侄辈可以立嗣,才可以立同族远房侄辈,没有同族的合适人选,才可以立同姓辈分相当的人为嗣子。禁止以异姓为嗣子。寡妻无子,而立志要"守节",要和族长商量选择立嗣,才能够和嗣子一起继承财产。

对于继承的份额,明代法律仍然坚持"诸子均分"原则,无论妻生子、妾生子、婢生子都一样均分。奸生子在和上述各类儿子一起继承时,继承的份额应为其二分之一;如果没有其他的儿子,应该为死者立嗣,奸生子和嗣子平分遗产;如果没有适合立嗣的对象,奸生子可以继承全部遗产。

第四节　刑事法律制度

一、定罪量刑的通例

《大明律·名例律》的基本内容都承袭了唐律,有较大变化的主要是以下几个方面。

（一）确立比附规则

关于"断罪无正条",即律条没有明文规定的行为应如何处罚,明律明文规定"引律比附",比照最相近的律条定罪,加重或减轻刑罚,上报刑部转呈皇帝批准。没有恢复唐律中字面意义较为费解的"举重以明轻、举轻以明重"规定。

由于每个比附案件都要上报朝廷,实在过于烦琐,因此明朝廷逐渐将一些具有典型意义的比附方式编在一起,下发给各级官府作为比附定罪的参考。嘉靖年间的《问刑条例》收录了这些方法,称为"比引律条",共有六十多条。比如撕毁宝钞（明代的纸币）比照弃毁制书（皇帝的诏书）处以"皆斩";鸡奸比照将污秽物灌入人口处以杖一百等。

（二）确立属地原则。

明律规定"化外人"犯罪,一律按照《大明律》处罚。和唐律属地法结合属人法的规定不同。

二、刑罚体系

明律仍然采用唐律五刑二十等的刑罚体系。明律恢复了唐律的笞杖刑制度,刑具都使用荆条,明太祖认为荆条"去风",不会造成受刑人重伤。[1] 笞杖刑刑具均为 3 尺 5 寸（约合今 107.62 厘米）长的荆条。笞刑荆条大头直径 2 分 7 厘（约合今 0.84 厘米）、小头直径 1 分 7 厘（约合今 0.53 厘米）。杖刑荆条大头直径 3 分 2 厘（约合今 1 厘米）、小头直径 2 分 2 厘（约合今 0.68 厘米）。而且行刑的部位一律改为臀部,行刑时使用刑具的小头责打。同时又承袭元代的法律,规定徒、流刑一律附加杖刑,徒一年附杖六十,每等递加杖十下,徒三年以及"三流"都附杖一百。在五刑之外适用的刑罚还有凌迟、充军、迁徙、枷号、刺字。

凌迟。适用于谋反大逆等严重犯罪,明律规定的凌迟罪名有 13 项。凌迟一律"决不待时"。

充军。将罪犯发往外地充当军户。明律中规定凡军人犯徒流罪,先决杖,然后分等发往外地卫所充当军户。以后的条例也对平民适用充军,充军的罪名不断增加,至万历《问刑条例》已有 133 项针对平民的充军罪名。逐渐形成附近、边卫、极边、烟瘴、沿海、口外等等级,而又分为终身充军、永远充军两类,前者仅罪犯本人充当军户至死,

枷号刑

---

[1] 《明史》卷 95《刑法志三》。

后者则罪犯子孙世代为军户。

迁徙。强迫罪犯全家迁居千里以外。明律有3项罪名规定处以迁徙刑。"大诰"及"榜文"大量使用迁徙刑。以后的条例适用迁徙刑的不多。

枷号。使罪犯戴枷示众受辱。由唐宋时"枷项令众"发展而来。明代的条例中广泛适用枷号处罚轻微犯罪。明武宗时太监刘瑾专权,特创重150斤的"大枷"对付政敌,受刑人不数日即累死。

刺字。刺字是针对侵犯公私财产罪名的附加刑。明律沿袭元代法律,规定窃盗、监守盗、常人盗、白昼抢夺等罪名,一律附加刺字。初犯在罪犯左臂上刺罪名,再犯刺右臂。凡被刺字的罪犯在刑满后还必须在家乡充当"警迹人",夜晚巡逻警戒,白天替官府追踪盗贼踪迹,如擒获盗贼或3年不再犯罪,可以起除刺字。

【资料】

廷　杖

由于君主专制权力的强化,皇帝对于大臣施行体罚的"廷杖"变得制度化。前代虽然也有皇帝杖责大臣的事例,但是并不是经常的制度。明代自朱元璋开始,就建立起廷杖制度,明代几乎每一朝皇帝都曾对大臣施行廷杖。皇帝如果觉得有大臣冒犯自己,无须有具体罪名,就可以廷杖大臣。其一般程序是由皇帝发出"驾帖",载明应责打大臣名单和责打数目,经刑部给事中签押登记,下令锦衣卫行刑。锦衣卫将驾帖上开列的大臣带到皇宫前,大臣还要跪下朝宫殿叩头"谢恩"后,再解衣趴下挨打,挨打完毕还要叩头谢恩。皇帝另派东厂太监到场监刑。廷杖往往打死大臣。如正德十四年(1519),明武宗打算化名南巡,群臣纷纷劝谏。明武宗大怒,下令廷杖劝谏南巡的146位大臣,结果打死11人。嘉靖三年(1524),明世宗宣布尊崇自己的生父兴献王为"皇考",大臣纷纷上书反对,[1]形成所谓"大礼议"风潮。明世宗为此下令廷杖134人,打死17人。还有不少廷杖事件实际是太监假借皇帝名义威吓大臣。比如天启四年(1624),很多大臣上书弹劾大太监魏忠贤,魏忠贤即以皇帝名义下令廷杖工部侍郎万燝一百,太监们先到万燝家将他痛打一顿,然后再拖到朝门前,由锦衣卫行刑,万燝被打得遍体鳞伤,4天后不治身亡。[2]

三、犯罪与刑罚的主要特点

与唐律相比,明律在犯罪和刑罚方面最大的特点就是"重其所重,轻其所轻"。[3] 即加重重罪的处罚、减轻轻罪的处罚。

明律在加重重罪处罚方面的主要表现,首先在于大大加重了对于谋反大逆之类危害君主专制统治罪名的刑罚。凡参与谋反大逆者,无论是预谋、是否实施、是否能够产生实际危害,全部不分首从凌迟处死;并缘坐其祖父、父、子、孙、兄弟、伯叔父、兄弟之子(以上无论是否同居)以及所有同居共财的16岁以上的男子,无论是否废疾、笃疾,一律处斩;以上范围内的女性亲属(如祖母、母、妻妾、儿子的妻妾等)以及未满16岁的男子全部"给付功臣之家为奴";并没收罪犯的全部财产。对于"谋叛""劫囚"罪也都规定不分

---

① 因明世宗是由藩王身份继承帝位的,大臣们以为按照儒教礼仪明世宗算是过继到明孝宗这一房,是明孝宗的嗣子,应尊崇明孝宗为"皇考";出继后本房亲等应降一级,应该尊崇自己生父为"皇伯考"。
② 以上见〔明〕李清:《三垣笔记》卷上《崇祯》,以及《明史》卷245《万燝传》等。
③ 〔清〕薛允升:《唐明律合编》卷9《职制》祭祀门"祭享"条按语。

是否实施、不分首犯从犯,处以"皆斩"。对于"盗及伪造御宝""盗及诈为制书""盗及伪造官府印信""盗及伪造巡夜铜牌"等罪名也都处以"皆斩"(唐律中这些罪名又盗及伪造御宝有死罪)。"妖书妖言罪"也加重为"皆斩"(唐律规定为首者绞)。另设"师巫邪术罪",对于民间自创宗教、聚众烧香、夜行晓散之类的活动,规定为者首绞,从犯各杖一百流三千里。

明律还新设了一大批被人为是侵害皇帝专制权力的罪名。比如特设了"奸党"罪,规定在朝官员如果"交结朋党、紊乱朝政",要处以"皆斩",妻子及子女没入官府为奴,并没收全部财产。凡是上奏称颂"宰执大臣"的政绩或才德的,就作为奸党处罚。为防止泄露宫廷机密,特设"交接近侍官员"罪,和接近皇帝的大臣或太监交接应酬者,就要处以"皆斩",妻子儿女流放二千里安置。为了保证皇帝随时掌握重大信息,还特设了"朦胧奏事"(向皇帝提出的报告有意模糊事实)、"阻挡上书陈言""朝见留难"(阻拦面见皇帝)等罪名。并将唐律中仅处杖八十的"事应奏不奏"罪加重为死刑。为了防止皇帝的用人权被臣下篡夺,还设立了"大臣专擅选官"、建议封文臣为公侯等死罪。

其次,明律加重了对于官吏渎职罪的处罚。特设"监临守主自盗"罪,规定凡贪污自己所管理的官府财物的,不分首从并赃论罪,赃满40贯即处斩。又将"受财枉法"罪按照犯罪主体的不同分为两种情况:"有禄人"(每月支俸粮一石以上的官吏)赃满80贯处绞,"无禄人"(每月俸粮不满一石的官吏)赃满120贯处绞。不过值得注意的是,以上这两种死罪后来都被注明为"杂犯死罪",即可以改换为按照4年或5年徒刑"纳赎",以财物抵罪。"受财不枉法"罪仍然无死罪,赃满120贯以上杖一百流三千里。另外还规定凡监察御史犯赃罪要罪加二等处罚。

再次,明律加重了侵害官府财产罪名的处罚。比如特设了"常人盗仓库钱粮"罪名,凡百姓偷盗官府财物的,赃满80贯即处绞(普通的窃盗罪无死罪,赃满120贯以上杖一百流三千里)。并且规定凡盗窃或侵害官府财物罪的一律要比照普通的盗窃或侵害财物罪加重二等。

最后,明律加重了对于侵害统治秩序的犯罪的处罚。比如明律对于强盗罪不再计赃论罪,而是规定强盗只要抢得财物就不分首从皆斩,即使未得财物仍然要处以杖一百流三千里的重刑。又专设"白昼抢夺"罪(夜晚抢夺即为强盗罪),未得财物杖一百徒三年,得财物者计赃比照窃盗罪加重二等定罪处刑,伤人者斩。这一罪名的处刑比唐律中的强盗罪(未得财物徒二年,计赃至10匹以上绞,伤人者斩)还要重。又设"盗贼窝主"罪,凡造意指使盗贼行窃或强盗、抢夺者,或是参与分赃者,都不分首从皆斩。即使是窝赃而没有分赃也要处杖一百流三千里。明律对于一般窃盗罪、坐赃罪的处罚并没有明显的加重,以上这些罪名作为重罪处理明显是出于维护统治秩序的立法目的。

明律在减轻轻罪处罚方面的主要表现,则是在于将一些触犯礼教的罪名改为轻罪。比如在唐律中列入十恶不孝的"闻父母丧匿不举哀"(处流二千里)、"祖父母父母在别籍异财"(处徒三年),明律仍然列入十恶不孝,但前者改处杖六十徒一年,后者改处杖一百。而唐律中列入十恶不孝的"告祖父母父母"(处绞),明律改为"干名犯义"专门罪名,虽仍然列入十恶,但处刑却有区别:诬告者绞;祖父母父母确实有罪,处杖一百徒三年;但如果是告发祖父母父母犯谋反大逆、谋叛、窝藏奸细、母亲杀死父亲、被期亲以下尊长殴伤、侵夺财产等罪名确实,则告发者无罪。另外大量有关户婚、田土、钱债之类的轻微犯罪最高刑都不过杖一百。

【案例】

明代复仇案例

　　明律沿袭元代法律,有条件的允许复仇,凡祖父母、父母被人杀死的,子孙当场杀死仇人无罪;事后再杀,处杖六十。但如果仇人已经审判、因大赦而未被处死,子孙杀死仇人的,就要处杖一百流三千里。程序上要求被害人的尸体应经过公开检验,证实的确因伤而死,子孙复仇才可以无罪。但在礼教上和习俗上,孝子视父祖尸体被人公开翻弄是莫大的亵渎。明万历九年(1581)因此发生了一起轰动全国的复仇案件。

　　浙江武义县人王世名,17岁时父亲与族侄王俊为了房产纠纷发生争吵后被王俊打死。王世名表面上同意和王俊"私了",接受了王俊赔给的几亩地,声称父亲死于意外,向当地官府申请"免检"尸体。可在安葬了父亲后,他日夜带着刻有"报仇"二字的匕首,每年从王俊赔得的田产所收租谷都另外记账。在以后的6年里王世名考中秀才、娶了妻子、有了儿子,于是他对母亲和妻子说:"我们王家有后了,我可以死了。"他在路上截击王俊,砍下王俊的脑袋,带上王俊所赔田产的账簿,到县衙门自首。武义县的陈知县询问了情况后说,"这是大孝子,怎么可以关押收审",把他请到公馆里休息,并向上级金华知府报告自己不愿审理此案。金华知府派出金华知县汪大受前来审理,汪大受对王世名说:"我检验一下你父亲的尸体,如果有伤,你就没有死罪。"王世名回答:"我就是为了不亵渎父亲的遗体才忍受至今,我情愿一死也不愿父亲遗体受辱。"汪大受要他回家辞别母亲,同时派人起出王世名父亲的棺材打算验尸。王世名赶回衙门,以头撞墙,阻止验尸。汪大受只好停止验尸,向上级报告,请求不验尸就以复仇结案。王世名说:"这是违法的事,违法就是目无君上,怎么还能活命?"绝食自杀。王世名死后,他的遗孀俞氏抚育儿子至3岁,也自杀殉夫。明朝廷为此下诏,表彰其家为"孝烈"。[①]

第五节　财产法律制度

　　明代有关财产方面的法律散布在律、令、条例等各篇目,与宋元时期相比,这些法律的总的特色是较为简易。表现出在单纯的民事财产领域放松干预,集中法律力量维护君主专制统治的立法意图。

一、所有权　　在财产所有权方面,明代法律的突出特点是强调先占原则,反映了明代社会私有财产观念的深化。

　　明代对于无主土地明确按先占原则归开荒耕种者所有(传统法律都以无主土地属于国家,开荒者作为"佃种"国有土地要向官府缴纳地租)。明太祖在建立明朝的当年就宣布:凡在战乱中被废弃荒芜的土地,允许垦荒者占有开垦,自动获得土地的所有权。如果原来的地主归来,由官府就近拨荒地抵充,不得从垦荒者手中夺回原有土地。垦荒者只承担归还坟墓、房屋给原主的义务。洪武二十七年(1394)又宣布山东、河南、

---

① 《明史》卷297《孝义传王世名》。

河北、陕西4省农户,如有余力垦荒,所垦田即为"永业",获得完全的所有权,并且官府永远不对这些垦荒田地征收赋税,号为"永不起科"。[①]

明代有关遗失物和埋藏物的法律也和前代不同,明显突出先占原则。明律的户律《钱债》门"得遗失物"条规定:拾得遗失物,应在5日内送官府,官物还官;私人财物公告一个月,如失主前来识认,应向拾得人支付遗失物的一半作为报酬;如没有失主前来认领,遗失物即归拾得人所有。显然立法保护的出发点从失主一方转到了拾得人一方。该条又规定凡发现埋藏物的,无论是在官地还是私地,一律归发现人所有。只是"古器、钟鼎、符印、异常之物",应在一个月内送官,违者杖八十,其物入官。

二、契约制度

明代法律在契约方面的内容比唐代还要简约,对于远比唐宋时代更为复杂多变的社会经济行为以及民间契约习惯并没有加强立法进行规范的意图。

相比宋元时期的法律,明代法律大大简化了在土地房屋买卖方面的制度。明代废除了自唐末以来土地房屋买卖"先问亲邻"的法定程序,也废除了元代土地房屋买卖要先经官府批准的法律。明律的《田宅》门只是规定土地房屋买卖必须订立书面契约,契约必须要经过官府加盖官印并交纳契税,以及将土地的赋税负担过户到买方的"过割"这两项程序,才成为"红契",具有法律效力。契税的税率为2%。明代规定每10年各地官府要重编一次户口及土地赋税簿册(前者因以黄纸印制,称"黄册";后者因画有地块图样,块块相连,形若鱼鳞,称"鱼鳞图册"),每当宣布开始编造黄册及鱼鳞图册的两个月内,在这10年内进行了土地房屋买卖的买方就必须到官府进行登记,交纳契税,过户赋税;官府在契约后粘连"契尾"(预先印制的纳税收据),骑缝加盖官印,发给买方收执。

明代法律在借贷契约方面的规定基本沿袭了元代法律的内容。《钱债》门规定的限制利率仍为月利不得过3分(3%),利息累计不得超过原本。对于债权的担保方式则毫无规定,但禁止债权人强夺债务人财产抵债(杖八十,超过债务本利部分计赃坐赃论,罪止杖一百徒三年)。违契不偿也构成犯罪,按所欠本利数额处以笞杖刑,罪止杖六十。

明律的《田宅》和《钱债》门都将土地房屋的出典和动产的质押混称"典当"。规定土地房屋的典当程序和买卖完全相同,但对于出典和收赎的年限、典权人的转典及先买权等都没有任何明确的规定。动产典当(质押),利息限制不得过月利三分,债务人满两年不赎,质押物即归质权人所有。

除了上述的买卖、借贷、典当,以及寄存等方面外,明代的法律对于民间各类的契约行为就再也没有任何明确的规定,仍然保持"任依私契,官不为理"的风格。

三、损害赔偿

明律继承了元代对于人身伤害罪名在处以刑罚外附带赔偿的法律。但是所采取的赔偿标准则和元代法律不同,主要是以加害人的家产、而不是以受害人所受损害为确定赔偿数额的标准。比如《人命》门规定凡"杀一家三口非死罪""支解人""采生折割人"这几项列入"不道"的

---

① 以上均见〔明〕徐光启:《农政全书》卷1《国朝重农考》。这4省的垦荒土地到景泰六年(1455)才开始"起科"收税。

死罪,罪犯凌迟处死外,其家产全部由官府没收转交被害人之家。《斗殴》门规定凡故意伤害造成被害人笃疾,罪犯处以流刑以外,没收其家产的一半给付被害人,作为"养赡"费用。《诉讼》门规定,诬告导致被害人之家有人因此而死亡的,除罪犯反坐所诬告罪名外,"将犯人财产一半断付被诬之人"。

对于过失杀伤罪的处理则具有更为明显的损害赔偿性质。《斗殴》门规定凡过失杀伤人者,按照斗杀伤罪定罪量刑,然后根据法律所规定的赎罪金额以钱财收赎抵罪,其赎罪的钱财给付被害人作为营葬或医药、赡养费用。

第六节　诉讼及审判制度

一、司法机构

明代大大加强了君主专制中央集权的政治制度,相应的在司法制度上也将重要的司法审判权力收归于中央朝廷,中央的司法机构得到了空前的扩张。相反,基层的司法机构却有所裁减。

（一）中央司法机构

明代中央主要的司法机构号为"三法司",即为刑部、大理寺、都察院三大机构。重大案件由三法司长官会同审理。

明代沿袭元代的制度,刑部仍然是中央审判机构,长官为刑部尚书,副长官为左、右两位刑部侍郎。刑部按照省份设立13个"清吏司",各司设有郎中、员外郎等官职,负责各该省的上报案件的复审。

大理寺是明代又恢复的机构,长官仍为大理卿,副长官为左、右两位少卿,以下设左、右两寺,设有寺丞、寺正等官职,负责复核刑部以及在京各机构审判的案件。明代刑部和大理寺的职责正好和唐宋时期这两个机构的职责相反。

都察院是朝廷最高监察机构,由传统的御史台发展而来。长官为左、右都御史,以下设左、右副都御史等官职。有权参与重大案件以及怀疑有冤情案件的审理。都察院有110名监察御史,虽然官品不过是正七品,但每年轮流出巡各省,号为"代天子巡狩",在朝廷也为"天子耳目",有权监察、弹劾百官。巡视皇城御史则具有京城内重大案件的初审权。

朝廷的其他一些部门也具有一定的司法权力。比如负责接收上报各机构、各地给皇帝奏章的"通政使司"也可以受理各地上诉的冤枉或告发地方官员的案件,直接向皇帝报告。军事统帅机构的五军都督府也设有五军断事官,审理军人的诉讼案件。朝廷的六部尚书以及都察院的都御史、通政使司的通政使、大理寺的大理卿合称"大九卿",经常会组成会审法庭审理重大案件。

（二）地方司法机构

明代地方司法机构基本分为省、府、州县三级。省以下实行行政司法机构合一制度。

全国13个省均设提刑按察使司,作为一省最高的司法审判以及监察机构。长官为按察使(尊称为"臬司")。提刑按察使有权终审徒刑案件。其副长官有副使、佥事则按"道"(由若干府州县组成的监察区)分巡,号为"分司"或"分巡道",也有权随时提审、复审所巡地区内的一切案件。另外,省最高行政机构承宣布政使司也设有理问所,有权审理有关赋税以及田土钱债方面的诉讼案件。

明代全国有 159 个府。府一般辖有七八个县,长官为知府。府设推官一员辅佐知府审理司法案件。府一级本身并没有任何案件的终审权,只是承上启下,复审州县上报的案件。

州、县是最基层的政府机构,也是最基层的司法机构。州的辖区一般比县略大些,州衙直接统治所在地区,同时管辖自己的属县。有的州直属于省,号为"直隶州";有的州则受府领导,号为"属州"。州的长官为知州,副长官有同知、判官。县的长官为知县,辅助官员比之前代大为简约,大多数县并不设县丞、主簿,往往一个县只设典史(未入流)一位辅助官员,负责管理监狱、治安巡逻。只有知县一个人掌握司法审判权力,包括案件的受理、勘查现场、检验尸体、主持侦查、审讯当事人、作出判决等都责无旁贷。

由于明代沿袭元代军民分治的制度,各地驻军也设有司法机构,分为省、卫、所三级。省的最高军事机构都指挥使司设有断事司,有断事、副断事等官职掌管司法审判事务。卫设镇抚司,所设镇抚,负责本卫所军人的诉讼审判事务,以及侦查、预审驻军地区发生的治安、盗贼案件。

(三)干预司法的特务机构

明代随着君主专制集权的加强,先后建立了由皇帝直接控制的庞大的特务机构,用以监视臣民,刺探、侦缉潜在的对于皇权的威胁。这些特务机构主要有锦衣卫、东厂,以及特设的预审机构北镇抚司。

锦衣卫是由皇帝的护卫亲军发展而来的特务机构。明初设立了警卫京师以及宫廷的22 个卫,锦衣卫是其中之一,负责保护皇宫,在皇帝外出时贴身随驾护卫,锦衣卫的指挥要由皇帝亲自挑选任命。从明太祖起就经常指派锦衣卫的卫士监视臣民、侦缉案件、逮捕人犯,使得锦衣卫成为直属于皇帝的特务机构。以后明代历朝皇帝都保留并扩大锦衣卫的特务功能。

东厂是太监特务机构。永乐十八年(1420)下令设立东厂特务机构,由负责皇帝日常事务、整理传递文件的太监机构"司礼监"派出提督太监掌管。提督太监持有"钦差总督东厂官校办事太监关防",可以随时向皇帝报告情况。东厂设有掌刑千户、理刑百户等官职,并有内外勤役长数百人,分别率领 12 班"番役"轮番出动,监视文武百官的日常活动和交接应酬,刺探社会各阶层的动态,称为"打事件"。所获得的情报不分昼夜送入宫内向皇帝汇报。由于受皇帝信任,东厂地位高于锦衣卫,可以经皇帝直接批准秘密逮捕人犯,侦缉案件。在明宪宗、明武宗统治时期,太监控制朝政,还曾先后设置和东厂性质相同的西厂、内行厂特务机构。

以上两大特务系统合称"厂卫",从制度上讲都只有侦缉权力。明代特务机构干预司法的主要因素之一,还在于设立了直属于皇帝的专门预审机构——北镇抚司(简称北司)。厂卫侦缉破获的案件,逮捕的人犯都不经过正常的司法机构,而是直接送到北镇抚司进行预审。明太祖将锦衣卫原有的镇抚司,作为自己审理案件的预审法庭,在其统治末期曾下令关闭镇抚司内的监狱、焚毁刑具。但明成祖夺取皇位后,又在锦衣卫专设"北镇抚司",作为审理皇帝交办案件的特别法庭。原锦衣卫审理内部军人案件的机关改称"南镇抚司",两者之间没有隶属关系。明宪宗成化十四年(1478)又规定北镇抚司审理案件直接向皇帝报告,锦衣卫指挥不得插手。这样北镇抚司正式成为直属于皇帝预审机构。虽然从理论上讲北镇抚司应该在预审结束后将案犯、卷宗移交三法司,以作出正式的判决,但实际上三法司都只能按照北镇抚司所拟定的判决意见宣判。有的时候北镇抚司也可以直接根据皇帝的旨意处置案犯,执行皇帝的判决。①

二、诉讼制度

明代的诉讼制度大多承袭自前代,其略有发展的内容主要有以下几项。

(一)进一步明确地域管辖和身份管辖

《大明律》的《刑律》诉讼门规定诉讼管辖的主要方式是地域管辖,所谓"原告就被告""轻囚就重囚""少囚就多囚""后发就先发"。即:起诉原则上应向被告所在地官府提起,由被告所在地官府管辖;同一案件被告在几个地方时,由其中罪名最重的被告所在地的官府管辖;同一罪名的被告分散在几处的,由被告人数最多的地方的官府管辖;如果罪名相同、各地被告人数也相同,应由最先受理案件的官府管辖。不过在后三种情况下,都以相隔300里以内为限,如果相隔在300里以外的,为减少解押被告的风险,应由各地官府分别审理结案。

明代军户之间的诉讼由各驻军机构自行审理,但是人命案件应由当地驻军机构会同地方官员勘察现场、检验尸体,并会同审理。军户与民户之间的交叉诉讼也应由驻军机构和当地官府会同审理。

(二)推行各种"息讼"制度

明代统治者仍然认为百姓动辄诉讼是"民风浇薄"的表现。为此设计了不少"息讼"的制度。

加重诬告罪的处罚力度。历代对于诬告罪采用反坐其所诬告之罪的处罚,而明律更进一步,规定诬告反坐还要加等处刑。诬告人笞罪的,反坐其罪并加重二等;诬告人杖、徒、流罪的,反坐其罪并加重三等;诬告人死罪的,处杖一百流三千里,如果被诬告人因此而被处死或在审讯中死亡的,诬告者也应处死。以匿名书告发他人的,也要处以绞刑。

起诉时间的限制。明代没有恢复唐宋法律中"婚田入务"的制度,理论上可以在任何时间起诉。但是从明中叶以后,各地方官府号称"息讼",自创了"放告日"(或称"听讼日")制度,只有在特定的"放告日"(一般是每月逢三、逢六、逢九日)民间才可以起诉。

推行半官方的调解制度。和明初统治者力图在民间基层推行教化的企图相一致,明太祖统治时期曾规定,民间户婚、田土、钱债、轻微斗殴之类的纠纷,一律不得直接起诉,必须先经过本地的里甲(负责征税、治安的居民头目)、乡老人主持的调解。调解的场所即在城乡的申明亭内。开始时还曾允许以竹篦处罚有罪过的人。调解不成的才可以向官府起诉。明中期申明亭调解制度瓦解后,朝廷又在民间推行"乡约"制度,由各约的约正、约副每半月主持调解一次本约内的轻微纠纷。

三、审判制度

明代法律所规定的审判制度也基本沿袭了前代,其中较有特色的有以下几个方面。

(一)刑讯制度

明律有专门《刑具图》,规定刑讯只能使用荆条制成的"讯杖"。规定讯杖长3尺5寸(约合今108.9厘米),小头直径3分5厘(约合今1.1厘米),大头直径4分5厘(约合今1.4厘

---

① 《明史》卷95《刑法志三》。

米)。比笞杖刑的刑具略为粗大。责打时使用小头责打。明律并没有规定刑讯责打的数目限制。

在明代司法实践中法律允许使用的刑讯手段还有夹棍和拶指。夹棍最早是明太祖令锦衣卫审讯使用的刑具,是以用绳索抽紧串联起来的 3 根粗木棍夹压受讯人的双踝或胫骨、膝盖,往往使受讯人致残。明太祖统治晚期下令锦衣卫焚毁这种刑具,不得再使用。但以后各级司法机构又逐渐恢复使用夹棍。《问刑条例》规定夹棍只能用于人命、强盗案件的审讯,每次审讯只准夹两次。拶指是以绳索抽紧串联起来的 5 根木棍夹压受讯人的 4 指,适用于女性,《问刑条例》规定每次审讯只能夹两次。

明代小说中的审讯图

另外大约从成化年间(1435—1487)开始各地官府逐渐习惯于使用"毛板"(粗毛竹板)责打逼供,有的还以毛板侧面"砍"打,经常将受讯人当场打死。后来在刑讯中使用毛板代替讯杖成为惯例。[1]

（二）严格实行逐级复审制度

随着明代加强君主专制中央集权制度,判决的权力向上级衙门、向中央朝廷集中,严格实行逐级复审制度。无论当事人的意思如何,案件都必须经过州县、府、省按察使司、朝廷刑部等一级一级官府的复审,直到有权作出终审判决的官府为止。过去的朝代虽然也有过这样的制度,但只是从明朝开始这一制度才被极其严格的执行。

明代的州县只能自行审结杖一百以下的案件,所以杖一百以下的案件称为"自理词讼"。其卷宗存档并登记在"循环簿",由上级衙门以及巡按御史、分巡道临时抽检。对于自己不能审结的杖一百以上的案件,州县官仍然必须进行侦查、审讯,搞清全部事实后,草拟定罪量刑的意见(称"拟律",但因一般以"本官看得"或"卑职勘得"起首,故称"看语"或"勘语"),将卷宗、被告、主要证人转送上级衙门复审。

从审级上而言,明代的府一级只是单纯的复审机构,本身并无权力审结案件。知府在复审了州县上报的案件后,如果被告或证人没有翻供、知府对于州县所拟就的判决意见也没有异议的情况下,就可以在州县官的"看语"后添上自己的"看语",再将卷宗、报告、主要证人转送上级衙门。如果有人翻供或知府认为州县官员所拟判决不妥,可以将案件发回重审,或者是发给另一个下属的州县重审,一般并不直接改判。

省按察使有权终审本省的徒刑案件,对于应判流刑或充军、死刑的案件在经复审后也添加"看语"上报中央朝廷(一般案犯仍然关押在省会的监狱里,中央朝廷只根据卷宗进行书面审)。认为下级拟律不当时一般也只是驳回重审。

中央朝廷的刑部终审全国上报的流刑、充军案件,经大理寺复核后即定案,向罪犯关押地方的官府发出执行令。死刑案件则还要经三法司或众官会审、上报皇帝"勾决"(由皇帝用朱笔在死罪罪犯名单上——画勾)后,才可以发出死刑执行令。

---

[1]　〔明〕王锜:《寓圃杂记》卷 5〈刑具〉。

（三）众官会审的制度化

由朝廷高级官员会同审理疑难案件是中国历代常有的现象,但明代将这种会审制度化,对于应该交付会审的案件类型、会审的参加人员、判决的方式等都有明确的制度。这些制度化的会审主要有以下几种。

"热审"。这是在暑热季节到来前由朝廷官员会审在押未决囚犯从快或减等发落的制度。始于明成祖永乐二年(1404),以后形成制度,每年的小满节气后十余日由司礼监传旨,刑部会同都察院、锦衣卫、大理寺,各派员审理京城各监狱在押囚犯。笞杖刑罪犯从速判决执行;徒流罪犯减等发落,押解前往服刑地点;事实不清的案件请示皇帝立即处理。至六月底结束。

"朝审"。这是由朝廷最高级官员会审已被判决秋后处决的死囚犯的制度。明初已经有会集朝臣会审大案的"朝审"之举。明英宗天顺三年(1459)规定在每年霜降节气后,由三法司奏请复审所有在押等候秋后处决的囚犯,皇帝批准奏请后,下旨召集在京的公侯伯爵、驸马、内阁学士、六部尚书及侍郎、五军都督等最高级官员,并指定由刑部尚书主持,于承天门(即以后的天安门)外举行会审。死囚大多仍然关押本省监狱,一般仅对案件卷宗进行书面审理。如果会审官员认为案件有可疑或死囚有可矜之情,即可奏请皇帝暂不予以处决,再加详细审讯。朝审认为原判决无误的,就在当年的秋末处死。

值得注意的是"秋后处决"的死罪一般都是被认为对于统治秩序威胁不大的普通斗殴伤人致死、三犯窃盗之类,重大犯罪的死罪都规定为"决不待时",一经审结即已处死。因此司法界逐渐在律例所规定的死罪后注明是斩、绞"立决",还是斩、绞"监候"(监禁等候朝审)。凌迟处死都是"决不待时"。

"大审"。这是皇帝定期派出代表与朝廷高级官员会审在押罪囚的制度。始于明宪宗成化十七年(1481),以后定制每5年(每逢天干的丙、辛年)举行一次。其制度是由司礼监太监代表皇帝本人至大理寺,召集三法司长官会审京城在押的累诉冤枉或死罪可疑、可矜的待决犯。外省则由刑部及大理寺派出官员至省会,会同巡按御史、省布政使、省按察使、省都指挥使会审上述案件。大审的审理结果都必须上报皇帝批准。

明代这些会审制度有这样几个特点:首先是参加会审的官员级别相当高,如朝审的参加者是朝廷的最高级官员,号为"九卿圆审"(明代九卿即指六部尚书以及都御史、通政使、大理寺卿);其次是监察机构在会审中具有重要地位,都是主要的参加者;再次是这些会审理论上只是在为皇帝的最后决断提出建议,而且皇帝还要派出自己的亲信太监前往参加,甚至代表皇帝本人主持审判,体现了君主专制集权在司法领域内的加强。

【人物】

况 锺

况锺(1381—1453),字伯律,江西靖安人。原来是朝廷六部的书吏(办事员),因为办事能力强,得到朝廷大员的赏识。于宣德五年(1430)被推荐出任苏州知府。苏州府有一批书吏长年把持衙门,况锺到任后先是装出一副懵懂的样子,有了事都先问书吏按照惯例该怎么处理,书吏们自以为得志。过了几天,况锺摸清楚了衙门内的情况,突然亲自击鼓升堂,集合全体书吏,厉声训斥:某日某事,某书吏要我如何行事违法;某日某事,某书吏如何欺骗我。下令将那些违法作乱的书吏当场拉出去,活活打死(《大明律·名例律》专门有一条规定"吏卒犯死罪先斩后奏")。满衙门的书吏胆战心惊,从此不敢胆大妄为。况锺本人清廉正直,执法公平,并且向朝廷请求降低了苏州承担的赋税数额。几次任满都因当地百姓的强烈要求而留任,在苏州当了 12 年知府,直到去世。他被誉为明朝初年循吏第一人。苏州百姓为他造了祠堂来纪念他,在民间流传着大量有关他的传奇故事。①

海　瑞

　　海瑞(1514—1587),字汝贤,自号"刚峰",是海南琼山的回族人。举人出身后几经迁转,担任了浙江淳安县知县。到任后公开出榜宣布革除本地衙门官吏历来向百姓索取的几十种"陋规",他自己身体力行,在正式官俸外不取一文。平时穿布袍、吃粗粮,有一次为母亲做寿才买了两斤肉,在浙江官场被当作奇闻来传。他在淳安执法严明,自称审判原则是:凡是法无明文的财产方面案件,与其让弟侄吃亏、不如让兄伯吃亏,与其让贫民吃亏、不如让富人吃亏,与其让小民吃亏、不如让绅士吃亏,这是为了救"时弊";但是如果是人身侵犯,与其让绅士吃亏,不如让小民吃亏,这是为了保存尊卑的"体制"。1566 年海瑞准备好棺材上疏,指责嘉靖皇帝迷信道教,不理朝政,竭民膏脂。被锦衣卫逮捕下狱,判为死刑。后来因为嘉靖皇帝恰好"驾崩"才没有被处死。以后任应天巡抚,管理江南,扫荡豪绅势力,被人民誉为"青天"。但不久就被排挤去职。海瑞为人正直,极其痛恨当时腐败的风气,曾建议恢复明太祖"剥皮实草"的酷刑对付贪官污吏。死前官至南京右副都御史(从二品),可是家中破帐弊箱,连丧葬费都是朋友、学兰们凑的。在民间传说中海瑞也成为一个传奇式的人物,有《海公案》等小说,但与史实大多不合。②

本 章 小 结

　　明朝是在元末农民大起义后建立起统治的,明初的统治者对于历史经验的总结,突出以严厉的法律来整肃宋元以来"宽纵日久"的中国社会。在立法上强调简单实用,创造出一些新的法律形式。

　　明代以通过国家考试方式来确认士大夫特权身份,对于社会有重大影响。在刑法上与唐律相比,明代法律加重重罪处罚力度,而减轻了很多轻罪罪名的处罚。主要特色是大大加强对于专制君主制度的保护。在民事法律方面,明代法律突出了"先占"原则,保护私人财产所有权。但在契约制度上则大为倒退,法律对于大量民间民事财产行为都不予以规范。在司法制度上明朝也大大加强了中央集权,实行严格的逐级复审制度,以及发展了众官会审制度。

延伸阅读

基本史料

《明史》卷 93—95《刑法志》。

---

①　《明史》卷 157《况锺传》。
②　《明史》卷 226《海瑞传》。

《大明律》,刘俊文点校,法律出版社 1999 年版。

参考书目

杨一凡:《明大诰研究》,江苏人民出版社 1988 年版。

尤韶华:《明代司法初考》,厦门大学出版社 1998 年版。

苏亦工:《明清律典与条例》,中国政法大学出版社 2000 年版。

杨雪峰:《明代的审判制度》,台湾黎明文化事业公司 1978 年版。

张晋藩、怀效锋主编:《中国法制通史》第 7 卷《明》,法律出版社 1999 年版。

杨一凡主编:《中国法制史考证》甲编第 6 卷《明代法制考》,中国社会科学出版社 2003 年版。

〔日〕寺田浩明主编:《中国法制史考证》丙编(日本学者考证中国法制史重要成果选译)第 4 卷《明清卷》,中国社会科学出版社 2003 年版。

思考题

1. 明初法制指导思想和唐初法制指导思想比较有何不同之处?

2. 明代的法律形式与唐代比较有哪些变化?

3. 明代的社会等级结构有何变化?

4. 与唐律相比,明律在定罪量刑上有何特色?

5. 明代在所有权制度上有何重要变化?

6. 明代审判制度有哪些特色?

第十一章
清朝的法制
（1644—1911）

本章提要

    清朝入关后基本沿袭了明朝的法律制度。清朝注重思想文化领域的专制统治，同时在一些具体的继承、财产制度方面也有一定改变。鸦片战争爆发后，中国司法主权受到严重破坏。一度席卷半个中国的太平天国农民政权曾在占领区域施行自己的法制。清末统治者为了保持统治地位，开始"变法新政"，但是并未有实质性的改变。清朝是中国传统法制走向解体的时期，在中国法制史上具有重要意义。

    建立清朝的满族原先活动于今东北地区，1616年建国号"金"（史称后金）。1636年改国号为"清"。1644年李自成领导的农民军攻克北京，明崇祯帝自杀。清朝乘机入关打败农民军，并迅速攻占各地，1661年实现对全中国的统治。

    清朝统治者认真吸取了历代的统治经验，在全面继承明朝法律制度基础上，加强君主专制中央集权制度。18世纪中后期是所谓"康（熙）乾（隆）盛世"，号为全盛时期，在清朝统治下的中国疆域广阔，人口众多，是东亚第一强国。但18世纪末叶，其统治渐趋腐朽，导致了大规模的农民起义。19世纪初，西方列强开始以鸦片打开中国市场大门。1840年爆发的鸦片战争战败后，中国主权不断丧失，社会矛盾也日益激化，逐步陷入半殖民地深渊。20世纪初清朝统治者为苟延残喘，曾试图"变法新政"，但结果适得其反，最终未能挽救其灭亡命运。

    清朝是中国传统法制走向解体的时期，同时，清朝也是中国多民族统一国家发展形成的重要时期，在中国法制史上具有重要意义。

第一节　法　律　形　式

清朝沿袭明制，法律形式以律、例、会典为主，其中例的发展尤为丰富。

一、律

清人关前已有不少成文法,但内容比较简略。清军入关初期,清朝廷曾强调沿用入关前的旧法,顺治元年(1644)六月清廷传谕:"各衙门应责人犯,悉遵本朝鞭责旧制,不许用杖。"但实践中遇到的困难使清统治者很快调整了政策。先是承认明律的效力,"自后问刑衙门准依明律",同时又将明律译为满文。①

顺治四年(1647)在大明律基础上稍加删削,制订成了《大清律集解附例》,并颁行全国,即为清朝第一部律典。《大清律集解附例》有律 457 条(删掉了明律有关钞法的 3 条律文),律条之中则以小字夹注方式附加当时通行的注释,即集解,律条之后又附条例 321 条。由于制订匆忙,《大清律集解附例》几乎全部照搬明律,甚至仍有"依《大诰》减等"的条文,受到时人的讥评。为了弥补不足,清朝统治者又编订了《简行则例》《刑部现行则例》等法规作为补充。

雍正五年(1727),清朝廷又颁行了第二部律典《大清律集解》。这部律以顺治律为基础,对律文作了一定的调整,律条定为 436 条,但重点是对律后的条例作了修订。雍正律将顺治律中的 321 条条例编为"原例",将顺治、康熙年间所颁条例 299 条编为"增例",而雍正年间颁行的 204 条条例则编为"钦定例",并规定了适用的顺序:"刑官遇事引断,由钦定而增例、而原例、而正律。"②

乾隆五年(1740)颁行了清朝第三部律典《大清律例》。由于例逐渐增多,《大清律例》改称律条为门,并删去了原例、增例、钦定例的名目,全部分门别类按年代排列于律文之后,共有 436 门(律文),例文 1 049 条。篇章结构则一如明律,分名例律、吏律、户律、礼律、兵律、刑律、工律 7 篇。

【资料】

《刑律·贼盗》"造妖书妖言"

凡造谶纬、妖书、妖言及传用惑众者,皆斩(监候。被惑人不坐。不及众者,流三千里,合依量情分坐)。若私有(他人造、传)妖书隐蔽不送官者,杖一百徒三年。

译文:

凡是编造征兆预测政治、编写宣传妖术的书籍、传播妖术言论的,不分首从都处以斩首(监禁等候秋审。被传播的人不处罪。传播对象未满三人的,编造传播者处流三千里,按照各自在犯罪中作用分别处罪)。如果私人拥有(他人编造传播的)妖书而收藏不送官的,处杖一百徒三年。

提示:从该条来看,注释的文字相当律文文字的三分之二,而且实际上是对律文作了修正。

《大清律例》颁行后,清统治者认为律文已不用再修改,唯需不断修例。遂规定每五年修订一次条例,并将新增条例续纂入《大清律例》。以后例不断增加,至乾隆三十三年(1768)有1 456 条,道光五年(1825)1 766 条,同治九年(1870)达 1 892 条。

---

① 《大清世祖实录》卷 5,顺治元年六月甲戌。
② 《大清律集解·凡例》。

【解说】

清代的律学

　　清代律学兴盛。据不完全统计,有清一代《大清律例》的私家解释就有百余家、一百五十多种注本①,还不包括同一种书的不同版本。而且形式多样,有辑注、笺释、全纂、汇纂、统纂集成、通考、根源、图说、歌诀等。比较重要的有沈之奇《大清律例辑注》,王明德《读律佩觽》,吴坛《大清律例通考》,薛允升《读例存疑》等。清代律学的成就得到统治者的重视,律例的私家注释被以律注的形式编入法典,甚至纂修为法条,中央和地方的司法审判活动也往往引用私家注释进行司法解释。

二、例

　　清朝的例是单行法规的总称,有条例、则例、事例等。

　　条例是刑事单行法规。由有关大臣起草上奏,经皇帝批准后颁布,以作为律的补充。条例通常经过“五年一小修,十年一大修”而纂入《大清律例》。

　　则例是按中央政府各部门政务编制、由皇帝批准生效的单行法规汇编。② 根据调整范围的不同,则例可分各部门则例和关于特定事务的则例两大类。清朝几乎每个中央主要部门都编有则例,如《钦定吏部则例》《钦定户部则例》《钦定宗人府则例》《钦定国子监则例》《钦定太仆寺则例》等。另外还有《钦定吏部处分则例》《钦定科场则例》《钦定工部军器则例》《钦定户部漕运全书》《兵部督捕则例》(逃人法)等关于某类政务的则例。

　　事例是朝廷处置各类政务的先例,包括皇帝发布的上谕以及对于大臣奏本的批示等,既有刑事方面的,也有行政方面的。事例往往附着在会典之中或之后加以汇编,与会典形成一个共同的整体。事例积累后刑事方面的一般编制为条例,而行政方面的往往编制为则例,成为独立的单行法规。③

三、会典

　　清朝沿袭明朝制度编纂会典,前后修订有5部。康熙二十三年(1684)修订成《康熙会典》,有162卷,采取“以官统事,以事隶官”的编纂方式,按照宗人府、内阁、六部、理藩院、都察院、通政司等机构的分工而分类,具体规定各机构的职掌、职官、办事细则等,后面还附有相关的则例。以后在雍正、乾隆、嘉庆、光绪年间又分别修订了会典,统称为《大清会典》。因为则例与会典性质不同,自《乾隆会典》起,将则例与会典分立,形成“以典为纲,以则例为目”的关系。至《光绪会典》,有正文100卷,事例1 220卷,附图270卷,形成规模宏大,体例严谨的一部典章制度的全书。

四、少数民族地区的立法

　　清朝是一个多民族统一的国家,清统治者非常重视对少数民族地区的立法。对北方蒙古族聚居区制订有《蒙古律》,今新疆地区有《回疆则例》,西南苗族聚居区有“苗例”,对宁夏、青海、甘肃等地少数民族则制订有《西宁番子治罪条例》等。这些法规的制订是在《大清律例》的基

---

① 何敏:《从清代私家注律看传统注释律学的实用价值》,载梁治平编:《法律解释问题》法律出版社1998年版。
② 苏亦工:《明清律典与条例》,中国政法大学出版社2000年版,第70页。
③ 同上,第42—44页。

础上,针对少数民族的特点进行的,对巩固统一的多民族国家具有积极的意义。

五、省例

清代的省例是以地方性事务为规范对象、以地方行政性法规为主体、兼含少量地区性特别法的一种法规汇编。与前代和当时的官府告示、公牍或个人所作的简单汇编等各种形式的地方规范性文件相比,清代的省例具有更为突出的地位和特色。在制定主体上,省例不是出自一般基层官员之手,而是以地方官员中地位最高的省级政府长官为主要制定者;不是个人进行的作品汇编,而是官方主持的重要文件集成;在形式上,不是只鳞片爪的零星罗列,而是具有相当完备、系统化的载体形式;在时间上,不同于人存政举、人亡政息的其他一般告谕,而是具有相对比较稳定持久的效力;在地域上,其影响力相当广泛,在一省范围内具有普遍的法律约束力;最为重要的是,作为补充律例的一种独立法律形式,省例的地位和效力得到清朝中央政府和当时社会的普遍承认。因此,省例是清朝基层政府各种规范中最为重要的一种形式,在各地司法、行政活动中具有重要作用。现存省例有《治浙成规》《成规拾遗》《晋政辑要》《西江政要》《福建省例》《广东省例》《粤东省例》《粤东省例新纂》《江苏省例》《四川通饬章程》和《湖南省例成案》等数十种。①

第二节　身份法律制度

一、社会等级

（一）特权阶层

1. 贵族

满族贵族有宗室和觉罗。宗室是努尔哈赤的本支子孙,系金黄色带子为标志;觉罗是努尔哈赤叔伯兄弟的子孙,系红色带子。其中的近支及有功勋者又封爵位,有 12 等:和硕亲王、多罗郡王、多罗贝勒、固山贝子、镇国公、辅国公、不入八分镇国公、不入八分辅国公、镇国将军、辅国将军、奉国将军、奉恩将军。其他无爵位的称为"闲散宗室"。

汉族功臣贵族在清初曾封"王",自平定"三藩"之乱后则只有公、侯、伯、子、男等爵位,其中孔府衍圣公地位煊赫。贵族享有种种特权,并封以一定地区的赋税收入。

2. 旗人

关外时期满族人被编为正黄、正红、正蓝、正白、镶黄、镶红、镶蓝、镶白八旗。八旗是一种军事、行政、生产合一的制度,战则分旗出征,居则按旗农耕。后又将降附的蒙古人和汉人编为蒙古八旗、汉军八旗,统称"八旗",八旗成员则统称为"旗人"。入关后旗人成为特权阶层。军事上废除明代"军户"制,改由八旗子弟充任的"八旗兵"为驻防部队,驻守京师地区及全国重要城市。清朝政府在各地圈占土地供给旗人耕种,号为"旗地"。

政治上汉人必须通过科举才能步入仕途,而满人无此要求。为保证满族贵族的优势,又实行"官缺"制度,有"满官缺"和"汉官缺",不同的官缺由不同民族的人担任,并且满官可以补汉官缺,而汉官不可补满官缺。一些重要部门,如理藩院、宗人府,储存火药、兵器、钱粮的府库等全为"满官缺",而一些地位卑微的官职,如迎来送往的驿丞等则全为汉官缺,地方督

---

① 王志强:《论清代的地方法规:以清代省例为中心》,《中国学术》2001 年第 7 辑。

抚司道也多为满官缺,并严格实行以满官监视汉官的制度。

3. 官僚士大夫

清朝完全继承明朝的制度,将通过科举制度的士大夫作为特权阶层。同时清朝又定期举行"捐纳",允许平民以钱财"捐"得国子监(位于北京的国家学校)监生资格,并可以进一步以钱财"捐"官衔、捐官职(至正四品为止),这样一来不少富豪得以钱财升入特权阶层,以扩大清朝的统治基础,平衡汉族士大夫势力。

(二) 平民阶层

清朝将全国的汉族人民称为"民人",与"旗人"相对应。清朝入关后立即废除了明朝的匠户以及军户制度,民人在法律上视为平等,户籍制度相同。

清朝沿袭明朝制度,男子 16 岁成丁。

(三) 贱民

1. 奴婢

清代蓄奴成风。早在清兵入关前,满族人即蓄养奴隶,满语称作"包衣",主要来源战俘。入关后,清廷开始圈地,大量民人失去土地成为"投充",即投旗充奴。"投充"被编入王庄、官庄等各种庄园从事生产,称为"壮丁"。由于不堪奴役,壮丁纷纷逃亡,清廷为此还制定"逃人法",严厉惩治逃亡行为。此外,犯罪发遣、罪人妻孥、买卖等也是奴隶的来源。奴婢、壮丁社会地位低贱,其人身隶属于家主,没有婚嫁自由,世代为奴。

2. 雇工人

雇工人是沿袭明朝而来的一个贱民阶层。其法律地位一如明朝。

3. 行业贱民

清朝法律仍然将倡优隶役视为贱民行业,脱籍后子孙第四代才可以参加科举考试或捐纳功名。

4. 习俗上的贱民

长期的历史发展,在各地形成不少习俗上被视为贱民的群体。比如浙江绍兴的"惰民",男子只许捕蛙、卖锡、逐鬼为业,妇女则为媒婆,或伴良家娶嫁、为人髻冠梳发、穿珠花,群走市巷。山西、陕西"乐户",由历代法律设定的官娼专业户沿革而来。徽州府"伴当",宁国府"世仆",是与地主有人身依附关系的特殊佃农。广东"疍户",是内河、沿海一带的水上居民。雍正年间曾下达法令宣布废除这些贱民身份,但并无实效。

二、宗族制度的发展

清朝在宋以来历代法律基础上加强对宗族的保护,默认宗族以及"乡绅"(有士大夫身份的头面人物)有限度的"自治",拥有裁断、处理族众纠纷的权力,有意识让宗族的族规、乡约成为整个法制体系的组成部分。雍正年间定例,在民间推广宗族组织,允许宗族对于"劝道风化以及户婚田土争竞之事"有调处、裁决的权力,"事之大者"才报官处分。赋税、治安、巡逻等事项也可以委托宗族。[①]《大清律例》也对一些轻微罪名、妇女犯罪规定责成宗族管束训诫,对于一些婚姻、继承之类民事纠纷也规定可由宗族处理,"阖族公议"。同时也加强对于对族产保护,子孙盗卖宗族祀产不到 50 亩,发边远充军(一般的盗卖田产罪止杖八十徒二);50 亩

---

① 《大清会典事例》卷 144《户部》。

以上按照盗卖官田律加重二等处刑。

在清朝廷的保护和鼓励下,宗族组织有很大发展,"强宗大姓,所在多有,山东西、江左右以及闽广之间,其俗尤重聚居,多或万余家,少亦数百家"。[①] 宗族的族规也注重和"国法"的协调,有守法纳税、禁止种种犯罪行为之类的内容。

【资料】

安徽宣城《四安孙氏家规》

一、大不孝者,出。
　　(如骂詈父母、夺产、弃养之类)
一、大不悌者,出。
　　(如骂詈伯叔、殴辱兄嫂、凌虐弟侄之类)
一、为盗贼者,出。
一、为奴仆者,出。
一、为优伶者,出。
一、为皂隶者,出。
一、奸淫乱伦者,出。
一、妻女淫乱不制者,出。
一、盗卖祭产者,出。
一、盗卖荫树坟石者,出。[②]

提示:这里的"出"就是驱逐出宗族的意思。

三、继承制度的发展　　　唐宋以后法律都规定,若没有儿子可以收同宗侄辈为嗣子,嗣子出继后则与亲生父母形成叔侄关系。若出继者为独子,则会遇到他的亲生父母,即本房绝嗣的问题。因此,独子能否出继就成为一个法律难题。清朝经过多次案件讨论后,乾隆四十三年(1778)规定新的条例,载于《大清律例·户律·田宅》"立嫡子违法"门:"如可继之人亦系独子,而情属同父周亲,两相情愿者,取具阖族甘结,亦准其承继两房宗祧。"即规定在符合出继对象是独子的情况下,如果确实是同祖的侄子辈,要经过全族具结书面保证无异议,一人可继承两房宗祧。这称为"兼祧",民间俗称"两房合一子",解决了历来的难题。

第三节　刑事法律制度

一、刑罚制度的发展　　　清代律例基本沿袭明代的刑罚制度,并有所发展。

答杖刑折竹板。答杖刑具改为竹板,规定削去粗节毛根,大头阔 2 寸(合今 6.4 厘米),小头阔 1 寸 5 分(4.8 厘米),长 5 尺

---

① 《皇朝经世文编》卷 58《宗族议》。
② 转引自费成康等:《中国的家法族规》,上海社会科学院出版社 1998 年版,第 338 页。

（160厘米），总重不得过2斤。执小头，一律责打臀部。笞刑，笞十折为4板，笞二十折为5板，笞三十折为10板，笞四十折为15板，笞五十折为20板；杖刑，杖六十折为二十大板，杖七十折为二十五大板，杖八一折为三十大板，杖九十折为三十五大板，杖一百折为四十大板。

充军刑。清律例将充军定为重于流刑的刑罚，分为附近充军（二千里）、近边充军（二千五百里）、边远充军（三千里）、极边充军（四千里）、烟瘴充军（四千里）五等，称为"五军"。清朝为各府编制了"三流道里表""五军道里表"，详细规定该府罪犯应流或充军的地点。由于清朝军制与明朝不同，罪犯充军至某地后并不编为军户，也没有"终身充军"和"永远充军"的区别，所以实际上充军与流刑并无不同，只不过极边、烟瘴的距离远于流三千里而已。

发遣刑。发遣是将罪犯发配至边疆地区给驻防八旗官兵当差为奴的刑罚，为仅次于死刑的重刑，是清朝特别创立的刑罚。乾隆年间的《大清律例》已有143项发遣罪名。

死刑。清朝将死罪按是否在秋后处决分为"立决"（立即执行，又称决不待时）和"监候"（先监禁等候秋审）两类，具体有绞立决、斩立决、绞监候、斩监候四种。处绞监候与斩监候的罪犯还须经过一次复审（秋审），虽是死罪，仍有一线生望，因此，绞、斩监候一般适用于对统治阶级危害还不是很大的死罪。另外，凌迟仍是死刑的方式之一，称为极刑，清律例中适用凌迟刑的死罪比明多，共有22项。古老的"枭首"刑也被适用于"江洋大盗""响马"等重大犯罪。

清代凌迟图

附加刑。有刺字，适用于发冢、窃盗、逃军、逃流等罪的附加刑，在清朝使用较多。刺臂或刺面，三犯、四犯还分别刺右脸颊、左脸颊，刺特定的图记或发配地名、发配事由等。还有枷号，适用于犯奸、赌博、逃军、逃流等罪，乾隆时定枷重，轻者二十五斤，重者三十五斤，枷号的时间，短者三、五日，长者近半年至一年，由犯人带着枷，在城门、衙门口或其他公众场合示众。

二、定罪量刑的主要特点

（一）加强思想文化领域内专制统治

清初刑事政策的矛头直指思想文化领域。清统治者出于民族统治压迫的需要，钳制汉族士大夫的思想文化，扼杀任何可能出现的反清思想；并且加强镇压明末兴起的怀疑、反对君主专制统治思潮，以巩固清王朝的统治。清初推行"剃发令",所谓"留发不留头,留头不留发"①,强迫汉人接受满族习俗。对于士大夫,一方面提倡僵化的程朱理学,并通过八股取士进行拉拢、限制,另一方面大兴文字狱,搜缴各类反清或"异端悖逆"的书籍,严禁汉族士人结社订盟,大力加强思想文化方面的专制统治。

顺治十七年(1660)发布上谕:"士习不端,结社订盟,……相煽成风,深为可恶,着严行禁止。"②汉族士大夫不仅不能结社,连聚会讲学也在禁止之列,士子们不得不关起门来,埋首经史考据,思想界毫无生气。

清康熙、雍正、乾隆三代有意识发动"文字狱",以士大夫各类作品中的一些文字语句作为罪证,罗织大案,株连苛求,推行文化思想恐怖政治,恐吓士大夫。仅有案可查的三朝代"文字狱"就有上百件。乾隆朝还借着修《四库全书》的名义,大肆搜查民间藏书,由各地督抚"逐一覆加检阅,详细磨勘,务将诞妄字句,删毁净尽,不致稍有遗漏"③。据不完全统计,这一时期毁书三千种、六七万部,几乎与《四库全书》所收书籍相等(3 470 种,7 081 卷)。

值得注意的是,清朝统治者虽然大兴文字狱,清律例中却没有一条文字语言的罪名,绝大多数文字狱都是比照"谋大逆"定罪的。而且处刑非常严厉,凌迟、枭首、缘坐、发遣,或"立毙杖下""市曹杖毙"等,不一而足。清朝统治者正是通过严刑酷法,用莫须有的罪名来恐吓天下之人,以达到稳定政权的目的。

【案例】

"文字狱"选例

康熙二年(1663)**"明史案"**。浙江富商庄廷珑,本人是盲人,为求文名,招致江浙高才名士。清初将明万历年间人朱国桢所著《札史》,改名《明史》刻版印行,并且将不少浙江名士列为编者,自己也名列其中。由于该书是明代人原著,记载了一些满族新兴时的一些情况,以及当时满族和明朝廷的关系,如记载满族首领努尔哈赤(清太祖曾为明建州卫左都督)。后被人告发,奉旨批:"拿骂我祖宗的人来。"从此辗转株连将百余家,庄廷珑当时已死,仍然被开棺"寸斩其尸",子侄十八口以及浙江六七十位士大夫被斩首。被发遣、充军的有七百家。④

雍正六年(1728)**"曾静案"**。湖南永兴人曾静著《知新录》,发挥浙江人吕留良《晚村文集》反清、反君主专制的思想,并派遣徒弟张熙去游说陕甘总督岳钟琪反清,被岳钟琪告发。雍正亲自主持此案的审理,将审讯记录与曾静的悔过书等编为《大义觉迷录》,逐条批驳吕留良、曾静的学说,发行全国,以图肃清影响。吕留良早已病死,开棺戮尸,族人、学生株连受刑,孙辈发遣为奴。曾静、张熙以悔罪不杀,但乾隆帝登基后立即处死两人,并收缴《大义觉迷录》。⑤

乾隆四十二年(1777)**"字贯案"**。江西人王锡侯著《字贯》,对"钦定"是《字典》(即《康熙字典》)有所评改,并开列了康熙、雍正、乾隆三朝皇帝的名字。被告发后,乾隆帝

① 《清世祖实录》卷 8。
② 《清世祖实录》卷 109。
③ 《清高宗实录》卷 540。
④ 《丹午笔记》"朱佑民谋财之报",曾羽王:《乙酉笔记》"明史案"等。
⑤ 故宫博物院编:《清朝文字狱档》第 9 辑,上海书店 1986 年影印本,第 865—968 页。

亲批"此实大逆不法,为从来未有之事,罪不容诛"。王锡侯被判斩立决,为《字贯》作序、刊行者均被株连,两江总督以下各级官员都因为未能及时发现而遭到弹劾。①

乾隆四十六年(1781)"**尹嘉铨案**"。大理少卿尹嘉铨著《本朝名臣言行录》等书,被乾隆帝认为是"妄自尊崇,毁谤时事"。并发布长篇上谕痛斥尹嘉铨,宣称"本朝纪纲整肃,无名臣亦无奸臣。何则?乾纲在上,不致朝廷有名臣、奸臣"。尹嘉铨以大逆定罪,"加恩免凌迟",改为斩立决。②

(二)维护旗人特权

《大清律例·名例律》规定:"凡旗人犯罪,笞、杖,各照数鞭责。军、流、徒,免发遣,分别枷号。"旗人犯笞杖罪往往适用鞭刑,犯徒一年,枷号二十日;流二千里,枷号五十日;充军极边、烟瘴,也仅枷号九十日。若犯死罪,还可因其父祖或叔伯兄弟或子孙战死疆场的功劳免死一次。

第四节　财产法律制度

清朝财产法律制度方面基本因循旧制,较有特色的有以下两个方面。

一、旗地旗产的设置和保护

清初,为解决大量涌入关内的满族贵族及八旗官兵对土地的需求,顺治元年(1644)十二月下令在京城附近圈占土地:"我朝建都燕京,期于久远,凡近京州县民人无主荒田,及明国皇亲、驸马、公、侯、伯、太监等死于寇乱者无主田地甚多,尔部可概行清查,若本主尚存,或本主已死而子弟存者,量口给予,其余田地,尽行分给东来诸王、勋臣、兵丁人等。"③顺治二年(1645)、四年(1647),又两次下令圈地,并将圈占范围扩大到距京城方圆数百里之内。

虽然名义上只圈占无主荒田和前明贵族之田,但实际上大量民田被圈占或被强行掉换。所圈占土地多为丰腴良田,而掉换给汉人的土地甚至根本无法耕种。无地的汉人又被迫"投充",即投身为奴,为旗人耕田或供其役使。还有不少汉人唯恐自己的田地房产被圈占,以至无家可归,先带地投充,以求庇护,因为投充后,土地房产就不在圈占范围内了。据统计,清初三次圈地,共圈地近二十万顷,使近百万农民失去原有田产,流离失所。直至康熙初年才最终停止圈地。

圈占所得土地即赐予满洲贵族、官员、兵丁,通称"旗地"。旗地属于官田,名义上都属于国家,原则上不许随意转让,尤其禁止汉人买卖、典当旗地。康熙时有规定:"官员甲兵地亩,不许越旗交易,其甲兵本身科地,不许全卖。"④雍正七年(1729)上谕:"八旗地亩原系旗人产业,不准典卖于民,向有定例。"⑤但是旗民仍私下进行转卖、转租,旗地大量地被汉族地主兼并。清朝廷不得已,用国家权力强制收回旗地,甚至多次动用国库银两为旗民赎地。尽管如

---

① 故宫博物院编:《掌故丛编》,中华书局 1990 年版,第 512—540 页。
② 《清朝文字狱档》,第 553—653 页。
③ 《清世祖实录》卷 12。
④ 《大清会典》卷 21。
⑤ 《清朝文献通考》卷 5。

此,还是不能阻止旗地的流散,旗地这种特殊的制度仍不能脱离经济规律的作用。

二、典权制度的发展

清朝进一步明确了典的性质。雍正十三年(1735)诏谕:"民间活契典业者,乃一时借贷银钱,原不在买卖纳税之例",规定典契不必经官府加盖官印,不必缴契税,也无须过割赋役。但清末出于财政考虑再次恢复对典契征收契税。

清代并且明确了房屋出典后的风险责任问题。乾隆十二年(1747)定例规定,出典的房屋若失火烧毁,在年限未满的情况下,由双方各出价一半合伙重建,典期延长 3 年,3 年后业主仍以原典价赎取;如果业主无力出资,由典主单独出资建造,典期仍延长 3 年,但 3 年后业主应按原典价的 140%取赎;相反,若典主无力出资,由业主自建,则原订期限满后,业主可以按原典价的 60%取赎。在出典年限已满的情况下,典主单独建造,仍加典 3 年,业主按原典价的 140%取赎;业主自建,则按原典价的 50%取赎。若双方均无力重建,则应将地基出卖,得价的三分之一归还业主。

第五节　司　法　制　度

一、司法机构

清朝中央司法机构仍维持明朝的"三法司"制度,除机构更为庞大以外,其职能变化不大。其中刑部职掌"法律刑名",不仅负责审判事务,还设有律例馆修订律例。地方司法机构仍与行政机构合一,可分为四级,省督抚、省按察司、府、州县。督抚有权决定徒刑的判决,对于流刑、充军、发遣也可作出终审判决,但需报经刑部复核。

清朝设有专门处理旗人案件的特殊司法机构,以维护旗人的司法特权。管理皇族宗室事务的宗人府和管理宫廷事务的内务府中的慎刑司具有一定范围的审理旗人诉讼的司法审判权,京城的步军统领衙门也是京师地区的满族司法机构。清朝地方知府的辅官同知、通判有"理事"职责,即办理旗务、旗籍、旗人诉讼事务等。理事同知、理事通判是地方文职官,由旗人担任,通常设在八旗驻军的都邑关津和旗人聚居的地方,其办事机构以后逐渐被称为"理事厅",成为旗人的地方司法机构。各省驻防八旗最高军官都统、将军也有一定的旗人诉讼审判权。

清朝中央设理藩院管理少数民族地区事务,理藩院同时享有管辖少数民族地区司法审判事务的权力,因此也具有司法机构的性质。理藩院设理刑司掌审判。凡是蒙古、回部地区的发遣、死刑案件必须报呈理藩院,但理藩院复核案件必须会同刑部等三法司共同进行。蒙古、青海、回疆等的地方司法机构则也与地方行政机构合一。

二、诉讼审判制度特点

(一)诉讼的限制

清代流行的各种乡规民约、家法族规大都确认宗族的调处权,官府对此也予以承认。清朝律例恢复了唐宋的制度,规定每年四月初一至七月三十,为"农忙止讼"期,除谋反、大逆、盗贼、人命等重大案件外,官府一律不受理诉讼。在其余的八个月中,也尽量限制起诉。清朝各地方官府一般都规定"词讼日"

或"放告日",允许平民就户婚、田土、钱债等"细事"起诉。清初词讼日多为每月的逢三、逢六、逢九日,清中期后多为每月逢三、逢八日,实际上一年中可起诉的日子不过几十天。

不仅在时间上限制诉讼,还在诉讼形式上给以诸多限制。起诉程序繁琐,清朝规定起诉必须是书面形式,诉状必须由官府指定的"代书"书写,并要盖上官府发给的印戳才有效。对诉状的格式、字数也有严格要求,诉状稍有不符规定就不准状。除了妇女、老幼病残,原告必须亲自到衙门起诉。另外,严格限制讼师参与诉讼。讼师是专门为人代写诉状,并以此为业的人。讼师代当事人出庭,就有可能被官府责打,就被称为"讼棍"(挨打的双腿如木棍般麻木)。

【解说】

清朝的刑讯

清朝法律允许的刑讯方式有掌嘴(用手或竹制、皮制的专门器具抽打耳光)、竹板及藤条拷打、夹棍、拶指,以后又有"压杠"(在下跪的受刑人腿弯处放置木杠,由行刑人站上去猛踩,进一步发展的形式是在膝盖下放置木棱板)、"跪链"(使受刑人跪在盘起的铁链上,进一步发展的形式是将铁链烧红)。清末则广泛使用"站笼",以木笼顶部方木板上的圆孔卡住受刑人脖子,迫使受刑人踮脚站立,时间长了即劳累而死。清末酷吏毓贤任曹州知府,两三个月内就"站死"三百多人。[1]

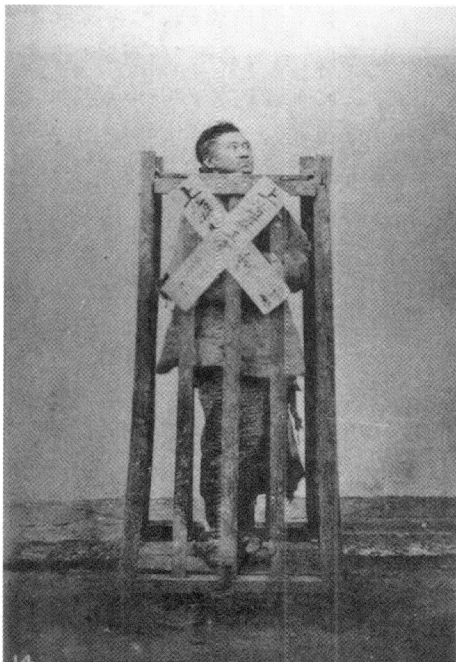

站笼

(二) 会审制度的完备

明朝完备的会审制度虽然号称"恤刑",重视人命,但实质上是皇帝对司法审判活动加强了控制,是君主专制高度集权的一种表现。正因为如此,会审制度也受到清朝统治者的青睐。清朝废除了明朝的大审制度,保留了热审制度,又将朝审进一步发展为"秋审"和"朝审"两大审判制度。

秋审是由朝廷各部院长官会同复审各省上报斩、绞监候案件的制度。一般先由各省督抚将省内所有斩、绞监候案件会同布政使、按察使进行复审,提出"情实""缓决""矜疑"等处理意见,并将卷宗上报刑部。每年霜降前,再由中央各部院长官会同复审,并上奏皇帝决定。罪囚如定为情实,则于秋后处决;如定为缓决,则继续关押等待第二年的再次秋审,若经三次秋审定为缓决,罪囚可免死减等发落;如定为可矜也可以免死减等发落;可疑则发回原省重审。雍正年间又新设"留养承祀",若罪犯是独子,而祖父母、父母年老无人奉养,经过皇帝批准,可以改判重杖一顿,并枷号示众三个月,然后回家侍奉父母。朝审是由朝廷各部院长官会同复审刑部在押斩、绞监候罪囚的制度,由明朝朝审制度发展而来。其性质与秋审相同,

---

① 　以上见〔清〕汪辉祖:《学治臆说》,(清)许指严:《十叶野闻》。

都属于对监候死囚的复核审判程序。

【资料】

秋审定案的标准

秋审缓、实有一定不移之成法,而又当合时、地以相参,所谓"惟齐非齐",并行不悖也。即如僧道杀人与私铸钱文二项,当三十三、三十四年间,多入情实;不过三四年,犯者渐稀,仍复入缓。又如回民之案严于陕甘,抢夺之案严于咽匪,械斗之案严于八蛮,牛马之案严于蒙古,斗杀之案严于新疆,近日江海窃盗严于粤省。窝、窃、赎、赃之案,皆因地制宜,久则必变。①

译文:

秋审判决缓决、情实有既定不改的固有法则,而又应当参考案发时间、地点的形势,就是《尚书·吕刑》所说的"惟齐非齐"(要达到整齐要允许存在一定的不整齐),并行不悖。比如僧道杀人与私铸铜钱这二项罪名,在乾隆三十三、三十四年间,大多判情实;不过三四年后,案发率降低,就恢复判缓决。又比如回民的案件在陕甘地区要严厉处罚,抢夺的案件(在成都)要严厉处罚"咽匪",械斗的案件在云南地区要严厉处罚,盗窃牛马的案件在蒙古地区要严厉处罚,斗杀的案件在新疆要严厉处罚。近年来(乾隆五十年前后)江海窃盗案件在广东要严厉处罚。反正窝藏、盗窃、赎刑、计赃之类的案件,都要因地制宜,久则必变。

(三)幕友、胥吏干预司法

胥吏,又称书吏、书差、书役等,是各级衙门中从事文书工作的人员。他们不是官,没有品秩,但是承担着大量事务性的工作。清代地方衙门的书吏一般分吏、户、礼、兵、刑、工六房或更多。由于清朝地方衙门不设属吏,因此六房书吏就成为实际上的地方"职能部门"。并且地方官三年一升迁,要各地调换,胥吏反而成为固定的"地方官"。再加上行政、司法效率不高,一件案子一拖几年,而胥吏因经手操办,往往比新任官员更熟悉案情及当地审判惯例,成为衙门里的地头蛇。同样,中央各部院尤其是刑部的书吏熟悉律例成案,善于钻法律的空子,而刑部长官常常并不熟悉司法事务,以至司法受到胥吏的操纵。

幕友,又称幕宾、幕客,俗称师爷,是官员私人聘请的行政司法事务顾问。他们也不是官,但不同于胥吏,是官员私人的师友、宾客,以布衣身份帮助官员处理政务,接受主人赠予的束修。由于清代官员多为科举出身,熟读四书五经,对实际政务却不甚了解,而根据清代制度,地方一切行政司法事务州县长官必须亲自处理,又无属官辅政,因此地方官员上任时只能聘请有专门知识的人为顾问,随同赴任。清代幕友种类很多,而以刑名、钱谷幕友最为重要,分别顾问司法、赋税事务。刑名幕友帮助官员批答案牍,草拟判词等,掌握着相当的司法权力。由于幕友、胥吏往往互相勾结,枉法从私,因此幕友、胥吏干预司法成为清朝的一项弊政。

三、司法主权在近代受到侵害

(一)领事裁判权的设立

领事裁判权(Consular Jurisdiction)是一种治外法权,指一国通过其驻外领事,对于在别国领土内的本国国民,按照本国法

---

① 〔清〕王又槐:《刑钱必览》卷10。

律行使司法管辖权。源于 12 世纪十字军东侵以后,在一些穆斯林国家推行的适用于基督教国家侨民的一种法律原则。由于穆斯林国家采用属人法原则,主张本国法律不能适用于居住在本国境内的外国人,因此居住在穆斯林国家的外国商人推举出自己的裁判官,称为"领事",以裁判商人间的诉讼纠纷,在此基础上逐步确立了领事裁判制度。16 世纪后,欧洲兴起国家主权学说,属地主义占主导地位,领事裁判权对一国的主权构成侵害。因此欧洲各国纷纷取消了他国的领事裁判权。但随着西方殖民主义扩张,西方列强把领事裁判权作为一种法律特权,通过不平等条约强加到殖民地国家,中国即饱受其欺辱和侵害。

英国首先将领事裁判权强加给中国。在 1843 年 7 月 22 日中英"虎门条约"的附件《五口通商章程:海关税则》第 13 条规定:"倘遇有交涉词讼,管事官不能劝息、又不能将就,即请华官会同查明其事……其英人如何科罪,由英国议定章程、法律,发给管事官照办。"规定在华英国人的犯罪行为由英国领事依据英国法律处理,正式确立了领事裁判权。

此后 1844 年 7 月 3 日中美"望厦条约"的第 25 条进一步规定:"合众国民人在中国港口,自应财产涉讼,由本国领事等官讯明办理;若合众国民人在中国与别国贸易之人因事争讼者,应听两造查照各本国所立条约办理。中国官员均不得过问。"[①]领事裁判不仅适用于刑事犯罪,而且扩大到民事纠纷,并且美国人与其他第三国国民的纠纷,中国官员也不得过问。以后西方列强纷纷效仿,或订立不平等条约,或根据片面最惠国待遇原则,至清末民初,有英国、美国、法国、挪威、瑞典、俄国、德国、葡萄牙、丹麦等 20 个国家获得了在中国的领事裁判权。

按照有关条约的规定,外国在华领事裁判权的主要内容有:(1)华人与享有领事裁判权国家的国民之间的民事、刑事诉讼,按被告主义原则适用法律和实行司法管辖;(2)享有领事裁判权的一国内国民之间的诉讼,由该国领事法庭处理,中国官员一律不得过问;(3)享有领事裁判权的不同国的国民之间的诉讼,一般根据被告主义原则,由被告方国家的领事法庭审理;(4)享有领事裁判权的国家的国民与不享有领事裁判权的国家的国民之间的诉讼,如前者是被告,适用被告主义原则,由该国领事法庭审理,如后者是被告,由中国官府处理。行使领事裁判权的机构,第一审主要是领事法院,设于各领事区,由领事兼理司法。第二审法院各国情况不一,如英国有驻华高等法院,法国则由设在越南殖民地的西贡法院管辖。终审法院一般都是各国国内的最高法院。

取得领事裁判权以后,西方列强谋求进一步扩大治外法权的内容。1876 年 9 月 3 日中英"烟台条约",1880 年 11 月 17 日中美《续约附款》又确立了观审制度。观审,指在外国人是原告的中外混合诉讼中,外国领事可以在审判时以陪审员身份列席旁听,并参与案件的审理。相反在中国人为原告的案件中,中国官员毫无过问权力。

(二)租界的"会审公廨"

在租界内设立的会审公廨制度也是领事裁判权的派生物。1845 年英国在上海建立了第一个租界,名义上仅为租地建屋,以便经商。1854 年,上海发生小刀会起义,清地方政府官员被驱逐,同时大批华人进入租界避难,英、美、法三国领事乘机修改了 1845 年的《上海租地章程》,擅自制定《上海英美法租界地章程》,在租界内设立"工部局""巡捕房"等,对租界实行殖民地统治和管理。清朝统治者为笼络列强帮助镇压农民起义,对此予以默认。1858 年

---

① 以上参见茅海建:《天朝的崩溃——鸦片战争再研究》,三联书店 1995 年版,第 514、526 页。

第二次鸦片战争中签订的"天津条约"规定:"两国交涉事件,彼此均须会同公平审断,以昭允当",确立了"会审"原则。据此,1864 年清政府与英美法三国驻上海领事达成协议,在上海租界内设立会审机构,名为"洋泾浜北首理事衙门"。1868 年正式订立《上海洋泾浜设官会审章程》,并改"洋泾浜北理事衙门"为"上海公共租界会审公廨"(当时英租界、美租界合并为公共租界),会审公廨制度正式形成。

　　根据章程,会审公廨为清政府上海道的派出机构,公廨官员由上海道任免;会审公廨对租界内中国人之间及中国人为被告的案件实施管辖,并依据中国法律审判;涉及"有约国"外人,则须由该国领事或领事所派官员会同审理;若为"无约国"外人,仍须邀一名外国官员"陪审";而且,若为外国人或外国在华机构雇佣的华人涉讼,领事官或领事所派官员也有权在开庭时"观审"。会审公廨名义上是中国的审判机关,但实际成为中国官员与外国领事共管的机关,甚至为外国领事所左右,从而出现了"外人不受中国之刑章,而华人反就外国之裁判"[1]的怪现象。继上海租界后,汉口、哈尔滨、厦门鼓浪屿等地也相继设立了会审机关[2]。会审公廨制进一步侵害了中国的司法主权。

《点石斋画报》描绘的上海会审公廨审判情形

第六节　太平天国法制

　　太平天国起义爆发于 1851 年,持续 14 年,波及 18 省,对近代中国产生了重大影响。太

---

① 《清史稿》卷 144《刑法志三》。
② 参见费成康:《中国租界史》,上海社会科学院出版社 1991 年版,第 126 页。

平天国政权在其统治地区全面废除清朝法制,施行了一套独具特色的法律制度。

一、立法概况

太平天国领导人洪秀全于1843年创立"拜上帝会",将基督教中的平等观念和中国传统的一些平均主义思想相结合,创建政教合一的组织体系。洪秀全、冯云山等在广西桂平紫荆山传教时,制定了"拜上帝会"的各种仪式及《十款天条》。其中《十款天条》是由基督教的"摩西十诫"改编而来,是"拜上帝会"最基本的教规,也是后来太平军的军纪,是基本的法律文件。

1852年太平军攻克永安,建立太平天国政权,颁行各种制度,同时制定了《太平条规》(包括"定营规条"和"行营规矩")、《缴获归圣库诏》《太平礼制》等基本法律文件。在从广西出发后发布《奉天讨胡檄布四方谕》,全面批判清朝的法律制度以及儒家的礼教,斥为是使人"无能脱其罗网,无所措其手足"的"妖魔条例"。组织动员群众起来"斩妖降魔",扫除一切儒家礼教以及佛教、道教等搞偶像崇拜的宗教,推翻清朝统治。[①]

1853年太平天国定都天京(今南京市)后,又进行了一系列立法活动。颁布了《天朝田亩制度》,这是一个具有建国基本纲领性质的法律文件。制定了《太平刑律》,作为基本的刑事法律,据说共有177条(今又存残本,有62条)。并且以天王诏令形式发布了很多法令。

1859年,参与创立"拜上帝会"的洪秀全族弟洪仁玕辗转来到天京,成为太平天国后期的主要领导人,他根据自己在香港、上海所获得的一些新的知识著《资政新篇》,经洪秀全批准作为官书发行,是具有一定的政治经济制度纲领性的法律文件,但匆处在激烈的战争环境,并未能实际施行。

太平天国是一个政教合一的政权,因此其法律形式与教规相杂,并无明确的体系。宗教教规教义,纲领性文件,刑律、诏令等都具有法律性质。

二、法律主要内容

(一)行政立法

太平天国实行的是军政合一、兵农合一的制度。根据《天朝田亩制度》,天王是最高领袖,天王之下有东王、西王、南王、北王、翼王等封号。同时中央设军师、丞相、检点、指挥、侍卫、将军等职。地方制度为郡县制,郡设总制,县设监军,以下基本仿照儒家《周礼》一书的说法,设有军帅、师帅、旅帅、卒长、两司马、伍长等职,平时管理民政,战时即为军事指挥官。

官员选拔推行乡官保举制。乡官是太平天国的地方官员,地方总制、监军以下实行保举、监督制度。"两"是基层组织,每25家设一位"两司马",两司马对所管辖区域中遵守条命及努力农耕者,可推荐至卒长,卒长、旅帅、师帅、军帅等经过核实再逐级向上保举,再经朝内官逐级保举,直至天王,然后由天王降旨调选天下各军所保举之人为师帅、旅帅、卒长、两司马、伍长等职。保举者要承担相应的责任,"举得其人,保举者受赏;举非其人,保举者受罚。"如果滥保举人,则要黜为农。

官吏每3年要进行一次考核。各级官员均有义务考察下属官员,"某人果有贤迹则列其贤迹,某人果有恶迹则列其恶迹",然后保升奏贬于上级,并逐级向上呈报,由天王主断。考核以"忠""奸"为标准,违犯《一款天条》违反命令、受贿弄弊者为奸,由高贬至卑,直至黜为

① 见《太平天国文选》,第78页。

农民。

(二) 财产制度

《天朝田亩制度》宣传的最高理想,是"有田同耕,有饭同食,有衣同穿,有钱同使,无处不均匀,无人不饱暖"。为了达到这个理想,太平天国废除土地私有制度,按人口平均分配田地,"凡分田,照人口,不论男妇,算其家人口多寡,人多则分多,人寡则分寡"。并强调绝对平均,田按其出产分为九等,各家分田好丑各一半,此处耕田不足则迁彼处,彼处不足则迁此处。若发生灾荒,"此处荒则移彼丰处","彼处荒则移此丰处"。还规定:"凡天下,树墙下以桑。凡妇蚕绩缝衣裳。凡天下,每家五母鸡,二母彘,无失其时。"

太平天国起义之初,军中建立了"圣库"制度,各县拜上帝会教徒必须将自己的田产房屋变卖,钱款缴入圣库,同时,起义军全体人员的衣食则全部由圣库的公款开支。《太平刑律》并以严刑来保证圣库制度,"凡私藏金银……定斩不留。"定都天京后颁布的《天朝田亩制度》又重新强调了圣库制度,"圣库"改称"国库",规定每25家设国库,其遵循的原则是"天下人人不受私物,物物归上主"。在收获季节,两司马带领伍长,25家只能留下口粮,其余粮食及收成,"麦、豆、苎麻、布帛、鸡、犬各物及银钱"全部收归国库。而各家消费则按需定量供给,如有婚娶、生育,"给钱一千,谷一百斤,通天下皆一式"。号称"天下大家处处平均",以此达到"人人饱暖"的大同境界。

(三) 刑事立法

太平天国的刑事法律号称"除妖安良""斩邪留正",实行"轻罪重刑"的原则。不仅叛变通敌、奸淫抢劫等重罪适用重刑,偷盗、吸食鸦片、打架斗殴等轻罪一般也处死刑,甚至口角纠纷、不敬长官、唱邪歌、演邪戏等也是罪,要处死刑。

刑罚简单而残酷,有枷、杖、死刑等。枷具没有规定规格,杖可以从5板一直至2 000板。死刑有斩首、点天灯、五马分尸,以及桩沙、剥皮等酷刑。①

太平天国把清朝皇帝、官僚、地主豪绅都视为"妖魔",规定"遇妖即诛"。对内奸、叛变通敌者同样实行严惩,"如有被妖魔迷蒙反草通妖……即治以点天灯、五马分尸之罪","凡有人私带妖魔入城或妖示张贴谋反诸事,……定将此人点天灯,其知情不告者一律斩首不留"。

太平天国推行拜上帝会教义,把传统的孔孟之道视为邪说、妖书,一概禁绝。"凡一切妖书如有敢念诵教习者,一概皆斩","凡一切妖物妖文书一概毁化,如有私留者,搜出斩首不留","凡邪歌邪戏一概停止,如有聚人演戏者全行斩首"。而另一方面,若有人违反天条书的规定,要斩首不留,即使"凡传令听讲道理,如各官有无故不到者,枷七个礼拜,责打一千,再犯斩首不留。"

对于破坏军纪、扰乱秩序,也大量适用死刑。"凡杀妖之时,闻鼓则进,闻金则退,不得违误,违者斩","凡行军黑夜发妖风惊营,必寻出起首喊叫之人斩首示众","凡私盗关凭,混出城卡,一经盘获,定斩不留",以及"凡各衙各馆兄弟倘有口角争斗以及持强斗架,俱是天父所深恶,不问曲直,概斩不留"等。

太平天国按照《十款天条》,"不得偷窃劫抢"。《太平刑律》更规定,"凡典圣库、圣粮及各典官,如有藏匿盗卖等弊,即属反草变妖,即治以点天灯之罪","杀妖之时,路旁金银衣物,概

---

① 根据清政府方面特务编写的《贼情汇纂》,"点天灯"是将罪犯用布帛捆扎,倒竖街头,浇上油脂点燃,活活烧死。"桩沙"是将罪犯倒埋沙中。其他酷刑具体细节不详。

不准低头拣拾,以及私取私藏,违者斩首不留"。

《十款天条》之第六条,"不好杀人害人","凡杀人者,是犯天条";严禁淫乱,《十款天条》之第七条,"不好奸邪淫乱","凡男人女人奸淫者,名为变怪,最大犯天条",第十条"凡见人妻女好,便贪人妻女……皆是犯天条",《太平刑律》并规定,凡奸淫妇女者,一经被害妇女喊冤,"如系老兄弟定点天灯,新兄弟斩首示众"。

（四）婚姻立法

太平天国法律规定妇女可以参军打仗,也可以出任文武官职,和男子一样平等分得土地,所谓"天下多男人,尽是兄弟之辈;天下多女子,尽皆姊妹之群"。提倡一夫一妻制,"一夫一妻,理所宜然"。废除封建买卖婚姻,主张"凡天下婚姻不论财"。也否定旧式婚礼习俗,结婚仪式由两司马主持,要祭告天父上主皇上帝,并发给"合挥",即结婚证书,而其他"一切旧时歪例尽除"。为保护妇女权益,还禁止纳妾、买卖奴婢,禁止女子缠足,严禁娼妓等。但这些规定多适用一般军民,太平天国上层不受此限制,天王与诸王都广纳妻妾。

（五）诉讼立法

太平天国没有专门的司法机关,从地方到中央的各级官员既是行政官员,又负责司法审判,天王有最高的审判权。根据《天朝田亩制度》的规定,若有争讼,由"两造赴两司马,两司马听其曲直"。若当事人不服,可上诉,由"两司马挈两造赴卒长,卒长听其曲直"。不服可继续逐级上诉,直至军帅。军帅审定的案子还需复核,"既成狱词,军帅又必尚其事于监军",由监军逐级上报,直至军师,军师上奏天王,天王降旨各级官员"详核其事",若无出入,最后由天王"降旨主断,或生,或死,或予,或夺",然后由军师遵旨处决。这种规定显然不太现实,尤其当时还经常处于战争状态,多数案件往往由军师长官裁断。

太平天国起义主要吸引、鼓舞民众的是其经济平均、政治平等的口号,但是在实际建立的太平天国政权中却确认"贵贱宜分上下,制度必讲尊卑",其领导人享有不得侵犯的种种特权。另外强烈的宗教色彩加强了其领导人"替天父代言"的专制权力,其政权仍然是一个专制集权的政权。严厉而过于残酷的刑罚措施,以及夹杂宗教教义的、含糊的罪名概念,过于专权的司法诉讼程序,都不可避免地导致内部人心涣散。因此太平天国法制只能是给后人留下深刻教训的中国法制史上的插曲。

第七节　清末改制

鸦片战争后,有识之士纷纷呼吁变法图强,19世纪末由改良派人士发起的维新运动,曾一度影响到朝政,但1898年得到光绪帝同意的"维新变法",仅进行了百日左右就被以慈禧太后为首的顽固派镇压。到1902年,内外交困的清朝廷又宣布要进行法律改革,号为"新政",以图挽救垂危的统治,并试图收回治外法权。绵延数千年的中国传统法制从此发生了巨大的变化。

一、修律活动

光绪二十六年(1900),八国联军攻入北京,慈禧挟光绪西逃。途中,清廷以光绪帝名义颁罪己诏,其中有"一切政事尤须切实整顿,以期渐致富强",以及"法令不更,锢习不破;欲求振作,须议更张"等语,表露了改革法制的意思。此后,在与英国进行《续议通商行船条约》的谈判中,清廷得悉,英国将允诺,一旦清政府完善中国的法律和司法制度,英国可放弃在华治外法权。收回司法主权的希望增加了清政府修订法律的决心。1902年2月,清廷发布变法修律的上谕,提出:"现在通商交涉事宜烦多,著沈家本、伍廷芳将一切现行律例按照交涉情形,参酌各国法律,悉心考订,妥为拟议,务期中外通行,有裨治理。"任命沈家本和伍廷芳为修订法律大臣,正式开始修律活动。1904年,作为法律起草机关的修订法律馆开始办公。在修律大臣的主持下,修律馆翻译了大量外国法典,并聘请了日本法律专家为顾问,在清朝灭亡前的最后几年中修订了一系列法律文件。

（一）《大清现行刑律》

《大清律例》陈陈相因,条例彼此冲突;而太平天国起义后,清朝为加强镇压力量,增加大量严酷条例,死罪罪名达840条之多,并将盗贼罪的死刑案件终审权下放到府州县基层,造成刑法适用上残酷而低效,招致广泛批评。因此《大清律例》是当时修律的首要目标。1905年两江总督刘坤一、湖广总督张之洞联名上"变法三疏",要求删除《大清律例》中若干被西方列强批评的酷刑,部分"采用西法"。清朝廷当年发布上谕,宣布废除凌迟、戮尸、枭首、刺字、缘坐等酷刑,并要求加速修订律例①。

《大清现行刑律》是在修订新刑律过程中,作为"推行新律基础"于宣统二年（公元1910）五月由清廷先行颁布的一部过渡性法典。它在《大清律例》的基础上进行了局部调整,虽称为"刑律",仍保留了传统法律"诸法合体"的特点。《大清现行刑律》取消了吏、户、礼、兵、刑、工六部的分类体例,直接分为30篇;删掉了若干"因时事推移"明显不适用的条款,如"违禁下海""良贱相殴"等条款,增设了一些新罪名,如破坏交通电讯罪、私铸银元罪等,共有条款389条,另有附例1 327条,以及《禁烟条例》12条、《秋审条例》165条;将继承、析产、婚姻、田宅、钱债等民事内容的条文抽出集中成篇,不再科以刑罚;改五刑为死（绞、斩）、遣、流、徒、罚金。

（二）《大清刑律》（史称"新刑律"或"大清新刑律"）

《大清现行刑律》虽然突破了传统律典的模式,但与近代刑法典还有相当距离。而在修改旧律的同时,全新的近代刑法典草案已经制订完成。1906年,修律馆即已聘请日本法学博士冈田朝太郎在法律学堂主讲刑法,并兼任调查员,帮助起草新刑律。1907年8月,《大清刑律草案》编纂完成。《大清刑律草案》分总则、分则两篇,共53章,411条,取消了附例。总则确定了一系列近代西方的刑法制度和刑法原则,主要有:删除"比附",实行罪刑法定;明确罪与非罪的界限,规定了故意、过失、正当防卫、紧急避险以及既遂、未遂、累犯、共犯、俱发等概念;建立近代刑罚制度,分主刑和从刑,主刑有罚金、拘役、有期徒刑、无期徒刑和死刑,从刑有褫夺公权和没收;规定了诉讼时效和执行时效等。分则有36章,规定各种罪名,删掉了"十恶"的名目,增设了有关国交、选举、交通、妨害卫生等罪名。

但在《大清刑律草案》的起草和修改过程中爆发了激烈的"礼法之争",阻碍了新刑律的审议通过。所谓礼法之争,是指保守的"礼教派"和革新的"法理派"围绕修律的基本精神和具体制度进行的争论。维护传统礼教精神,主张法律应与礼教结合的称为礼教派,以张之洞、劳乃宣为代表;主张近代法制精神,法律应与传统礼教相分离的称为法理派,以沈家本为

---

① 沈家本:《寄簃文存》卷1《删除律例内重法折》,《历代刑法考》第4册,第2027页。

代表。

1907年,新刑律草案完成后送交各部院及督抚签署意见,首先即遭到军机大臣张之洞的强烈反对,张指斥新刑律有悖于"因伦制礼,准理制刑"的原则,"败坏礼教",要求全行改正,各省疆吏随声附和。清廷遂颁谕旨,强调"中国素重纲常,故于干名犯义之条,立法特为严重",命令沈家本等"务本此意",对草案进行修改。于是,修律馆只得遵照上谕将草案中有关伦理纲常的罪名都加重一等,然后送交法部。法部守旧势力也很强大,又在草案正文后增加五条"附则",规定:十恶、亲属容隐、干名犯义、存留养亲等都与礼教有关,应依旧律惩处;危害乘舆、内乱、资敌、杀害尊亲属等罪仍用斩刑;对尊亲属不得适用正当防卫等。

1910年在转宪政编查馆核订时,宪政编查馆参议、原江苏提学使劳乃宣又提出反对,宣称:"礼教可废,则新刑律可行;礼教不可废,则新刑律必不可尽行",认为礼教为本,新律草案在体例上本末倒置,应将旧律有关伦纪礼教的条文统统直接修入新律正文。经过法理派的反驳,双方争论的焦点最后集中到"无夫奸"和"子孙违反教令"是否为罪的问题上。礼教派站在家族主义立场上,认为法律不能与习惯相反,对子孙违反教令和无夫奸不加罪,"不合吾国礼俗"。法理派则从国家主义立论,强调这两种行为只涉及风化和教育问题,不构成刑事犯罪,不必编入刑律。随后,在资政院讨论通过时,双方再次激烈辩论,直至闭会也未能一致。1910年12月,清廷公布了《大清刑律》总则、分则及暂行章程(即《附则》),并确定于1912年正式实施。但此后不久,在礼教派的弹劾下,沈家本被迫辞去了修订法律大臣和资政院副总裁的职务。

清末修律中的礼法之争表现了保守势力的强大,清政府的顽固,而法理派的妥协说明革新力量还比较弱小。但《大清刑律》毕竟是中国第一部近代化的刑法典,在中国法制的发展历史上具有重要意义。

(三)商事立法

中国传统重农抑商,但鸦片战争后,随着国门的开放,国内工商业也日益发展起来,对外贸易不断扩大,迫切需要商事法律的规范和保护。1903年7月,清政府设立商部,开始制定商法,同年即起草公布了《商人通例》和《公司律》,并于1904年实施。《商人通例》共9条,有商法总则的性质。《公司律》有131条,规定了公司的种类(合资公司、合资有限公司、股份公司、股份有限公司)及组织等。随即,在1904年又颁布了《公司注册章程》,1906年公布了《破产律》,以及其他有关商务和奖励实业的章程办法。

在制定一系列商事单行法的同时,1908年修律馆聘请日本法学博士志田钾太郎协助起草《大清商律草案》,并于1910年完成。草案包括总则、商行为、公司法、票据法、海船法五编,有1008条。在交发讨论时,各地商会认为其大部分内容采用日本法制,与中国国情不符,要求进行重大修改,但不久就因清朝的灭亡而不了了之。

(四)大清民律草案

1907年修律馆开始起草民法典,1911年完成。《大清民律草案》仿照刚颁行不久的日本、德国民法典,分总则、债权、物权、亲属、继承五编,有36章、1569条。前三编由日本法学家松冈义正、志田钾太郎起草,后两编由修律馆会同礼部草拟。编成后,由于辛亥革命的爆发,未及实行,清廷就被推翻。

(五)诉讼法

中国法律传统比较重视实体法,轻视程序法,在法典编纂上程序法与实体法合一。

1905 年开始制订《刑事民事诉讼法》,草案于 1906 年 5 月完成,采用刑事诉讼法与民事诉讼法合一的体例,分为总纲、刑事规则、民事规则、刑事民事通用规则、中外交涉案件五章,计260 条。该草案吸收西方近代诉讼法原则,系统规定了各种诉讼制度,并直接采用英美的陪审制度和律师制度,是中国历史上第一部诉讼法草案。但草案在转发中央、地方各大臣讨论的过程中受到指责,被认为与中国传统制度、习俗差别太大,遂被搁置。

随后,沈家本等以此为基础,重新修订诉讼法。1911 年初,《刑事诉讼律》草案、《民事诉讼律》草案分别完成。《刑事诉讼律》草案有 515 条,分六编:总则、第一审、上诉、再理、特别诉讼程序、附则。该草案更多采纳了西方国家的诉讼原则和具体制度,遭到反对的陪审制度、律师辩护制度等也仍然予以保留。《民事诉讼律》草案有 800 条,分四编:审判衙门、当事人、通常诉讼程序、特别诉讼程序。两个诉讼法草案均因辛亥革命爆发而中止了立法程序,未能最后颁行。

(六)法院组织法

中国传统司法从属于行政,没有独立的司法审判机关。为配合 1906 年开始的官制改革,法部于 1906 年制定了《大理院审判编制法》,对大理院和京师审判组织作出规定,分五节:总纲、大理院、京师高等审判厅、城内外地方审判厅和城谳局等共 45 条。1907 年 12 月,法部又编成《各级审判厅试办章程》,分总纲、审判通则、诉讼、各级检察厅通则、附则,五章120 条。《各级审判厅试办章程》既是法院组织法,又是诉讼程序法,是《刑事民事诉讼法》遭到反对,而新的刑事、民事诉讼法和法院组织法又未制定之间的过渡性法律。该法删掉了陪审制度和律师制度,但仍采用了一些近代司法制度,如四级三审制、回避制度、检察官制度等。于 1909 年奏准颁行。

1909 年,修律馆完成《法院编制法》草案,共 164 条,16 章,实行四级三审制,设初级审判厅、地方审判厅、高等审判厅、大理院,1910 年颁行。

二、预备立宪

1904 年发生日俄战争,君主立宪制小国日本战胜了沙皇俄国,给清廷造成很大震动,立宪派乘此积极游说,呼吁清政府实行宪政。同时,国内的革命政治运动风起云涌。迫于国内外的形势,清政府决定将"薪政"进一步深化,"仿行宪政",以立宪制度取代传统的专制制度。1905 年,清廷派遣五大臣出国考察,并设立了"考察政治馆"(后改称宪政编查馆),对西方国家的政权体制及政治原则进行实际考察。1906 年五大臣先后回国,向朝廷汇报考察经过,建议实行宪政,五大臣之一载泽并向西太后呈上一个密折,说明立宪有三大好处:一可"皇位永固";二使"外患渐轻";三"内乱可弭"。于是,同年九月,清廷正式颁布实施立宪的上谕,确定了立宪的原则,即"大权统于朝廷,庶政公诸舆论",同时又强调"目前规制未备,民智未开",因此立宪应按步进行。

清末预备立宪包括官制改革,颁行立宪文件等活动。

(一)官制改革及司法制度改革

颁诏"预备立宪"后的第一步是改革官制。除内阁、军机处不变外,设外务部、度支部、礼部、陆军部、法部、邮传部、理藩部、民政部、农工商部、学部、吏部等十一个部。各部仍设尚书一员,侍郎二员,但不分"满汉"。直至 1911 年 5 月 8 日清政府组建新内阁,撤销军机处和旧内阁,原军机大臣、各部尚书改称国务大臣为内阁成员,内阁以总理大臣为首。

官制改革的重要内容之一是司法制度的改革。1906年官制改革将刑部改为"法部",掌司法行政,改"大理寺"为"大理院",为全国最高审判机关。地方改省按察使司为提法使司,掌地方司法行政及司法监督;州县设初级审判厅,府(直隶州)设地方审判厅,省设高等审判厅。同时,在大理院及各级审判机关中设检察机构,实行检审合署制,分别设总检察厅、高等检察厅、地方检察厅和初级检察厅。《各级审判厅试办章程》第一次明确了刑事案件和民事案件的概念,"凡因诉讼而审定罪之有无者属刑事案件,凡因诉讼而审定理之曲直者属民事案件"。同时在各级审判机构内分别设民事厅和刑事厅。但是这次改革并未贯彻到基层,省以下的机构基本没有变化。

(二)颁布《钦定宪法大纲》

1908年8月27日,清廷颁布《钦定宪法大纲》。《钦定宪法大纲》有23条,包括正文和附录两部分。正文"君上大权"有14条,首先强调君权和君主的神圣地位,"大清皇帝统治大清帝国,万世一系,永永尊戴","君上神圣尊严,不可侵犯";其次确定皇帝拥有广泛的权力,有颁行法律权、发交议案权、召集和解散议会权、设官制禄和黜陟百司权、统帅陆海军和编定军制权、宣战及媾和订约权、派遣和接受使节权、宣告戒严权、爵赏和恩赦权、总揽司法权、发布命令权、决定皇室经费权、财政紧急处分权等。为防止议会干涉,并多处规定"议院不得干预""非议院所得干预""不附议院议决""议院不得置议"等。附录"臣民权利义务"有9条,规定臣民有任文武官吏和议会议员的权利,言论、著作、出版、集会、结社的权利,诉讼的权利,财产不受无故侵扰的权利,非按法律规定不受逮捕、监禁和处罚的权利等,以及纳税、服兵役、遵守国家法律的义务。

《钦定宪法大纲》基本抄自日本的《大日本帝国宪法》,全文23条有17条与日本宪法相同。

(三)设立资政院和咨议局

1907年清廷诏令在中央筹建资政院,1909年8月颁布《资政院院章》,1910年9月资政院正式成立。资政院是正式实施宪政前的过渡性机构,所谓"取决公论,预立上下议院基础"。根据《资政院院章》,资政院的职责主要是:议决国家的年度预、决算,议决税法、政府公债等;制定、修改各项法律及其他奉"特旨"交议的事项;对行政机构进行监督等。资政院议员的产生有钦选、民选两种,钦选议员由皇帝指定,主要是满汉贵族、政府官员或硕学通儒、纳税高额者,民选议员由各省咨议局议员互选产生,但须经督抚圈定。钦选与民选议员在数量上各占一半。资政院设总裁和副总裁,均从王公大臣、三品以上大员口"由特旨简充"。

1908年,清政府颁布设立咨议局的上谕,规定"咨议局为采取舆论之所,并为资政院预储议员之阶",命各省于一年之内设立咨议局。同年又颁布了《各省咨议局章程》和《咨议局议员选举章程》。至1909年10月,除新疆外,各省皆成立了咨议局。咨议局的职权主要有议决本省应兴、应革事项;议决本省财政预算与决算;制定修改本省单行法规、章程;接受本省民众陈情、建议;对本省行政机构实施有限的监察权等。但是,咨议局行使职权必须受督抚的监督、控制。根据咨议局章程,督抚有权监督咨议局的选举与会议;有权决定是否实行咨议局的决议;有权要求咨议局停会,或奏请皇帝后解散咨议局。根据《咨议局议员选举章程》,咨议局议员的产生须满足苛刻的条件,年满二十五岁的本省男子,若曾在本省地方办理学务及其他公益事务满三年以上且卓有成绩,或具有中等以上学堂毕业文凭,或有贡举生员

以上出身,或曾任实缺七品以上文官或五品以上武官且未被参革,或有五千元以上之资本或不动产,方有选举权

(四)颁布《重大信条十九条》

1911 年辛亥革命爆发后,清廷匆忙公布了《宪法重大信条十九条》(《简称十九信条》)。《十九信条》对皇权作了不少限制,同时扩大了国会的权力:皇帝的权力和皇位的继承,均依宪法规定;皇帝有任命总理大臣、国务大臣的权力,但总理大臣的人选由国会选举,国务大臣的人选由总理大臣推举;总理大臣、国务大臣,以及各省行政长官,均不得由皇族成员担任;陆海军由皇帝统率,但对国内使用军队,必须遵照国会所议决的特别条件;国际条约的缔结、官制官规的制定等权力,由国会行使;尤其是规定了宪法的制定权不再由"钦定",而由"资政院议决"。

《十九信条》已基本具备了西方议会政治的特点,但遗憾的是只强调了皇帝与国会的关系,关于人民的权利却只字未提。这也反映了立宪的虚伪性。

【人物】

于成龙

于成龙(1617—1684),字北溟,山西永宁人。明末贡生。清初出任广西罗城知县,当时这一带久经战乱,县城仅剩 6 户居民,城墙、衙署都被破坏,于成龙居住在居民家附近,整顿秩序,维持治安,和少数民族保持和平关系,当了 7 年知县,"与民相爱如家人父子"。以后升任黄冈同知,当地盗贼丛生,于成龙亲自伪装成乞丐潜伏一个盗贼团伙内十多天,在搞清情况后,回到衙门组织围捕,将盗贼全部捆绑活埋。其他团伙闻风丧胆,纷纷逃离。康熙二十八年(1689)曾被朝廷褒奖为天下"清官第一"。在两江总督任上去世,行李内仅有一套粗绸袍和几罐盐豆豉而已。[①]

施世纶

施世纶(? —1722),字文贤,是渡海降服台湾的清大将施琅之子,1685 年以荫生出任泰州知州。在任上执法严明,多破疑案,被誉为"青天"。以后转任江宁知府,当因父丧离职时,万余市民拦路挽留未果,人捐一钱,建"一文亭"以为纪念。后朝廷拟起用施世纶为湖南按察使,康熙帝称:"朕深知施世纶廉明,但他遇事偏执,凡百姓和秀才诉讼,他必定偏袒百姓;穷秀才和富豪诉讼,他必定偏袒穷秀才。处事惟求得中,怎么可以这样偏执。他还是适宜于担任财政职务。"施世纶因此以后不再担任司法官职,官至漕运总督,死于任上。在江南民间广为流传施世纶的传奇故事,后人编为《施公案》,但大多与史实不符。[②]

汪辉祖

汪辉祖(1731—1807),字焕曾,号龙庄居士。浙江萧山人。年轻时学习刑名幕友,长期为州县官做法律方面的顾问,以善于剖断疑案闻名,誉为江南名幕。58 岁时以进

① 《清史稿》卷 277《于成龙传》。
② 同上。

士出仕,任湖南宁远知县,号为青天。但刚代理道州知州不久,就因赴邻州检验尸体误期而遭弹劾罢官。其所著《佐治药言》《学治臆说》等谈论刑名幕友职责以及州县官经验的书籍相当流行。

沈家本

沈家本(1840—1913),字子惇,别号寄簃,浙江归安人。他长期在刑部任职,仔细研究刑部掌故惯例,考证法律制度源流,对于中国法制史研究作出开创性工作。清末曾出任天津知府、保定知府,1902 年以刑部侍郎兼任修订法律大臣,设立法律学堂,培养人才;组织翻译外国法典,积累资料。在组织修订旧有法律的过程中,他凭借对于中国传统法制的深厚功底,提出很多具体的修律意见。同时他也积极主张引进西方新型法律,推行司法独立,民刑分立,编纂独立的诉讼法典,为中国法律的近代化作出了不可磨灭的贡献。[1]

本 章 小 结

清朝统治者作为一个少数民族政权,在建立统治后相当注重法律的稳定性,全面继承明朝的法律制度。同时总结历史经验,在立法上强调简单实用。注重支持保护宗族势力,力图以法律包容宗族族规。同时注重在思想文化领域加强专制统治力度,大大加强对于专制君主制度的保护。在司法制度上进一步加强中央集权。

1840 年鸦片战争后,中国社会固有矛盾随着列强侵略势力逐步渗透而激化,中国司法主权也受到列强领事裁判权的侵害。太平天国起义后,在其所控制地区施行了独具特色的法律制度。太平天国被镇压后,清朝的统治日趋腐朽,出现了要求改革的社会潮流。戊戌维新虽然失败,但是清朝廷最终还是不得不企图以"变法"来苟延残喘。20 世纪初在短短的 10 年里修改了旧有的法典,并进行了大量的新型法典、法律的起草,宣告中国传统法律制度开始解体。清朝廷还宣布要"预备立宪"来阻止革命浪潮,但结果却依然无法逃脱覆灭命运。

延伸阅读

基本史料

《清史稿》卷 142—144《刑法志》。

马建石等:《大清律例通考校注》,中国政法大学出版社 1992 年版。

胡星桥等:《读例存疑点注》,中国人民公安大学 1994 年版。

参考书目

王亚新等编、[日] 滋贺秀三等著:《明清时期的民事审判与民间契约》,法律出版社 1998 年版。

郑秦:《清代司法审判制度研究》,法律出版社 2001 年版。

苏亦工:《明清律典与条例》,中国政法大学出版社 2000 年版。

---

[1] 《清史稿》卷 443《沈家本传》。

张晋藩:《中国法制通史》第 8 卷《清》,法律出版社 1999 年版。

苏亦工主编:《中国法制史考证》甲编第 7 卷《清代法制考》,中国社会科学出版社 2003 年版。

〔日〕寺田浩明主编:《中国法制史考证》丙编(日本学者考证中国法制史重要成果选译)第 4 卷《明清卷》,中国社会科学出版社 2003 年版。

思考题

1. 清朝加强对宗族势力保护的具体措施有哪些?

2. 清朝是如何加强在思想文化领域内专制统治的?

3. 秋审制度的实质意义是什么?

4. 太平天国政权法制的主要特点是什么?

5. 领事裁判权的主要内容是什么?

6. 清末修律的主要内容及其影响。

第十二章
中华民国时期的法制
（1912—1949）

本章提要

孙中山先生的"训政"理论等对于民国法制的设想，被民国时期统治者利用为推行专制的口实。民国时期曾公布过很多宪法及宪法性质的法律文件，三十年代初基本形成具有大陆法系特点的成文法体系。但是实际政治及社会状况与所标榜的"法治"完全背道而驰。

1911 年 10 月 10 日爆发了革命党人领导的武昌起义，革命军很快席卷半个中国。1912 年 1 月 1 日中华民国临时政府宣告成立。但不久后政权就落入北洋军阀袁世凯之手。以后的十多年里，北京政府如同走马灯般的转换，军阀混战，民不聊生。1924—1927 年从南方发起的国民大革命运动，迅速打垮了北洋军阀主要力量，1928 年南京国民政府大体实现对全国的统治。但是内战依然连绵不断。日寇乘虚而入，1931 年侵占东北地区，1937 年更是悍然发动全面侵华战争。国民政府节节败退到西南内地，虽然勉强维持统治至 1945 年抗战胜利，但其政治腐败已是病入膏肓。战后国内和平还不满一年，紧接着就在三年多的战争中迅速走向全面失败。

在中华民国时期，民国政府进行了大量的成文法典编纂工作，基本上全盘引进了西方大陆法系的法律制度。但是在内忧外患不断、战乱频仍的历史背景下，所谓的"法治"根本无从谈起。统治者引进西方法律的主要动机也并不在于真正实现法治，而是将之作为争取政治主动或有利地位，以及和西方列强谈判取消领事裁判权的筹码。

第一节　孙中山对于民国法制的设想

孙中山在发起革命运动之初即已明确要根本推倒中国数千年来的君主专制统治政治制度。1894 年在檀香山创立第一个革命团体兴中会时，孙中山起草的入会誓词"驱除鞑虏，恢复中华，创立合众政府"，已经将建立民主共和国作为革命的目标。1905 年孙中山组织同盟会,四条纲领即为"驱除鞑虏,恢复中华,建立民国,平均地权"。经过长期的宣传,孙中山的这一革命主张深入人心,建立民国成为革命派的共同的政治纲领。

至于建立怎样的一个民国问题,孙中山也进行过深入的探讨,他曾对宪法问题作过很多的阐述,形成颇具有特色的理论体系,他的理论对于民国时期的立宪、宪政形式有很大的影响。

一、训政理论

孙中山认为中国人民身受数千年的专制统治,当了数千年的奴隶,要在革命后立即做国家的主人是很困难的。为此他认为这就需要革命党人帮助人民逐渐掌握治理国家的能力。照他的说法人民就好比是刘阿斗,开始时并没有能力管理国家,需要诸葛亮来辅佐,革命党人就是要教会千千万万个阿斗做主人。因此在 1905 年《同盟会纲领》中,孙中山已经设想了革命后实现宪政的步骤:第一阶段是"军政阶段",各地宣布脱离清政府,成立军政府,武力打垮清政权,由军政府实行"军法之治",扫除旧社会的污泥浊水。第二阶段是"训政阶段",由军政府授地方自治权给人民,军政府与人民约定暂时实施由革命政府代行统治权力,是实行所谓"约法之治",其主要目的应该是训练人民学会行使民主权利。至于训政的具体途径,孙中山也曾设计过不少,比如他认为最重要的是学习如何开会,如何表达自己的意思,如何形成统一的共识,如何表决形成决议。尤其是由乡、县、省各级实现自治,是训政成功的重要标志。第三个阶段,也是最后阶段才是"宪政阶段",人民已经掌握了行使政治权力的能力,一半以上的省已实现自治,所以可以召集国民大会,来制定宪法,组成国会、政府,实行"宪法之治"。他并曾设想军政最多以 3 年为限,训政最多以 6 年为限。

二、权能分治

对于具体的民主政治制度,孙中山也提出过自己的独到见解。他认为西方资本主义国家的代议制政府实际运行的结果是一小撮人操纵,而直接民主制则经常是一批没有实际工作能力的政客揽权,都不是理想的制度。为此他认为要超越这两种现成的政治制度和宪法原则,另起炉灶,在中国实现一种世界上最为优秀的政治制度,创造最好的宪法。

孙中山首先将"政治""政权"区分为两大类:"政是众人之事,集合众人之事的大力量,便叫作政权,政权就可以说是民权。治是管理众人之事,集合管理众人之事的大力量,便叫作治权,治权就可以说是政府权。所以政治之中,包含有两个力量:一个是政权,一个是治权。这两个力量,一个是管理政府的力量,一个是政府自身的力量。"①

相应于政治的区分,孙中山将人民的权力和人民的能力也加以区分。他认为人民是国家的主人,但是人民并不能够亲自去管理各项国家事务,所以民主就是要给政府以很大的力量,让政府来管事;但是政府权力又要受到人民的限制,人民要有管理政府的力量。所以他认为人民的权力表现管理政府的力量,这叫作"政权";而由人民中有能力的人来组成政府,行使所谓的"治权"。

具体而言,孙中山认为人民应该掌握选举、罢免、创制、复决之权,这称之为"政权"。"人民有了这四个权,才算是充分的民权;能够实行这四个权,才算是彻底的直接民权。以前没

---

① 《孙中山选集》下册,第 573 页。

有充分民权的时候,人民选举了官吏议员之后便不能再问,这种民权是间接民权,间接民权就是代议政体,用代议士去管理政府,人民不能直接去管理政府。要人民能够直接管理政府,便要人民能够实行这四个民权。人民能够实行这四个民权,才叫做全民政府。"

三、五权宪法

孙中山认为普通人民的能力不足以治理国家,因此要选拔优秀人才组成政府来行使"治权"。

孙中山认为要防止独裁,治权应该使行政、立法、司法、监察、考试五权分立。"宪法制定之后,由各县人民投票选举总统以组织行政院,选举代议士以组织立法院。其余三院之院长,由总统得立法院之同意而委任之,但不对总统、立法院负责。而五院皆对于国民大会负责。各院人员失职,由监察院向国民大会弹劾之;而监察院人员失职,则国民大会自行弹劾、罢黜之。国民大会之职权,专司宪法之修改及裁判公仆之失职。国民大会及五院职员与夫全国大小官吏,其资格皆由考试院定之。"总之,他的设想是"用人民的四个政权来管理政府的五个治权,那才是一个完全的、民权的机关"。①

孙中山的这些设想,直接影响了民国时期的法制建设。这些理论有着固有的一些缺陷,比如根本忽略社会阶级力量的对比和社会阶级矛盾是国家宪政的基本问题,一厢情愿地将"人民"或"国民"视为整体。就政治设计本身来说,作为政权力量的国民大会由于没有常设机构,也没有财政力量的支撑,很容易被架空。而治权一分为五,没有考虑到既得利益集团必然会互相扯皮,而起协调作用的总统必然可以发挥更大的影响力。因此孙中山的理论从最善良的愿望出发,结果在民国时期却常常被大大小小的野心家利用当作了个人独裁的依据。

第二节　法　律　体　系

一、"六法全书"成文法体系

民国时期的法律引进了西方大陆法系成文法典为主体的法律体系,号为"六法全书"。"六法"一词出于日语。日本明治维新初期从法国引进法律,先后翻译了法国的民法典、刑法典、民事诉讼法典、刑事诉讼法典、商法典、宪法,总称"六法"。清末变法时期该词传入中国,形成"六法全书"的说法,泛指整个成文法体系。法规汇编即号为"六法全书"。民国初年的"六法全书"是指宪法、民法、商法、民事诉讼法、刑法、刑事诉讼法。南京国民政府因采用"民商合一",因此"六法全书"一般指宪法、民法、民事诉讼法、刑法、刑事诉讼法、行政法。汇编法规时一般按此分类,在法典之后排列有关的法律法规(行政法无法典)。

南京国民政府时期,根据1928年《立法程序法》,经过正式立法程序,即由国民党中央政治会议确定立法的原则,立法院专门委员会组织起草、经立法院三读通过、由国民政府公布的法律,称之为"法"。具有基本法典性质的法,一般还要由立法院制定颁布该法的"施行法",以保证在实施过程中贯彻立法的意图。经过立法程序,但是作为某一时期适用的法律,则称之为"条例"。国民政府各部门公布的"章程""细则"是更下一层次的法规。

① 《孙中山选集》下册,第575页。

民国时期的宪法或宪法性法律文件几乎都规定总统有权发布政令、教令之类的命令。南京国民政府时期这一权力由国民政府掌握。这也是民国时期的重要成文法律渊源。

二、判例和解释例

在北洋政府时期，由于成文法律不成体系，司法审判往往缺乏依据。为此大理院进行了大量的判例编纂工作，以大理院的判例来引导各级法院就有限的法律作出尽可能统一的裁判。对于已有的法律大理院也经常作出解释，指导各级法院正确理解运用法律。据不完全统计，1912—1927年间，大理院汇编的判例有三千九百多件，公布的解释例有二千多件。尽管从法理上讲，当时采用的大陆法系的成文法体系，判例和解释例并不具备直接的、真正意义上的法律效力，但是实际上却起到了重要的法律渊源作用。因此这一时期可以说是中国法制史上少有的"法官造法"时期。

南京国民政府时期采取了更为严格的成文法原则，法官不得直接援引判例来作出判决。最高法院也不具备正式的发布法律解释的权力。1947年宪法规定由大法官会议来掌握宪法和法律的解释权，其所发布的法律解释例才具有正式的法律渊源意义。但是在司法实践中，最高法院仍然继续汇编并持续发表判例，对于各级法院来说，这些判例具有指导意义，只能按照判例来理解、并推导出法律的具体适用。因此判例和解释例依然是"六法全书"成文法体系的重要补充。

第三节　立宪活动及宪法

民国时期的立宪活动相当频繁，37年中先后公布过十多部宪法以及宪法性的法律、宪法的草案，但是政治实践却和这些宪法以及宪政的理想形成巨大的反差。

一、辛亥革命时期(1911—1912)

（一）1911年《中华民国临时政府组织大纲》

武昌起义爆发后，各地的革命党人纷纷组织起义，不到两个月的时间里，已有14个省推翻清朝地方政府，建立起革命的军政府，称"都督府"。为了统一革命力量，湖北、江浙等省倡议，各省都督府、原咨议局各派代表一人组成"各省都督府代表联合会"。该会议先在上海、后在武昌举行，1911年12月3日，会议通过《中华民国临时政府组织大纲》。

由于当时各省起义后纷纷宣布"独立"，脱离清朝廷统治，革命党人大多认为这与过去美国革命早期13州脱离英国的情形相仿，因此《中华民国临时政府组织大纲》一定程度上受到美国宪法模式的影响。《中华民国临时政府组织大纲》共有"临时大总统""参议院""行政各部""附则"4章，21条。规定临时大总统由各省都督府代表选举，得票三分之二以上者当选。实行总统制，临时大总统总揽行政权力，直接领导各部。参议院由各省都督府各派3名代表组成，掌立法权，可以三分之二多数票抵制临时大总统的否决。至于司法权则仅提由临时大总统设立临时中央审判所，没有详细规定。

根据这一大纲，1911年12月29日，来自湖北、湖南、江西、山西、云南、安徽、江苏、浙江、贵州、广西、广东、山东、陕西、四川、河南、奉天（今辽宁）、直隶（今河北）17省的代表（各省一人），在南京开会，选举刚回国的孙中山为中华民国临时大总统，建立起中华民国临时政府。

（二）1912年《中华民国临时约法》

由于南方革命党人的势力较为薄弱，统帅北洋军队、当时实际掌握清廷军权的权臣袁世凯，乘机要挟南京临时政府，以发动政变推倒清朝为条件，勒索临时大总统宝座。武装力量薄弱的革命党人在建立临时政府的同时，就在和袁世凯谈判。各省都督府代表会议曾议决"如果袁世凯反正，当公举为临时大总统"。2月12日，袁世凯在北京逼迫清朝皇帝宣布退位，同日孙中山即在南京向刚成立两周的参议院辞职，并推荐袁世凯继任。

为了保卫革命的果实，革命党人寄希望于用一纸约法来束缚袁世凯，在推荐袁世凯为临时大总统的21天后，南京参议会匆忙通过了《中华民国临时约法》（简称"临时约法"）。

《中华民国临时约法》是中国历史上唯一一部资产阶级民主性质的宪法性法律文件。它共有总纲、人民、参议院、临时大总统、副总统、国务员、法院、附则7章，56条。确定了"主权在民"的原则，在人民一章中规定了广泛的人民权利：人民无论种族、阶级、宗教一律平等，享有人身、财产、居住、迁徙、言论、出版、集合、结社、通信等自由，及选举、被选举、考试、请愿、诉讼等权利。

"临时约法"以三权分立的原则确定国家机构由参议院、临时大总统和副总统以及国务员、法院组成。参议院除拥有立法权、议决预算权外，还拥有对于临时大总统重大行政事务的同意权、对于被认为具有谋叛行为的临时大总统以及国务员的弹劾权（分别应以四分之三、三分之二多数通过）。行政权则由临时大总统和国务员分掌。临时大总统由参议院选举，有总揽政务，统帅全国军队等权力，但具体政务由国务总理和各部部长组成的国务院负责操作。对于司法权的规定依然很简单，主要确定了法官独立审判、法官终身任职的原则。

"临时约法"的特点有这样三个方面：首先是将原来《临时政府组织大纲》规定的总统制改为具有一定责任内阁制性质的制度，规定国务总理、国务员有权副署临时大总统的法案、命令。其次是扩充了参议院的权力，规定参议院在立法权之外，对于临时大总统行使重要权力时有批准权。再次是设置了较为复杂的修改约法的程序，规定修改约法必须有临时大总统或三分之二以上的参议员提议、经五分之四的参议员出席、出席参议员的四分之三以上多数的同意。显然，这些规定都是企图限制袁世凯的权力。

一纸约法限制袁世凯搞独裁的企图是彻底失败了，但是"临时约法"毕竟在中国法制史上首次确定了主权在民的原则，提出了中国历史上崭新的政治蓝图，具有重要的历史意义。

二、北洋政府时期 (1912—1926)

辛亥革命后，北洋军阀控制了北京政权，其各个派系彼此争夺不休，大大小小的军阀则在各地称霸一方。尤其是这些军阀还惯于搞立宪、宪政之类的把戏，以图欺骗舆论、打击政敌，严重亵渎了法治的名声，使得自清末戊戌维新以来对宪政、法治抱有幻想的人们大失所望。

（一）1913年《中华民国宪法草案》——"天坛宪草"

"临时约法"规定在10个月内召集国会。参议院于1912年8月10日制定公布了《中华民国国会组织法》。该法共23条。规定国会采取两院制，由参议院、众议院组成。前者由各省议会选举产生，后者按人口比例（原则上每80万人选举1名）间接选举产生。对于选民的资格限制极为严格：年满21岁以上，并且每年纳2元以上直接税，或有价值500元以上不动产,或有小学以上毕业文凭。1913年4月8日中华民国第一届国会正式召开。

袁世凯召开国会的目的是要当上正式的大总统。国会召开后即施加压力,催促尽快制定《大总统选举法》。1913年10月6日终于如愿以偿地当上大总统。国会同时也在加紧推动起草宪法草案。10月31日公布了《中华民国宪法草案》。由于起草工作地点是在北京天坛祈年殿,因此这部宪法草案习惯上称之为"天坛宪草"。

1913年的《中华民国宪法草案》共有国体、国土、国民、国会、国会委员会、大总统、国务院、法院、法律、会计、宪法修正及解释11章、113条。该宪法草案在很大程度上体现了在国会中占多数席位的国民党(由原同盟会等革命党派改组而成)力图"法律制袁"的企图。主要表现在:(1)仍然坚持"临时约法"的一些主要原则,强调三权分立。(2)进一步扩张国会的权力,由两院组成40人的国会委员会为常设机构。规定在总统被认为有谋叛行为时,国会得以三分之二多数决定弹劾并判决总统有罪,交最高法院判刑。(3)进一步分散总统行政权力,强调责任内阁制,明确规定国务院"对于众议院负责任",并对于总统的决定均有副署权。总统任期5年,只能连选连任一次。

(二)1914年《中华民国约法》——"袁记约法"

"天坛宪草"对于想独霸政权的袁世凯而言,简直是无法容忍。草案尚未正式公布,袁世凯已通电各省都督,强烈指责宪草。1913年11月4日,宣布解散国民党,收缴国民党议员的证章。造成国会凑不满法定人数(应有三分之二以上出席),等于无形解散。一个月后,袁世凯宣布召集"政治会议"以"救国",停止国会议员职务,又授意各省解散省议会。1914年1月开始新的"约法会议"议员选举,3月间即组织开会,并于5月1日公布了《中华民国约法》,袁世凯达到了废除"临时约法"的政治目的。

这部《中华民国约法》共有国家、人民、大总统、立法、行政、司法、参政院、会计、制定宪法程序、附则10章、68条。其主要特点在于确定总统制的政体,以大总统统揽一切国家大权为目的。设立立法院为立法机构,参政院为咨询机构,都以总统为领导(立法院实际上从未成立)。还赋予总统有财政紧急处分权和发布与法律同等效力的教令的权力。

1914年6月参政院通过《修正大总统选举法》,规定大总统任期10年,连选连任无限制。大总统由选举会选举。现任大总统可以将自己所推荐的候选人"亲书于嘉禾金简",密藏于"金匮石室"。这简直和清朝皇帝的皇位继承相差无几。以后由袁世凯指定的参政院进一步推举袁世凯为终身总统,为其恢复帝制铺平了道路。即使如此,袁世凯仍不满足,1915年10月又公布《国民代表大会组织法》,各省仅用了3天就"选"出了"国民代表",11月就"国体问题"投票,居然一致同意更改国体为君主立宪制,由袁世凯当皇帝。但是袁世凯还没有正式登基,就爆发了"护国战争",袁世凯于1916年3月宣布取消帝制,随即死去。

(三)1923年《中华民国宪法》——"贿选宪法"

袁世凯死后,北京政府仍然控制在北洋军阀手中。1916年5月,北京政府宣布恢复"临时约法"效力,并恢复1913年的国会。重新开始起草宪法。不久担任国务院总理的皖系军阀首领段祺瑞策划参加正在进行中的第一次世界大战,和总统黎元洪及国会发生冲突。1917年6月黎元洪罢免段祺瑞,又解散国会。军阀张勋乘机率军入京,上演了一场清朝复辟的丑剧。段祺瑞集结起皖系武装,在平定张勋后,控制了北京政权。段祺瑞搞了新的国会组织法,成立了听命于他本人的新国会,废除"天坛宪草",又重新起草宪法草案。但1920年、1922年先后爆发了直皖战争和直奉战争,北京政权又落入直系军阀曹锟、吴佩孚手中。

直系军阀号称恢复"法统",重新恢复"临时约法"效力,召开国会。但其目的是及早登上总统宝座。1923年10月5日,曹锟以每票5 000元代价向国会议员行贿后得以当选为大总统。为了遮羞,10月10日,国会议员们又迅速通过了一部《中华民国宪法》。由于曹锟被人们称之为"贿选总统",这部宪法也就连带被称为"贿选宪法"。

1923年的《中华民国宪法》是中国第一部正式的宪法。共有国体、主权、国土、国民、国权、国会、大总统、国务院、法院、法律、会计、地方制度、宪法之修正解释及其效力13章、141条。基本脱胎于原来的"天坛宪草",但增加了"国权"和"地方制度"两章,主要特点是明确中央和地方的分权制。允许各省制定自治法,制定有关地方事务的单行法,但与国家的法律有抵触者无效(对此如有疑义,由最高法院负责解释)。就宪法本身来说,这部宪法是较为完善的,比如继承了"天坛宪草"的民主精神,坚持了议会制、责任内阁制。

当时的军阀政权只是把宪法当作欺骗舆论的工具,根本就不把这部宪法放在眼里。宪法公布才两个月,直、奉两大军阀就爆发第二次大战,直系因冯玉祥突然倒戈大败,北京政权落入奉系军阀手中,这部宪法也立即被废除。

（四）1925年《中华民国宪法草案》

奉系军阀占据北京后,成立段祺瑞为首的"中华民国临时执政府",宣布要和孙中山领导的广州政权和谈,召开"善后会议"。并废弃原有的"法统",号称要召集"国民代表会议"来制定新的宪法。为此先行成立"国宪起草委员会"来起草宪法草案。1925年12月11日公布了这部新的宪法草案。

1925年《中华民国宪法草案》共14章、160条,基本内容和"贿选宪法"相近,主要是在国家结构问题上有意模糊,允许省制定省宪,对当时以"联省自治"为号召的地方割据势力让步。又改变民国以来总统由国会选举的做法,改为由选民间接选举产生。还设了"生计""教育"两章,宣布要实行义务教育等社会改良措施。

和直系军阀一样,奉系军阀也视宪法为玩物。不久两派军阀"捐弃前嫌",不再对立宪、法统之类的把戏感兴趣。这部宪法草案也就此被扔进了废纸篓,从而结束了北洋政权的立宪活动。

三、广州、武汉国民政府时期(1925—1927)

1917年北京国会被解散时,两广军阀宣布"护法",欢迎孙中山到广州主持。国会议员纷纷南下,1917年8月在广州召开国会非常会议,组织军政府,以孙中山为大元帅主持,形成南北政府对立局面。1921年5月5日孙中山经在广州的非常国会选举为非常大总统,但不过一年后就被西南军阀逼迫下野。1923年曹锟贿选总统,孙中山在广州发动北伐,建立大元帅府,仍然处在几派军阀势力的夹缝中维持。

在屡经失败后,孙中山领导下的国民党确定了"联俄、联共、扶助农工"新政策,不再对原来的"法统"抱有幻想。1924年在广州召开了国民党改组后的第一次全国代表大会,开始了国民大革命运动。

孙中山本人在1925年去世后,国民党于1925年7月1日公布了《中华民国国民政府组织法》,完全脱离原民国"法统"的政府组织法,总共10条。其主要特点是:

（1）实行党治。该法第一条即明确规定:"国民政府受中国国民党之指导及监督,掌握全国政务。"国民政府的委员必须由国民党中央执行委员会任免,国民政府向国民党中央执行委员会负责并报告工作。政治方针和立法原则由国民党最高决策机构政治委员会(后称政治会议)研究并拟定,再经国民党中央执行委员会通过后,交国民政府执行。

(2) 议行合一。该法不再有三权分立的痕迹,行政、立法、司法都归国民政府集中领导。国家机构采用委员会制度。国民政府由委员若干人组成,由委员会议执行国务。

根据这个政府组织法成立的国民政府由主席和 15 名委员组成,推举 5 名为常务委员,处理日常事务。起先仅设军事、外交、财政 3 部。以后这个组织法迭经修正,增设交通、司法部,并成立军事委员会,取代军事部。又设置监察院和惩吏院,监察、惩处失职官员。以后又规定各地政权机关一律改称“政府”,设省、县两级,也采用政府委员会形式。

1926 年广州革命政权北伐进展神速,当年年底,国民政府迁至武汉。1927 年 3 月国民党二届三中全会再次修改国民政府组织法,国民政府委员扩大为 28 人,废除主席位置,由5 人常委主持国务,并将国民政府会议法定人数改为国民政府所在地委员过半数出席即可。增设劳工、农政、实业、教育、卫生 5 部。共产党员首次参加国民政府,担任劳工和农政部长。因此这一时期的国民政府在一定程度上是国共合作的联合政府。

四、南京国民政府时期(1927—1949)

1927 年 4 月 12 日,在国民革命军总司令蒋介石主持下于上海开始“清共”,并于 4 月 18 日,在南京另立国民党中央和国民政府。7 月 15 日,武汉国民党也开始“清党”。9 月间,在反共基础上“宁汉合流”,国民政府正式在南京建立。1928 年 6 月国民党军队推进到京津一线,奉系军阀退回东北,张作霖被日军炸死,张学良继任后对接受南京政府领导态度积极。因此国民党即宣布“统一完成”,军政阶段结束。

(一) 1928 年“训政纲领”与《中华民国国民政府组织法》

1928 年 8 月 8 日,国民党二届五中全会通过决议开始施行“训政”。当时胡汉民作为国民党元老,认为孙中山在《建国大纲》中只提训政,未提约法,可见已修正了训政时期应公布约法的理论。力主不制定约法,改以党纲形式宣布训政。[①] 经激烈争论后,国民党中央采纳了其意见。10 月 3 日,国民党公布“训政纲领”和《中华民国国民政府组织法》。

“训政纲领”仅有 6 条。规定训政时期由国民党全国代表大会(闭会期间由国民党中央执行委员会)代表国民大会,行使政权,训练国民掌握四项政权;由国民党中央政治会议指导、监督国民政府总揽五项治权,施行重大政务。

《中华民国国民政府组织法》共 7 章、48 条。规定的国民政府设主席,主持由各院长、副院长组成的国务会议,兼任海陆空军总司令。设行政院为最高行政机关,掌行政权,下设各部会;设立法院为最高立法机关,议决法律以及预算案;设司法院为最高司法机构,掌审判、司法行政、官吏惩戒等事务;设考试院掌官吏的考选、铨叙等事务;设监察院为最高监察机关。

这两部法规有三个主要特点:一是强调国民党一党专制,所谓“本党始终以政权之保姆自任”[②]。由于当时国民党早已不是革命阶级的联盟,这种“训政保姆”论明显是为了专制统治寻找理论根据。二是加强国民政府主席的权力,明确有五院的协调权和军事统帅权,显然

---

① 殷啸虎:《近代中国宪政史》,上海人民出版社 2000 年版,第 224 页。
② 胡汉民等:《训政大纲提案说明书》,转引自杨幼炯:《近代中国立法史》,第 346 页。

是特意为"统一"后第一任国府主席蒋介石独揽军政大权做铺垫。三是完全将人民视为国民党教训的群氓，丝毫不提及任何人民权利。

（二）1931年《中华民国训政时期约法》——"训政约法"

南京国民政府成立不久就爆发新军阀之间的激烈内战，而国民党内各派系也不断分化组合。1930年爆发空前规模的蒋、冯、阎大战，国民党内部一些反蒋派别暂时联合起来，投靠一时看起来军事力量超过蒋介石的冯玉祥、阎锡山，在北平召集国民党中央党部扩大会议，指责蒋介石为首的南京政府训政而不公布约法，是违背"总理遗教"，宣布要召集"国民会议"来制定约法。后来扩大会议转移到山西太原，1930年10月27日公布了一份汪精卫等主持起草的约法草案，史称"太原约法"。这部约法草案有8章、211条，突出人民权利和自由（共25条），并以国民代表会议为训政时期国民政府的咨询建议机关，强调实行委员会领导，以及地方分权，企图以此为号召，实现反蒋目标。

蒋介石为首的南京政府在联合张学良打败冯、阎后，也着手在政治上打消汪精卫等派系的挑战。1931年3月，宣布要召集国民会议制定约法。5月5日召开的国民会议只用了一个星期时间就制定通过了《中华民国训政时期约法》。

1931年《中华民国训政时期约法》共有总纲、人民之权利义务、训政纲要、国民生计、国民教育、中央与地方之权限、政府之组织、附则8章、89条。该法仍然明确训政时期由中国国民党全国代表大会（闭会期间为其中央执行委员会）代表国民大会行使中央统治权，由国民党中央执行委员会选任的委员组成的国民政府，训导国民行使政权、施行治权。虽然陆海空军的统帅权规定由"国民政府"行使，但国民政府主席仍然是五院制国民政府的对内对外的最高代表，自然实际掌握统帅权。因此可以说该约法的主要精神是从原来的"训政纲领"延续而来的。这部"训政约法"也规定了一些人民的权利和自由，宣布兴办实业、调节经济关系、发展教育等政纲，另外还规定中央和地方采取"均权制度"。

（三）1936年《中华民国宪法草案》——"五五宪草"

"训政约法"坚持国民党一党专制的政治制度，遭到了社会各界的广泛批评。而日军侵占东北后，空前的民族危机更使反对国民党专制统治的呼声高涨。1932年12月国民党四届三中全会被迫宣布要进行宪政的筹备，开始宪法的起草。经过三年多的起草，于1936年5月5日公布了《中华民国宪法草案》，习惯上称之为"五五宪草"。

"五五宪草"分为总纲、人民之权利义务、国民大会、中央政府、地方制度、国民经济、教育、宪法之施行及修正等8章，148条。主要几个特点是：有关人民权利自由，采取了"法律限制主义"。总统权力极大，诸如统帅军队，任命行政、司法、考试院长，调解五院关系，发布紧急命令等。在地方制度上，中央任命省长，仅在县一级实行自治。

"五五宪草"公布后，招致广泛批评。不久抗战爆发，国民党政府乘机搁置宪政问题，1939年组织"国防最高委员会"，由委员长蒋介石总揽一切党政军大权。

（四）1946年《中华民国宪法》

抗战胜利后召开的政治协商会议，对于"五五宪草"提出了12项修改原则，要点是将国民大会作为行使四权的机构。而立法院直接由国民选举，与西方民主国家的议会相当，行政院对立法院负责，在立法院不信任行政院全体时，行政院或辞职，或提请总统解散立法院。中央和地方实行均权主义，各省可制定省宪。

1946年6月爆发全面内战，中国共产党和民主同盟为此抵制国民党单方面召开的制定宪法为目的的国民大会。国民党一意孤行,于 1946 年 11 月 15 日召开国民党员占了 85％名额的"制宪国大",只用了 10 天就通过《中华民国宪法》,1947 年 1 月 1 日正式公布。由于这次国大是违背政协会议决议由国民党纠集一些小党派单方面召开的,因此被共产党以及民主同盟斥责为"伪国大",所通过的宪法也被称之为"伪宪法"。

1946 年《中华民国宪法》一共有总纲、人民之权利义务、国民大会、总统、行政、立法、司法、考试、监察、中央与地方之权限、地方制度、选举罢免创制复决、基本国策、宪法之施行及修改 14 章、175 条。主要特点有以下几方面。

国民大会权力缩小为仅选举和罢免总统、副总统,以及修改宪法(要在全国有一半以上的县市实现自治后才可行使)。实际上只是一个选举总统的机关。

总统的权力比"五五宪草"略有限制,宣布戒严、紧急命令权都要经立法院通过或追认。任命五院院长也都要经相关院的同意。立法院委员由国民选举产生,行政院对立法院负责。

在国民的权利自由方面的规定相当具体,比如采取"宪法保障主义",删除了"五五宪草"中凡人民权利自由后面都有可"依法律"加以限制的字样。规定人身保护,未经法定程序不受逮捕审讯,并规定了国家赔偿原则。

对于国民经济采取了积极干预的原则,规定了土地分配与整理以扶植自耕农为原则。国家可以法律限制有妨碍国计民生的私人财富和私营事业,公用事业原则上采取公营。

和中华民国以来任何一部约法、宪法一样,这部宪法和实际政治情况大相径庭。1948 年 3 月召开的第一届"行宪国大"选举蒋介石当总统的前一天,国民大会通过了号为"战时宪法"的《动员戡乱时期临时条款》,作为宪法的补充,在"动员戡乱时期"授予总统有不受宪法限制的"紧急处分"权力。而所谓"动员戡乱时期"的终止则由总统宣告。这样一来,蒋介石便获得了独裁的全权。

第四节　民法以及商法

一、北洋政府时期的民商法

（一）民商事习惯调查与民法典的起草

北洋政府成立后,很快便宣布沿用前清的有关法律。1914 年大理院上字 304 号判例中明确"民国民法典尚未颁布,前清之《现行律》除制裁部分及与国体有抵触者外,当然继续有效"。[①] 沿用《大清现行刑律》中有关民事的内容。

但是《现行刑律》有关民事方面的内容毕竟太少,为了解决民事裁判问题,当时审判厅主要是依靠民间的民事习惯为裁判依据,而当习惯本身有矛盾或诉讼当事人对于习惯各有理解时,就难免造成疑案或缠讼。1915 年,司法部发布"通饬",要求各审判厅长率民庭的推事调查各地习惯,并在开审时注意邀请当地知名人士陈诉习惯。各省的民商事习惯调查由此正式开始。1918 年设立的修订法律馆要求各省设民商事习惯调查长(一般都由各省高等审判厅厅长兼任),在各县设调查员(绝大多数为地方或初级审判厅的推事或县知事、承审员之类的司法官员),并拨专门经费用于调查的费用及各省调查员的报酬,民商事习惯调查形成

---

① 中国第二历史档案馆藏档案,全宗号 241,卷号 1940。

高潮，并延续到 1921 年左右。[①]

在应付民事审判的同时，北洋政府继续进行民法典的起草工作。前清的修订法律馆机构予以保留（1912 年改为法典编纂会，1914 年改组为法律编查会，1918 年又组织新的修订法律馆）。1915 年、1925 年完成了民法亲属编的第二、第三次草案。1925 年完成了民法典总则编的第二次草案，大幅度减少了条文数目（333 条减为 223 条）。同年还完成了债编、物权编的第二次草案。1926 年完成了民法典继承编的第二次草案。这些草案为以后南京国民政府制订民法典做好了准备。

（二）商事立法

北洋政府初期将《大清商律草案》中的部分内容先行以条例形式公布实施，以应付社会需要。1914 年 1 月将原草案中的"公司律"部分略加修正，以大总统令公布为《公司条例》；3 月又将原草案中的《商法总则》修正后以大总统令公布为《商人通例》，分别予以实施。

1914 年《公司条例》，共有总纲、无限公司、两合公司、股份有限公司、股份两合公司、罚则 6 章，251 条。该条例规定了无限责任公司、两合公司、股份有限责任公司、股份两合公司 4 种公司形式。无限公司的股东规定为 2 人以上，订立章程，15 日内向官厅注册。股东承担连带清偿责任。两合公司以无限责任股东和有限责任股东组织，其中有限责任股东仅就出资向公司债务承担责任。股份有限公司规定应以 7 人以上为发起人，股银缴齐后应选任董事和监察人。股份两合公司以至少 1 名无限责任股东为发起人，募集股份，创立公司。

1914 年《商人通例》，共有商人、商人能力、商业注册、商号、商业账簿、商业使用人及商业学徒、代理商 7 章，73 条。商业主体之人为商人。商业账簿应保存 10 年。商业使用人分为经理、伙友、劳动者 3 种。

在公布这些条例的同时，北洋政府的法律编查会（后改称修订法律馆）仍然继续分编起草商法典。1915 年完成了《破产法草案》，1916 年完成《公司法草案》，1917 年完成《保险契约法草案》。而至 1925 年《票据法草案》已是五易其稿。1926 年又公布了《海船法案》，基本沿袭了前清商律草案中的《海船法草案》。但是都没有提交开始立法程序。

二、《中华民国民法》的公布

1927 年南京国民政府成立后不久，就开始了民法典的制订工作。先是以法制局为编订民法典的机构，但在起草了亲属、继承两编的新草案后就移交 1928 年 12 月成立的立法院。南京国民政府胡汉民于 1928 年 12 月 5 日就任立法院院长，在就职演说中，提出立法"严、速"原则。认为对外要废除不平等条约，对内要安定社会，实行"民生主义"，都要求加速立法。[②] 清末以来新式法典的起草一直采用欧洲大陆法系的模式，分别起草民法典、商法典。1929 年 5 月，立法院院长胡汉民、副院长林森一起向国民党中央政治会议提议：根据社会实际状况，以及现代立法潮流，应编订民商统一法典。建议得到政治会议批准。

1929 年 1 月，立法院组织民法起草委员会，由傅秉常、焦易堂、史尚宽、林彬、郑毓秀（后由王用宾继任）为委员，另外又聘请司法院长王宠惠、考试院长戴传贤、法国法学家宝道（Padoux）为顾问，委任何崇为秘书、胡长清为纂修。

① 参见［日］滋贺秀三：《民商事习惯调查报告录》，载滋贺秀三主编：《中国法制史——基本史料の研究》，东京大学出版会 1993 年，第 828 页。
② 见胡汉民：《革命理论与革命工作》，王养冲编，民智书局 1932 年版，第 772 页。

从 1929 年 5 月开始,南京国民政府陆续分别公布、施行民法典总则编、债编、物权编、亲属编、继承编,至 1931 年 5 月,民法典的五编全部公布施行,中国历史上第一部民法典即此告成。

(一)总则编

民国民法的总则编分为法例、人、物、法律行为、期日及期间、消灭时效、权利之行使 7 章,共有 152 条。主要特点是采取了德国民法典的风格,对使用的法律名词不做定义解释。

总则第一条即规定了民事规范的适用顺序:"民事,法律所未规定者,依习惯;无习惯者,依法理。"立法解释上,认为所谓法理是指"推定社交上必应之处置,例如事亲以孝及一切当然应遵守者皆是"。这一解释仍具有浓重的传统伦常色彩。由于民间习惯参差不齐,第 2 条又对于民事习惯予以限制,"以不背于公共秩序或善良风俗为限"。

人的权利能力"始于出生、终于死亡"(第六条)。失踪满 10 年后,利害关系人可以向法院申请宣告失踪人死亡。满 70 岁以上的失踪者,得于失踪满 5 年后宣告死亡。因遭遇特别灾难而失踪者,得于失踪满 3 年后宣告死亡。关于人的行为能力,规定满 20 岁为成年。未满 7 岁者无行为能力,满 7 岁以上之未成年人为限制行为能力人。由于该民法规定男满 18 岁、女满 16 岁即可结婚,所以特意规定"未成年人已结婚者,有行为能力"(第十三条)。根据罗马法的成规,规定已成年人"心神丧失、或精神耗弱,不能处理自己事务者",本人、或其配偶、或两名以上最近亲属得以向法院申请宣告禁治产(第十四条)。禁治产人无行为能力。

关于"法人",基本采用了所谓的"法定主义""登记成立主义"原则,规定"法人非依本法或其他法律之规定,不得成立"(第二十五条),并必须要经主管官署(按照《民法总则施行法》第十条,为法人事务所所在地的法院)登记。法人分为社团法人和财团法人两类。以营利为目的的为营利社团法人,以公益为目的的为公益社团法人。财团法人由捐赠财产成立,也有公共目的(如学校、病院等)、私益目的(如亲属救助等)两种。财团必须订立捐助章程(遗嘱捐助无此必要)、经主管官署的许可才能登记。其组织及管理方法有捐助人的捐助章程或遗嘱决定。

法律行为违反强制性或禁止性规定者,有悖于公共秩序或善良风俗者,不依法定方式者,为无效。法律行为系乘他人之急迫、轻率或无经验,依当时情形显失公平者,在法律行为后一年内,可因利害关系人申请而撤销。对于非对话的意思表示,该法采用的是所谓"受信主义","其意思表示,以通知达到相对人时,发生效力"(第九十五条)。

一般请求权的消灭时效为 15 年。利息、红利、租金、赡养费、退职金及其他 1 年或不及 1 年的定期给付债权,各期给付请求权的消灭时效为 5 年。住宿费、饮食费、运送费、动产营业性租赁费、诊疗费、律师、技师等报酬、商品及产品的代价等为两年。消灭时效因请求、承认、起诉(或依督促程序送达支付令、和解、破产、申请强制执行)而中断。但如果在请求后 6 个月内未起诉,则视为不中断。

(二)债编

南京国民政府在决定采用"民商合一"的民法典立法原则后,国民党中央政治会议于 1929 年 5 月通过了胡汉民等提出的"民法债编立法原则"共 15 项。最重要的是所谓"社会本位""保护债务人"。对债编的结构也有所改变,扩大各章的容量。

在第一章"通则"之下分为"债之发生""债之标的""债之效力""多数债务人及债权人""债之移转""债之消灭"5 节。规定债可因契约、代理权之授予、无因管理、不当得利、侵权行为 5 种情况发生。规定契约经当事人双方意思表示一致、无论其为明示或为默示而成立,契约的成立不得违背禁止性的或强制性的法律规定,不得违背公共秩序及善良风俗。仿照瑞士债法,明确划分要约和要约引诱,并明确"货物标定卖价陈列者,视为要约。但价目表之寄送,不视为要约"(第一百五十四条)。另一个特点是将悬赏广告规定于契约通则部分,与日本民法相似;但其内容则仿照德国民法,以悬赏广告为单独的法律行为,规定对于不知道有悬赏而仍完成指定行为者,悬赏者仍应给付报酬(第一百六十四条)。

因故意或过失,不法侵害他人之权利者;或以违背善良风俗之方法加损害于他人者,即为侵权行为,要承担损害赔偿责任(第一百八十四条)。并明确受雇人执行职务不法侵害他人的,雇用人要承担连带责任(第一百八十八条)。而动物侵损于人,由动物的占有人承担赔偿责任(第一百九十条)。土地上的建筑物或工作物因设置或保管有欠缺,致损害他人之权利时,所有人应负赔偿责任(第一百九十一条)。但是对于商品制造、车辆驾驶,尤其是关于从事具有一定危险性活动的责任则缺乏任何的规定,是一大缺陷。

债编明确债的标的是指构成债关系内容的债务人的给付行为。利息作为法定孳息的一种,也视为债的标的物。元明清律"月利三分"的限制利率一直沿用至民国初年,1927 年 8 月 1 日,国民党中央政治会议曾议决,确定年利不得超过二分(20%)[1]。该沿用 1927 年的决议,规定约定利率在年利 20% 以上者,债权人对于超过部分利息无请求权。约定利率在年利 12% 以上者,经一年后债务人可随时清偿债务本息,只是应于清偿的一个月前通知债权人。禁止复利计息,但同时又允许在书面契约中约定迟延付息一年以上者,债权人得以将迟延之利息滚入原本,而且"商业上另有习惯者"不适用这项规定。

债编所规定的债的消灭方式则有清偿、提存、抵消、免除、混同五种。

第二章"各种之债"统一规定各类债权、债务的具体规范,不少商事方面的契约种类也都归纳于此章。共分"买卖""互易""交互计算""赠与""租赁""借贷""雇佣""承揽""出版""委任""经理人及代办商""居间""行纪""寄托""仓库""运送营业""承揽运送""合伙""隐名合伙""指示证券""无记名证券""终身定期金""和解""保证"24 节。

(三)物权编

南京国民政府在起草债编后不久,即提出起草物权编的 15 条立法原则。其中最重要的是学界所称的所谓"物权法定原则"和"不动产物权登记原则"。物权编共分 10 章:通则、所有权、地上权、永佃权、地役权、抵押权、质权、典权、留置权、占有。全编共 210 条。

物权编的通则部分强调了物权法定、不得以契约自由创设、也不得按照习惯设定的原则;以及物权以登记为生效要件的原则。而且不动产物权的设定、移转都必须以书面方式进行。动产物权的让与则以交付为要件。

在所有权方面,关于不动产的取得时效,规定:"以所有之意思",和平、公然与有他人动产满 5 年即可取得所有权(第七百六十八条)。不动产的取得时效比较复杂,首先成为取得标的的必须是他人未登记的不动产,其次占有的时间应该是和平而连续的"以所有之意思,二十年间和平、继续占有他人未登记之不动产",才可以请求登记为所有人(第七百六十九条)。这是所谓的"长期时效"。同时又规定了所谓的"短期时效",如果"占有之始为善意并无过错者",只需 10 年即可登记为所有人(第七百七十条)。

---

[1]　参见史尚宽:《债法总论》,台湾荣泰印书馆 1954 年版,第 247 页。

关于动产所有权,较具特点的是有关遗失物(包括漂流物、沉没物)的规定。规定拾得遗失物应通知遗失人或报告警署公告,6个月之内遗失人认领,拾得人可以请求相当于遗失物价值十分之三的报酬;6个月后无人认领,拾得人可以获得遗失物或其价金(第八百〇三条至第八百〇七条)。发现埋藏物,在他人动产或不动产内发现的,发现人和所有人平分(第八百〇八条),否则即归发现人所有。

规定地上权是以在他人土地上拥有建筑物或其他工作物、竹木为目的而使用他人土地的权利。地上权只要没有特约禁止也可以转让(第八百三十八条)。同时又具有"永续性",并不因为工作物或竹木的灭失而消灭(第八百四十一条)。而对永佃权的定义为:"支付佃租,永久在他人土地上为耕作或牧畜之权。"为强调永久性质,又规定凡设定有期限的永佃权一律视为租赁,不作为物权处理(第八百四十二条)。允许永佃权的让与(第八百四十三条),但强调"永佃权人不得将土地出租于他人",如有出租,土地所有人得以撤佃(第八百四十五条)。地役权的定义为"以他人土地供自己土地便宜之用之权"(第八百五十一条)。

抵押权被定义为"对于债务人或第三人不移转占有而供担保之不动产,得就其卖得价金受清偿之权"(第八百六十条)。第八百七十三条规定债务人未清偿到期债务时,抵押权人可以申请法院拍卖抵押物,"约定于债权已届清偿期而未为清偿时抵押物之所有权移属于抵押权人者,其约定为无效"。否定了约定直接以不动产抵消债务的"指抵"习惯。而质权设动产质权、权利质权两种。第八百九十三条规定:"质权人于债权已届清偿期而未受清偿者,得拍卖质物,就其卖得价金而受清偿。约定于债权已届清偿期而未受清偿时质物之所有权移属于质权人者,其约定为无效。"

典权是中国特有的民事传统制度,该法将典权定义为"定限物权",是"支付典价、占有他人之不动产而为使用及收益之权"(第九百一十一条)。规定:"典权约定期限不得逾三十年,逾三十年者缩短为三十年。"(第九百一十二条)典权人可以将典物转典或出租他人,但其转典出租的期限不得长于原典权期限、转典的典价也不得超过原典价。典权人、出典人均可让与其权利。关于回赎,规定如典权定有期限,期满后出典人得以原典价回赎典物。典期届满后经两年不回赎,典权人即获得典物所有权。

(四)亲属编

亲属编共有通则、婚姻、父母子女、监护、扶养、家、亲属会议,7章,170条。

该编不再采用传统的五服宗亲制度,改而采用罗马法的亲等计算方法,将人的亲属划分为血亲、配偶、姻亲三大类。血亲亲等的计算为:直系血亲从己身上下数,每一辈为一亲等;旁系血亲先从己身往上数至同源之人,再从同源之人往下数至所指亲属,以其相加后的总辈数为亲等之数。父母两系亲属同样计算,一定程度上体现了男女平等的原则。

婚姻制度上,对于传统的纳妾、童养媳等问题则一概不予禁止或规范。规定婚约为非要式行为,不得请求强制执行。结婚年龄男的为18岁、女的为16岁,未成年人结婚必须得到法定代理人的同意。直系血亲、直系姻亲、8亲等以内的旁系血亲、5亲等以内不同辈分的旁系姻亲不得结婚。结婚应有公开之仪式以及两个以上证人,但如果依照户籍法进行了户籍配偶登记的,推定为其已结婚。结婚后除当事人之间有特别约定以外,妻子应在自己的本姓之上冠以夫姓。妻子以夫之住所为住所。夫妻财产制可采用法定、约定两种。法定财产制为联合财产制,夫妻各保留自己财产的所有权,双方的财产组成联合财产,由丈夫管理经营,管理费用以及生活开支由丈夫支付,收益也归丈夫所有。离婚时妻子可取回原有财产。妻子死亡时,其原有财产归属其继承人,如有短少,在其可归责于丈夫的限度内由丈夫赔偿。约定财产制又分为共同、统一、分别三种。

关于离婚,规定两愿离婚只需双方合意,书面离婚协议经两个以上证人签字证明即可生效。法定的离婚条件采取列举式:重婚、通奸、一方受他方的虐待而不堪同居、一方恶意遗弃他方、妻虐待夫之直系尊亲属或受其虐待而无法共同生活、一方企图杀害他方、一方有不能治愈之精神病或其他恶疾、一方生死不明已满 3 年、一方被判 3 年以上之徒刑或因不名誉之罪名而被判处徒刑。在因判决离婚而受有损害的一方,具有向有过失之他方请求赔偿的权利。而且无过失的一方因判决离婚而陷于生活困难者,他方纵然无过失,仍应给予相当之赡养费。规定离婚后如无约定,子女由夫监护。女子在离婚以后的 6 个月内不得再行结婚。

在家庭关系上,规定家设家长,家长由最尊者或家庭成员推举。子女分为婚生子女、非婚生子女两类,非婚生子女得以要求生父认领。子女应从父姓。父母对于未成年子女有保护及教养之权利义务,可在必要范围内进行惩戒。收养人和被收养人年龄差别应在 20 岁以上。对于无行为能力人的监护顺序规定为:父母、同居的祖父母、家长、不同居的祖父母、伯叔父、亲属会议所指定者。对于禁治产人的监护顺序规定为:配偶、父母、同居的祖父母、家长、由父母遗嘱所指定者。亲属的扶养义务顺序为:直系血亲卑亲属、家长、兄弟姐妹、家属、媳妇女婿、夫妻双方的父母。

(五)继承编

继承编共有遗产继承人、遗产之继承、遗嘱 3 章,87 条。

关于法定继承人的顺序规定为:一直系血亲卑亲属(包括养子女,经认领的非婚生子女),以亲等近者为先;二亲生父母;三同胞兄弟姐妹;四祖父母、外祖父母。配偶作为特别顺序继承人,有相互继承遗产权利。法定继承人对被继承人有重大不良行为或妨碍继承时,丧失其继承权。继承份额的规定为:同顺序的继承人继承份额相等,有婚生子女的情况下,养子女的继承份额应为婚生子女的二分之一。配偶的应继份在与第一顺序继承人同为继承时份额与其他继承人相同;在与第二顺序、第三顺序继承人同为继承时,为遗产总额的二分之一;在与第四顺序继承人同为继承时,为遗产总额的三分之二。在继承开始前,继承人已因分家、结婚等原因从被继承人处得到的财产赠与,在继承开始时应将其所得财产计入遗产。如被继承人已有声明在先不必计入的,则可不予计入。继承人对于被继承人债务所负责任以继承所得财产为限。

关于遗嘱,规定遗嘱可采取自立、公立、代笔、口授(仅限于紧急情况下,有两人以上见证,在能依其他方式为遗嘱一个月后失效)、密封 5 种形式。遗嘱对于遗产的处分不得侵犯法定继承人的"特留分"。直系血亲卑亲属、父母的特留分为其应继分的二分之一,兄弟姐妹及祖父母、外祖父母的特留分为其应继分的三分之一。

三、南京国民政府的商事立法

南京国民政府改而实行"民商合一",尽量将有关商事的总则、契约方面的内容归并入民法典,无法并入民法典的商事法采用单行法规形式颁布。在 1928 年后迅速进行了立法,很快就颁布了一批重要的商事法规。而一般以公司、票据、海商、保险为"四大商法"。

(一)公司法

1929 年 12 月南京国民政府公布了《中华民国公司法》,并于 1931 年 7 月 1 日正式施行。

这部公司法分为通则、无限公司、两合公司、股份有限公司、股份两合公司、罚则 6 章,233 条。该法明确公司为营利为目的而设立的团体,必经登记才可成立。股份有限公司必须缴足股款二分之一以上才可以召开创立会(原《公司条例》仅需四分之一),无记名股票不得超过三分之一,董事会至少应有 5 人组成。另外该法的罚则较重,违反该法的最高处罚为徒刑 1 年(《公司条例》仅有罚金规定)。

抗战胜利后,南京政府又于 1946 年 4 月 12 日公布施行了新的公司法。该法分为定义、通则、无限公司、两合公司、有限公司、股份有限公司、股份两合公司、外国公司、公司之登记及认许、附则 10 章,361 条。该法的最大特点是确认了有限公司的组织形式,规定有限公司的股东应在 2 人以上、10 人以下,股东就其出资额对公司债务负责。公司总负债额不得超过其资本总额的两倍。公司可以按照股东人数或按照出资比例分配表决权。除了推选的执行业务股东外,其余股东皆有监察权。另外对于外国公司设专章,规定外国公司必须经中国政府认许后才可以在中国开业,并禁止外国公司在中国募股、募债。

(二)票据法

南京国民政府成立后,采用了北洋政府修订法律馆《票据法草案》的最后一稿加以修改,完成草案后送到各方面征求意见。征求意见后再行起草为第二稿草案,交立法院讨论。1929 年 10 月 30 日公布并施行。这是中国第一部票据法。

该法共有总则、汇票、本票、支票、附则 5 章,139 条。该法深受德国、瑞士票据法的影响。尤其是参考了 1923 年海牙国际票据会议对于《国际统一票据法案》的修订。既注意了与国际规则的接轨,同时对于中国国内商事习惯也做了相当的调研。比如根据本票能够流通的传统习惯,强调本票发票人的付款责任与汇票承兑人相同。又如对于作成拒绝证书的规定,考虑到当时中国社会公证机关尚未具备,因此特意规定除公证人外,当地法院、商会、银行都具有作成拒绝证书职权。施行以后,未加修改而长期沿用。

(三)海商法

1929 年 11 月,南京国民政府开始起草海商法草案,准备通过立法程序。但是草案公布后遭到了上海总商会发起的国内水运界的抵制,请求延长审议时间,在进一步深入调查国内水运习惯后再修正草案。国民政府立法院却采取强硬态度,驳回这些意见。仍然按既定方针在 1929 年年底就通过了这部《中华民国海商法》,宣布在 1931 年 1 月 1 日开始施行。

这部海商法共有总则、船舶、海员、运送契约、船舶碰撞、救助及捞救、共同海损、海上保险 8 章,174 条。该法按照船舶所有人来确定船舶国籍。确认除了有特别规定者外船舶适用民法有关动产的规定。明确船舶运送契约为要式契约。共同海损采取"残存主义",共同海损发生后以留存的船舶积货价格、运费的半额,与共同海损的损害额比例,由各利害关系人分担。

该法基本以德国海商法为蓝本,有些规定与中国传统习惯不合。比如规定旅客运送的票价应包括旅途膳费在内。又比如规定装载在船舶甲板上的货物不被认定为共同海损,等等。

(四)保险法

中国保险业起步较晚,频繁的战乱和社会动荡也并非保险业发展的良好环境。1929 年年 11 月,南京国民政府的立法院商法起草委员会根据北洋时期的《保险契约法草案》,再加修订,名称改为保险法,提交立法院三读,迅速得到通过。1929 年 12 月 30 日公布。这部保险法共有总则、损害保险 2 章,82 条。规定保险契约为要式契约,应由双方当事人签名。保险人的义务采用列举方式表达,规定对于因不可预料、不可抗力以及要保人(投保人)过失(排除故意与重大过失)、或履行人道上之义务而导致的损害,都应负责。在没有诈欺情况下,保险金额可以超过保险标的之价值。

1929 年的这部《保险法》并没有公布施行时间,因此实际上一直只是法案。1937 年 1 月 11 日,南京国民政府又公布第二部《保险法》,共有总则、损失保险、人身保险、附则 4 章,98 条。内容进行了较大改动,但是仍然没有公布实施时间。由于南京政府一直没有公布保险业法规,保险业无从规范,自然也就无法实际施行《保险法》。

（五）破产法

北洋政府的《破产法草案》几乎全盘抄袭德国破产法规。北洋政府司法部在 1926 年曾通令各地法院参酌援用这部法案,但仅有大理院有若干援用的判例。南京国民政府成立后没有及时起草破产法。1934 年司法行政部起草了一部《破产法草案》,仍然取德、日法律为蓝本,与中国传统习惯相去甚远,广受批评。1934 年 8 月司法行政部和实业部草拟了《商人债务清理暂行条例》62 条,由行政院公布施行。

1933 年 2 月起立法院的民法起草委员会开始起草《破产法》,1935 年公布第一部草案,并广泛征求了司法界、商界、学术界的意见。经立法院三读通过后,1935 年 7 月 17 日正式公布并施行。

1935 年的《破产法》共有总则、和解、破产、罚则 4 章,159 条。该法结合了大陆法系和英美法系有关破产法的先例,考虑到照顾中国传统社会习惯,主要有这样几方面的特点:(1)编制体例上采用英美法系的体例,不按实体法和程序法来分编、章。(2)适用范围上,根据"民商合一"的原则,采取所谓"一般主义",不区分商人与非商人,统一适用。(3)将和解作为专章加入破产法一起规定,对于和解条件也不规定清偿债务的最低限度,任凭当事人意思自治。(4)注意到对于债务人的保护,在和解、破产程序开始后,仍允许债务人提出协调计划;规定债权人在经和解或破产程序后仍未受清偿的部分债权,请求权视为消灭(对于恶意破产人不受此限制);允许破产人在破产终结后 3 年,如没有发现有诈款破产、诈欺和解罪行,得以请求复权。

第五节　刑　　法

中华民国时期的刑法典都标榜"罪刑法定""无罪推定"等近代刑法原则,也引进了很多 20 世纪新出现的刑事法律。但是实际上真正起作用的是形形色色的刑事单行条例。这些刑事单行条例仍然靠着"刑乱国用重典"传统法宝,滥施重刑。

一、1912 年《暂行新刑律》和北洋政府的刑事特别法

1912 年 3 月 10 日,南京临时政府宣布原《大清新刑律》除与民国国体相抵触各条应失去效力外,其余的条文可以暂行援用判案。临时政府同时迅速删修该法,在迁至北京后,将经删改的《大清新刑律》改称《暂行新刑律》,于 1912 年 4 月 30 日公布,命令各地在接到政府公报的当日开始实施。

《暂行新刑律》只是删除了原《大清新刑律》分则的第一章"侵犯皇室罪",对律中一些文字进行了改动,诸如"臣民"改为"国民"之类。1914 年 12 月,袁世凯公布《暂行新刑律补充条例》15 条,不仅包含了前清对于新刑律的 5 条暂行章程,还更进一步加强礼教性质,规定父母可以请求法院将不服从教令的子女监禁 6 个月作为惩戒。另外又加重诸如强奸、略诱罪名的处罚。这一条例一直施行到了北洋政府统治末期。1922 年 2 月孙中山领导的广州政府曾明令废止。

北洋政府为了维持统治,在《暂行新刑律》之外制定公布了一批"重典"性质的刑事特别法。主要有以下几项。

1914 年《惩治盗匪条例》11 条,规定强盗匪徒可以由县治事判处死刑,报请上级复核后即可执行。执行方式可以采用枪毙。该条例原规定施行期为 5 年,至 1919 年又宣布延长 3 年。1922 年司法部通令期满废止,但遭到河南、湖北、江苏等省军事长官反对,结果 1923 年又宣布恢复施行。

1914 年《违令罚法》5 条,规定大总统发布的命令,可以设 1 年半以下徒刑、拘役、罚金刑罚。

1914 年公布的《私盐治罪法》10 条,规定未经政府盐务署特许制造、贩卖、销售、收藏的食盐均为私盐罪,处二等以下有期徒刑;结伙 10 人以上或拒捕杀伤人的,处死刑、无期徒刑、一等有期徒刑;结伙不及 10 人的,处无期徒刑、二等以上有期徒刑。

1914 年的《徒刑改遣条例》11 条,规定因内乱、外患罪而被判处无期徒刑、5 年以上有期徒刑的罪犯可以改为发遣,将罪犯配往吉林、黑龙江、新疆、甘肃、川边、云南、贵州、广西,到达配所后,编入当地户籍。同年发布的《易答条例》11 条,也修改刑法所规定的刑罚制度。规定 16—60 岁因奸非、和诱、窃盗、赃物、赌博、鸦片烟、诈欺罪被判处 3 个月以下有期徒刑、拘役、罚金刑的罪犯,可以改为执行答刑,每刑期两日可折换为答刑一下。这两个违背社会进步趋势、公然倒退到帝制时代刑罚制度的法规,遭到了广泛的批评,在袁世凯死后,于 1916 年 7 月被废止。

二、1928 年《中华民国刑法》——"旧刑法"

北洋政府时期也进行了新刑法起草。1914 年法律编查会完成了第一次草案,打算将一些礼教原则订入刑法典,并增加"侵犯大总统罪"专章。在袁世凯死后,自然又需要再次修订。1918 年修订法律馆完成了第二次草案,对于《暂行新刑律》和第一次草案进行了大规模的修正,比如在亲属等级划分上废除服制计算法,改用罗马法的亲等计算法。又如废除原来五等徒刑制度,将礼教性质的法律内容排除在法典之外,等等。但该法案未经正式立法过程。

1927 年南京国民政府成立后即开始拟订刑法典,基本采纳了北洋政府修订法律馆的第二次草案,经立法院三读通过,于 1928 年 3 月 10 日公布,1928 年 9 月 1 日施行。该法共分总则、分则两编,48 章,387 条。总则编分为法例、文例、时例、刑事责任及刑之减免、未遂罪、共犯、刑名、累犯、并合论罪、刑之酌科、加减例、缓刑、假释、时效 14 章。分则编分为内乱罪、外患罪、妨害国交罪、渎职罪、妨害公务罪、妨害选举罪、妨害秩序罪、脱逃罪、藏匿人犯及湮灭证据罪、伪证及诬告罪、公共危险罪、伪造货币罪、伪造度量衡罪、伪造文书印文罪、妨害风化罪、妨害婚姻及家庭罪、褒渎祀典及侵害坟墓尸体罪、妨害农工商罪、鸦片罪、赌博罪、杀人罪、伤害罪、堕胎罪、遗弃罪、妨害自由罪、妨害名誉及信用罪、妨害秘密罪、窃盗罪、抢夺强盗及海盗罪、侵占罪、诈欺及背信罪、恐吓罪、赃物罪、毁弃损害罪 34 章。

1928 年《中华民国刑法》主要的特点是：（1）采用了一些新的刑法原则，比如在刑法的时间效力上规定从新兼从轻，刑事责任以能够预见结果为范围，对于故意、过失给予明确的定义等。（2）既维持了一些中国的礼教传统，比如规定杀旁系尊亲属处死刑、无期徒刑；同时也增加了不少有关保护工商业发展的内容。为了表示实行"三民主义"，废除了原《暂行新刑律》中对于罢工设定罪名的规定。

三、1935 年《中华民国刑法》——"新刑法"

1928 年刑法公布后，南京国民政府陆续公布了很多刑事特别法，和刑法典的规定有很大的冲突。而南京政府公布的其他法律也有不少内容和刑法有冲突。为此 1931 年底立法院又重新开始起草刑法典。1933 年完成草案。在经过立法程序后，1935 年 1 月 1 日正式公布，1935 年 7 月 1 日施行。

相对于 1928 年刑法，该法被称之为"新刑法"，而 1928 年刑法则被称之为"旧刑法"。分为总则、分则两编，共 47 章，357 条。总则编有法例、刑事责任、未遂犯、共犯、刑、累犯、数罪并罚、刑之酌科及加减、缓刑、假释、时效、保安处分 12 章。分则编有内乱罪、外患罪、妨害国交罪、渎职罪、妨害公务罪、妨害投票罪、妨害秩序罪、脱逃罪、藏匿人犯及湮灭证据罪、伪证及诬告罪、公共危险罪、伪造货币罪、伪造有价证券罪、伪造度量衡罪、伪造文书印文罪、妨害风化罪、妨害婚姻及家庭罪、亵渎祀典及侵害坟墓尸体罪、妨害农工商罪、鸦片罪、赌博罪、杀人罪、伤害罪、堕胎罪、遗弃罪、妨害自由罪、妨害名誉及信用罪、妨害秘密罪、窃盗罪、抢夺强盗及海盗罪、侵占罪、诈欺背信及重利罪、恐吓及掳人勒赎罪、赃物罪、毁弃损害罪 35 章。

该法的最主要特点是"由客观事实主义，倾向于主观人格主义，注意社会化之一般预防，尤着重于个别化之特别预防"。[①] 强调刑法处罚的不仅是违法的行为，而且要针对有犯罪倾向的人。这表现在该法具体的定罪量刑上，尤其是表现在"保安处分"专章的设立。该章引进了即使在欧洲国家也相当晚近的保安处分制度（仅意大利于 1930 年订入刑法典），规定因未满 14 岁、不具刑事责任能力而不能处罚的人，可以判令进入感化教育场所施以感化教育。感化教育以 3 年为限。犯罪人因未满 18 岁而被减轻处罚的，也可以在执行刑罚之前或之后判令入感化教育场所。因"心神丧失"而不负刑事责任者也可以在"相当处所"施以监护。对于有犯罪习惯、或以犯罪为营业、或因游荡懒惰成习而犯罪者，在执行刑罚后得以判入劳动场所强制工作，期限为 3 年以下。吸毒者、酗酒者得以强制禁戒。传播花柳病者得以强制治疗。

该法另一个特点是仍然保留不少礼教的原则。比如规定对于直系血亲尊亲属的伤害、遗弃、妨害自由、掘墓、遗弃或污辱损害尸体等罪行，都要加重本刑二分之一。直系血亲或三亲等以内的旁系血亲相和奸者，要处 5 年以下有期徒刑。而窃盗直系血亲、配偶、同居共财亲属财产，则可以免除其刑；五亲等以内血亲、三亲等以内姻亲相互窃盗须告诉乃论。

四、南京政府的刑事特别法

和北洋政府一样，南京国民政府的刑事政策也是"刑乱国用重典"，而这些重典大多都是表现在其所发布的大量刑事特别法上。主要的刑事特别法有以下几种。

---

① 谢振民：《中华民国立法史》，中国政法大学出版社 2000 年版，第 920 页。

（一）主要用于镇压共产党的刑事特别法

1928 年 3 月 7 日南京政府公布施行《暂行反革命治罪法》13 条,规定"意图颠覆"国民党或国民政府、破坏三民主义发动暴动的,均处死刑。帮助、接济的也要处死刑或无期徒刑、二等以上有期徒刑。组织或参加"反革命"团体、集会的,分别处有期徒刑。宣传与三民主义不相容的主义或主张的,也要处以二至四等有期徒刑。

1928 年 10 月 20 日,国民党政府又公布施行《共产党人自首法》9 条,规定犯"反革命"罪者如能于被发觉前自首,可减本刑三分之一或二分之一;如果能够检举的,可以免除刑罚,移送反省院反省。共产党员在刑满释放后也要进反省院。

1931 年 1 月,国民党政府又公布《危害民国紧急治罪法》,用以取代上述两项主要用于镇压共产党的刑事特别法。该法共有 11 条,于当年 3 月 1 日施行。规定只要是出于"危害民国"目的,扰乱治安、煽惑他人、以文字图画演说进行宣传、破坏交通等,都要处死刑、或无期徒刑、或 10 年以上有期徒刑。为此而组织团体或集会,或宣传与三民主义不相容之主义,处 5 至 15 年有期徒刑。

抗战时期《危害民国紧急治罪法》被废止,但到了 1946 年后内战时期,又制定了《勘乱时期危害国家紧急治罪条例》,于 1947 年 12 月公布施行。将内乱罪的处罚一律加重为死刑、无期徒刑。另外又规定煽动军人暴动等意图妨害戡乱的行为一律处 10 年以上有期徒刑、无期徒刑、死刑。并规定军人犯此条例,由军事法庭审判;平民犯此条例则由特种刑事法庭审判。

（二）镇压盗贼的特别法

1921 年孙中山领导的广州军政府曾明令废止北洋政府的《惩治盗匪条例》,但是南京国民政府在成立的同年 11 月就公布施行新的《惩治盗匪暂行条例》。该条例共 12 条,列举的盗匪罪行如"聚众出没山泽抗拒官兵""强占公署、城市、乡村、铁道或军用地"等 10 种一律处死刑;列举的"强劫水陆空公众运输之舟车、航空器""强劫而持械拒捕"等 10 种罪行一律处死刑、无期徒刑;列举的"意图勒赎而盗取尸体"等 4 种罪行一律处死刑、无期徒刑、10 年以上有期徒刑。总共 12 条倒有 25 项死罪,堪称"重典"。以上盗匪案件,县一级即可判处死刑,经省政府复核后即可执行。该条例原来规定施行期间为 6 个月,以后逐次延期,长期沿用。抗战时期一度废止,但 1944 年又恢复实施。

1927 年 11 月,南京政府还曾公布施行《掳人勒赎治罪专条》9 条,以刑法典对于此罪量刑过轻为理由,将刑罚加重到可判处死刑,并得由当地驻军行使审判。1928 年 11 月又修正为《惩治绑匪条例》12 条,进一步规定绑匪无论正犯、从犯、教唆犯,也不论既遂、未遂,一律处死刑。1932 年因将此条例内容归并入《惩治盗匪条例》而宣告废止。

第六节　行　政　法

南京国民政府"六法全书"法规汇编体系中的"行政法",是一个将其他五法无法容纳的法规统统囊括在内的大"口袋"部门。一般的法规汇编在此部门下又分官制官规、行政救济、内政、地政、财政、军政、经济等几大门类,所收法规数量庞大。以下仅能略做介绍。

一、行政救济

1912 年"临时约法"规定人民有向议会请愿和向官署陈述的权利。1913 年北洋政府公布《诉愿条例》,是中国首部有关行政救济的法规。1914 年 7 月北洋政府又公布施行《诉愿法》18 条。该法规定,人民对于官署违法或不当的行政处分,有权在 60 日内向作出该处分决定的官署的上级官署提起诉愿。如果仍不满意上级官署的裁决,则可以逐级向再上级官署提起诉愿,中央官署所作裁决为最终裁决。同时公布施行的《行政诉讼法》,分为行政诉讼之范围、行政诉讼之当事人、行政诉讼之程序、行政诉讼裁决之执行 4 章,35 条。规定官署行政执行违法,人民可以向平政院提起行政诉讼。而肃政使也可以代替人民就官署违法案件提起行政诉讼。

南京国民政府在 1930 年 3 月公布施行《诉愿法》14 条,基本内容与北洋政府时期《诉愿法》相近,但官署的划分较为明确,诉愿的期限缩短为 30 日。1932 年 11 月公布、1933 年 6 月 23 日开始实施的《行政诉讼法》则和北洋时期的《行政诉讼法》不同,不再分章节,全文仅 27 条。规定在司法院设立行政法院,只有对于违法的行政行为才得以提起行政诉讼,行政诉讼仅有一审,允许附带提起损害赔偿诉讼。

二、自治法规

清末为补充地方官治的不足,曾试图推行地方自治。1908 年底公布《城镇乡地方自治章程》9 章 112 条,《城镇乡地方自治选举章程》6 章 81 条。规定城镇乡自治的范围为教育、卫生、道路、实业、慈善、公用事业等,选举(城镇)议事会、(乡)选民会为议决机关,(城镇)董事会、乡董为执行机关。而以当地官署为监督机关。1909 年底又公布《府厅州县地方自治章程》8 章 105 条,规定地方自治范围为地方公益事务。

中华民国成立后,1914 年 2 月,北洋政府宣布取消所有地方自治。并在当年年底发布《地方自治试行条例》5 章 38 条,规定区、县凡不属于国家行政的事务可以实行自治。但是该条例没有正式施行。1919 年 9 月 8 日北洋政府又公布《县自治法》6 章 69 条,仍然将自治限定于国家直接行政之外的事务。选举成立县议会为议决机关、县参事会为执行机关。

孙中山在《建国大纲》中明确人民自治原则为民主基石,县为地方自治单位,由人民直接行使四权。而南京国民政府成立后,却于 1928 年 9 月公布《县组织法》7 章 58 条,规定县政府由省政府指挥,县民选举的参议会只有建议咨询之权。县以下设区、村、里、闾、邻为自治单位。1929 年 9 月 18 日公布《乡镇自治施行法》7 章 85 条,10 月 2 日公布《区自治施行法》6 章 67 条。但是这些法规基本上都没有施行。在遭到广泛批评后,国民党政府在 1934 年开始拟订县自治法规。1934 年底完成起草的《县自治法》及其施行法、《市自治法》及其施行法都长期未公布施行。

三、土地法

"平均地权"是孙中山《同盟会纲领》中提出的四大政纲之一。1922 年孙中山领导的广州政府就曾起草土地法。1924 年国民党第一次全国代表大会通过的党纲中明确规定要制定土地法,实现平均地权和耕者有其田。在北伐战争时期,还曾提出过"减轻地租百分之二十五"的口号。

南京政府在 1928 年开始起草土地法,1930 年 6 月 30 日公布《土地法》,但没有明确实施时间。1935年4月5日公布了《土地法施行法》,宣布于1936年4月29日开始实施《土地法》。

1930年《土地法》共有总则、土地登记、土地使用、土地税、土地征收5编,397条。该法主要内容是要测量全国土地后进行土地总登记,明确每一地块的等级,登记各项土地权利,确定地价,作为开征地价税的依据,并作为以后土地转让时开征土地增值税的基准。地价税的基本税率为地价的10‰—100‰,土地增值税率按照超额累进,为20%—100%(达原价300%)。对于土地的私有权进行一定的限制,比如规定矿产为国有,私人所有的土地面积也予以限制,按照《土地法施行法》的规定,私有耕地的面积不得超过其纯收益足供1家10口之需,宅地面积不得超过10亩。超过限制部分的私有土地,国家有权予以征购(以后在抗战时期补充规定国家可以土地实物债券征购超过限制部分的私有土地),出售给无地少地的农民。耕地租赁的地租不得超过土地正产品的375‰(中国农村地租率普遍以50%为标准,减轻25%后,地租率即为375‰)。由于不久就爆发全面抗战,该法并未实际实施。

1946年4月29日南京政府又公布施行第二部《土地法》,共有总则、地籍、土地使用、土地税、土地征收5编,247条。基本原则与1930年《土地法》差别不大。在某些细节规定上有所不同,比如规定耕地地租不得超过耕地价格的8%;地价税的基本税率为15‰,超额累进;土地增值税率为20%—80%。不过实际上该法也和上一部土地法一样,并没有真正贯彻实施。

四、劳动法

南京国民政府成立后,1927年7月开始拟订《劳动法典》,至1929年春完成草案,共有7编、21章、863条。但当时立法院已决定以单行法规形式进行劳动立法,因此仅将该草案作为立法参考。以后陆续公布《工会法》《工厂法》《劳资争议处理法》等法规。

1929年10月21日公布《工会法》,11月1日开始施行。该法共53条,规定工会设立目的只能是维持及改善生活、增进知识、发展生产。同一产业、职业在同一地区只能设立一个工会,必须要呈请主管官署核准后才可设立。工会不得为要求超过标准工资之加薪而宣言罢工,罢工不得妨害公共秩序、危害雇主或他人的生命财产。凡是交通、军工、国营事业、教育、公用事业工人不得罢工。劳资纠纷必须先经调解仲裁无效,并经工会全体会员三分之二以上多数同意,才可以宣言罢工。但仍不得封锁工厂商店、毁损货物器具、逮捕殴打雇主或其他工人。

1929年12月30日公布《工厂法》,但没有公布实施时间。1930年12月公布《工厂法施行条例》,以后宣布这两个法规在1931年8月1日实施。但是因为招致企业界的反对,南京国民政府又于1931年4月开始对《工厂法》进行修改,改称《修正工厂法》,1932年12月30日公布施行。该法有13章77条,参照当时欧美国家劳动法,对于工人工作条件、工厂安全、工伤赔偿等作了规定。比如规定工人每日工作时间以8小时为原则,如有必要可延长至10小时。每周应有1日休息。女工不得晚10点至翌晨6点间工作。女工分娩后应有8周带薪假期。禁止雇佣14岁以下少年。14岁至16岁为童工,不得做夜班。这些规定与当时社会实际情况相去甚远,并未得到真正的贯彻实施。

1926年广州国民政府曾制定《劳工仲裁会条例》以及《解决雇主雇工争执仲裁会条例》。1928年6月9日南京国民政府公布《劳资争议处理法》,宣布试行1年。该法共6章47条。

规定劳资争议事件由当地劳资争议调解、仲裁委员会处理。调解委员会由双方当事人代表各2人、官署代表1或3人组成。仲裁委员会由政府、党部、法院、与争议无直接利害关系的劳方、资方各派代表1人组成。调解为自愿程序,仲裁则为强制性,经过仲裁程序,双方必须执行仲裁裁决。在调解、仲裁期间不得停业或罢工。1930年该法更名为《劳资争议法》,共40条,将仲裁程序改为自愿原则。1932年9月再次修改为《修正劳资争议处理法》44条,恢复强制仲裁原则。1943年5月又一次修订,改名《劳资争议处理法》,6章43条,仍然维持强制仲裁原则。可见该法的改来改去,其主要目的在于镇压工人的罢工活动。

第七节　司　法　制　度

一、司法机构

北洋政府时期沿用前清《法院编制法》,规定应设置初级审判厅、地方审判厅、高等审判厅、大理院4级法院体系,以及相应的初级检察厅、地方检察厅、高等检察厅、总检察厅4级检察厅体系。但是实际上由于动荡的政局以及资金、人员方面的困难,这两大司法机构体系并没有能够完整建立起来。仅仅在中央设立了大理院、总检察厅,在大多数省份的省会设立了高等审判厅和高等检察厅,在一些重要的商埠城市设立了地方审判厅和地方检察厅(全国仅67所)。而在基层县一级基本上没有设立初级审判厅、初级检察厅,而是由县知事"兼理司法",各县仅设一员"承审员"辅佐。实际上和前清知县独揽行政司法全权情形并无大的差别。

广州政府时期的司法机构没什么不同,自设大理院,先设三级(实际仅有两级)审判厅。国民政府迁至武汉后对于司法机构进行了重大改革,将审判机关一律改称法院,设立四级法院:中央法院分为最高法院和设置于各省的控诉法院,地方法院分为县市法院和乡镇的人民法院。废除单独的检察厅机构,各地设检察官,与法院合署办公,独立行使职权。

南京国民政府在成立之初基本沿用北洋政府的四级法院体系,但废除了检察厅机构,改设检察官。1932年公布的《法院组织法》15章91条,仿照德日制度,实行三级三审制。法院分为地方法院(县市)、高等法院(省)、最高法院三级。高等法院可在辖区内设立分院。最高法院设检察署,高等法院和地方法院设首席检察官、检察官,和法院合署办公,独立行使职权。各级法院分设民事、刑事庭,审判人员称"推事",地方法院一般采用推事独任审判。高等法院一般以3名推事组成合议庭审理案件。法院还设有书记官、公设辩护人、检验员、执达员、庭丁等职员。公证处也附设于地方法院。

根据"训政约法",司法院为全国最高司法机构,最高法院设于司法院之下。司法院另设有司法行政部(1932年改隶于行政院,1934年又回属司法院,1943年再次改隶于行政院)、行政法院、公务员惩戒委员会。1947年根据《中华民国宪法》,司法院实行改组,在最高法院、行政法院、公务员惩戒委员会之外,设立大法官会议,由17名大法官组成,行使解释宪法和统一解释法律、命令的权力。

和北洋时期相仿,出于政局、经费、人员等因素,南京国民政府时期的法院体制很大程度上仍然停留在纸面上。尤其是大多数的县都没有设立地方法院,仍然由县长统管行政司法。1936年国民政府公布《县司法处组织条例》,规定尚未建立法院的县应设立司法处,独立行使审判权力,而检察事务由县长兼管。至抗战胜利时,全国只有四分之一的县、市建立了地方法院,而县司法处共有 1 318 所。①

二、民事诉讼法

(一)1921 年《民事诉讼条例》

北京临时政府于 1912 年 5 月通告全国,暂时引用前清《民事诉讼律草案》中有关管辖的规定。1915 年司法部规定 1 000 元以下的民事诉讼管辖权属于初级审判厅。同时起草新的民事诉讼法典,1921 年修订法律馆完成《民事诉讼法草案》,自 9 月 1 日起,先在新近收回的东北原沙俄租界、中长铁路沿线地区施行。1922 年 1 月又将该草案改称《民事诉讼条例》,宣布自 1922 年 7 月 1 日起在全国施行。

《民事诉讼条例》分为总则、第一审程序、上诉审程序、抗告程序、再审程序、特别诉讼程序 6 编,共 755 条。大本上脱胎于德国民事诉讼法,相当烦琐。

(二)1930 年《民事诉讼法》

1921 年广州军政府将前清的《民事诉讼律草案》加以删修后公布,在军政府控制的西南地区施行。以后的广州、武汉国民政府控制地区仍然采用该民事诉讼法,至 1928 年南京政府宣告完成统一,在国内却出现两种民事诉讼制度并存的局面。为此司法部以北洋政府的《民事诉讼条例》为蓝本,迅速拟订出草案。由于人事诉讼部分要等民法典亲属、继承编公布后才能确定,1930 年 12 月先行公布《民事诉讼法》前 5 编,至 1931 年 2 月 13 日公布人事诉讼部分。1932 年 5 月 20 日开始施行。

1930 年《民事诉讼法》有总则、第一审程序、上诉审程序、再审程序、特别诉讼程序 5 编,600 条。在诉讼主体资格上,明确非法人团体如设有代表人或管理人,也有当事人能力。在一审程序上,允许在被告未提出答辩状的情况下作出缺席判决。不服裁定可以提起抗告,再抗告则应以原裁定违法为理由。但却没有规定是否允许撤回抗告。

(三)1935 年《民事诉讼法》

1930 年《民事诉讼法》很大程度上是急就章,刚施行不久司法行政部就提出修正草案。1935 年 2 月 1 日公布了新的《民事诉讼法》。该法共分为总则、第一审程序、上诉审程序、抗告程序、再审程序、督促程序、保全程序、公示催告程序、人事诉讼程序 9 编,共有 636 条。

1935 年《民事诉讼法》对于管辖制度做了较大的修改,规定不动产诉讼专属不动产所在地法院管辖,契约诉讼在当事人指明债之履行地情况下应由履行地法院管辖,并对于票据、财产管理、船舶碰撞、海难救助等诉讼规定专属管辖。另外将调解制度纳入诉讼法,规定如先行调解未成,即由调解阶段的受任推事继续担任裁判。并规定了简易诉讼程序。为了保护当事人利益,对于诉讼保全程序也给予较大的改动,当事人可以申请假执行(旧法对于假执行限制较多)、假处分、假扣押。② 上诉审标的应在 500 元以上。限制抗告,规定对于诉讼程序进行中的裁定不得提起抗告,再抗告的提起也必须是以推事废弃、变更原已经抗告的裁定为理由。

(四)1940 年《强制执行法》

中国古代没有民事方面的强制执行程序,民国时期也将《强制执行法》视为不重要的法律,一直没有作为立法的重点。直到 1940 年 1 月 19 日,迁至重庆的国民政府才公布了第一

① 展恒举:《中国近代法制史》,台湾商务印书馆 1973 年版,第 248 页。
② 民国时期法律用语很多是直接移用的日语汉字,"假"即日语汉字"仮",具有"暂行""先行"的意思,并非真假之"假"。

部《强制执行法》,并于同日施行。

1940 年《强制执行法》分为总则、对于动产之执行、对于不动产之执行、对于其他财产之执行、关于物之交付请求权之执行、关于行为及不行为请求权之执行、假扣押假处分之执行、附则 8 章,142 条。规定在各级法院设置民事执行处负责民事强制执行,由专设推事、书记官办理执行事务。债权人可以终局判决书、法院假扣押、假处分裁定书等证明文件申请强制执行。如债务人有故意不履行债务、企图逃匿、隐匿或处分财产之类情况,法院可以拘提管收债务人,管收时间不得超过 3 个月,可以申请延长 1 次。对于动产执行可以先行查封,7 日后公开拍卖。对于不动产的执行,在查封后予以公告 14 日后公开拍卖。对于行为的执行,可以债务人费用命第三人代为施行。假扣押、假处分的执行可以在裁定书送达的同时进行。

三、刑事诉讼法

（一）1921 年《刑事诉讼条例》

北京临时政府于 1912 年 4 月通告全国,暂时引用前清《刑事诉讼律草案》中有关刑事诉讼管辖的规定。1915 年 8 月又通令暂行援用《刑事诉讼律草案》的第四编（再诉、再审、非常上告）,1921 年修订法律馆完成新的《刑事诉讼法草案》,司法部将其改称《民事诉讼条例》,于 11 月 14 日公布,1922 年 1 月 1 日先在新近收回的东北原沙俄租界、中长铁路沿线地区施行。宣布自 1922 年 7 月 1 日起在全国施行。该条例共有总则、第一审、上诉、抗告、非常上告、再审、诉讼费用、执行 8 编。

与北洋政府对立的广州军政府在 1921 年将经删改的前清《刑事诉讼律草案》公布为《刑事诉讼律》,于当年开始在其所控制地区实施。

（二）1928 年《刑事诉讼法》

1928 年南京政府号为统一,而各省实施的刑事诉讼法却有两种。1923 年 3 月南京政府公布刑法典后,迫切需要统一的刑事诉讼法。司法部根据原北洋政府的《刑事诉讼条例》,略加修改,拟成草案。1928 年 7 月 28 日南京政府正式公布《刑事诉讼法》,1928 年 9 月 1 日开始施行。

1928 年《刑事诉讼法》分为总则、第一审、上诉、抗告、非常上告、再审、简易程序、执行、附带民事诉讼 9 编,共 513 条。其主要特点是在管辖上,将内乱罪、外患罪、妨害国交罪列为高等法院一审案件。罪名最高刑在 3 年以下的案件由初级法院管辖。允许在检察官作出不起诉决定后,被害人仍有告诉权,可以向法院提起自诉。并规定警察在查获犯罪嫌疑人后应在 3 天内移送检察官,由检察官进行侦查。侦查中被告羁押时间不得超过两个月,审判中羁押时间不得超过 3 个月,必要时可以申请延长,但却没有规定申请延长的次数。指控罪名应判 3 年以上有期徒刑的被告如未聘请律师辩护,由法院公设辩护人予以辩护。

（三）1935 年《刑事诉讼法》

1928 年的《刑事诉讼法》也是仓促之作,尤其是公布实施时《法院组织法》尚未公布,还是沿用的北洋政府四级三审制度。随着南京政府制订新刑法,刑事诉讼法也必须重修。1935 年 1 月 1 日在公布新刑法的同时,公布了新的《刑事诉讼法》,并于 1935 年 7 月 1 日同时开始实施。

1935 年《刑事诉讼法》分为总则、第一审、上诉、抗告、再审、非常上诉、简易程序、执行、附带民事诉讼 9 编,共 516 条。其管辖上适应三级三审制度,以高等法院为内乱、外患、妨害国交案件的一审机关,其余案件一律以地方法院为一审机关。加强检察官的侦查权力,警察捕获的嫌疑人一律应在 24 小时内移送检察官。对于住宅的搜索、扣押应在日出后、日没前进行,搜索未发现应扣押之物时应给受搜索人证明书。侦查秘密进行。在已作出不起诉决定后,如发现新的证据,仍然可以再行起诉。申请延长审判中的羁押期间,如犯罪属于轻微,不得超过3次。对于自诉加以若干规范,规定自诉人擅自不到庭得以拘提之。除了告诉乃论、请求乃论之罪外,自诉不得撤回。被控5年以上有期徒刑罪名,或高等法院一审案件的被告如未聘请律师,由法院公设辩护人为其辩护。

(四)1928年《反革命案件陪审暂行法》

为了镇压共产党,在国民党中央执行委员会要求下,1929年8月17日立法院公布实施《反革命案件陪审暂行法》28条,规定法院审理"反革命"(主要是指共产党人)案件。可以应本地国民党部的声请,采用陪审制。陪审团由当地党部提交的国民党员陪审员名单中抽取6人组成,经评议后作出有罪、无罪、犯罪嫌疑不能证明3种判决,推事按照其判决作出量刑或释放裁决。该法于1931年和《暂行反革命治罪法》一起废止。

(五)1944年《特种刑事案件诉讼条例》

所谓"特种刑事案件"的称呼在广州国民政府时期就已出现,当时为镇压反革命,曾公布施行《特种刑事诉讼条例》《特种刑事临时法庭组织条例》。南京政府仍然沿用这一制度用以镇压共产党人。1928年11月废止。

抗战时期迁至重庆的国民政府为了维持统治、镇压异己,1944年1月12日公布新的《特种刑事案件诉讼条例》,11月12日开始施行。该条例共有36条,规定汉奸、盗匪、内乱、外患之类严重犯罪一律适用特种刑事审判程序,由法院特设特种刑事法庭审理。只需司法警察移送法院即可,无须经过正式的公诉,审判不公开进行,所做判决不得上诉(可以申请复判,10日申请期)。对于汉奸、盗匪罪可以先行摘要上报上级法院复核后执行死刑。原来规定该法适行3年,但到了1947年,南京政府又将该法进行修改,继续实施,用以镇压共产党人。

(六)特务机构

国民党全面反共后,即开始组织特务机构,作为镇压共产党的武器。1929年国民党建立"国民党中央组织部调查科",负责审查国民党内部人员以及追查共产党人。1932年改称"特工总部",1935年改称"调查处"。1937年进行改组,建立"国民党中央执行委员会调查统计局",简称"中统"。该特务组织在国民党各省市党部设置"调查室",在学校、工厂、社会团体、居民保甲组织都广泛建立"反共监视网"。1947年改称"党员通讯局"。在蒋介石下野后,1949年3月划归内政部,号为"内政部调查局"。

1932年蒋介石的一些亲信组织了"中华民族复兴社",在这个组织内的"力行社"或称"蓝衣社"是戴笠领导的特务机构。1937年以此为基础组建为"国民政府军事委员会调查统计局",简称为"军统"。该特务组织在全国各地都建立分支机构。1946年6月改组为"国防部二厅"和"国防部保密局"。

这两大特务系统广泛采用暗杀、绑架之类的恐怖手段,并且在很多地方建立集中营,非法长期拘禁各类"异己"人员。

四、领事裁判权问题的解决

中华民国建立后在外交上宣布承认各列强与前清签订的不平等条约,承认领事裁判权。但在全国人民不断高涨的反帝运动推动下,中华民国时期从立法和外交两方面逐步进行了废除领事裁判权的努力。

（一）管辖在华外国人诉讼的努力

实际上民国时期的各项新式法典的制定都具有收回领事裁判权的间接目的,力图改善法制,不让列强有维持领事裁判权的口实。同时针对在华外国人诉讼还制定专门的法规。

1919 年 5 月 23 日,北洋政府发布《审理无约国人民民刑事诉讼章程》6 条,试图先实现对于无领事裁判权国家在华人员的诉讼管辖。1920 年 10 月 30 日又修正为《审理无领事裁判权国人民民刑事诉讼章程》,规定无领事裁判权国家在华人员的诉讼以各地地方审判厅为一审机构,适用当时已公布的各项中国法律。在各省设置"交涉署"作为二审机构。并规定对于外国人的监禁或管收应在新式监狱进行。

南京国民政府建立后,于 1929 年 12 月 28 日发布命令,宣布自 1930 年 1 月 1 日起,凡侨居中国的外国人员都应遵守中国法律。1930 年 5 月 4 日又公布《管辖在华外国人实施条例》,规定自 1932 年 1 月 1 日起实施。其主要内容是将所有的在华外国人都纳入中国法律及法院管辖之下,为方便在华外国人诉讼,在东省特区(哈尔滨)、沈阳、天津、青岛、上海、汉口、巴县、闽侯、广州、昆明各地方法院以及所属的高等法院设置专庭,由院长兼该庭庭长受理属于外国人为被告的诉讼案件。外国人为被告的案件一律适用中国现已公布实施的诉讼法程序。但该条例的公布很大程度上只是作为姿态,在西方列强拒不承认的情况下,国民政府只好在 1931 年 12 月 29 日宣布"缓行"。

（二）上海租界司法权的收回

1911 年辛亥革命爆发时,西方列强在上海的领事团乘机接管上海公共租界和法租界内的会审公廨,割断会审公廨与中国法院的联系,会审公廨可以裁判任何发生在上海租界内的民刑事案件,判处最高可至死刑的刑罚,而且没有任何上诉机会。

北洋政府为收回租界司法权的几次交涉均告失败,只能由大理院宣布不承认上海租界会审公廨所作出的判决,允许中国法院重新受理曾经会审公廨审理的案件。1925 年上海爆发"五卅"爱国运动,列强领事团才被迫开始和当时的江苏省政府谈判,1926 年 8 月 31 日签订为期 3 年的《收回上海会审公廨暂行章程》,规定会审公廨改组为上海临时法院,院长、推事都由江苏省政府任命,适用中国现行法律。但是仍然允许在华人为被告的中外混合诉讼中,或是涉及外国人的中国人之间的诉讼中,外国领事可以"观审"。临时法院中还设"书记长官",由外国领事团首领"推荐",具有监督法院财务大权。

南京国民政府宣言废除领事裁判权后,即开始和列强谈判收回上海租界司法权问题。1930 年 1 月 20 日达成协议,2 月 17 日正式签订《关于上海公共租界内中国法院之协定》。规定废除以前所有的有关上海租界内审判机构的协定、章程,由中国政府在上海租界内设立地方法院和高等法院分院各一所,作为一审和二审机构,适用中国现行所有法律,管辖租界内有领事裁判权国国民为被告以外的一切民刑事案件。1931 年 7 月 28 日,又与法国签订了内容基本一致的《关于上海法租界内设置中国法院之协定》。中国政府在上海公共租界内设置了上海第一特区地方法院和江苏高等法院第二分院,在上海法租界设置了上海第二特区地方法院和江苏高等法院第三分院。

除了上海、汉口、厦门鼓浪屿以外,其他地方的租界并没有会审公廨机构。汉口 5 国租界先后有 5 个会审公廨,前清曾设立"汉口洋务公所"(俗称"巡查洋街委员公所"),统一派员到会审公廨主持审判。辛亥革命后改组为"汉口洋务会审公所",统管汉口租界华人为被告的中外混合诉讼。以后汉口租界逐渐被收回(1917 年德租界,1920 年俄租界,1927 年英租

界）。汉口会审公廨即告收回。唯有厦门鼓浪屿租界会审公堂保留至抗战胜利后收回全部
租界后才告结束。

（三）外交上的努力

1917 年段祺瑞政府宣布参加第一次世界大战、向德国和奥地利宣战时，即宣布取消德
国和奥地利两国在华的领事裁判权（战后 1921 年中德协约、1925 年中奥通商条约予以确
认）。但北洋政府于 1918 年和瑞士签订的条约仍然允许瑞士在华领事裁判权。1917 年俄国
爆发十月革命，1920 年苏俄政府宣布不承认原沙俄驻华使节，并宣布废除在华领事裁判权
（1924 年"中苏解决悬案大纲"予以确认）。1919 年巴黎和会、1922 年华盛顿会议，中国代表
团都曾强烈要求列强取消在华领事裁判权，但都没有结果。

南京国民政府的外交努力开始也没有成功可言。1928 年与比利时签订新条约时，比利
时只是答应如果中国能在 1 年内公布实施民商法典、同时又有一半以上的享有领事裁判权
国家放弃领事裁判权，比利时同意放弃在华领事裁判权。1929 年与墨西哥签订新条约时，
墨西哥无条件放弃领事裁判权。1936 年西班牙内战爆发后，南京国民政府于 1937 年宣布取
消西班牙在华领事裁判权。1937 年全面抗战爆发后，又宣布取消日本在华领事裁判权。

第二次世界大战的全面爆发，给中国取消领事裁判权的外交努力带来了机会。1939 年
由于意大利法西斯政权宣布承认汪伪政权，国民政府随即宣布取消意大利在华领事裁判权，
1940 年又因同样原因取消丹麦的领事裁判权。1941 年年底太平洋战争爆发，中国正式向日
本宣战，[①] 参加反法西斯战争的国际同盟。英、美因在太平洋战场上连吃败仗，急需中国拖
住日军主力，1942 年 10 月 10 日宣布取消在华领事裁判权。1943 年 1 月 11 日，国民政府与
英、美政府签订《取消在华治外法权及处理有关问题条约》，正式废除领事裁判权。不久中国
政府又和法国、比利时、挪威、巴西、瑞典、荷兰、瑞士、丹麦、葡萄牙诸国签订条约，废除领事
裁判权。国民政府即宣布废止《管辖在华外国人实施条例》，规定外国人在华诉讼一律由地
方法院管辖，适用中国所有现行法律。外国人在华涉讼可以聘请外国律师，但外国律师应具
备中国律师资格、经中国司法部认可，并以该国给予中国律师同样资格为限。

本 章 小 结

中华民国时期中国的法律面貌发生了重大变化，引进了以大陆法系为主的西方发
达资本主义国家的法律，建立起了庞大的"六法全书"体系。20 世纪 20 年代末到 30 年
代初的南京国民政府统治时期是主要法典制定完成时期。

孙中山曾为中华民国建立后的法制建设有过很多的设想。其中影响最大的是关
于在实行民主宪政之前先要对于民众进行"训政"的理论。中华民国时期出现了很多
宪法或具有宪法性质的法律文件，但实际状况却是军阀专制，战乱频繁。在其他法律
部门的情况也大致如此，法典法规所规定的在实际上却并不通行。民国时期建立起来
的庞大的"六法全书"法律体系，很大程度上是建筑在沙滩上的，最终被抛弃和遗忘。

---

① 1937 年全面抗战爆发后，出于需要当时保持中立的苏、英、美等国援助的外交环境，中国并未向日本正式宣战。
而日本为获取美英等国战略物资，也将侵华战争称为"事变"，并未向中国宣战。

延伸阅读

基本史料

《中华民国六法全书》,中国文化促进社 1946 年版。

《最新六法全书》,三民书局 1982 年版。

参考书目

朱勇主编:《中国法制通史》第 9 卷《清末·中华民国》,法律出版社 1999 年版。

谢振民:《中华民国立法史》,中国政法大学出版社 2000 年版。

殷啸虎:《近代中国宪政史》,上海人民出版社 1997 年版。

思考题

1. 孙中山的"五权宪法"思想包含哪些内容?

2. 民国时期正式公布的"约法""宪法"有哪些?

3. 民国民法典的结构及其主要内容是什么?

4. 民国时期刑事特别法有哪些主要特点?

5. 民国时期诉讼制度的主要特点是什么?

第十三章
中国共产党领导下的革命根据地的法制
（1927—1949）

本章提要

　　1927 年后中国共产党领导下的一些革命根据地建立了人民民主政权,颁布一大批重要的法律法令,同时中国共产党制订的政策、文件、指示往往也在根据地直接起到法律作用。革命根据地的这些政策、法律主要集中于加强政权建设、开展土地革命及土地改革、镇压反革命活动、支援革命战争、保护工农权利等方面。

　　中国新民主主义革命时期,中国共产党经过艰苦的探索,明确了实行工农武装割据、以农村包围城市的中国新民主主义革命道路,先后在全国各地创建了众多的革命根据地。

　　在 1927 年至 1937 年的第二次国内革命战争期间的革命根据地因建立苏维埃①政权而被称为"苏区"。在 1937 年至 1945 年的抗日战争期间,抗日根据地因大多是建立在数省交界地区而往往称之为"边区"。至抗日战争后期的大反攻时期,共产党领导的人民抗日武装收复大片国土,解放广大受日寇奴役的人民,根据地因此改称解放区,这一称呼一直沿用到 1946 年至 1949 年的第三次国内革命战争时期。

　　由于根据地处在激烈的战争环境下,需要集中而迅速的决策和领导,因此中国共产党制订的政策、文件、指示往往在根据地直接起到法律作用。根据地的这些政策、法律主要集中于加强政权建设、开展土地革命及土地改革、镇压反革命活动、支援革命战争、保护工农权利等方面。

第一节　有关政权建设的法律文件

　　武装夺取政权是马克思列宁主义的重要原则。中国新民主主义时期中国共产党创建各革命根据地后的首要任务就是要建立革命政权,因此有关政权建设的法律文件具有头等重

---

　　① 俄文 совет 的音译,意为会议或代表会议,俄国十月革命后以此名称组织工农兵代表会议作为革命政权形式。当时中国共产党沿用了这个称呼来组织工农民主政权。

要的意义。在不同时期,根据不同的革命主要任务,有关革命政权建设的法律文件也各有侧重,以下分别加以介绍。

一、第二次国内革命战争时期苏区的政权建设法律文件

中国共产党在 1927 年 12 月举行的广州暴动中首次建立了苏维埃政权,但旋即遭到血腥镇压。1928 年初毛泽东领导的以井冈山为中心的湘赣革命根据地成立了苏维埃政权。至 1931 年底,全国已有十几个苏区,总共包括有三百多个县境。最重要的根据地有湘赣、湘鄂西、鄂豫皖、川陕、陕甘等,最大的是位于闽赣边界的中央苏区,极盛时曾拥有 250 万人口、2□ 个县城。

（一）《中华苏维埃共和国宪法大纲》

1930 年 5 月在上海秘密召开了中国苏维埃区域代表会议,筹备召开全国苏维埃代表大会。经过一年多的筹备,193□ 年 11 月在中央苏区的瑞金召开了有各地工农兵代表六百多人参加的第一次全国苏维埃代表大会,会议于 11 月 7 日通过了《中华苏维埃共和国宪法大纲》。

《中华苏维埃共和国宪法大纲》全文共 17 条。主要内容如下。

1. 确定苏维埃政权反帝反封建的任务与目的

宪法大纲第一条即明确规定:"中华苏维埃共和国的基本法(宪法)底任务,在于保证苏维埃区域工农民主专政的政权和达到它在全中国的胜利。"苏维埃政权的目的是:"消灭一切封建残余,赶走帝国主义列强在华的势力,统一中国,有系统地限制资本主义的发展。进行国家的经济建设。提高无产阶级的团结力与觉悟程度,团结广大的贫农群众在它的周围(1933 年举行的第二次全国苏维埃代表大会议决在此句之后增加了'同中农巩固地联合')。以转变到无产阶级专政。"为消灭封建残余,宪法大纲号召开展土地革命,"主张没收一切地主阶级的土地,分配给贫农中农,并以实现土地国有为目的"。为赶走帝国主义在华势力,宪法大纲"宣布中国民族的完全自主与独立",不承认帝国主义在华的一切政治、经济特权,宣布一切不平等条约无效、否认一切反革命政府的一切外债,收回租界和租借地,"帝国主义手中的银行、铁路、航业、矿山、工厂等一律收归国有"。但也规定"在目前可允许外国企业重新订立租借条约,继续生产,但必须遵守苏维埃政府的一切法令"。

2. 确定苏维埃政权的阶级本质及组织形式

宪法大纲第 2 条规定:"中国苏维埃所建立的是工人和农民的民主专政的国家。苏维埃全部政权是属于工人、农民、红军及一切劳苦民众的。"只有工农兵有权选派代表掌握政权,剥夺"军阀、官僚、资本家、富农、僧侣及一切剥削人的人和反革命分子"的政治权利。第三条规定:"中华苏维埃共和国之最高政权为全国工农兵会议(苏维埃)的大会,在大会闭会期间,全国苏维埃中央执行委员会为最高政权机关。中央执行委员会下组织人民委员会,处理日常政务,发布一切法令和议决案。"

3. 确认并保障工农劳动群众的基本权利

《中华苏维埃共和国宪法大纲》宣布年满 16 岁以上的工农兵以及劳苦民众及其家属,无论男女、种族、宗教,均具有苏维埃选举权和被选举权。宣布"取消一切反革命统治时代的苛捐杂税"。规定实行八小时工作制,"创立社会保险制度与国家的失业津贴"。实行土地革命,改善农民生活。尤其是第 10 条"中华苏维埃政权以保证工农劳苦民众言论、出版、集会、结社的自由为目的",规定"用群众政权的力量,取得印刷机关(报馆、印刷所等)、开会场所及一切必要的设备,给予工农劳苦民众,以保障他们取得这些自由的物质基础"。虽然处在激烈的国内战争环境下,宪法大纲仍然规定"在进行革命战争许可的范围内,应开始施行完全免费的普及教育"。中国历代妇女身受多重压迫,宪法大纲第 11 条明确规定:"中华苏维埃政权以保证彻底的实行妇女解放为目的,承认婚姻自由,实行各种保护妇女的办法,使妇女能够从事实上逐渐得到脱离家务束缚的物质基础,而参加全社会经济的、政治的、文化的生活。"①

《中华苏维埃共和国宪法大纲》具有重要的历史意义。首先,《中华苏维埃共和国宪法大纲》的制定颁布,对于当时各个革命根据地的苏维埃政权建设以及全国人民革命运动都具有重要的指导意义。其次,宪法大纲确认了劳苦工农民众的各项基本权利,极大地鼓舞了根据地广大人民的革命斗志。再次,《中华苏维埃共和国宪法大纲》对于以后的革命政权建设提供了极其宝贵的历史经验。

然而,由于当时革命政权的政权建设尚处在探索阶段,又受到了左倾机会主义路线的一定影响,《中华苏维埃共和国宪法大纲》也存有一定的缺陷。主要表现在它在某种程度上混淆了民主革命与社会主义革命的界限,比如在提出了系统限制资本主义、并不马上消灭资本主义的同时,又强调对于一切剥削阶级分子的专政;在规定了剥夺地主土地分配给农民的同时,又强调要以土地国有化为目的;在明确现阶段革命政权性质为工农民主专政的同时,又提出要向无产阶级专政转化任务。这些都表现了急于求成、想尽快过渡为社会主义革命的左倾特征。在阶级路线上,宪法大纲也暴露出关门主义的特征,比如将一切雇佣他人劳动的人及其家属都划归敌对阶级分子,剥夺所有的政治权利;将工农联盟仅仅理解为工人与贫农的联盟,在三年后的第二次全国苏维埃代表大会上才加以修改,确定要团结中农的原则。另外在国家结构问题上,《中华苏维埃共和国宪法大纲》也照搬苏联的革命经验,企图套用联邦制模式,第 14 条规定"蒙、回、藏、苗、黎、高丽人等,凡居住在中国地域内的,他们有完全的自决权:加入或脱离中华苏维埃联邦,或建立自己的自治区域"。这既与宪法大纲主体条文所规定的国家结构形式有冲突,也没有考虑到中国具有的多民族统一国家的悠久历史传统。

(二)革命根据地的政府组织法

1.《革命委员会组织大纲》

在工农武装暴动、开始夺取政权时,一般先组织革命委员会作为临时性的政权机构。根据《革命委员会组织大纲》,②"革命委员会是工农兵代表会议——苏维埃政府没有产生以前工农兵的政权指挥机关";是"工农兵贫民夺取政权前,指挥暴动的政权机关组织"。在当地举行工农兵代表会议、组织苏维埃政府后,革命委员会即行取消。

革命委员会由当地工会、贫农会、赤卫队组织代表选举,或召集群众大会产生临时革命委员会。任期为 1 年(区级为 6 个月)。在有三分之二以上群众请求或本级代表会三分之二以上代表提议时,得改组革命委员会。革命委员会由代表大会选举执行委员会(县级为 9人、区级为 5 至 7 人)、常委会(3 人),并互推一人为主席,主持日常工作。革命委员会下设军事、财务、政治保卫、宣传、组织等科室。革命委员会得以指挥境内的群众团体,受理群众团

---

① 以上见《中国新民主主义革命时期根据地法制文献选编》第 1 卷,中国社会科学出版社 1981 年版,第 8—12 页。
② 见《中国新民主主义革命时期根据地法制文献选编》第 2 卷,第 95 页—99 页。

体或个人的控诉,筹划建设等事项。下级应"绝对服从"上级革命委员会的指挥。

2. 苏维埃中央政府组织法

1931 年 11 月第一次全国苏维埃代表大会上选举产生了临时中央政府。1934 年 1 月的第二次全国苏维埃代表大会又正式通过了《中华苏维埃共和国中央苏维埃组织法》(共有 10 章 51 条),①将临时中央政府的活动纳入了法制轨道。

根据该法,全国苏维埃代表大会为中华苏维埃共和国最高政权机关,每两年召集一次,大会选举产生的中央执行委员会为苏维埃代表大会闭会期间的最高政权机关,有权颁布、修改宪法以及各种苏维埃法律,制定法院系统组织,决定大政方针,组织指导红军等。中央执行委员会每 6 个月召开一次全会,闭会期间由选举产生的不超过 25 人的主席团为最高政权机关。第一届和第二届主席团主席都是毛泽东。在中央执行委员会下还设有最高法院、审计委员会。

中央执行委员会的行政机关为人民委员会,由中央执行委员会选任或撤销,向中央执行委员会及其主席团负责,按时报告工作。人民委员会由人民委员会主席以及外交、劳动、土地、军事、财政、国民经济、粮食、内务、司法人民委员和工农检察院②主席组成,管理日常行政工作和在指定范围内颁布法令及条例。人民委员会之下另设国家政治保卫局。

3. 苏维埃地方政府组织法

各地苏区早期在创建苏维埃政权都曾制订过一些地方性的政府组织法,其中较为典型的有《江西苏维埃组织法》《闽西苏维埃组织法》《湖南省工农兵苏维埃政府组织法》《鄂豫皖区苏维埃临时组织大纲》等。1931 年 11 月第一次全国苏维埃代表大会通过了《苏维埃地方政府的暂行组织条例》(共有 10 章 73 条)。从而在制度上统一了各苏区的政府组织法。

根据这一条例,地方苏维埃政府分为乡(市)、区、县、省 4 级。乡苏维埃政府为基层政府,由选民直接选举产生的乡苏维埃代表组成。代表会议选举乡苏维埃主席主持日常工作。规定乡苏维埃领取生活费的脱产工作人员不得超过 3 人(主席、交通、工作人员)。乡苏维埃全体代表会议每 10 天召集一次,每月须向全乡选民报告一次工作。"乡苏维埃有权解决未涉及犯法行为的各种争执问题"。

由于当时苏区拥有的城市都是小城市,城市苏维埃和乡苏维埃一样是苏维埃政权基层组织,也是由选民直接选举的苏维埃代表组成,并由全体代表大会选举主席团为常设机构,主席团选举主席、副主席。城市苏维埃可设置内务、劳动、文化、军事、卫生、粮食、工农检查、土地等科,以及总务处,并可任用指导员指导及巡视各机关工作。城市苏维埃可领取生活费的脱产工作人员不得超过 19 人,经济困难以及小城市不得超过 9 人。城市苏维埃应每月向选民报告一次工作,全体代表会议应每两周召集一次,主席团应每周召集一次会议。

区、县、省三级苏维埃仿照苏维埃中央,均由同级苏维埃代表大会选举成立执行委员会,执行委员会选举成立主席团,主席团选出主席、副主席。这三级执行委员会下都可以设置土地、财政、劳动、军事、文化、卫生、工农检查、粮食、内务等部,以及设立总务厅、组织财政审查委员会。其中劳动部可设劳动检查所和失业劳动介绍所,工农检查院下可设立控告局,省内

---

① 见《中国新民主主义革命时期根据地法制文献选编》第 2 卷,第 85 页—95 页。

② 当时中央及地方各级苏维埃政府设立的工农检察院和工农检察委员会是和党的各级监察委员会合署办公、对苏维埃工作人员进行政纪法纪监察的部门,有权向同级苏维埃政权各部门提出建议,检举并建议处罚或撤换同级苏维埃工作人员。下设有控告局和通信局,在各基层发展不脱产的通信员。

务部下可设民警所、市政所、刑事侦探局。各级执行委员会并可任用指导员指导、巡视下级苏维埃的工作。区执行委员会领取生活费的脱产人员不得超过 15 人,县执行委员会领取生活费的脱产人员不得超过 25 人。省执行委员会领取生活费的脱产人员不得超过 90 人。

由于各根据地处在割据状态,中央苏区以外的苏区往往也根据当地实际情况,制订本地的苏维埃政府组织法规,并不完全照搬中央苏区的制度。比如川陕苏区在 1933 年 11 月颁布的《川陕省苏维埃组织法》,①就将地方苏维埃政府分为村、乡、区、县、省 5 级,各级苏维埃政府的部门设置也有所不同。

二、抗日战争时期各抗日根据地的政权建设法律文件

1937 年 7 月抗日战争全面爆发后,中国共产党建立起众多的敌后抗日根据地,主要有晋察冀、晋冀鲁豫、晋西北、山东、苏北、苏皖等边区。至 1940 年,各抗日根据地的总人口已达一亿。由于当时实行国共第二次合作,名义上各边区是作为国民政府的"特区",边区政权和省政府相对应(其中山东因国民政府敌后省政府垮台,中国共产党领导的根据地政权即以省政府名义活动),同隶属于国民政府,但实际上各边区政权都是完全独立的,受位于陕甘宁边区的中国共产党中央领导。

(一)各抗日根据地的施政纲领

中国共产党在全面抗战爆发后不久就向中国国民党、全国人民、全国各党各派各界各军提出了彻底战胜日寇的"抗日救国十大纲领",②作为抗日民族统一战线共同纲领。在中国共产党领导的各抗日根据地,根据"抗日救国十大纲领",各根据地先后颁布了本地区的施政纲领,作为根据地政权建设的基本法。

较为典型、较有影响的施政纲领有 1938 年的《晋察冀边区军政民代表大会宣言》,1939 年的《陕甘宁边区抗战时期施政纲领》,1940 年的《晋察冀边区目前施政纲领》,1941 年的《晋冀鲁豫边区政府施政纲领》,1942 年的《对巩固和建设晋西北的施政纲领》、《淮南苏皖边区施政纲领》,1943 年的《山东省战时施政纲领》等。这些施政纲领的主要内容都紧紧围绕着抗日、团结、民主三大中心任务。

在抗日方面,抗日根据地施政纲领都明确规定,根据地抗日民主政权的总任务是团结边区各社会阶层、各抗日党派,动员一切人力、物力、财力、智力,开展游击战争,全民武装自卫,扩大抗日武装,惩治一切汉奸卖国贼,抗战到底。

在团结方面,根据抗日民族统一战线的总方针,强调一切抗日的党派、团体、军队的团结合作。中国共产党认为抗日根据地政权的阶级性质是"一切赞成抗日又赞成民主的人们的政权,是几个革命阶级联合起来对于汉奸和反动派的民主专政"。因此主动确定了根据地政权人员构成的"三三制"原则,即共产党员占三分之一,以保证党的领导权;非党的左派进步分子占三分之一,以争取小资产阶级;不左不右的中间派占三分之一,"目的在于争取中等资产阶级和开明绅士"。③

---

① 见《中国新民主主义革命时期根据地法制文献选编》第 2 卷,第 150—162 页。
② 见毛泽东为中共中央起草的宣传鼓动提纲《为动员一切力量争取抗战胜利而斗争》,《毛泽东选集》第 2 卷,人民出版社 1966 年版,第 324—329 页。主要内容为打倒日本帝国主义、全国军事总动员、全国人民总动员、改革政治机构、实行抗日外交、实行战时财经政策、改良人民生活、实行抗日教育、肃清汉奸卖国贼、实现民族团结。
③ 见毛泽东为中共中央起草的党内指示《抗日根据地的政权问题》,《毛泽东选集》第 2 卷,第 700 页。

在民主方面,各抗日根据地的施政纲领规定一切抗日的民众都享有广泛的民主权利,不分阶级、职业、文化程度、宗教信仰,保护一切抗日人民的人权、政治权利、财产权利,以及集会、出版、结社、信仰、居住、迁徙的自由。除了汉奸、神智不正常者以外,凡年满18岁以上者都享有选举权和被选举权。实行普遍、平等、直接、无记名投票选举制度。为了保证贫苦民众能够确实行使这些权利,很多边区的施政纲领都规定必须改善人民生活,选举费用全部由边区政府承担。还有不少根据地还进一步制定了有关保障人权、财产权利的单行条例,如1941年《冀鲁豫保障人民权利暂行条例》,1942年《陕甘宁边区保障人权财权条例》《晋西北保障人权条例》等。

（二）各抗日根据地的政府组织法

各抗日根据地的政府体制在形式上略同于国民政府在全面抗战爆发后颁布的一些法律制度。有的边区如陕甘宁边区建立乡、县、边区三级政权,也有的边区如晋察冀、晋冀鲁豫、山东等建立村、区、县、边区四级政权。由于敌后抗日根据地往往被日寇占领区分割,难以形成大片的行政区域,因此往往在边区和县之间设立行政督察专员公署(或称政治主任公署)作为边区(省)政府派出机构,实行就近领导。规定以各级参议会为民意机关,选举成立政府(或称行政委员会、行政公署)为行政机关。

较为典型的抗日根据地参议会组织法有1939年的《陕甘宁边区各级参议会组织条例》,1940年《晋察冀边区参议会暂行条例》(1943年修改),1942年《晋西北临时参议会组织条例》《山东省临时参议会组织条例》等。这些组织条例都规定参议会的参议员由人民直接选举,但是也可以由同级政府聘请勤劳国事、抗日有功、在社会、经济、文化方面有名望的人士为参议员,其名额一般不得超过参议员总数的十分之一或十五分之一。一般边区参议会每年举行一次,县参议会每半年一次,乡参议会每两三个月一次。闭会期间由选举产生的常驻(或称驻会)委员(县一般5至9人,边区一般9至15人)处理日常事务。各级参议会具有选举罢免同级政府委员和法院院长,创制复决边区单行法规,监察弹劾公务人员,通过政府预算等权力。参议员的任期各边区不尽相同,有的为两年,有的为3年。

根据各边区的政府组织法,边区政府一般都采取委员制,有的称"行政委员会"(如晋察冀),有的称"战时行政委员会"(如山东),有的称"行政公署"(如晋西北),均由同级参议会选举产生,任期与参议员任期相同。边区政府有的设主席、副主席(如陕甘宁),有的设正、副主任委员(如晋察冀)。边区政府一般设民政、财政、教育、实业、秘书等厅(处)。县政府委员会也由县参议会(或称县议会)选举,设县长及民政、财粮、教育、建设等科室。边区基层政权有的为村(如晋察冀、晋冀鲁豫、山东),有的为乡(如陕甘宁),规定均应由人民直接选举产生。

三、第三次国内革命战争时期解放区的政权建设法律文件

这一时期各解放区人民民主政权建设可以划分为从抗日战争胜利至1947年7月战略大反攻以前,以及大反攻以后至中华人民共和国成立前夕这样两个阶段。由于全国性的人民民主政权尚未成立,因此有一些中国共产党以及中国人民解放军发布的文告、宣言,实际上起着规范各解放区人民民主政权建设的重要作用。

（一）大反攻以前的解放区政权建设法律文件

1945年的政治协商会议,议决中央与地方采取"均权主义",实行省自治,各省可以制订

省宪。由此各解放区先后修订原先抗战时期制定的民主政权施政纲领,强调解放区政权的独立自主性质。较为典型的施政纲领有 1946 年 4 月制定的《陕甘宁边区宪法原则》,1946 年 8 月制定的《东北各省市民主政府共同施政纲领》,1947 年 4 月《内蒙古自治政府施政纲领》等。这些施政纲领的主要特点如下。

(1) 在政权形式上准备从参议会向人民代表会议制度过渡。如《陕甘宁边区宪法原则》第一条即明确规定:"边区、县、乡人民代表会议(参议会)为人民管理政权机关。"① 人民经普遍、直接、平等、无记名投票选举各级人民代表,由各级人民代表会议选举政府工作人员,各级政府向同级人民代表会议负责。《内蒙古自治政府施政纲领》规定:自治政府以下各级政府由各级人民代表会议选举,自治政府由人民选举的内蒙古参议会选举。

(2) 突出强调武装自卫原则。如《东北各省市民主政府共同施政纲领》第 5 条规定:"巩固爱护东北民主联军和人民自卫武装,以保卫东北的和平民主。"②《内蒙古自治政府施政纲领》第 9 条规定:"建设与发展内蒙古人民自卫军。……必须保卫民族与人民的利益,坚决粉碎大汉族主义者(指国民党军队)侵略,争取自卫战争胜利。"③

(3) 提出土地改革目标。如《陕甘宁边区宪法原则》强调要保障耕者有其田。《东北各省市民主政府共同施政纲领》第 3 条规定:"彻底实行减租减息,分配大汉奸土地给无地少地的农民,以期达到'耕者有其田'之目的。"④《内蒙古自治政府施政纲领》第 10 条规定:"对罪大恶极的蒙奸恶霸的土地财产予以没收,分给无地及少地的农民及贫民。"⑤

(4) 强调实行民族区域自治。《陕甘宁边区宪法原则》《东北各省市民主政府共同施政纲领》等根据地的施政纲领都规定了各民族一律平等,少数民族聚居区可组织民族自治政府,制定民族区域自治法规。1947 年 5 月成立的内蒙古自治政府就是中国第一个民族区域自治政府,《内蒙古自治政府施政纲领》宣布:自治政府是"内蒙古蒙古民族各阶层联合内蒙古区域内各民族实行高度自治的区域性的民主政府",⑥《内蒙古自治政府暂行组织大纲》也明确规定自治政府只有在不抵触中央民主政府法令的范围内才得以制定单行法规。

(二) 大反攻以后的解放区政权建设法律文件

1947 年 7 月,中国人民解放军开始转入战略反攻。1947 年 10 月 10 日,中国人民解放军总部发布《中国人民解放军宣言》,正式提出"打倒蒋介石,解放全中国"的口号,并宣布了中国人民解放军,也就是中国共产党的八项基本政策。⑦ 这一宣言是各解放区政权建设的政治纲领,也成为以后召集新政治协商会议的基础。

1948 年 8 月,原晋察冀边区和原晋冀鲁豫边区合并,举行了华北临时人民代表大会,通过了《华北人民政府施政方针》,选举成立了华北人民政府。以后中原、东北等大解放区也先后召开人民代表大会,成立大区人民政府,为 1949 年 10 月中央人民政府的成立做好了准备。

《华北人民政府施政方针》是这一时期人民民主政权施政纲领的典型代表。华北人民政

① 见《中国新民主主义革命时期根据地法制文献选编》第 2 卷,第 59 页。
② 同上书,第 67 页。
③ 同上书,第 69 页。
④ 同上书,第 67 页。
⑤ 同上书,第 70 页。
⑥ 同上书,第 66 页。
⑦ 见《毛泽东选集》第 4 卷,第 1181—1182 页。

府是最早的大区人民政府(1948年5月已成立华北联合行政委员会),这一施政方针由"序言"以及"军事方面""经济方面""政治方面""文化教育方面""关于新解放区与新解放城市的政策"5部分组成。其主要内容如下:

(1)确定华北人民政府当前首要任务。"继续以人力、物力、财力支援前线"。争取人民解放战争在全国的胜利。同时"有计划地、有步骤地进行各种建设工作,恢复和发展生产";建设民主政治,培养干部人才,"以奠定新中国的基础"。

(2)确立各级人民代表会议制度以及人民政府体制。规定由各级人民代表会议选举产生各级人民政府,建立完善村、县、省、大区人民政权体系。并强调在县以上的各级人民政府中"必须使各民主阶级,包括工人、农民、独立劳动者、自由职业者、知识分子、自由资产阶级和开明绅士,尽可能地都有他们的代表参加进去,并使他们有职有权"。同时通过的《华北人民政府组织大纲》规定华北人民政府采用委员会制,政府委员由华北人民代表大会选举产生,政府委员会下设民政、教育、财政、工商、农业、公营企业、交通、卫生、公安、司法各部,以及财政经济委员会、水利委员会,华北人民法院、华北人民监察院、华北银行、秘书厅等机构。其中的监察院负责检查、检举并决议处分各级干部。政府委员会设主席、副主席。华北人民政府日后成为中央人民政府的雏形。

(3)阐明经济政策。该施政方针用了相当篇幅阐明新民主主义的经济政策,规定农村实行土地改革,确认农民经土改获得的土地的所有权,并也提出了发展生产互助合作组织的方向。强调要努力发展工商业,以公营企业领导私营企业,以发展生产、繁荣经济、公私兼顾、劳资两利为发展工商业的总方针。

(4)宣布对于新解放区和新解放城市的政策。规定对于新解放城市采取保护和建设的方针。消灭反动武装,逮捕惩治破坏活动分子,没收一切官僚资本企业,保护私人工商业。对于一切遵守人民解放军和人民政府法令的人民和团体,无论劳动者、资本家、地主(包括逃亡地主),一律予以保护。①

第二节　土地立法及政策

中国共产党认为:"地主阶级是帝国主义统治中国的主要的社会基础,是用封建制度剥削和压迫农民的阶级,是在政治上、经济上、文化上阻碍中国社会前进而没有丝毫进步作用的阶级。"②进行土地革命、打倒地主阶级被认为是中国革命最主要的使命,也是最重要的社会动员方式。因此土地立法具有极其重要的意义。

一、第二次国内革命战争时期的土地革命法律

(一)早期苏区的土地革命立法

1927年中国共产党"八七会议"决定在农村发动土地革命。1927年11月,广东海陆丰红区工农兵代表大会通过了没收土地决议案。以后各农村根据地在建立后都曾在中共中央的政策指

---

① 以上可见《中国新民主主义革命时期根据地法制文献选编》第1卷,第71—85页。
② 毛泽东:《中国革命和中国共产党》,《毛泽东选集》第2卷,第601页。

导下制订土地革命法令。较为典型的有 1928 年毛泽东起草的井冈山苏区《土地法》,1930 年闽西第一次工农兵代表大会"土地法令"、《湖南省工农兵苏维埃政府暂行土地法》、湘鄂西第二次工农兵贫民代表大会通过的《土地革命法令》《右江苏维埃政府土地法暂行条例》,以及全国苏维埃区域代表大会通过的《土地暂行法》,由中国革命军事委员会颁布的《苏维埃土地法》等。这些土地法在没收土地的范围、土地分配对象及分配方法、农民分得土地的权利性质方面各有不同,反映了对于进行土地革命道路的艰苦探索和对于实践经验的总结。

(1)关于没收土地的范围:井冈山《土地法》、闽西土地法令、军委《苏维埃土地法》等都规定没收一切私人、团体所有的土地归苏维埃所有。而 1929 年的兴国县苏维埃土地法、湘鄂西《土地革命法令》《右江苏维埃政府土地法暂行条例》《土地暂行法》则规定无偿没收一切地主及富农出租剥削的土地、公共土地、从事反革命活动者的土地。

(2)土地的分配对象及方法:井冈山《土地法》、闽西土地法令、军委《苏维埃土地法》等规定以乡为单位,按人口平均分配所有的土地(地主豪绅反革命及其家属也可酌量分配)。尤其是军委《苏维埃土地法》规定要"抽多补少、抽肥补瘦",彻底平分土地。[1] 也有的规定可以按照劳动力分配。而《土地暂行法》等则规定将没收来的土地分配给无地或少地农民,强调具体分配方法由各乡苏维埃代表会议决定。

(3)土地的权利:井冈山《土地法》、闽西土地法令、军委《苏维埃土地法》等都规定土地所有权归苏维埃政府,土地分配后农民获得耕种权,发给耕种证,但不得买卖、抵押,没有处分权。闽西土地法令还规定农民使用权 5 年为限,5 年后重新分配。其他的苏区土地法一般也只承认农民有使用权。

(二)1931 年《中华苏维埃共和国土地法》

1931 年 11 月第一次全国苏维埃代表大会上通过了《中华苏维埃共和国土地法》,[2]成为第二次国内革命战争时期最重要的土地革命法律。这个法律共有 14 条,主要内容为:

(1)规定没收一切地主、富农、反革命分子及农村的公共土地(指祠堂、庙宇土地)以及一切地主豪绅、军阀的动产、不动产。同时宣布废除一切原有土地及债务契约。

(2)规定以"最有利于贫农、中农利益的方法"分配没收来的土地。该法律没有具体规定没收来土地的分配方法,仅规定由各地苏维埃代表会议选择按人口或按劳动力分配;或对中农、贫农按人口平均分配,对富农按劳动力分配。并指出"平均分配一切土地,是消灭土地上一切奴役的封建关系及脱离地主所有权的最彻底的办法",但强调这只能在农民有充分觉悟、大多数农民自愿的情况下才可以进行,"不能由命令来强制执行"。由于左倾机会主义的影响,这部土地法在土地分配上确定了"地主不分田,富农分坏田"的原则,即规定"被没收土地以前的所有者(指地主),没有分配任何土地的权利";富农在自己劳动、不参加反革命活动的情况下,"可以获得较坏的劳动分地"。

(3)明确农民具有分配所得土地的处分权。该土地法认为:"土地与水利的国有,是彻底消灭农村中一切封建关系,而事实上就是使农村经济达到高度的,迅速的发展必经步骤。"但实行土地国有,需要有中国重要区域土地革命胜利和基本农民群众拥护这样两个前提条件,目前"仍不禁止土地的出租与土地的买卖",仅确认水利、江河、湖沼、森林、牧场等的

---

[1]　见《中国新民主主义革命时期根据地法制文献选编》第 4 卷,第 11 页。

[2]　同上书,第 15—19 页。

国有。

（三）对于《中华苏维埃共和国土地法》的补充和修正

由于《中华苏维埃共和国土地法》条文比较简单，各苏区在实施这部法律时，往往制订一些具体的条例，如1931年12月的《江西省苏维埃政府对于没收和分配土地的条例》，1934年12月《湘鄂川黔省革命委员会没收和分配土地的暂行条例》等。

值得注意的是，在中央红军长征至陕北后，中共中央修正了《中华苏维埃共和国土地法》中的一些左倾错误。1935年12月，毛泽东以苏维埃执行委员会主席身份发布《关于改变对富农策略》的命令，规定在开展土地革命时仅没收富农出租剥削部分的土地，其自耕及雇工剥削的土地不予没收。如果是实行平分一切土地的区域，应该分配给与其他农民同样的土地。1936年7月，又宣布对于地主在没收其土地后，仍应分给土地以及耕种必需的生产工具和生活资料。

二、抗日战争时期根据地的土地法规

为适应抗日民族统一战线的形势，陕甘宁边区在1937年4月就停止实行没收地主土地的土地革命政策。1937年8月中国共产党发布的《抗日救国十大纲领》中明确提出"减租减息"的口号。

抗日战争时期各抗日根据地先后发布了大量的以减租减息为中心内容的土地法规，影响较大的如1938年2月《晋察冀边区减租减息单行条例》（1940年2月重新修正颁布），1939年4月《陕甘宁边区土地条例》，1940年11月《山东省减租减息暂行条例》，1941年4月《晋西北减租减息暂行条例》，1941年11月《晋冀鲁豫边区土地使用暂行条例》等。这些法规主要内容如下。

（一）保护土地所有权

在已经经过了土地革命的区域，根据地的土地立法坚决保护农民已分配到的土地的所有权。如陕甘宁边区在1938年4月专门发布《陕甘宁边区土地所有权证条例》，向现有的土地所有人发放土地证。同时发布政府布告，明确宣布在经过土地革命地区，如地主回乡参加抗日，可以和农民同样分配土地，但"已没收了的土地不应还原主，分配了的房屋不得翻案，已取消了的租债不得再索取"。在未经过土地革命地区则保护一切现有的土地所有权，保护土地所有人自由使用、收益、处分（买卖、典当、抵押、赠与、继承等）权利。《晋冀鲁豫边区土地使用暂行条例》有"逃亡地主土地"专章，规定逃亡地主如未委托他人代为经营土地，其土地由当地政府暂为代管，本人回归时发还土地及地租（扣除应纳赋税及管理费用）。仅没收死心塌地汉奸卖国贼的土地，分配给荣誉军人、贫苦抗属、无地少地的贫苦农民，或由政府出租以补财政收入。

（二）减轻地租25%

抗日根据地土地立法沿用大革命时期"二五减租"的口号，以及南京国民政府土地法有关地租不得超过土地正产品年收获量375‰的规定，明确规定凡未经土地革命的地区，地主出租土地的地租必须比抗战前原租额减轻25%。同时禁止地主征收"杂租"（在租额外索取各种实物）、"小租"（佃户对于庄头收租人交纳的费用）、"大粮"（地主所放的高利贷粮食债务）、"送工"（佃户无偿为地主服役），以及预收地租、押租之类的额外剥削。各根据地都根据当地具体情况，详细规定各种土地租佃方式的地租限额（一般不得超过375‰）。并明文禁止地主在减租开始前预先提高地租。还有不少根据地如晋西北、太岳等地都规定在开始实施减租以前的欠租一律作废。

为了规范减租后的土地租佃关系,不少根据地还专门制定了土地租佃的单行条例,如1943年1月《晋察冀边区租佃债息条例》,1942年《山东省租佃暂行条例》,1944年《陕甘宁边区土地租佃条例》等。

（三）减轻债务利息

农村高利贷剥削是中国农村传统剥削主要方式之一。抗日根据地减租减息法令限制高利贷的主要途径:一是限制利率;二是限制利息的总额;三是利息外的剥削。

各根据地减租减息条例一般都规定农村借贷利率,年利率不得超过10%或15%。原有利率应降低至限制利率以下,超过部分利息不得追讨。新订立的契约原则上应按这一限制利率订立。

大多数根据地都规定,开始减租减息以前的旧有债务应按照减息后的利率标准计算,如果按此利率累计还息已达一本一利(超过原本200%),债务即告清偿。

根据地的减租减息条例都规定禁止一切利息外的剥削方式,比如"出门利""剥皮利""臭虫利"之类的名目。废除赌博债务。

三、第三次国内革命战争时期解放区土地立法

在第三次国内战争时期,解放区开展了轰轰烈烈的土地改革运动,指导、规范这场运动的中国共产党的土地政策以及根据地人民政权的土地立法,大致经过了以下的三个阶段。

（一）"五四指示"以及各根据地的土地改革运动

抗日战争胜利后,中国共产党以实现"耕者有其田"为政治口号,准备改变土地政策。中国共产党中央在1946年5月4日发出了由刘少奇主持起草的《中共中央关于土地问题的指示》(简称"五四指示")。[①] 这个指示的主要内容是:

（1）明确土地改革迫切性。指出:"解决解放区的土地问题是我党目前最基本的历史任务,是目前一切工作的最基本的环节。"

（2）采用群众运动方式实行土地改革。指出:"真正发动群众,由群众自己动手来解决土地问题,绝对禁止使用违反群众路线的命令主义、包办代替及恩赐等办法。"

（3）确定一些主要的土改原则。比如确定"一般不变动富农的土地",给身为抗属的地主多保留一些土地,适当照顾中小地主生活,保全地主、富农的工商业资产。动员农民群众集中斗争汉奸、豪绅、恶霸地主。

"五四指示"没有规定解决土地问题的具体方案,只是提出了一些群众创造的方式:没收、分配大汉奸土地;减租迫使地主向具有先买权的农民出卖土地或抽部分地自耕;通过清算地主高额租息、霸占之类无理剥削,地主被迫卖地;等等。

"五四指示"发出7个月内,有三分之二的解放区进行了土地改革,主要是由各解放区的党组织发动领导的,一般都没有进行正式的土地立法。各地的土改方式也不尽相同,但大多采用了土地革命战争时期进行激烈的阶级斗争,无偿没收地主土地、按人口平均分配的

---

① 刘崇文、陈绍畴:《刘少奇年谱》下册,中央文献出版社1996年版,第43页。全文见《中国新民主主义革命时期根据地法制文献选编》第4卷,第417—422页。

方式。

（二）《中国土地法大纲》

随着战争向国民党统治地区的推进,急需中共中央明确统一全国的土地改革具体方式。1947年7月中共中央召开了全国土地会议,会议经长时间的讨论酝酿,于9月间通过了《中国土地法大纲》,并且于1947年10月10日公布。

《中国土地法大纲》共有16条,其主要内容如下。

（1）宣布废除封建性半封建性剥削的土地制度。规定废除一切地主、祠堂、庙宇、寺院、学校、机关及团体的土地所有权,同时宣布废除一切乡村中土改以前的旧有债务。旧的土地契约、债约一律撤销。接收地主的牲畜、农具、房屋、粮食及其他财产,征收富农上述财产的多余部分。

（2）规定土地分配方法。规定以乡村为单位,按人口平均分配一切土地。地主的土地和公地、"连同乡村中其他一切土地,按乡村全部人口,不分男女老幼,统一平均分配。在土地数量上抽多补少,质量上抽肥补瘦,使全乡村人民均获得同等的土地"。接收的牲畜、农具、房屋、粮食及其他财产也平均分配给贫困农民,"使全乡村人民均获得适当的生产资料及生活资料"。地主及其家属也分得与农民同样的土地与财产。国民党官兵家属也可以分得与农民同样的土地与财产。

（3）确认人民对于所分得土地的所有权。规定凡人民分配得到的土地归个人所有,由政府发给土地所有证,并承认其有自由经营、买卖及在特定条件下（如身老孤寡、家无劳力）可以出租的权利。

（4）确定乡村土地改革的合法执行机关为乡村农民大会、贫农团大会、区县省级农民代表大会。由乡村农会接收地主的土地、财产,并由农会主持分配一切土地,分配接收、没收得来的财产。还规定由农民大会选派的代表和政府委派人员组成人民法庭,审判处分一切违抗、破坏土改的罪犯。

（5）确认保护工商业的原则。规定在土地改革中应"保护工商业者的财产及其合法的经营,不受侵犯"。

《中国土地法大纲》公布后,很多解放区还根据《中国土地法大纲》制订了本地的施行办法,如《晋冀鲁豫边区政府颁布施行中国土地法大纲补充办法（草案）》《东北解放区实行土地法大纲补充办法》等。

（三）对于《中国土地法大纲》平分一切土地原则的修正

中国共产党确定的土地改革总路线是:"依靠贫农,团结中农,有步骤地、有分别地消灭封建剥削制度,发展农业生产。"[1]而《中国土地法大纲》规定的按人口平分农村一切土地的原则,在贯彻时很容易导致中农的抵触情绪,延缓土地改革的进程。在新解放地区立即进行平分土地更为困难。

1947年12月,毛泽东在中共中央会议上做《目前形势与我们任务》的报告中已经指出"坚决地团结中农"的重要性,提出在平分土地时必须注意中农的意见,"如果中农不同意,则应向中农让步"。[2] 1948年2月中共中央发出《关于在老区半老区进行土地改革工作和整党

---

[1]　毛泽东:《在晋绥干部会议上的讲话》,《毛泽东选集》第4卷,第1256页。
[2]　《毛泽东选集》第4卷,第1193页。

工作的指示》,①明确在已经过土地改革的老解放区(指抗战胜利前的解放区)、半老区(指抗战胜利后至 1947 年 7 月大反攻前的解放区),不再平分土地,仅在必要时才采取抽多补少、抽肥补瘦的办法调剂一部分土地财产给尚未彻底翻身的贫困农民。在未经过土地改革的上述地区,应以地主以及旧式富农的土地财产为平分重点,新式富农以及中农的多余土地仅在确有必要和本人确实同意的条件下才能抽调。新解放区(指大反攻以后解放的地区)对一切中农的土地不再抽调。

根据中共中央的这一系列指示,大反攻以后解放地区基本上不再平分所有土地。1949 年 8 月毛泽东代表中共中央发给各野战军及各中央局的电报中强调今后土地改革采取"中间不动两头平"的政策,并指出"在中央政府成立后,土地法大纲须要有所修改"。② 这一政策的修正对于中华人民共和国成立后的土地改革法有重要的影响。

第三节　刑事立法及政策

新民主主义革命时期各革命根据地为了巩固新生的革命政权,保障翻身农民的权利,保证革命军队的军事活动,刑事立法以及刑事政策主要集中在镇压反革命活动方面。

一、第二次国内革命战争时期苏区的肃反法规

第二次国内革命战争时期苏区在激烈的阶级斗争中建立并发展,肃反法规是当时刑事立法的主要内容。各苏区都曾制定肃反法规,推进肃反运动。如 1930 年闽西苏维埃布告《惩办反革命条例》,1932 年《湘赣省苏区惩治反革命暂行条例》,1934 年《川陕省苏维埃政府肃反执行条例》等。

1934 年 4 月公布的《中华苏维埃共和国惩治反革命条例》③是第二次国内革命战争时期最为典型、影响最大的刑事法规,共 41 条。规定:"凡一切图谋推翻或破坏苏维埃政府及工农民主革命所得到的权利、意图保持或恢复豪绅地主资产阶级的统治者,不论用何种方法都是反革命行为。"该条例列举了组织反革命武装侵犯苏维埃领土、组织反苏维埃暴动等 28 种反革命罪行。并规定可以类推适用该条例:"凡本条例所未包括的反革命罪行,得按照本条例相似的条文处罚之。"

该条例规定无论中国人、外国人,无论是否在苏维埃领土上,犯有反革命罪行都要按照本条例处罚。未满 16 岁的未成年人可减轻刑罚,未满 14 岁的幼年人交由教育机关实施感化教育。工农分子犯有并非领导的或重要的反革命罪行,可以酌情减轻刑罚。对苏维埃有功绩者,也可以减轻刑罚。该条例所规定的主刑有死刑、6 个月以上至 10 年的监禁。附加刑为没收财产和剥夺公民权。

《中华苏维埃共和国惩治反革命条例》也存在左倾机会主义路线的影响,如死刑适用面过宽,28 种反革命罪名有 27 种适用死刑;在定罪量刑上有"唯成分论"的倾向。

由于处在紧张激烈的阶级斗争中,肃反往往发生扩大化的倾向,毛泽东在党的"八大"预

---

① 见《毛泽东选集》第 4 卷,第 1205 页注释。
② 《毛泽东文集》第 5 卷,人民出版社 1996 年,第 324 页。
③ 《中国新民主主义革命时期根据地法制文献选编》第 3 卷,第 5—11 页。

备会议上也承认当年在苏区"肃反时我犯了错误,第一次肃反肃错了人"。① 同时在左倾机会主义路线怀疑一切、夸大敌情、混淆界限错误的影响下,各苏区的肃反都曾不同程度上出现肃反扩大化的错误,给革命造成无可挽回的损失。

二、抗日战争时期根据地的刑事立法和政策

抗战时期各抗日根据地的刑事立法主要形式是各类单行法规。这一时期根据地的刑事立法及政策与第二次国内战争时期的苏区相比有了明显的发展。

（一）刑法政策的发展

抗战时期根据地刑事政策在以下两个方面的发展最为显著。

1. 贯彻镇压与宽大相结合的原则

如《陕甘宁边区施政纲领》中指出:"对于汉奸分子,除绝对坚决不愿悔改者,不问其过去行为如何,一律实行宽大政策,争取感化转变,给以政治上之出路,不得加以杀害、侮辱、强迫自首或强迫其写悔过书。对一切阴谋破坏边区分子,如叛徒分子、反共分子等,其处置办法仿此。"②将刑事法律镇压的重点集中于一小撮死不改悔的汉奸及其他犯罪分子,对于一般分子、愿意改悔的分子则采取宽大教育政策。1942年11月中共中央又发出"关于宽大政策的解释"指出:"我们在惩治破坏分子时,主要的应是惩治那些首要分子,其次才是惩治那些胁从分子。同时,我们的宽大政策,主要的是施行于胁从分子,其次才是施于首要分子。总之,以表示真正改悔与否为决定政策的标准。"

2. 贯彻法律面前人人平等原则

抗日根据地不再采取苏区时期以阶级出身作为定罪量刑标准之一的做法,贯彻法律面前人人平等的原则,不因被告或罪犯的本人成分或家庭出身而加重或减轻刑罚。各根据地的施政纲领及人权条例中都明确这一原则。如《山东省保障人权条例》规定:"凡中华民国国民,无男女、种族、宗教、职业、阶级之区别,在法律上、政治上一律平等。"③《陕甘宁边区保障人权财权条例》规定:"边区一切抗日人民,不分民族、阶级、党派、性别、职业与宗教,……并享有平等之民主权利。"④

（二）刑事立法的主要内容

抗日根据地刑事单行法规内容繁多,较有特色的以下几个方面。

（1）惩治汉奸特务。各根据地都制定了有关这一方面的刑事单行条例。如《陕甘宁边区抗战时期惩治汉奸条例(草案)》《晋察冀边区行政委员会处理汉奸财产办法》《晋冀鲁豫边区汉奸财产没收处理暂行办法》《山东省战时除奸条例》《苏中行政公署、苏中军区司令部联合公布处理汉奸军事间谍办法》等。这些法规都规定对于汉奸罪要处以有期徒刑,直至死刑,并且一般都附加没收财产(一部或全部)。

（2）保护人民坚壁财产。敌后抗日根据地在频繁进行"反扫荡"斗争的特定环境下,为防止敌寇掠夺破坏财物,每当敌寇扫荡,军民就将公私财物转移隐藏于地窖、山沟等隐蔽场所,称之为"坚壁清野"或"空室清野"。为了保护这种特定场所的财物,各根据地几乎都曾发

---

① 《毛泽东文集》第7卷,人民出版社1999年,第106页。
② 《中国新民主主义革命时期根据地法制文献选编》第1卷,第35页。
③ 同上书,第90页。
④ 同上书,第91页。

布专门的条例,如《晋察冀边区破坏坚壁财物惩治办法》《晋冀鲁豫边区惩治盗毁空室清野财物办法》《胶东区惩治窃取空舍清野财物暂行办法》等。这些法规对于盗毁坚壁清野财物行为都予以严惩,比一般的盗窃罪加重处罚。尤其是对于勾结敌寇盗毁坚壁财务者,要处10年以上有期徒刑、无期徒刑或死刑。

(3)惩治贪污行为。各抗日根据地都曾公布惩治贪污的单行法规,如《陕甘宁边区惩治贪污条例(草案)》《晋察冀边区惩治贪污条例》《晋冀鲁豫边区惩治贪污暂行办法》《晋西北惩治贪污暂行条例》《山东省惩治贪污暂行条例》等。这些法规都对贪污行为规定了极其严厉的处罚方法,如《晋察冀边区惩治贪污条例》规定:贪污数额合500斤小米市价以上者,处10年以上有期徒刑或无期徒刑、死刑;贪污数额合300斤以上至500斤小米市价未满者,处7年以上有期徒刑或无期徒刑、死刑;贪污数额合100斤以上至300斤小米市价未满者,处1年以上至7年以下有期徒刑;贪污数额不满100斤小米市价者,处1年以下有期徒刑或拘役,得并科或专科300斤以下小米市价的罚金。而且凡贪污罪都必须追缴财产,无法追缴时得没收财产抵偿。值得注意的是,这些法规所定的贪污罪是广义上的,包括挪用公款、浪费公有财物供私人挥霍享乐、收受贿赂等行为。

各抗日根据地刑事立法基本采用了国民政府刑法典的刑罚体系,但又根据当地情况加以变通。比如晋察冀、晋冀鲁豫边区基本采用的是刑法典的刑罚体系,有死刑、无期徒刑、有期徒刑、拘役、罚金5种主刑和褫夺公权、没收财产两种附加刑;而陕甘宁边区则没有无期徒刑,有死刑、有期徒刑(6个月至10年)、苦役(或称劳役,1至6个月)、拘役4种主刑和褫夺公权、没收财产、罚金3种从刑。

三、第三次国内革命战争时期解放区的刑事立法和政策

(一)刑法原则的发展

(1)刑事政策的发展。这一时期解放区对于汉奸、反革命分子的刑事政策在抗战时期的基础上进一步明确为"首恶者必办,胁从者不问,立功者受奖"。[1]

(2)在刑罚种类上创设了"管制"刑。将已登记的反动分子交给当地政府及群众监督,限制其自由,责令其每隔一定时间必须向指定机关报告行踪。

(二)刑事立法及政策的主要内容

(1)镇压地主恶霸。为了保障土地改革运动的开展,《中国土地法大纲》规定对于破坏土地改革者要加以惩处的原则。很多解放区为此制订了专门的刑事单行条例,如《晋冀鲁豫边区破坏土地改革治罪暂行条例》规定凡带头组织、勾结反动武装对农民进行反攻倒算,杀害干部、农民,或以其他方式严重危害农民利益者,要处以死刑;次要分子以及帮助、包庇分子要处1至5年的劳役;一般的盲从、胁从分子分别判处1年以下的劳役或其他处分。

(2)惩办战争罪犯。《中国人民解放军宣言》宣布"逮捕、审判和惩办以蒋介石为首的内战罪犯"。[2] 1948年11月1日,解放军总部又发布"惩治战争罪犯命令",同年12月25日公布了以蒋介石为首的第一批战犯名单。

(3)肃清政治土匪。各解放区往往专门制订肃清政治土匪的单行法规。如《淮海区惩

---

① 《中国人民解放军宣言》,《毛泽东选集》第4卷,第1182页。
② 《毛泽东选集》第4卷,第1182页。

治盗匪暂行条例》《苏皖边区危害解放区紧急治罪暂行条例》《辽北省惩治土匪罪犯暂行办法》《内蒙古自治政府为清剿流窜叛匪与昭告蒋匪溃兵特务自首自新的布告》等。

（4）取缔反动党团、特务组织。在新解放区，人民政府及军管会都要发布文告，宣布取缔国民党、三青团、中国青年党、民主社会党①等反动党团及其附属的一些组织。尤其宣布取缔中国国民党党员通讯局（即原"中统"）、国防部保密局（即原"军统"）等特务间谍组织。收缴武器，禁止活动，查封机关，没收全部财产档案，勒令所有反动党团骨干分子、特务分子在一定期限内向公安机关登记自首，交出武器证件，并剥夺其政治权利，由当地政府群众管制。

（5）解散一切反动道会门组织。中国农村社会往往有不少迷信组织，比如"大刀会""一贯道"等名目，1949 年 1 月，华北人民政府公布《解散所有会道门封建迷信组织的布告》，规定解散一切会道门组织，停止组织活动，会道门首要分子必须向公安部门登记，如有和匪特勾结者必须逮捕法办。一般成员停止活动即不予以追究。

第四节　婚姻立法

毛泽东在《湖南农民运动考察报告》中指出中国的妇女身受政权、族权、神权、夫权的压迫，"是束缚中国人民特别是农民的四条极大的绳索"。② 中国共产党认定解放妇女是重要的革命内容，而解放妇女就要从婚姻问题入手。因此婚姻立法是新民主主义革命时期革命根据地重要的立法内容。

一、第二次国内革命战争时期苏区的婚姻立法

各苏区很早就将婚姻立法提上议事日程，早期较有影响的婚姻法有 1930 年闽西第一次工农兵代表大会通过的《婚姻法》，1931 年湘赣苏区《婚姻条例》《鄂豫皖工农兵第二次代表大会婚姻问题决议案》等。1931 年 12 月中华苏维埃共和国中央执行委员会公布了《中华苏维埃共和国婚姻条例》7 章 23 条。这个法规后来在 1934 年 4 月被《中华苏维埃共和国婚姻法》取代。

《中华苏维埃共和国婚姻法》③共有 7 章 21 条，主要内容如下。

（一）确定新型婚姻制度的原则

规定"男女婚姻以自由为原则，废除一切包办强迫和买卖的婚姻制度，禁止童养媳"。"实行一夫一妻，禁止一夫多妻与一妻多夫。"

（二）关于结婚的制度

规定男女结婚应双方同意，不许单方面或第三方加以强迫。结婚的年龄规定为男子 20 岁，女子 18 岁。禁止三代以内（原《中华苏维埃共和国婚姻条例》规定为五代以内）的血亲通婚。有危险性的传染病、精神病、疯瘫病患者不得结婚。

在结婚的程序上规定废除聘礼、嫁妆之类的陋俗，采用登记婚制，男女双方只要一起到

---

① 中国青年党、民主社会党因参加国民党撕毁政协协议自行召开的"伪国大"，因此予以取缔。
② 《毛泽东选集》第 1 卷，第 33 页。
③ 全文见《中国新民主主义革命时期根据地法制文献选编》第 4 卷，第 792—796 页。

乡苏维埃登记,领取结婚证,婚姻关系即告成立。并且规定:"凡男女实行同居者,不论登记与否均以结婚论。"

（三）关于离婚的制度

确定离婚自由的原则。如果男女双方感情不和,可以到乡苏维埃登记离婚。一方坚决要离婚的,也可以到乡苏维埃登记离婚。红军战士的妻子要求离婚应得到男方的同意,但在通信便利地区经两年、通信困难地区经4年,男方无信回家,其妻子可以请求登记离婚。男女离婚时婚前财产各自保留,结婚满1年后双方共同经营增加的财产平分。

（四）体现着重保护妇女、儿童权益的原则

《中华苏维埃共和国婚姻法》规定男女同居时的共同债务在离婚后应由男方负责清偿。离婚后女子生活困难的,男子应帮助女子耕种土地或负责维持其生活。离婚后孩子一般归女子抚养,男子应孩子承担三分之二的生活费用,直至孩子年满16岁。如女子不愿抚养孩子,则归男子抚养,承担全部抚养费用。女子再婚后,后夫如果愿意抚养前夫子女,前夫才得以解除承担子女抚养费用的责任。私生子女享有婚生子女完全同样的权利,禁止虐待、抛弃私生子女。

二、抗日战争时期根据地的婚姻法

抗日战争时期各根据地的婚姻法基本继承苏区婚姻法的主要精神,并利用民国民法典亲属编的一些内容,制订了不少适合本地情况的婚姻单行条例。较为典型的如《陕甘宁边区婚姻条例》《晋察冀边区婚姻条例》《晋冀鲁豫边区婚姻暂行条例》《晋绥边区婚姻暂行条例》《山东省婚姻暂行条例》等。[①] 这些法规在细节方面略有不同,但总体上都坚持了婚姻自由、男女平等、一夫一妻、解放妇女等基本原则。

在结婚的条件上,各边区的婚姻条例都强调必须双方自愿、禁止包办及买卖婚姻。在细节上的规定则不尽相同。比如结婚年龄上,有的边区规定为男20岁、女18岁(陕甘宁、晋察冀);也有的是采用民国民法典亲属编的规定,男18岁、女16岁(晋冀鲁豫、晋绥、晋西北);也有的是男18岁、女17岁(山东)。禁止结婚的亲属范围也略有不同,晋察冀边区基本采用民国民法典亲属编的规定,而陕甘宁边区只是笼统规定"直接血统关系者"不得结婚。山东省则沿用传统的五服亲属划分法,规定"本族五服以内之血亲不得结婚,亲姑表姨亦应尽量避免缔结婚姻"。

在结婚的形式上,各边区的婚姻条例都规定婚姻不以订婚为条件,订婚不得索取金钱财物,婚约不得强制履行,双方或任何一方都得以在订婚后解除婚约。边区婚姻条例都坚持了登记婚制,只要男女双方向当地区乡政府登记即可成婚。有的即使采用了民国民法典亲属编"公开仪式及两人以上之证人"的规定,仍然强调还要经过登记(晋察冀)。

在离婚上,各边区婚姻条例都规定双方自愿离婚,只需经过区乡政府登记即可接触婚姻关系。一方提出离婚的条件,大多采用民国民法典亲属编所列举的理由,但同时都增加了"夫妻感情恶劣至不能同居者,任何一方均可请求离婚"的内容,坚持了苏区婚姻法强调男女感情为婚姻基础的基本原则。为了保护抗属利益,一般都规定抗日军人配偶未经抗日军人

---

① 分别见《中国新民主主义革命时期根据地法制文献选编》第4卷,第804—807、826—829、834—837、847—852、852—857、857—866页。

本人同意不得离婚,抗日军人失踪 5 年(有的地区是 4 年)以上配偶才可以另行结婚。

　　和民国民法典亲属编明显不同的是,边区的婚姻条例有关夫妻财产问题的规定相当简约,仅在有关离婚规定方面有较多的条文。一般都规定,婚后共同经营所得财产为共同财产,所负债务为共同债务,应由双方共同处理,离婚时平均分割。有的边区规定离婚后女方生活困难的,得由男方给予相当之赡养费,至其再婚时为止(陕甘宁边区规定为 3 年)。也有的边区规定离婚时无过失的一方可以向有过失的一方请求赔偿,如果无过失的一方为女方时可以要求相当的赡养费(晋西北)。

　　各边区的婚姻条例都注重对于妇女及子女利益的保护。比如都规定在女方怀孕期间及哺乳期间(有的规定为 3 个月、有的规定为 1 年)男方不得提起离婚。非婚生子女享有与婚生子女同等权利,不得抛弃。男女离婚时,年幼的子女(有的规定为 6 岁、有的规定为 5 岁、有的规定为 4 岁)原则上归女方抚养,男方应支付抚养生活费用。女方再婚时,归其抚养的子女由女方与后夫共同负责抚养。

　　第三次国内革命战争期间各解放区大多不再制订新的婚姻法,基本上沿用抗战时期边区的婚姻条例。

第五节　劳　动　法

　　中国共产党作为工人阶级的先锋队,其领导下的根据地革命政权自然将劳动法列为重要的立法课题。在新民主主义革命的各个时期,革命根据地都制订公布过不少劳动法规。

一、第二次国内革命战争时期苏区的婚姻立法

　　1930 年 3 月闽西第一次工农兵代表大会就已通过了《劳动法》。1930 年 5 月全国苏维埃区域代表大会也通过了《劳动保护法》。在这些法规基础上,1931 年 11 月,第一次全国苏维埃代表大会通过了《中华苏维埃共和国劳动法》。这部法典在苏区实施了一年多后,再经修正,于 1933 年 10 月重新公布。同时还公布了这部法典的配套法规《中华苏维埃共和国违反劳动法令惩罚条例》。成为第二次国内革命战争时期各苏区最重要的劳动法规。

　　1933 年的《中华苏维埃共和国劳动法》[①]共有 15 章,121 条。其主要内容如下。

　　(一)废除封建剥削及不合理的劳动制度及习惯

　　明确规定废除包工制。禁止私人开设失业介绍所。废除工头、招工头。规定劳动介绍所只能由苏维埃政府开设,一切失业工人都应向劳动介绍所登记;雇主用工必须向劳动介绍所申请。雇主雇佣工人必须订立集体合同。严禁出钱买工作、从工人工资中扣除介绍报酬等行为。

　　(二)规定工人有集会结社自由

　　规定工人有组织工会的权利。当时苏区成立了中华全国总工会及省(特区)、县、区各级工会组织,在各企业、作坊、乡村设立了工会的支部或小组。苏区还设立了农业工人、店员手

279

---

①　全文见《中国新民主主义革命时期根据地法制文献选编》第 4 卷,第 792—796 页。

工艺工人、苦力运输工人、纸业工人 4 个行业工会。劳动法规定雇主对于工会机关的活动不得有任何阻碍,而且还应向工会支付相当于雇员工资总额 2% 的工会办事经费、相当于雇员工资总额 1% 的工会文化教育经费。工会有宣布和领导罢工的权利,可以代表工人签订集体合同,还有权成立特别机构监督私人企业的生产经营活动。

（三）规定工时、工资的限额

规定一律实行 8 小时工作制,危害身体健康的部门可减至 6 小时。青工(16 至 18 岁)每日工作时间不得超过 6 小时,童工(14 至 16 岁)不得超过 4 小时。节假日的前一天工作时间不得超过 6 小时。额外加班工作应得到工会和工人的同意以及当地劳动部门的批准,加班的时间连续两日内不得超过 4 小时。工人每星期至少应有连续 42 小时的休息(即实行周五日半工作制)。连续工作 5 个月以上的工人,每年应至少有两周的休假;如果是 18 岁以下的工人或在危害健康部门工作的工人,每年应有 4 周休假,休假期间工资都要照发。

禁止雇佣 14 岁以下的童工。妇女怀孕 5 个月以上不经本人同意不得调动工作地点,产前 5 个月、产后 9 个月内雇主不得解雇。体力劳动妇女产后休息 8 周,脑力劳动妇女产后休息 6 周,工资照发。

规定了男女同工同酬的原则。青工、童工应按照等级发给全日工资(以 8 小时计算)。各地劳动部门每 3 或 6 个月公布一次工资各等级最低限度。额外工作应发双薪。工人出席工会会议等活动不得克扣工资。

（四）规定劳动保护与社会保险

规定企业未经劳动检查机关检查、许可,不得开设、搬迁。机械都应设置防护装置。各企业、雇主应按工资总额的 5% 至 20% 向社会保险局缴纳社会保险基金,工人可以享受医疗、暂时丧失劳动能力、失业、残疾、年老、生产(生育)、死亡、失踪等项保险。雇主对于社会保险金的管理及用途不得过问。

《中华苏维埃共和国劳动法》在中国法制史上首次确认并大力保障工人的基本权利,具有重要的意义。但由于受左倾机会主义路线的影响,该法也存在着以近视的、片面的追求劳动者福利的倾向,所规定的工时、工资、劳动保护、社会保险等都不同程度地存在一些超越历史社会条件的内容。为以后根据地的劳动法提供了历史教训。

二、抗日战争时期根据地的劳动法

各抗日根据地采取了既保护工人利益,又强调团结资产阶级、开明绅士参加抗日、发展生产,在一定条件限制下鼓励资本主义发展的劳动法原则。各根据地制定了一批劳动法单行法规,较为典型的有《陕甘宁边区劳动保护条例(草案)》《晋冀鲁豫边区劳工保护暂行条例》等。由于抗日根据地主要是农村根据地,因此各根据地劳动法尤其注重对于农村雇工的保护,制订有专门的单行法规,如《晋察冀边区行政委员会关于保护农村雇工的决定》《晋西北改善雇工生活暂行条例》《山东省改善雇工待遇暂行办法》等。这些法规主要的特点如下。

在工人的结社权利方面,各根据地劳动法都明确规定工人具有自由组织工会的权利,并明确工会的费用应由雇主负担,按照工资总额的 2% 提供工会经费。工会有权调解劳资纠纷,可以代表工人与雇主签订集体合同,也有权代表工人向政府提出要求。

在工作时间方面,这一时期的根据地劳动法规根据实际情况,一般规定每日工作时间为 10 小时(陕甘宁边区为 8 小时)。雇主要求加班应得到工人的同意,发给额外工资。

在工资方面,根据地劳动法根据当时各地的实际经济情况,以实际生活费用作为最低工资标准。一般规定为除工人本身外再供养一个半人的最低生活费用(晋察冀、晋冀鲁豫边区为一至一个半人,晋西北边区为一个半人,山东为一个人,苏中为两个人到一个半人)。

在劳动保护方面,根据地的劳动法规都详细列举了各类条款。如规定生产必须注意安全防护措施;工人因工作致伤,应由资方负责医疗费用;工人因工作致残,应发给 3 个月至 1 年的工资为抚养金;工人因工作致死,资方应承担丧葬费用,并发给遗属相当于死者 3 至 6 个月工资的抚恤金。绝对禁止打骂、侮辱、虐待工人。工人患病在一个月以内者,应由雇主补助医药费,工资照发;患病在一个月以上者可停止补助医药费,工资依照当地习惯协商解决。

此外根据地的劳动法规还坚持了男女同工同酬,着重保护女工、青工、学徒、童工利益等的原则。

三、第三次国内革命战争时期解放区的劳动法

第三次国内革命战争时期各解放区的劳动法在过去的基础上进一步发展。尤其是 1948 年 8 月,在哈尔滨召开了第六次全国劳动大会,通过了《关于中国职工运动当前任务的决议》和《中华全国总工会章程》,这些文件成为人民民主政权劳动立法的基本原则。

1947 年 10 月 10 日发布的《中国人民解放军宣言》宣布"没收蒋介石、宋子文、孔祥熙、陈立夫兄弟等四大家族和其他首要战犯的财产,没收官僚资本"。[1] 1949 年 4 月中国人民革命军事委员会发布的《中国人民解放军布告》进一步明确:"凡属国民党反动政府和大官僚分子所经营的工厂、商店、银行、仓库、船舶、码头、铁路、邮政、电报、电话、自来水和农场、牧场等,均由人民政府接管。"[2]随着城市的解放,大批的原官僚资本大型企业转变成为国营、公营企业。因此这一时期解放区劳动法规最显著的特点是增加了大量有关国营公营工厂企业劳动制度的内容。

这一时期解放区劳动法规强调工人有参与企业管理的权利。1949 年 8 月,华北人民政府批准发布了《关于在国营、公营工厂企业中建立工厂管理委员会与工厂职工代表会议的实施条例》,[3]规定在国营公营的工厂企业成立由厂长、总工程师、工会主席、工人职员代表等组成的管理委员会,根据上级企业领导机关下达的计划,"讨论与决定一切有关生产及管理的重大问题"。职工代表会议也就是工会组织的代表会议,有权检查管理委员会的经营管理和领导作风,提出批评和建议。但"工厂职工代表会议关于工厂及企业行政上的一切决议,须经管委会批准、由厂长以命令颁布后方为有效"。

这一时期解放区劳动法规还制订了不少公营企业职工劳动保险的制度。最为典型的是东北解放区 1948 年制定的《东北公营企业战时暂行劳动保险条例》,详细规定了劳动保险基金的设置方法、劳动保险事业的建立等方面的内容。这一条例在 1949 年后还曾经过修订,对于中华人民共和国成立前后公营企业劳动保险制度有很大的影响。

根据中国共产党"发展生产、繁荣经济、公私兼顾、劳资两利"的保护民族工商业的新民

---

① 《毛泽东选集》第 4 卷,第 1182 页。
② 同上书,第 1394 页。
③ 全文见《中国新民主主义革命时期根据地法制文献选编》第 4 卷,第 701—706 页。

主主义政策,①这一时期解放区的劳动法规都注重了"劳资两利"的原则。1949年7月,全国工会工作会议制订通过了《关于劳资关系暂行处理办法》《关于私营工商企业劳资双方订立集体合同的暂行办法》《劳动争议解决程序的暂行规定》三大法规。规定各城市人民政府设置劳动局为调解和仲裁一切劳资争端的专门机构。劳资纠纷发生时,先由双方直接协商;协商无效,由劳动仲裁委员会仲裁。最后仍不能解决,可向司法机关起诉。为减少劳资纠纷,应根据平等、自愿、协商原则由劳资双方签订集体合同。

第六节　司法制度

新民主主义革命时期根据地的司法制度是在战争环境下建立和发展起来的,并且不断逐渐摸索着适合中国革命的司法制度。

一、第二次国内革命战争时期苏区的司法制度

中国共产党开始组织工农暴动时,对于反革命、土豪劣绅等敌对分子大多采取群众大会斗争并直接处置的办法。有的地方还曾建立肃反委员会负责审理处置敌对分子。在苏区基本稳定后,逐步开始建立司法制度。如1930年5月闽西根据地的苏维埃政府发布《裁判条例》,规定了乡、区、县各级政府兼为审判机构,死刑要经过县政府批准,上诉期为3至7日,禁止肉刑等内容。在第一次全国苏维埃代表大会以后,开始健全各苏区的司法制度。

(一)司法机构

中华苏维埃临时中央政府成立后,努力建立起较为完整的司法机构。当时的司法机构分为各级裁判部、政治保卫局和刚开辟为根据地区域的肃反委员会三大类。

1. 各级裁判部

根据1932年6月中华苏维埃共和国中央执行委员会公布的《中华苏维埃共和国裁判部暂行组织及裁判条例》(共6章41条),在各级法院建立以前,各苏区在市、区、县、省各级苏维埃政府内设立裁判部,审理一切民刑诉讼案件。裁判部为直线领导,下级裁判部直接隶属于上级裁判部,其人员由上级委任和撤销,同时接受同级苏维埃政府主席团的指导。各级裁判部在审判方面受最高法院的节制,在司法行政及人事上受司法人民委员部指导。

各级裁判部设部长(省设副部长)、书记、裁判员。可以组织民事、刑事法庭,法庭由裁判部长或裁判员主审,并由两名当地工会、雇农工会选举的工人陪审员参加。1933年4月司法人民委员部又命令各城市裁判部指派专人组织劳动法庭,区裁判部也应设劳动法庭,裁判有关集体合同、劳动合同案件。县、省裁判部设检察员,负责预审、逮捕和提起公诉。

根据1932年2月《中华苏维埃共和国军事裁判所暂行组织条例》(共有7章34条)的规定,在红军中设立了初级军事裁判所(设于军、师、军区、独立师)、阵地初级军事裁判所(设于作战区域最高指挥部)、高级军事裁判所(设于中央革命军事委员会)、最高军事裁判会议(设于最高法院)四级军事裁判组织。初级军事裁判所的裁判长、裁判员由士兵代表大会推荐产

---

① 可见毛泽东1948年2月27日为中共中央起草的"关于工商业政策"党内指示,《毛泽东选集》第4卷,第1228页。

生,经上级核准。审理时由裁判员和两名士兵选举的陪审员组成法庭。以上各级军事裁判所裁判长、裁判员都由中央革命军事委员会提名,由最高法院核准。指挥员不得委任裁判长、裁判员。初、高级裁判所的所在地设立同级的军事检查所,对于指挥员、政委逮捕移送来的犯人进行检查预审,提起公诉。

2. 国家政治保卫局

1932年1月由中华苏维埃中央执行委员会发布的《中华苏维埃共和国国家政治保卫局组织纲要》,规定国家政治保卫局由人民委员会管辖,执行侦查、压制、消灭政治上经济上一切反革命组织活动及侦查盗匪等任务。在地方的省、县两级,在红军的军团(军分区、军)、师两级设分局,并可派出特派员到基层各级。"国家政治保卫局的上下级关系,除特别障碍以外,是一贯的垂直系统,下级对上级的命令须绝对服从。"[1]除了对于一切反革命案件进行侦查和预审、提起公诉外,在经人民委员会许可的范围内,有权依据法律判决和执行对于反革命犯人的惩罚。国家政治保卫局权限非常大,有权逮捕被怀疑为反革命分子的政府机关、红军、革命团体的负责人,所在机关、红军、团体的最高负责人即使不同意也不得阻挠其行动。

3. 肃反委员会

根据1933年4月《中华苏维埃共和国中央执行委员会关于肃反委员会决议》的规定,新发展的苏区组织肃反委员会,镇压和裁判豪绅、地主、富农、资本家及一切反动派的反革命活动与企图,兼有司法机关和国家政治保卫局的责任,有权侦查、逮捕、审讯、判决、执行所有刑事案件(县肃反委员会即可核准执行死刑)。肃反委员会组织上隶属于当地革命委员会,肃反工作则受上级(地方或红军)政治保卫分局的指导。在建立正式苏维埃政权后,肃反委员会即告取消,其工作归并于裁判部和保卫局。

4. 看守所和劳动感化院

各级裁判部都设有看守所,关押被逮捕后候审的人犯。被判刑的犯人则送往劳动感化院。1932年8月公布的《中华苏维埃共和国劳动感化院暂行章程》规定县以上的裁判所设立劳动感化院,看守、教育、感化违法犯罪的犯人。劳动感化院由院长、副院长及各科科长组成管理委员会,进行管理。劳动感化院建设工厂和商店(出卖产品),犯人在工厂劳动,也实行8小时工作制。"劳动感化院应极力提高生产以达到经济充裕,不但不要政府津贴,而且要成为国家收入之一项。"[2]

(二) 司法程序

第二次国内革命战争期间苏维埃政府没有制定完整的诉讼法,只是在有关司法机构的一些法规中对于诉讼程序加以规定。1934年4月中央执行委员会公布《中华苏维埃共和国司法程序》,宣布由这个法规取代原来在裁判部组织条例中规定的一些司法程序。但是这个法规主要集中于有关反革命案件的处理程序,不是一般意义上的诉讼法。

根据《中华苏维埃共和国司法程序》的规定,区保卫局特派员、肃反委员会、民警局、劳动法庭都有权捉拿反革命分子及其他罪犯,并送交裁判部处理(原来曾规定区不经批准不得逮捕)。各级国家政治保卫局机关都有权预审反革命案件,预审后交法庭处理。但在边境地区、前线,政治保卫局有权紧急处理反革命案件。在审判权限上,这个法规规定区级裁判所

---

① 见《中国新民主主义革命时期根据地法制文献选编》第3卷,第290页。
② 同上书,第315页。

有权处理包括死刑在内的一切案件(原裁判所组织条例规定县级裁判所可判处死刑,但不经上级批准不得执行死刑),并在"新区边区、在敌人进攻地方、在反革命特别活动地区、在某种工作的紧急动员时期(如查田运动、扩大红军、突击运动等)"可以直接执行死刑,事后报告上级。① 规定实行两级终审制,犯人上诉期最多为7天。两审后即不得上诉,但检查员认为尚有不同意见时,还可以向司法机关抗议再审一次。

这一时期苏区的司法程序上强调所谓"阶级路线"。1933年5月司法人民委员部发出对裁判机关的指示强调:"解决案件时,应注意阶级成分及犯罪者的犯法行为对于苏维埃政权的危害性之程度来决定处罪之轻重。"②

二、抗日战争时期根据地的司法制度

抗日战争时期各抗日根据地名义上以国民政府的法院组织法和民事、刑事诉讼法为基本框架建立了法院体系和诉讼程序,但是又都按照中国共产党的政策方针以及各地实际情况制定了一批有关司法机关组织和诉讼法规的单行条例,形成了自成体系的司法制度。

(一)司法机构

抗战初期按照国民政府的法院组织法,边区设高等法院,县设地方法院,名义上以国民政府的最高法院为三审机构。但实际上各边区初审机关,往往是由各县政府设置的司法处兼任。司法处一般一名处长,一两名审判员(或称承审员、裁判员),几个书记员。由于边区往往被日寇占据地区分割,一般是在行政专员公署设立高等法院分庭为二审机关。分庭一般仅有一庭长、一推事、两三名书记员。各边区高等法院及其分庭二审即终审,并不和国民政府的最高法院及其分院发生关系。检察工作人员附属于法院,而在司法处兼理司法的县,一般由县长或公安局长兼管检察事务。边区的高等法院设有检察处。

抗战后期大多数边区公开自行设置终审机关,如陕甘宁边区以边区政府审判委员会为三审终审机关;晋冀鲁豫边区以各行政专员公署为二审机关,而以边区高等法院为三审终审机关;山东省在各专员公署设地方法院为二审机关,省设高等法院为三审终审机关。高等法院的院长一般由边区参议会选举产生,而分庭庭长、推事一般由边区政府委任。还有的如陕甘宁边区在1943年后实行由各行政公署的行政专员兼任高等法院分庭庭长、各县县长兼任司法处处长的制度。

(二)诉讼与审判制度

各边区的诉讼与审判制度也仅在名义上根据国民政府的诉讼法,而实际上自成体系。各边区都具有的一些共同的特点如下。

(1)实行人民陪审制度。不少边区专门制订了有关建立陪审制度的单行法规,如1940年《晋察冀边区陪审制暂行办法》,1942年《晋西北陪审暂行办法》,1941年《山东省陪审暂行办法》等。一般都规定陪审员由抗日群众团体互推产生,列席审判。组合庭由专职审判员为庭长,两名陪审员列席审判,经庭长同意可以提问,并可以对案件在法律上、事实上的问题陈述意见,对判决提出建议,如庭长未加采纳必须说明理由。

(2)严格审判复核制度。各边区都建立了严格的审判复核制度,如陕甘宁边区规定各

① 见《中国新民主主义革命时期根据地法制文献选编》第3卷,第321页。
② 同上书,第300页。

县判处死刑案件,无论被告是否提出上诉都必须呈报高等法院复核,经复核批准后才可以执行。又如晋冀鲁豫边区规定,初审机关判处的死刑案件必须上报专署复核,二审机关对于刑事案件有终审权,但对于死刑或判处有期徒刑7年以上的案件必须和专署司法科长、公安局督察处长集体讨论。死刑案件的卷宗在执行后必须将全部卷宗(包括讨论案件时的记录)呈送高等法院备案。山东则明确规定县司法处所判处的刑事案件,即使被告并未上诉仍必须经由二审机关地方法院复判,发现问题的要发回重审,或派出推事到当地莅审,或由地方法院直接提审。

（3）推广人民调解制度。各边区先后制定过一些有关调解的单行法规,如1941年《山东省调解委员会暂行组织条例》,1943年《陕甘宁边区民刑事件调解条例》,1942年《晋察冀边区行政村调解工作条例》《晋西北乡村调解暂行办法》等。这些法规规定调解的方式有民间调解、群众团体调解、政府调解、司法调解等数种,而一般以村、区(乡)公所设立的民政委员会或调解委员会为调解的主要方式。适用调解的事件范围包括民事纠纷以及一般民间轻微刑事案件。调解的主要原则是双方当事人自愿原则,按照法律并照顾当地民间习惯原则,调解并非诉讼必经程序原则等。调解可作出的处理方式包括赔礼、道歉、承认错误、赔偿损失、支付抚慰金等。调解成立后要作成和解书,可申请强制执行。

（4）简化诉讼审判的手续。各边区对于诉讼程序和手续进行了大量的简化和改革。比如大多数边区都废除了诉讼收费制度,也免除状纸、抄录、传讯、检验等项杂费。一般都承认口头起诉的效力,对于管辖错误的起诉也代为转递。而在审判上也大多实行巡回审判、就地审判制度。判决书也尽量采用通俗易懂的文字,反对文辞晦涩、滥用专用词句。

上述的抗日根据地在诉讼审判方面的特色,其典型的代表是"马锡五审判方式"。马锡五(1898—1962),抗战时期曾任陕甘宁边区陇东专署行政专员兼边区高等法院陇东分庭庭长。他在审判工作中贯彻群众路线,实行巡回审判,方便群众,手续简便,不拘形式。他深入农村调查研究,依靠群众纠正错误、解决疑难案件。在审判中尊重群众意见,同时也注意使群众在审判活动中受到教育,被群众誉为"马青天"。他的审判工作经验当时被总结为"马锡五审判方式",向各个抗日根据地推广。

三、第三次国内革命战争时期解放区的司法制度

这一时期解放区司法制度在抗战时期边区的基础上进一步发展,为中华人民共和国成立后的司法制度做好了准备。

（一）完善人民法院体制

第三次国内革命战争初期,各解放区的司法机构一般仍然维持抗战时期的基本体制。1948年9月毛泽东在中国共产党中央政治局会议的报告中指出:"我们是人民民主专政,各级政府都要加上'人民'二字,各种政权机关都要加上'人民'二字,如法院叫人民法院,军队叫人民解放军,以示和蒋介石政权不同。"[1]各解放区大区政府迅速发布通令,将各级法院改称人民法院,推事改称审判员,从而确立了人民法院体制。

（二）确定各级公安机关职责

由于处在战争环境下,各解放区实行审检合一制度,并且往往以公安机关代行检察机关的职能,直接向法院移送案件。到解放战争后期,华北、东北等大区政府曾发布通令,确定公

---

[1] 《毛泽东文集》第5卷,第135—136页。

安机关对于汉奸、特务、暴乱、反革命等案件具有侦查权,侦查结束后应向人民法院提起公诉。

（三）普遍设立土地改革人民法庭

《中国土地法大纲》规定土地改革时应组织人民法庭审理违抗、破坏土地改革运动的案件。各解放区政权为此发布了一批单行条例,如1948年1月《东北解放区人民法庭条例》,《晋察冀边区行政委员会关于人民法庭工作的指示》等。土地改革运动期间各解放区普遍设立了人民法庭,一般分为区、村两级,由区、村农民代表大会选举的代表以及县区政府工作人员组成。人民法庭受理案件的范围有造谣生事,阴谋破坏,隐瞒分散以及私相授受土地财产,宰杀牲畜,滥伐林木,破坏农具、水利、建筑物、农作物等财物,妨碍农民接收、登记、清理、保管土地财产,妨害土地及财产的公平分配,一切浪费、侵吞、贪污、偷窃、强占、贩卖土地改革斗争成果等的破坏土地改革运动的案件。人民法庭有权判处当众坦白、赔偿、罚款、劳役、褫夺公民权、有期及无期的监禁、死刑(必须经过县以上政府批准才可以执行)。人民法庭的审判一般采取公审大会的方式。有的地方规定对于人民法庭的判决可提出上诉。土地改革结束后,人民法庭即告撤销。

（四）废除"六法全书"确定人民司法原则

在大反攻之前,大多数解放区一般在普通民刑案件中仍然援用国民政府的"六法全书"。1948年5月,中共中央主要领导人之一的刘少奇在与谢觉哉(时任中央法制委员会主任委员、华北人民政府司法部长)、陈瑾昆(时任华北高等法院院长)谈话中曾认为,刑法和民法先就旧的改一下施行,边做边改,有总比无好。[1] 1949年1月,针对蒋介石在元旦声明中以保留"宪法"和"法统"为和谈前提的要求,中国共产党针锋相对地提出以"废除伪宪法""废除伪法统"为和谈条件之一。[2] 为此1949年2月中共中央发出了《中共中央关于废除国民党六法全书与确定解放区的司法原则的指示》,[3]这一指示的主要内容如下。

（1）宣布在解放区废除一切原国民党政府公布的法律。明确宣布"人民的司法工作,不能再以国民党的'六法全书'为依据",在司法审判中不得再援引其法律条文。这一指示从法的阶级性的学说出发,认定"国民党全部法律只能是保护地主与买办官僚资产阶级反动统治的工具,是镇压与束缚广大人民群众的武器"。过去在根据地利用国民党的法律,是斗争的需要,"不能把我们这种一时的策略上的行动解释为我们基本上承认国民党的反动法律,或者认为在新民主主义政权下能够在基本上采用国民党的反动的旧的法律"。

（2）确定解放区的司法原则。规定解放区司法工作必须以人民政府新的法律为基础,在目前法律还不完备的情况下,"司法机关的办事原则应该是:有纲领、法律、命令、条例、决议者,从纲领、法律、命令、条例、决议之规定;无纲领、法律、命令、条例、决议规定者,从新民主主义的政策"。

（3）确定教育改造司法干部的指导思想。"司法机关应该经常以蔑视和批判'六法全书'及国民党其他一切反动的法律、法令的精神,以蔑视和批判欧美日资本主义国家一切反人民法律、法令的精神,以学习和掌握马列主义、毛泽东思想的国家观、法律观及新民主主义的政策、纲领、法律、命令、条例、决议的办法来教育和改造司法干部。"

---

① 见《刘少奇年谱》下册,中央文献出版社1996年版,第148页。
② 1949年1月14日《中共中央毛泽东主席关于时局的声明》,见《毛泽东选集》第4卷,第1328页。
③ 全文见《中国新民主主义革命时期根据地法制文献选编》第1卷,第85—87页。

《中共中央关于废除国民党六法全书与确定解放区的司法原则的指示》发出后不久,华北人民政府也随之发出《为废除国民党的'六法全书'及一切反动法律的训令》。为中华人民共和国新的法律体系的建立扫清了道路。

本 章 小 结

中国共产党领导下的革命根据地的法制建设经历了长期的艰苦发展过程。在政权建设方面,经过土地革命战争和抗日战争的两大历史阶段的革命实践,终于形成人民代表大会制度,为新中国建立起全新的政权结构做好了准备。在土地革命立法方面也是经过了多次曲折,在和主要表现为左倾的种种机会主义的长期斗争及摸索中,逐步形成具有中国革命特色的土地革命道路。在以打击反革命活动为主的刑事立法及刑事政策方面,同样也是在逐步排除左倾干扰后,于抗日战争期间形成镇压与宽大相结合的刑事政策原则,并在解放战争期间得到进一步的完善。婚姻法作为解放妇女的重要措施,在根据地革命立法上具有重要的意义。男女平等、一夫一妻、婚姻自主等等的实现,是中国社会革命的重要的组成部分。革命根据地的法制建设,为中华人民共和国成立后的法制发展打下了坚实的基础。

延伸阅读

基本史料

《中国新民主主义革命时期根据地法制文献选编》,全 4 卷,中国社会科学出版社 1981 年版。

参考书目

张希坡等:《中国革命法制史》(上下),中国社会科学出版社 1987 年、1991 年版。

张希坡主编:《中国法制通史》第 10 卷《新民主主义政权》,法律出版社 1999 年版。

思考题

1. 试比较不同历史时期革命根据地政权建设法律的发展演变轨迹。

2. 《中华苏维埃土地法》的主要特点及其缺陷是什么?

3. 《中国土地法大纲》的主要特点及其不足之处是什么?

4. 试归纳镇压与宽大相结合的刑事政策的发展过程。

5. 革命根据地婚姻法在哪些方面是对于传统婚姻制度的彻底否定?

6. 根据地劳动法主要在哪些方面不断发展改进?

初版后记

　　本教材由复旦大学等学校的法律史学科教师和研究人员共同编写,可供各高校法学本科教育使用。

　　本教材作者的分工如下(以撰写章节先后为序):

　　叶孝信(复旦大学法学院):前言,第七章。确定编写大纲,全书统稿和审定。

　　王志强(复旦大学法学院):第一章,第二章。

　　袁兆春(曲阜师范大学经济法政系):第三章,第四章。

　　蒋晓伟(同济大学文法学院):第五章,第六章。

　　戴建国(上海师范大学古籍研究所):第八章。

　　殷啸虎(华东政法学院法律系):第九章。

　　郭　建(复旦大学法学院):第十章,第十三章。参与统稿。

　　姚少杰(上海财经大学法学院):第十一章。

　　姚荣涛(复旦大学法学院):第十二章。参与统稿。

作　者
2001 年 12 月

图书在版编目(CIP)数据

中国法制史/叶孝信,郭建主编.—3 版.—上海:复旦大学出版社,2017.12(2022.6 重印)
(复旦博学·法学系列)
ISBN 978-7-309-13327-1

Ⅰ. 中… Ⅱ. ①叶…②郭… Ⅲ. 法制史-中国-高等学校-教材 Ⅳ. D929

中国版本图书馆 CIP 数据核字(2017)第 263902 号

中国法制史(第三版)
叶孝信 郭 建 主编
责任编辑/张 炼

复旦大学出版社有限公司出版发行
上海市国权路 579 号 邮编:200433
网址:fupnet@fudanpress.com http://www.fudanpress.com
门市零售:86-21-65102580 团体订购:86-21-65104505
出版部电话:86-21-65642845
上海华业装潢印刷厂有限公司

开本 787×1092 1/16 印张 19.5 字数 450 千
2022 年 6 月第 3 版第 2 次印刷
印数 5 101—7 200

ISBN 978-7-309-13327-1/D·911
定价:45.00 元